산촌

 피닉스문예07

산촌 The Mountain Village

지은이 예쥔젠
옮긴이 장정렬

펴낸이 조정환
책임운영 신은주
편집부 김정연
홍보 김하은
프리뷰 김봉정 · 김종미 · 이선애 · 정현수(파즈) · 표광소

펴낸곳 도서출판 갈무리 등록일 1994. 3. 3. 등록번호 제17-0161호
초판인쇄 2015년 5월 18일 초판발행 2015년 5월 28일
종이 화인페이퍼 출력 경운출력 · 상지출력 인쇄 중앙P&L
라미네이팅 금성산업 제본 일진제책

주소 서울 마포구 서교동 375-13 성지빌딩 101호 [동교로 22길 29]
전화 02-325-1485 팩스 02-325-1407
website http://galmuri.co.kr e-mail galmuri94@gmail.com

ISBN 978-89-6195-091-6 04080 / 978-89-86114-58-4(세트)
도서분류 1. 문학 2. 중국문학 3. 중국소설 4. 역사소설 5. 에스페란토 6. 중국사
          7. 중국근현대사

값 15,000원

이 도서의 국립중앙도서관 출판예정도서목록(CIP)은 서지정보유통지원시스템 홈페이지(http://seoji.nl.go.kr)와 국가자료공동목록시스템(http://www.nl.go.kr/kolisnet)에서 이용하실 수 있습니다. (CIP제어번호 : CIP2015014190)

산촌
山村

예쥔젠 (叶君健) 장편소설

장정렬 옮김

일러두기

1. 이 책은 Chun-Chan Yeh, *Montara Vilaĝo*, Ĉina Esperanto-Eldonejo, tradukita de William Auld, Pekino, 1984를 완역한 것이다.

2. 번역 대본으로 영어 원본인 Chun-Chan Yeh, *The Mountain Village*, Faber & Faber, London, 1947를 참조하였다.

3. 각 장의 제목은 한국어판 옮긴이가 독자의 이해를 돕기 위해 넣은 것이다.

4. 인명, 지명은 본문에서 처음 나오는 곳에 한 번만 원어를 병기하였다.

5. 단행본, 전집, 정기간행물, 보고서에는 겹낫표(『』)를, 논문, 논설, 기고문 등에는 홑낫표(「」)를 사용하였다.

6. 에스페란토판에서는 지은이 주석과 에스페란토판 옮긴이 William Auld의 주석이 구분되어 있지 않다. 소설 본문에 한국어판 옮긴이가 추가한 주석에는 [옮긴이]라고 표시하였다. 나머지는 저자의 주석이거나 에스페란토판 옮긴이의 주석이다.

차례

산촌
山村

산촌
山村

부록

옮긴이 후기

1
우리 마을 설서인 라우리우

날씨가 좋을 때는 이른 아침이든 해거름이든 산골에 노래가 들려왔다. 노래 부르는 사람이 없을 때도 노래는 사라지지 않고 언제나 남아 있었다. 파도 같은 산들이 울타리가 되어 노래를 실어온 바람을 가두어 놓았기 때문이다. 노랫가락은 이렇게 시작되었다.

아유, 아유, 아이 아유, 아이 아유, 아이요 호호⋯⋯

노래는 언제나 똑같은 후렴으로 끝나고 있었다.

봄이 오면 황토는 우리에게 쌀을 주고
가을날에 황토는 콩과 고구마를 주네.

노랫소리가 아름답게 들리지 않았지만 농부들은 일하며 노래를 즐겨 불렀다. 농부들이 한번 노래를 부르기 시작하면, 주위로 수많은 메아리들이 만들어졌다. 처음 메아리는 허공에서 서로 잘 어울리지 못해도 곧 큰 합창으로 흘러 퍼진다. 합창은 서서히 최고조를 향해 가다가 자장가 소리같이 약한 음조를 유지하다가는 마침내 갑자기 멈춘다. 노래는 잠에 빠져든 어린아이마냥 점차 사그라진다. 그러면 개미처럼 일하던 산골 농부들이 그때가 고요한 한낮이거나 해가 질 무렵임을 깨닫고 자기네 논밭에서 하루 일을 마치고 강둑길에 하나둘씩 나타난다. 둑길은 물길이 흘러가는 쪽으로 나 있어, 한쪽은 먼 지평선으로, 다른 한쪽은 울창한 숲으로 뻗어 신작로 역할도 했다. 이 길에서 농부들은 삽과 괭이를 어깨에 메고 느릿느릿 울창한 숲으로 움직이고 있었다. 숲으로 한 사람이 사라지면 이어 두 번째 사람이 사라지고, 또 세 번째 네 번째……마침내 마지막 사람마저 사라진다. 이들은 자취도 남기지 않은 채 숲 속으로 말려 들어가는 긴 뱀 같기도 하고, 원시림의 짙은 나뭇잎에 부딪히자 곧 사그라지는 한 줄기 저녁연기처럼 움직였다.

사시나무, 떡갈나무, 단풍나무라고 부르는 그런 나무들이 우리 마을의 공터 마당을 병풍처럼 에워싸고 있었다. 이 나무들 사이로 바깥세상과 산, 그리고 강과 신작로가 보인다. 이 공터 마당 뒤편에는 나무와 돌로 지은 집이 약 스무 채 들어서 있다. 집들이 주변의 산, 하늘, 그리고 항상 미소 짓는 흰 구름만큼 오래되어 이 집들의 나이를 짐작할 수 있는 사람은 아무도 없다. 나무문과 돌담은 더위와 추위, 바람과 서리에도 색을 분간할 수 없을 정도로 바랬다. 이 집들과 유일하게 대조가 되는 것은 검은 기와지붕들뿐이다. 하나의 그림으로 보면 이 지붕들은 하늘에서 늘어뜨린 여러 겹의 파도처럼 보인다. 우리 마을에서 가장 나이 많은 노인은 그 집들이 어느 왕조가 들어서고 어느 황제가 달아나는 것과는 무관하게 언제나 저렇게 서 있었고, 앞으로도 저렇게 있을 거라고 말하곤 했다.

마을의 모든 집 대문은 오늘날 테니스장처럼 단단하고 평평한 공터 마당을 향해 열려 있었다. 이 마당은 낮에는 농사지은 곡식과 벼를 가져와 타작하는 곳이 되고, 오후에는 사람들이 이야기하러 몰려드는 곳이 되고, 저녁에는 우리 마을 설서인(說書人)[1]이 펼치는 이야기를 들으러 사람들이 모여 앉곤 하는 장소이고, 한여름 밤엔 하늘의 별들과 은하수를 멍하니 바라보는 장소이기도 했다. 이 마당 오른쪽의 좁은 땅에는 우리에게 감명을 느끼게 하는 유일한 건물인 사당(祠堂)이 있었다. 이 건물 기와는 아주 반질반질하고 푸르러, 우리를 자주 눈부시게 했다. 기와들은 해가 비치면 햇빛에 반사되어 아주 밝게 보

---

1. [옮긴이] 說書人 : 중국에서 유명한 옛 동화나 이야기를 구연(口演)해 주는 사람을 일컬음.

였다. 그 반사되는 광채는 하늘나라로 길을 만들어 제삿날에는 조상들이 마을로 되돌아와서 우리가 준비한 제물을 먹고, 절을 받고서 귀환하는 길이 된다고 말해 왔다.

마을 왼쪽, 길옆의 숲 가까이에는 돌로 지은 정자가 하나 있다. 이 안에는 우리 지신(地神)과, 지신보다 더 나이 많아 보이시고 살진, 그 지신의 부인이 모셔져 있다. 지신은 온화한 관리셨다. 지신은 뾰쪽한 손가락과 가느다란 양손을 무릎에 자연스레 올려놓고 온종일 앉아 있고, 지신 부인도 얼굴에 온화한 웃음을 머금고 똑같이 앉아 있다. 하지만 지신 내외분은 아주 바쁘다. 이 분들이 우리 농사뿐만 아니라, 우리의 안녕과 우리가 키우는 경작용 암소도 돌봐 주셔야 하기 때문이다. 두 분은 그렇게 여러 해 우리를 위해 봉사하신 뒤 대도시의 장관처럼 연금도 받지 않고 은퇴하면, 이 고달픈 우리 인간세계로의 환생을 반복하는 지속적인 삶에서 영원히 자유로워지신 뒤, 하늘나라에서 성인(聖人)으로 살아갈 것이다. 우리를 실제로 지켜 주는 지신은 학식과 덕망을 갖춘 우리 선대(先代)의 한 분이라고 한다. 매일 해 질 무렵이면, 마을의 어느 집에서 누군가 정자 아래 아주 가까이 자리한 상석(床石)의 큰 향로에 향을 피우러 다녀가곤 한다.

우리 마을에서 멀리 떨어져 있는 강은 서쪽으로 유유히 흐르고 있다. 이 강의 전체 윤곽은 비탈길의 나무들 때문에 다 볼 수 없다. 그러나 사실 우리는 그 강물을 볼 수 있다. 강물은 온종일 햇빛에 반사되어 빛났다. 강물 표면이 미풍에 일렁거리면, 물결은 푸른 나뭇잎 사이로 별처럼 반짝거리며 우리에게 웃음을 보내기도 한다. 여느 다른 날처럼 오늘도 나는 바로 그때, 마을을 나서서, 강가에서 풀 뜯는 암소를 보러, 완만한 경사의 신작로를 따라 걷고 있었다. 강 위쪽은 방목하는 넓은 풀밭이 띠처럼 펼쳐져 있었다. 서로 머리를 맞대며 싸우거나, 강아지처럼 이리저리 뛰어다니는, 우리 마을 암소, 송아지, 수소들 모습이 내 눈에 들어왔다. 풀밭 옆 모래밭은 사오백 미터나 넓게 펼쳐 있었다. 모래알들이 햇빛에 반사되면 황금빛 곡식 낟알처럼 빛났다. 모래밭 옆 강물은 언제나 고요하고 투명했다. 나는 강물에 맨발을 담그는 것을 좋아했다. 그래서 오늘도 발을 물에 담그려고 두 번 갔다. 내가 발로 맑은 물을 한 번 휘저어 흐려 놓으면, 강바닥의 부드러운 모래들이 연기 소용돌이마냥 위로 휘감긴다. 그러면 강물은 처음엔 큰 소리를 내다가 나중에는 약한 소리로 중얼거린다. 하지만 유유히 흐르는 강물은 곧 이 모래를 조용히 제자리로 가게 만들고 거품마저 맑게 만들어 버린다. 발을 물에서 빼내면 그 강물은 곧 조용해지고는, 발등에 묻은 모래도 나중엔 햇빛에 웃음 지었다. 그런 뒤 나는 우두커니 강가에 서 있었다. 강은 끝이 보이지 않았다. 그만큼 강은 길다.

"이 강이 세상에서 가장 길어."

어느 날, 판 삼촌은 우리 경작용 암소를 솔질하며 말했다.

"이 강은 수천수만 리까지 뻗어 있어, 이 나라 모든 길을 다 합쳐도 이보다 길지 않아."

"어떻게 그렇게 길어요?"

"은하수까지 얼마나 먼 지 한번 생각해 봐. 이 강은 은하수에서 출발해 여기까지 온단다. 알겠어?"

"근데, 삼촌. 은하수는 무슨 강인데?"

"그건 하늘에 난 강이지."

삼촌은 이렇게 말하면서 여전히 암소의 한쪽 옆구리를 솔질했다. 그리고 솔이 암소의 젖가슴에 닿자, 암소는 발길질을 했다.

"그리고 하늘에 난 강은 끝이 안 보인단다."

그때를 생각하면서 나는 맨발에 붙어 햇빛에 반사되는 모래들을 내려다보았다. 그리고 고개를 들어 강의 동쪽을 바라보았다. 정말 끝이 보이지 않았다. 그때 나는 암소 한 마리가 묵직한 저음으로 우는 소리를 들었다. 그건 우리 암소가 내는 소리였다. 우리 암소는 뭔가 꿈꾸듯이 서쪽을 바라보고 있었다. 종종 그랬다. 이유 없이 울기도 하며, 또 언제나 조용히 규칙적으로 서쪽으로 흘러가는 물을 밤낮으로 멍하게 바라보기도 했다. 그래서 나는 그 쪽을 쳐다보았지만, 마을 앞 축대 근처에서 강물이 한 번 굽이져 흐르는 것 이외에는 아무것도 새로운 것은 없었다. 그러나 굽이진 곳에서부터 저 먼 수평선까지 강물이 곧게 흐르고 있었다. 그런데 그 굽이진 곳에서 노랫소리가 들려왔다.

아마 우리 암소는 그 노래를 수소 울음으로 잘못 생각한 것 같았다. 그것만 보아도 우리 암소는 멍청한 게 틀림없다.

하이 호, 하이 호, 롤롤로, 하이, 롤로, 하이 로,

호호, 후, 하이 호, 후, 하이 하이 호, 로로로……

노래는 굽이진 곳 주변 모래밭에서 일하는 일꾼들이 불러 대는 뜻 없는 제창이었다. 나는 사람들이 노래를 왜 중얼거리며 부르는지 이유를 몰랐다. 노랫소리는 별로 신통치 않았다. 일꾼들은 등에 무거운 짐을 지고 고개 숙인 채 걷고 있었다. 그들은 반원 같은 동산들 아래 평야 위로 나 있는, 옛 성벽이 있는 읍내로 통하는 길을 따라 발걸음을 옮기면서 마치 무거운 발걸음임을 강조하려는 듯이 단음절의 말들을 연거푸 읊고 있었다. 읍내에서 많은 상점과 가옥들 말고도 서쪽에 큰 절이 하나 있다. 절 앞에는 제일(祭日)에 찾아오는 신자들을 위한 큰 공터 마당이 있다. 상점 주인들은, 강의 흐름을 따라 약 삼백 리 떨어져 있는 '대도시'의 아주 다양한 물품들을 사 와서는, 인근 마을 사람들에게 팔았다. 물품들은 대나무로 만든 뗏목으로 운반되었다. 뱃사람들은 매일 작은 뗏목을 타고 강을 거슬러 왔다. 그들은 굽이진 곳에서 반나절 또는 하룻밤을 묵고 가기도 했다. 일꾼들이 뱃짐을 뗏목에서 들어내는 동안, 뱃사람들은 쉬었다. 굽이진 곳의 축대 위에는 음식점과 다방, 이발

소가 있다. 햇빛과 바람에 그을린 뱃사람들은 마치 외국 사람처럼 앉아 차를 마시며 뜻 없는 노래를 부르는 일꾼들을 바라보기도 했다. 때로는 짧은 휴식 시간을 이용하여 좀 더 신사가 되려고, 노천 이발소에서 얼굴에 난 턱수염을 면도하거나, 먼지에 덮인 머리를 비누로 씻기도 했다.

뱃짐을 다 내리면, 뱃사람들은 뗏목을 모래사장에서 가능한 멀리 밀어내어, 강물을 거슬러 더 먼 동쪽에 있는 상류의 여러 읍에 들러, '대도시'로 싣고 갈 지역 특산물을 싣고는 강물을 따라 되돌아간다. 이 뱃사람들도 일꾼들과 마찬가지로 노래를 즐겨 부르지만, 가락은 일꾼들의 것보다 더 구슬펐다. 강바람은 노래를 부르는 뱃사람들의 큰 목소리도 묽게 만들어버려 노랫소리는 더 약하게 들렸고 그 때문에 노래는 한층 더 구슬펐다. 더구나 뱃사람들이 강을 거슬러 올라갈 때는 보통 해거름이거나, 저녁의 황혼 무렵이라서 모래 위에 비친 그들의 그림자는 노랫가락마냥 아주 가늘고 약해, 마치 귀신 같고, 슬픔에 잠긴 모습 같다.

지금 나는 강물을 거슬러 올라오는 뗏목 하나를 보았다. 내가 서 있는 쪽으로 뗏목이 더욱 가까이 오자, 강물도 철렁거렸다. 우리 암소가 멍한 눈으로 뗏목을 따라갔고 뱃사람들의 뱃노래에 소의 귀가 예민해졌다. 우리 암소는 또다시 그 소리를 수소 울음으로 생각하는 것 같다. 갑자기 합창이 멈추었다. 내가 암소를 쳐다보는 사이, 뗏목은 벌써 내 가까이에 와 있다.

"게으른 목동아,"

뗏목의 뱃사람 중 한 남자가 나에게 말했다.

"너희 집 암소는 잠자리를, 수컷 소와 같이 지내는 따뜻한 잠자리를 꿈꾸고 있어. 그걸 모르겠나!"

건장하고 검게 탄 얼굴의 그 사람은 한바탕 웃었지만, 웃음소리는 평화로운 강가에서는 이상하게 들려왔다. 그리고 다른 뱃사람이 말했다.

"집으로 데리고 가거라, 얘야. 너희 집 암소가 외양간이 그립단다."

말을 마친 뒤, 그 사람은 모래밭으로 땅콩 한 줌을 던져 주었다. 그리고 그들은 발을 구르며 멀어져 갔다. 그들은 시골의 소 치는 아이들에게 무엇이라도 던져 주는 지방 풍습을 알고 있었다. 그들은 이러한 선의의 행동을 하면 밤에 행복한 꿈을 꿀 수 있다고 믿고 있었다. 고독한 강에서 유일한 낙은 아름다운 꿈을 꾸는 것.

나는 땅콩을 하나씩 주운 뒤 서쪽 산들을 바라보았다. 핏빛으로 부풀어 오른 붉은 태양이 서쪽 산의 소나무 꼭대기에 바로 걸려 있었다. 산골 아래 무논에 어둠이 더욱 짙어지자 안개가 더 멀리 더 위로 향하고 있었다. 안개는 조금씩 하늘로 올라가, 나무 뒤로 천천히 넘어가는 해를 완전히 무력하게 만들었다. 그리고 해가 완전히 사라진 뒤의 서쪽 산은 고전적인 중국화의 저녁 풍경을 묽은 먹으로 그려 놓은 흔적처럼 되었다.

나는 암소의 물렁한 코청을 뚫은 코뚜레에 연결된 고삐를 잡고 소를 끌었다. 암소도 묵묵히 나를 따라 집을 향해 발걸음을 옮겼다. 우리는 강둑을 느릿느릿 걸어갔다. 마을 어귀의 양편에 서 있는 나무들을 지나기 전에, 나는 마지막으로 그 뗏목을 다시 한 번 쳐다보았지만, 뗏목은 이미 저녁 안개에 가려진 후였다. 뱃사람들이 부르는 노랫소리만 농밀한 대기에 퍼져 약하게 들려왔다.

나는 마을로 들어섰다. 바깥세상이 잠들려고 할 때, 우리 마을은 이제 삶이 시작된다. 농민들이 모두 바깥의 일을 마치고 돌아와, 마을의 공터 마당에 모여들고 있었다. 노인들은 긴 담뱃대에 불을 붙이고 있고, 젊은 사람들은 허리띠를 풀어 작업복 먼지를 털고 있었다. 머리 정수리 부분이 벗겨진 마우마우는 담 옆의 큰 바위에 올라, 읍내로 가는 길에 만났던 이웃 마을 술도가의 아홉 딸 중 맏이인 암까마귀에게 얼마나 신사답게 인사했는지를 신나게 떠들어 대고 있었다. 암까마귀는 입도 크고 몸집도 큰 아가씨다. 발이 거의 정방형으로 보일 만큼 컸지만 눈은 정말 작았다. 마우마우는 고아로 자라, 자기 땅이 없는 농사꾼이다. 그는 언제나 마을 사람들에게 그 아가씨를 미치도록 사랑한다며, 그래서 당연히 그 아가씨와 결혼할 거라며, 그 아가씨가 농사꾼의 이상적인 아내가 될 것이라며, 자기 허락 없이는 마을 사람 중 아무도 그 아가씨와 연애하면 안 된다고 누누이 강조했다.

"자네가 그 아가씨 마음에 들겠나?"

우리 마을의 도교(道敎) 도사(道師)인 벤친이 물었다. 벤친은 글도 읽고 쓸 줄 알고, 귀신에게 주문 욀 줄도 안다. 하지만 언제나 '늙은 총각'으로 남아 있다. 몸집이 깡마른 그도 땅 한 평 가지고 있지 않다. 등에 혹이 하나 나 있고, 눈은 근시이다. 때문에 주변의 어느 처녀도 그에게 시집가려 하지 않았다. 그러나 무슨 이유에선지 마우마우는 벤친을 마음속으로 자기 경쟁자로 여기고 있었다. 그러나 아무도 그 점을 이해하지 못했다.

"내겐 그녀를 향한 강한 의지가 있어, 알아 둬."

마우마우가 말했다.

"강한 염원을 가진 사람만이 언제나 일을 해낼 수 있지."

"그래, 자네의 그 빛나는 대머리라면 유혹할 수 있을 거야."

도사가 의미 없는 웃음을 지으며 말했다.

"하하하!"

주위에 서 있던 사람들이 동시에 한바탕 웃었다. 판 삼촌은 오래된 느릅나무에 기대어 서 있었다. 삼촌은 한번 웃기 시작하면, 언제나 목을 뒤로 젖히는 습관이 있었다. 그는 이번에도 그 나무에 머리를 부딪쳤다. 그 때문에 또 한바탕의 웃음이 지나갔다.

"그만하면 됐어요, 어르신들, 그만하세요!"

우리 마을 설서인 라우리우가 큰 소리로 말했다. 그는 자신의 좁은 집에서 북과 꽹과리, 삼발이와 작은 북채를 들고 나왔다.[2]

"저녁 드시고 오십시오, 어르신들. 저녁 식사 후에 곧 시작하겠습니다. 그때에는 군수나 지주가 기다리라고 해도 안 기다립니다. 이야기를 되풀이 해 주지도 않습니다."

그의 말은 진지하고 틀림없다. 그는 한 번 이야기한 것을 되풀이해서 하는 법이 없다.

사람들은 제각기 자신의 작은 집으로 흩어졌다.

우리는 조상을 모셔 둔 제단[3]에서 몇 걸음 떨어진, 거실 중앙의 낮은 탁자 앞 의자에 앉아 있었다. 부엌에서 알란은 채소와 고구마, 양파를 넣어 만든 국수가 가득 든 큰 냄비를 들고 왔다. 알란이 냄비를 식탁에 놓자, 곧 뜨거운 김이 올라와, 기름 램프 주위로 모여들었다. 이로 인해 우리는 잠깐 동안 서로의 얼굴을 볼 수 없었다. 우리는 수증기가 사라진 뒤 자기 차례가 올 때까지 조금 기다려야 했다. 하지만 알란은 기다릴 줄 몰랐다. 그녀는 부엌이나 채소밭에서 하루 종일 일했기 때문

---

2. 이 악기들은 지방의 민속노래나 이야기를 전개할 때 쓰는 것임.
3. 집의 신성한 장소로, 이곳에 신이나 부처님 형상, 조상들의 위패를 모셔둠.

이다. 그녀는 국물이 든 음식을 '식식' 소리를 내며 급하게 들이마셨다.

"음식 급하게 먹으면, 입천장이 상한단다."

어머니가 알란에게 말했다. 어머니 말씀은 그런 식으로 음식을 먹으면 예의에 어긋난다는 뜻이었다.

판 삼촌은 음식을 혀끝으로만 맛보는 듯 아주 조용히 먹고 있지만, 우울한 모습이다. 판 삼촌의 침착한 모습을 바라보며, 어머니는 웃음을 지었다. 어머니는 뭔가 생각하였지만, 그것을 직접 말하지는 않았다. 어머니는 판 삼촌이 음식을 얼마나 빨리 다 먹는가를 보려는 것이었다.

"판 삼촌, 피곤하시죠?"

마침내 어머니는 입가에 계속 웃음을 머금은 채 물었다.

"조금요. 하지만 많이는 아니구요."

판 삼촌이 입을 뽀로통하게 내민 채 대답하며, 고개는 들지 않았다.

"그럼, 술 한잔하셔서 몸을 좀 덥히시지요?"

어머니는 '술 한잔'이라는 말을 특별히 강조하면서 다시 물었다.

곧 판 삼촌은 고개를 들어 미소를 지었다.

"아주 좋은 생각이십니다! 그 생각은 미처 못 했군요!"

삼촌은 대답했다. 나는 그 말이 거짓임을 알았다. 매일 삼촌은 저녁 식사 때 술 한잔 마시는 습관이 있었지만, 매번 그런 생각이 나지 않는다고 했다. 실제로 저녁 식사에는 언제나 푸른 잔이 삼촌의 밥그릇 옆에 놓여 있었다.

삼촌은 조상을 모신 제단 아래 술 단지들이 놓인 곳으로 가서 그중 한 단지의 뚜껑을 새로 열고 구리 족자로 술을 한 잔 가득 펐다. 이 술은 집에서 담근 것이다. 매년 가을, 추수가 끝나면 우리는 이웃 마을 술도가로 찾아가, 집에서 담글 술 단지에 채울 보리를 증류해 달라고 했다. 그렇게 만든 술은 판 삼촌 혼자 다 먹어 치운다. 판 삼촌은 '삶의 활력을 불어 넣어 주는 특효약' 없이는 우리와 함께 오랫동안 머물 수 없음을 익살스럽게 이야기하기도 했다.

원래 삼촌은 우리 가족의 일원이 아니었다. 또 우리 마을 사람도 아니었다. 오래 전, 내가 아주 어릴 때, 삼촌은 북쪽에서 왔다. 당시 북쪽 지방에는 서로 으르렁거리던 두 군벌이 진짜 싸움을 벌였었고, 한편으로는 황하강[4]이 범람하는 바람에 그 일대의 모든 논밭이 물에 잠겼었다. 그래서 삼촌은 피난민 일부와 함께 '대도시'에서 인력거 끄는 일을 하러 가는 중에 우리 마을에 오게 되었다. 그런데 그때 갑자기 우리 마을에서 판 삼촌은 병을 얻어, 이곳에 계속 남게 되었다. 당시 아버지가 판 삼촌을 집으로 데려와, 병간호를 했다. 판 삼촌은 자신의 계획을

---

4. [옮긴이] 黃河江 : 중국에서 둘째로 긴 강으로 길이가 5,464km이고, 서에서 동으로 흘러 보하이 바다로 흘러감.

바꾸어 우리가 농사짓고 있는 육 에이커[5]의 땅을 함께 일구며 우리를 돕고 살고 싶어 했다. 평생 농사꾼으로 살아온 판 삼촌은 좋은 인력거꾼은 되지 못했을 거라고 말하기도 했다. 그는 우리 땅을 사랑했으며, 또 땅을 가는 일을 하는 암소도 좋아했다. 정말 우리는 예쁜 암소를 키우고 있었다. 그래서 어머니는 판 삼촌이 우리와 함께 살도록 외양간 옆방을 판 삼촌이 쓰도록 했다. 판 삼촌은 암소 옆에서 자는 것을 좋아했다. 더 이상 북쪽으로 돌아간다는 생각을 하지 않았다.

이제 삼촌은 기름 램프 불에 술잔을 갖다 대었다. 불은 술잔을 둘러싸고 내려 앉아, 이상한 푸른 불꽃이 되어 술잔을 데웠다. 판 삼촌은 뭔가 생각에 잠긴 듯 멍하니 바라만 보고 있었다. 그러고는 술잔의 불꽃을 불어 끄고는 엄숙한 자세로 조금씩 술잔을 입에 대었다. 나중에는 긴장이 풀린 듯 한숨을 쉬었다. 잔주름이 많은 그의 뺨에는 일단의 진홍색이 퍼져 나갔다.

그는 말을 늘어놓기 시작했다. 그의 입에선 낱말들이 경사가 급한 골짜기 개울물처럼 흘러나왔다. 흐르는 물이 몇 개의 바위와 부딪히듯 그는 자신의 말을 여러 번 강조해서 말했다. 그는 자신의 생각을 형상화하려고 여러 몸짓을 했지만, 저녁마다 달랐다. 한번은 어느 산골에 사는 농민이 하루는 수달을

---

5. [옮긴이] 일 에이커가 4,047㎡(1,224평)이므로 여섯 마지기 정도 됨.

산 채로 잡아 자신의 괭이자루 속에 넣어 끈으로 묶어 놓았다는 이야기를 꺼냈다. 그런데 영리한 짐승이 묶어 둔 끈을 물어 뜯고 감쪽같이 달아나 버렸다. 그제야 어리석은 농민은 깜짝 놀라게 되었단 이야기였다. 판 삼촌은 떠돌이 사냥꾼이 잡은 토끼를 은전(銀錢)을 많이 주고 사 가는 도시 사람도 보았다고 했다.

"그 돈이 자그마치 이백오십삼 전(錢)이나 되는데, 그 돈이면 내가 반평생 먹고살 정도는 된다구요."

그는 그 돈을 마치 새어 본 것처럼 특별히 그 숫자를 강조했다. 그리고 또 다른 이야기들로 말을 이었다.

어머니는 물었다.

"그게 정말이에요, 정말이에요?"

"저는 태어난 뒤로 거짓말이라곤 해 본 적이 없습니다. 형수님."

그는 확고하게 말했다.

"그것은 마우마우와 저처럼 실제로 있었던 일입니다."

시간이 얼마나 흘렀는지 우리는 찜 요리 전부를 다 먹었다.

그때, 알란이 자리에서 일어나 밥상을 치우려고 했다. 그러자 어머니가 알란을 말리면서 말했다.

"설거지는 내가 할게. 공터마당으로 나가 볼 준비를 해라. 네 입엔 아직 기름이 묻어 있어. 코도 반질반질하구나."

알란은 부끄러운 듯 얼굴을 붉혔지만 기쁜 표정이었다. 그녀는 라우리우의 열렬한 팬이라 조금이라도 늦을 경우에는 울음을 터뜨릴 기세였다. 등 뒤로 머리를 가늘게 땋아 내린 알란은 부엌으로 서둘러 갔다. 잠시 뒤 그녀는 되돌아왔다. 그녀는 희미한 기름 램프 불빛 속에서도 예쁘게 보이도록 세수도 하고, 머리에 기름도 바르고 왔다. 어머니는 알란이 새 단장한 모습을 보고 아무 말씀도 하지 않으신 채, 그녀의 허영을 보고 조용히 웃기만 하셨다. 왜냐하면, 그녀의 반질반질한 머리카락을 어두운 밤에 칭찬해 줄 사람은 아무도 없었기 때문이었다.

우리 셋은 밖으로 나섰다. 판 삼촌, 알란과 나. 우리가 문턱을 지날 때, 어머니는 알란에게 일렀다.

"이야기 들으며 울지 마라. 악몽에 시달릴지도 모르니까."

"예, 엄마."

알란은 분명히 대답했다. 우리는 설서인이 공연하는 자리 가까운 곳에 자리하려고 달려갔다. 라우리우가 이야기를 펼칠 때, 가까이에 있으면, 우리는 그의 변화하는 다양한 목소리와 멜로디를 명확히 들을 수 있었다.

작은 집집마다 마을 사람들이 쏟아져 나왔다. 라우리우가 움직일 수 있는 직경 약 삼 미터 정도의 공간만 제외하고 라우리우를 앞에 두고 반원으로, 주위에 사람들이 모였다. 그에겐 이상한 습관이 하나 있었다. 그가 자신의 이야기를 진지한 대화로 표현할 때 자신의 북 삼발이를 들고서 주위를 맴도는 습관이었다. 앉아 있을 때는 그가 시를 읊듯 노래할 때이다. 우리는 오늘 좀 늦게 도착하는 바람에 뒷줄에 앉게 되었다. 삼촌이 가운데, 내가 오른쪽, 알란이 왼쪽에. 내 옆에는 국화 아줌마가 앉아 있었다. 아줌마는 어머니와 친하게 지내고, 나와 알란을 특히 좋아했다. 왜냐하면 아줌마에겐 아직 자식이 없었다. 우리도 아줌마를 아주 좋아했는데, 그것은 아줌마가 우리를 친절하게 대해 주었기 때문이었다. 아줌마는 서른 무렵의 나이지만 열여덟 살 정도로 보였다. 말할 때 아줌마 입가에는 언제나 온화하고 사랑스런 웃음이 배여 있었다.

노인들은 긴 담뱃대에 불을 댕겼다. 담뱃대는 마치 하늘에 있는 별들을 향해 비밀스런 사랑을 속삭이는 것처럼, 별들을 향해 온 신경을 다해 깜박거리는 신호들 같았다. 이 신호들은 우리의 온 관심을 끌었다. 이곳에 모인 사람들 모두 그 사랑의 암호가 풀리기를 바라고 있는 것 같았다. 또 신기할 정도로 노인들은 주의 깊게 기다릴 줄 안다. 우리가 노인들처럼 기다리고 있을 때, 설서인은 오른손 엄지손가락과 손바닥에 줄이 연결된 꽹과리를 두 번 쳐서 별들에 가 있는 우리의 관심을 자신에게로 옮겨 놓았다. 북소리는 삼 분 정도 더 둥둥 울렸다. 마침내 북소리도 멈추자, 라우리우는 그 이상한 습관에 따라 자신의 북 삼발이 주변을 맴돌았다. 그는 산문조로 오늘 이야기를 꺼내려고 하는 모양이다.

"학문이 출중하신 어르신들과 우아하기로 소문난 아주머니들을 모시고,"

그는 이렇게 시작했다. (설서인 자신과, 우리 도사 벤친을 제외하고는 학식이 뛰어난 사람이 실제 우리 마을에는 없지만, 그는 언제나 그렇게 겸손하게 표현했다.)

"오늘 저녁 미천한 봉사를 하게 되는 제가 여러분께 드릴 이 이야기는 제가 아직 제목도 정하지 못했을 정도로 전혀 새로운 내용이라, 어쨌든, 내용이 재미있으면 그만이지, 제목이 뭐 그리 중요하겠어요? 이 이야기는 유서 깊은 원본이 있습니다. 원본 이름을 들먹일 때 깜짝 놀라지는 마십시오.

제가 새 이야기에 대한 영감을 얻으려고 마왕 셋이 사는 경치 좋은 동산을 오르내리던 어느 날, 갑자기 세상을 돌아다니던 노승 한 분을 뵙게 되었습니다. 이 미천한 봉사자의 견해를 말씀드리자면, 노승은 저 멀리 티베트에서 오신 분이 분명했습니다. 왜냐하면 그분은 거룩한 황색의 승복을 입고 있었습니다. 모기장 같은 옷에 긴 장화도 한 켤레 들고 있었지요. 그분은 연륜이 오래 된 밤나무 아래 쉬고 있었답니다. 그분은 자신의 발아래에 위험하지는 않아도 약 삼 미터나 되는 긴 독사를 응시하고 있지 않았겠습니까. 이 미천한 봉사자가 확인하건대, 그분은 분명히 성인(聖人)임에 틀림없었어요. 설서인이자 우리 마을의 미천한 봉사자인 저는 이 땅 위에 정의와 부정의에 대한 신의 권능을 전해 주는 분들이 말해 주는 계시에 관심이 많았지요. 여러분의 미천한 봉사자가 그분께 가까이 갔습니다.

우리 영혼에 뭔가 감명을 불러일으킬 내용이 있는지 여쭈어 보려고 했던 거지요. 일찍이, 옛 중국에서 우리 설서인은 동냥하는 사람이었지만, 고매한 인격을 지닌 사람이라고 그분께 말씀드렸습니다. 잠시 그분은 나를 꿰뚫어 보는 듯한 눈매로 보시더니, 갑자기 이렇게 말씀하셨어요. '여기 앉게, 젊은이. 자네 뜻을 알았으니, 내 자네에게 이야기 하나 해 주지. 자, 잘 들어 보라고.'"

그는 말을 잠깐 멈추고, 둥둥하는 북소리로 말을 대신했다. 북소리는 점점 커져 저 멀리서 들려오는 장맛비를 예고하는 천둥소리마냥 들려왔다. 마침 구름 한 덩이가 위에서 누르듯 걸려 있고, 담뱃대의 빛나던 담배 불빛도 어느새 없어졌다. 우리 시야의 수평선에서 반짝거리던 별이 갑자기 떨어지면서 별의 자취만 우리를 현실로 데려다 놓았다. 나는 등을 바로 세워 국화 아줌마를 바라보았다. 아줌마는 자신의 빛나는 까만 눈동자로 긴장한 채 라우리우를 보면서 그의 말을 듣고 있었다. 아줌마의 모든 정기는 그녀의 두 눈에 가득 차 있는 것 같았다. 라우리우는 우리를 완전히 놀라게 한 뒤, 이제 북채를 북에 갖다 대고서 온화한 목소리를 만들어, 물결처럼 퍼져 나가게 했다. 그 뒤 그가 의자에 앉자, 소리 하나 없는 침묵이 이어졌다.

하지만 침묵도 잠깐이었다.

수줍은 나는 학식 있는 집안의

아침 이슬 머금은 오월의 꽃이 되어,

고전 시가와 자수를 배우게 되었네,

무논 언덕에서 슬피 우는 다섯 그루 버드나무와 함께 살아가네.

이 목소리는 이미 라우리우의 것이 아니라 고매한 소프라노의 목소리였다. 우리 설서인의 입에서 나오는 말은 옛날 칠보 쟁반 위의 옥구슬들이 차례로 떨어지듯 가볍고 부서질 듯 메아리로 굴러서 튀어나왔다. 라우리우의 말 한마디 한마디가 공기를 울리고, 힘차고도 조화롭게 우리들의 귓가를 때렸다. 그의 노랫소리는 이 공터 마당을 압도했다. 청중은 생명이 없는 그림자 바로 그것이었다. 오늘 밤은, 음악의 안개에 휩싸인 채, 하찮은 달과 침울함의 불명확한 색조로 만들어져 있는 것 같았다. 설서인의 이야기는 비극이었다.

이야기의 주인공 '오월의 꽃'은 아무 쓸모없는 청년의 꾐에 완전히 속아서 그 청년을 애석하게도 열렬히 사랑하게 되었다. 청년은 용모가 준수하고 재주가 뛰어나 시도 잘 지었다. 하지만 그는 자신의 재능을 잘못 사용했다. 그가 어렸을 때, 나쁜 사람들과 사귀게 되었다. 과거시험[6]을 준비하는 대신 사랑가나 지어 부르며 세월을 보냈다. 마음씨 착한 많은 아가씨들

---

6. 科擧試驗 : 중국 당나라 때 시행된 관리 선발 제도로, 다양한 등급의 시험이 있었다. 6세기부터 시작되어 약 1,400년간 지속되어 오다가 1905년 폐지됨.

은 그의 시에 매료되었다. 가장 나중에 만난 여자가 가장 안타까운 희생자가 되었는데, 그가 매정하게도 그 아가씨를 내버려 둔 채 떠나 버리자, 그 아가씨는 마음속에 그리움만 간직한 채 꿈에도 잊지 못하고 밤낮으로 고통으로 지냈다는, 그녀에게는 정말 아름답지만 거짓뿐인 감명만 남게 한 사랑이야기였다.

"나는 지금 그 성인의 희망에 따라 두 가지만 일러 둘까 합니다."

우리 설서인이 갑자기 북을 다시 한 번 치면서 쟁반 위의 옥구슬 같은 말을 잠시 멈춘 뒤에 다시 이렇게 말했다.

"첫째, 그 청년을 망쳐 놓은 것은 나쁜 세상이었습니다. 둘째, 그 아가씨는 너무 쉽게 자신의 사랑하는 마음을 내보였습니다. 다시 말해 그 아가씨는 너무 서둘렀습니다."

"하지만 그 청년이 쓸모없는 사람인지 누가 알았겠어요?"

국화 아줌마가 한숨을 쉬며 혼자 중얼거렸다.

"남정네들이 나쁜 거지……."

그녀는 이렇게 결론을 지었다. 그리고 그녀는 손수건을 꺼내 콧물도 닦았다. 현대의 모든 여성과 마찬가지로 아줌마도 이야기 속 소녀와 같은 여성이라는 불행 때문에 울지 않을 수 없었다.

라우리우는 설서인 대가다웠다. 사실 라우리우가 살아온 내력을 잘 아는 우리 어머니도 자주 그런 말씀을 하셨다. 그는 많은 어려움을, 고통을 초인적으로 극복하며 재주를 갈고 닦았단다. 한 평의 땅도 없는 농민인 그의 아버지가 자식을 더 이상 키울 수 없게 되자, 중으로 살게 절에 보냈다. 천부적으로 뛰어난 목소리를 가진 그는 찬불가를 읊는 일은 당연 일취월장했다. 혼자서 한문을 읽히게 된 그는 불경을 읽는 대신 옛 소설이나 진실이 담긴 연극을 찾는 연구에 몰두했단다. 어느 날, 절의 주지가 그의 이부자리에 숨겨 놓은, 그동안 모아 둔 문학 작품들을 보게 되었다. 그러자 주지는 그에게 발길질하고 궁둥이를 걷어차서 조용히 절을 떠나도록 그에게 종용했다. 하기는 그는 세상 사람이면 다 겪는 감정들을 멀리하려고 태어나지는 않았다. 확실히, 그가 절에 남아 있었다고 해도, 중이 되기에는 부적절했다. 우리 어머니가 늘 강조하기를, 그에겐 낭만적 기질이 충분히 있다고 했다. 언젠가 한 번, 설서인은 여느 연극 극단에서 여자 흉내 내는 사람이 되어 보려고 했다가 극단 단장의 맘에 들지 않아 실패했다. 하지만, 그는 우연히 떠돌아다니던 소리꾼을 만나, 테너 조이든, 가성이든, 소프라노 조이든 자유롭게 이야기하는 법을 배웠다. 그 뒤 그는 우리 마을에 돌아왔다. 그때 그는 이미 성공한 설서인이 되어 있었단다.

그는 달이 서편으로 기울고, 이슬이 내릴 때까지 우리 마을 사람들을 즐겁게 했다. 이야기가 끝날 때면 여자들 대부분은 눈물을 감추지 못하면서 집으로 돌아가곤 하였는데 어머니는 언제나 이야기가 끝나기도 전에 오셔서 나와 알란을 데려갔다.

왜냐하면 이야기는 보통 슬프게 끝나게 되어 있으므로 실제로 라우리우는 비극을 특히 잘 표현하는 낭만주의자였다. 그러나 오늘 저녁은 어머니가 늦게 도착했다. '오월의 꽃'의 짧은 인생을 마무리하면서, 라우리우는 이미 슬픔에 가득 찬 모습이었다. 알란은 슬픔에 잠겨 깊이 흐느꼈으며, 고개를 거의 들 수 없을 정도였다.

어머니는 알란의 고개를 뒤로 젖혀 얼굴을 위로 향하게 했다. 그녀의 눈물 어린 두 눈엔 거울에 비친 듯 별빛이 보였다. 그녀의 몸은 눈물과 흐느낌 때문에 아직도 흔들렸다. 어머니가 그녀를 힘껏 잡고 있지 않았으면, 그녀가 바닥에 쓰러질 뻔했다.

"바보같이!"

어머니는 질책하며 물었다.

"어떻게 매일 저녁 눈물을 쏟아 놓니?"

알란이 대답 대신 더욱 울먹이자 그녀의 몸은 더욱 흔들었다.

어머니는 그녀를 일으켜 세우면서 말했다.

"계속 울면, 다시는 이곳에 못 오게 할 테다. 저건 이야기일 뿐이야. 그대로 믿으면 안 돼."

"하지만 라우리우의 눈물겨운 노랫소리와 탄식은 사실이에요."

알란을 동정하던 판 삼촌이 거들었다.

"그래요, 그래서 쟤가 여기 오래 남아 있는 거죠."

어머니가 말했다.

"그럼, 삼촌이 빨리 쟤를 집으로 보내 주셔야지요."

판 삼촌은 더 이상 아무 말도 못하고 머리만 숙일 뿐이었다. 알란은 흐르는 눈물을 자신의 옷소매로 닦았다. 알란은 내키지 않는 걸음으로 어머니 앞에 서서 집으로 갔다. 우리 일행이 집으로 가고 있을 때, 어머니는 내게 낮은 소리로 물었다.

"알란이 언제부터 울었어?"

"몰라요."

나는 말했다.

"아마 오월의 꽃이 사랑의 꿈에서 깨어나, 스스로 목숨을 끊으려 할 때쯤이었을 거예요."

"뭐? 또 그런 얘기야?"

"그래요, 이번엔 방식이 조금 다르지만."

"내일 저녁엔 너희 둘은 집에 있어야겠다."

어머니는 알란이 들을 수 있도록 큰 소리로 말했다.

"그런 끔찍한 얘기로 네가 잠도 못 자는걸 보고 싶지 않구나."

하지만 그 내일에도 우리는 판 삼촌에 이끌려 공터 마당으로 갔다. 어머니는 반대하지 않았다. 심지어 어머니도 그릇들을 다 씻고 나서 우리 곁으로 찾아오기도 했다. 오늘 이야기는 앞서 했던 이야기의 둘째 부분이었다. 이야기는 모두 3부로 나뉘어 있었다. 어머니는 국화 아줌마 옆에 앉았다. 국화 아줌마는 우리 어머니에게 속삭이며 계속 비평을 하곤 했다.

"남자들이 나빠요! 남자들이 나빠요!"

"그래도 라우리우는 친절한 사람이야."

어머니가 아줌마에게 말했다.

"그치, 저 이는 너무 여성적이고 연약해요."

국화 아줌마가 넌지시 소곤거렸다.

"저런 남자는 마음에 들지 않아?"

어머니가 다시 말했다.

"저어……"

국화 아줌마는 그 문장을 다 완성하지 못했다.

그사이, 라우리우는 자신의 이야기를 계속하여 아무 쓸모 없는 사람의 역할을 할 때는 테너 조로, 주인공 역할을 할 때는 소프라노 조로 이야기를 꾸며 나갔다. 이 두 목소리는 정말 전혀 다른 목소리였다. 실제 우리들 영혼 속에는 라우리우는 없고, 그 배우 두 사람만 있었다. 한 사람은 여성적이고, 조용하고, 아름답고, 감성적인 여자였고, 다른 한 사람은 교활하고, 나쁘고, 위험하지만 잘생긴 남자였다. 이 설서인의 공연에 대한 보답으로 마을 사람들은 설서인이 생계 걱정을 하지 않도록 일정 기간 백 근[7]의 쌀을 주어 재담을 계속할 수 있게 배려했다. 다행히 올해는 추수가 좋았다. 읍내 지주 추민이 토지 임대료로 많은 양을 거둬 갔지만, 우리 마을에서 그가 공연을 할 수 있는 만큼의 곡식은 충분했다.

---

7. 근(斤): 중국의 무게 단위로, 0.5kg.

2

천연두에 걸린 알란

판 삼촌이 외로운 것처럼 알란도 외로운 아가씨였다. 그러나 알란의 출생지는 중국 북쪽이 아니다. 알란은 우리 마을에서 십 리[8] 떨어진 마을에서 태어났다. 알란은 친척마저 모두 죽고 없어 외로웠다. 친척들은 알란이 그분들을 기억할까 말까 하는 나이에 일찍 세상을 떴다. 알란의 아버지는 가난한 농민으로, 당시 많은 다른 농민들이 그랬듯이, 극심한 가뭄이 들던 해에 갑자기 생을 마감했다. 그해 여름은 비가 전혀 오지 않아, 논에 심어 놓은 벼가 다 말라 죽었다. 그래서 큰 흉년이 들었다. 사람들은 뒷날 이 해를 '대기근의 해'로 기억하고 있다. 쌀이라고는 주변에 찾아보려 하여도 찾아 볼 수 없었다. 다만 읍내의

---

8. 里 : 중국의 길이 단위로, 1리는 0.5km.

지주 추민은 충분한 양의 곡식을 쌓아 두고 있었다. 추민은 당시 이 지역에서 가장 큰 지주였다. 그는 당시 기근의 고충을 입었던 농민들에게 쌀을 내주고 그들의 토지를 받아 갔다. 몇 주일도 안 되어 추민은 이 지방의 거의 모든 논을 소유하게 되었다. 그 뒤 어느 날, 갑자기 비가 조금 왔다. 이 아름다운 비는 가뭄에 죽어 가는 대지를 되살리는 비가 되었다. 알란의 아버지는 이전의 자기 논으로 가, 노란 콩을 심고 싶었다.

"이 논에서 일하면 안 되지요!"

추민에게서 새로 이 논의 경작권을 얻어, 새로 소작농을 하게 된 건장하고 검게 탄 얼굴의 청년이 말을 걸어 왔다. 이 청년은 알란 아버지보다 좀 더 나은 소작 조건을 제시해, 이 논에서 농사를 지을 수 있게 되었던 것이다.

"이 논임자는 추민 지주이십니다."

"이 논은 내 땅이네!"

알란의 아버지가 말했다.

"평생 이 땅을 갈아 왔어!"

"쌀 삼백 근과 이 논을 바꾼 거래를 기억 못하니 명청한 사람이군요. 내가 이 논을 쓰기로 추민과 계약한 걸 몰라요?"

젊은 사람이 그를 화나게 만들었다.

"네놈이 감히 뭐라고! 이건 내 땅이야! 내 선친으로부터 물려받은 땅이야."

두말도 않고 알란의 아버지는 큰 손으로 청년의 뺨을 때렸다. 청년도 지지 않았다. 청년은 호랑이처럼 알란의 아버지에게 달려들어, 큰 주먹으로 그의 머리를 연거푸 때렸다. 당시 알란 아버지는 벌써 나이가 많아 청년과 계속 싸우기에는 힘이 부쳤다. 결국 그는 자신이 지금도 계속 농사짓겠다고 주장한 그 논에 쓰러졌다. 알란의 아버지 코에서 두 개 울물이 흐르듯이 피가 흘렀고, 입에서도 피를 토했다. 그 일이 있은 지 삼 일 뒤, 알란의 아버지는 세상을 떴다. 그의 아내도 경작할 땅이 없어 앞날이 캄캄하다고 생각되자 그 두려움으로 남편이 죽은 그다음 날 저녁에 목을 매달았다. 그때 알란은 겨우 세 살이었다.

알란은 어렸을 때 예뻤단다. 어머니는 알란의 부모가 갑자기 죽자 그 집에 두 사람의 관을 사는 데 돈을 보태려고 방문했다가, 그 집 대문에 멍하니 앉아 있는 알란을 보았단다. 어머니는 그 아이를 민며느리로 삼고 우리 가족의 합법적인 일원이 되게 하려고, 마을 어른들을 초청하여 간단한 다회(茶會)를 열었다. 그 자리에서 어머니는 큰 아들인 형이 자라면 이 아이와 약혼시키겠다고 말했단다. 관습에 따라 알란은 공식적으로 시집가기 전까지는 종살이를 해야 했다. 알란이 다섯 살이 되자, 어머니가 시키는 대로 가사 일을 도왔다. 알란은 자라면서도 점점 더 예뻐졌다. 어머니는 알란을 친딸처럼 키웠고, 유능한 안주인이 되어 우리 집의 대를 이어 나가고 어머니가 나이 들어 힘에 부칠 때, 살림을 물려받을 사람이 되기를 바라고 있었다. 어머니는 집 밖 궂은일에 알란의 아름다운 모습이 상하지 않게 신경도 많이 썼다. 종살이하는 소녀에 대한 어머니의 애정은, 우리가 오래전부터 토지에 영향을 받지 않고도 살아갈 수 있었기에, 끊이지 않고 계속되었다. 아버지는 장이 서는 읍내의 가난한 교사로 있다가 저 아래 강 하류의, 사람들이 많이 사는 '대도시'에 새롭게 번창하는, 면(綿)을 취급하는 상회(商會)의 서기로 일하고 있었다. 아버지는 교직에 있었을 때보다 더 나은 급료를 받았다.

처음, 알란은 자신이 우리 형의 아내가 될 때까지 종살이를 해야 한다는 것을 몰랐다. 그러나 점차 인간사를 이해하면서 자신의 위치를 알아차리고, 자신의 운명이 뭔가 잘못되었음을 느끼게 되었다. 알란은 젊은 사람들이 선물 꾸러미를 들고 인근 마을의 친척을 찾아뵙는 추석이 되면 더욱 더 생각에 잠기고 자신의 불행을 느꼈다. 물론 알란은 방문할 곳이 없었다.

그날도 다시 추석이었다. 아침에 알란은 아주 우울해져 있었다. 알란은 두 눈이 부어 있었다. 전날 밤에 잠을 제대로 자지 못한 것 같았다. 실제로 전날 밤, 알란은 마을 뒷산의 어느 무덤을 찾아간 것을 나중에 알게 되었다. 그 무덤은 종살이 하던 소녀가 최근 천연두로 죽어, 묻힌 곳이었다. 그곳에 가서 알란은 울었다. 종살이 하던 소녀는 알란과 잘 지냈으며, 자신들의 외로운 처지에 대해 이야기도 나누었고, 불행한 운명에 대해 한탄을 늘어놓기도 했다. 하지만 어머니는 그 점을 몰랐다. 어머니는 일가친척이 없어 찾아갈 곳이 없어 우울하겠거니 하고 추측하고 있었다. 때문에 어머니는 나더러 오늘 알란과 함께 자유롭게 놀라고 했다.

우리는 명절을 어떻게 즐겁게 보내야 할지 몰랐다. 그래서 우리는 강둑을 걸어 보기로 했다. 날씨가 아주 따뜻했기 때문이었다. 많은 젊은 사람들도 의기양양해 있었다. 대다수 젊은 이들은 사랑가를 불렀다. 정말 아름다운 가을날이었다. 하늘은 정말 맑고, 물푸레나무의 달콤한 향기가 산들바람에 날려왔다. 모두 노래가 저절로 나올 정도였다.

그러나 알란은 조용히 있었다. 강둑을 걸을 때에도 알란은 자신의 발만 내려다보고 있었다. 알란은 노래도, 물푸레나무의 향기를 맡는 것도 싫어했다. 마치 장례식에 참석하러 가는 것처럼 말없이 걸었다. 갑자기 한 줄기 바람이 불어오자 알란의 아름다운 머리카락이 흐트러져 버렸다. 알란의 얼굴은 창백해져 있었다. 그녀의 두 다리가 후들거려 둑길 옆의 풀에 그만 풀썩 주저앉아 버렸다.

"몸이 좀 이상해."

알란은 숨을 헐떡거리며 황급히 말했다.

"어서 집으로 가."

나는 알란을 일으켜 세워 양팔로 부축하며 집으로 향했다. 정말 알란은 건강이 나빴다. 나는 알란의 손이 뜨거워져 있음을 알았다.

우리가 집에 다다르자, 어머니는 잠시 동안 알란의 머리에 손을 얹었다.

"참느라 힘들었겠구나."

어머니가 중얼거리듯이 말했다.

"열이 많네. 어딜 갔다 왔지?"

어머니는 나를 보며 물었다.

"강둑에요."

나는 대답했다.

"쟤가 감기 들었나 보다. 가을의 매서운 강바람은 우리 살갗의 숨구멍으로 몰래 몸 안에 들어온단다."

어머니는 알란을 자리에 눕히고, 솜을 넣어 만든 누비이불과, 옆에 있던 겨울옷을 꺼내 덮어 주었다.

"땀을 푹 내면, 그 바람은 이 몸 밖으로 다시 달아날 거야."

이렇게 어머니는 말했다. 어머니는 몸 안에 들어온 바람을 덥혀 빨리 밖으로 내보낼 생각으로 뜨거운 음료도 준비했다. 어머니는 생강을 조각내어 갈색설탕과 깨끗한 물을 함께 냄비에 넣어 작은 불 위에 올려 끓였다. 약 15분이 지난 뒤, 어머니가 큰 그릇에 끓인 물을 붓자, 증기 구름이 흩어지고 생강 냄새가 강하게 났다. 그 액체는 우유빛처럼 하얗다. 어머니는 그릇을 들고 알란에게 가서 작은 목소리로 말했다.

"얘야, 이걸 마시면 좀 좋아질 게다."

목소리를 듣자, 알란은 멍하게 두 눈을 떴다. 본능적으로 자리에서 일어나 앉은 알란은 어머니를 멍청하게 바라보았다. 알란은 어머니를 거역해 본 적이 한 번도 없었다. 꿈에서도 어머니가 부르면 대답할 정도였다. 큰 그릇의 내용물을 보지도 않고, 어머니의 손에서 그릇을 당겨, 목을 그르렁하면서도 생강물을 다 마셨다. 그러고는 다시 눈을 감고 잠자리에 쓰러졌다.

한 자리가 비어 있는 식탁은 아주 낯설었다. 이제까지 한 번도 알란이 우리의 삶에 얼마나 큰 영향을 끼쳤는가를 생각해 보지 못했다. 판 삼촌은 습관적으로 식사 때 마시던 술 한 잔도 마다했다. 그는 알란이 아파 마음이 편치 않다고 했다. 감미주가 부족하니 삼촌의 목도 아주 말라 있었다. 그는 산 채로 잡은 수달 이야기나, 어느 도시 사람이 많은 은전으로 사게 된 토끼 이야기나, 그 돈을 세 보지 않아도 본 듯이 정확하게 말하던 그 액수에 대한 이야기도 하지 않았다. 식탁 분위기는 벌써 냉랭해져 있었다.

그날 밤, 어머니는 잠을 제대로 자지 못했다. 어머니는 수시로 알란의 잠자리로 가서 오랫동안 서 있기도 했다. 황망한 표정으로 알란을 내려다보는 어머니의 이마에는 수심이 가득했고, 눈썹은 아래로 처져 있었다. 알란은 두 눈을 감고 있어, 그런 어머니를 볼 수 없었다. 큰 땀방울이 알란 이마에 맺혀 있고, 눈물처럼 빛에 반사되었다. 평소 진지하고 열의에 차 있던 알란이 무감각해져 있고 아무 움직임도 없자, 나도 이유도 모르게 마음이 아주 아파 왔다. 그 때문인지 어머니의 두 눈도 이미 젖어 있었다.

자정이 되었을까, 알란은 갑자기 신음소리를 간헐적으로 크게 내어 마치 악몽을 꿀 때 습관적으로 중얼거리는 것과 비슷한 말을 했다. 그러다 더 나아가 숨소리조차 고통스럽게 헐떡이고 있었다. 그 소리를 들은 어머니는 벌떡 자리에서 일어나, 알란의 잠자리로 달려갔다. 어머니 뒤로 나도 따라갔다. 알란은 땀으로 뒤범벅되어, 주위의 온 땀이 얇은 안개 같은 막을 한 장 만들어 놓은 것 같았다. 그녀는 아주 심하게 헛소리를 하고 있었다. 어머니는 너무 놀라 알란을 흔들어 깨웠다.

"알란, 알란아!"

천천히 알란이 두 눈을 떴지만 흰자위만 보이다가 다시 눈을 감아 버렸다. 알란은 습관적으로 하던 대답조차 못했다.

"감기가 아닌가 보네."

어머니는 스스로를 책망하듯 말했다.

"쟤한테 생강하고 설탕 탄 물을 마시게 한 게 더 나빠지게 했나 보다. 어쩌지? 어떡하나?"

낭패감에 젖은 어머니는 알란의 잠자리 앞에 자연스레 무릎을 꿇고 두 손을 모으고는 기도하기 시작했다.

"조상님, 알란은 아무것도 모릅니다. 혹시 조상님께 잘못된 일을 했다 하더라도 저 아이를 불쌍히 여겨 주십시오. 천지신명님, 저 아이가 당신께서 싫어하시는 일을 저질렀다 하더라도, 저 아이가 천지신명의 이름을 어리석게 들먹였다 하더라도, 저 아이를 용서해 주십시오. 저 아이에겐 품행을 잘 가르쳐 줄 어미, 아비도 없습니다. 저 애가 벌을 받아 마땅하다면, 저 불쌍한 아이에게 말고, 저를 벌하여 주십시오……."

어머니는 최면에 걸린 듯 계속 중얼거렸다. 하지만 알란의 목은 계속 그르렁거렸다. 알란이 뭔가 끓는 것 같은 거친 소리를 낼 때마다, 어머니 목소리는 죽은 이의 영혼을 하늘로 보내는, 스님이 하는 단조로운 주문처럼 방 안에서 맴돌며, 웅웅 들렸다. 알란은 정말 죽은 사람처럼 보였다. 보랏빛의 오월 꽃처럼 얼굴은 바위처럼 굳어 있고, 입술은 청백색이 되었다. 나는 이것이 어떤 상황인지 마음속으로 떠올려 볼 수조차 없었다. 나는 알란과 어머니에게로 연이어 시선을 돌렸다. 램프의 침침한 불빛 아래 두 사람 모습은 딱딱하고, 음산하고, 슬프고, 두려운 것이었다. 결국 나도 자연히 어머니 곁에 무릎 꿇고, 그 모습의 일부가 되었다.

동틀 무렵에야 알란에게서 났던 그 이상한 소리가 조용해졌지만, 얼굴은 아직 창백하고 푸른색이 돌았다. 어머니는 손으로 알란의 이마를 만져 보고는 조리 없는 말로 더듬거렸다.

"잠꼬대는 그쳤는데, 무슨 일이지? 뭘까? 판 삼촌에게 부탁해 의원을 불러 오게 해야겠다. 꼭!"

침실에서 황급히 나간 어머니는 판 삼촌을 부르러 갔다.

판 삼촌은 십 리나 떨어진 마을에 사는 유명한 한의원을 모시러 갔다. 아침 식사 때쯤 삼촌은 의원과 함께 왔다. 의원은 자신의 집에서 입던 옷 그대로 왔다. 판 삼촌이 자신의 익숙한 동작과 언변으로 알란의 병세가 위급함을 알리고서, 의원에게 나들이옷으로 갈아입을 시간도 드리지 않고 곧장 모셔 온 것이 분명했다. 의원은 어머니와 인사를 나누고는 곧 알란의 방으로 갔다. 우리 지방에서는 사람을 돕는 전문가에게 경의를 표하려고, 의원에게 환자를 돌보기 전에 고기가 몇 점 들어 있는 국 한 사발을 드려 의원이 입이라도 축이는 관습이 있지만, 의원은 그것조차 기다리지 않았다. 의원은 알란의 손을 잡고 맥을 짚어 보았다. 그의 눈썹이 오므라들더니, 이마에 여러 겹의 수평선을 만들었다. 그리고 두 눈은 뭔가 생각하듯이 껌벅거렸다. 우리는 숨죽이듯 조용했다. 숨소리가 들리지 않을 정도였다.

"어제 저녁에 저 아이가 갑자기 독감에 걸렸다구요?"

그는 누비이불 아래로 알란의 손을 집어넣고 말했다.

"열은 이미 지나갔고. 맥박이 좀 빨리 뛰는 것이 좀 이상한 증세야."

"무슨 병인가요, 의원님?"

어머니가 물었다.

다시 의원은 눈썹을 찌푸리고 입술을 내밀었다.

"안타깝게도 모르겠어요. 장질부사는 확실히 아닌데. 이 병은 갑자기 오지. 높은 열이 지나 가면, 한기가 들거든요. 그것도 아니야."

"그럼 뭔가 짐작이 가는 것이라도?"

"애석하지만 그럴 수 없군요."

의원은 미소를 지으며 용서를 구하는 듯했다.

"짐작으로 병을 말하는 것은 의원이라는 직업의 양심이 허락하지 않아요."

"저런……."

어머니는 혼자 중얼거렸다.

"그러나 걱정은 안 해도 될 것 같습니다."

의원이 작은 소리로 덧붙였다.

"맥박은 평시에 비해서 빠르지만 규칙적이니, 생명에는 지장이 없어요. 조용히 쉬게 하고, 물과 죽을 끓여 먹이면, 곧 회복할 겁니다."

"그렇게 하지요, 의원님. 아이가 살아날 수 있다면 무슨 일이든지 하겠습니다."

의원은 병 진단도 제대로 못했다며 주는 돈도 받지 않고 떠나갔다.

의원이 떠나간 뒤, 도사 벤친이 찾아왔다. 그는 문을 노크하지도 않고 들어섰다. 벤친은 현관을 들어서서도 우리에게 알리지 않고, 모퉁이에 서서 알란이 머무는 방을 향해 작은 두 눈으로 신경을 써서 보는 듯 껌벅거렸다. 그도 나를 발견하고는 앙상하고 떨리는 손으로 아는 체하고는 고양이처럼 사뿐히,

망령의 걸음처럼 내게 다가와 속삭이듯 물었다.

"의원은 갔지?"

"그럼요."

내가 대답했다.

"잘되었군! 의원은 아무 소용없다니까."

그가 의사가 된 냥 재빨리 알란 방으로 갔다.

그때 어머니가 알란의 잠자리 끝에 앉아 알란에게 물을 떠 먹이고 있었다.

"안녕하십니까, 아주머니! 알란이 아프다고 들었습니다. 아주 슬픈 소식이네요. 병이 심합니까?"

"벤친, 와 주어 고맙네."

우리 어머니는 물 한 숟가락을 알란의 입에 계속 넣으면서 말했다.

"의원이 심하지 않다고 해도 난 걱정이 돼."

"의원이요?"

벤친은 놀라는 듯 말했다.

"의원이 뭘 압니까?"

"실은, 진맥을 해보고는 결과를 말하지 않았어."

"그거야, 당연하지요!"

벤친은 자신 있는 큰 목소리로 말했다.

"내가 한번 봐도 되겠습니까?"

어머니가 자리를 비켜 주기도 전에, 그는 어머니 곁에 앉아 자신의 근시 안경을 고쳐 쓰고는 자신의 코가 알란의 얼굴에 거의 닿을 정도로 몸을 숙였다.

"보십시오. 애 눈이 정상이 아니네요."

그는 어머니께 말했다.

"저 눈은 실성한 듯 고정되어 있어요. 눈을 검사해 보려고 했을 때, 곧 제 눈을 피하려는 듯이 감아 버렸어요. 그게 무슨 의도인지 모르겠지요?"

"나도 모르겠네……."

어머니는 불안한 마음으로, 마치 병리학자처럼 행동하는 벤친을 보고 있었다.

"그건 애가 제 정신이 아니라는 겁니다. 뭔가 다른 게 저 아이의 행동을 지배하고 있단 말입니다."

"벤친, 그 다른 게 뭔가? 이해가 안 돼."

"원하신다면, 숨김없이 말씀드리지요……."

갑자기 그는 어머니가 뭐라고 할까 멈칫했지만, 어머니는 궁금한 듯 그를 바라볼 뿐 말이 없자 그런 침묵을 못 참는 성미에 그는 서둘러 말을 꺼냈다.

"제 경험에 따라 판단해 보건대, 저 알란에게 망령이 들어 있습니다. 갑자기 죽은 어떤 남자의 망령입니다. 남자가 제 명대로 살지 못하고 일찍이 죽임을 당하거나, 물에 빠져 죽는 경우, 그 죽은 이의 망령이 다른 짐승이나 사람으로 환생하기 전까지 허공에 떠다닌다는 건 아시죠. 그 망령이 방황하는 게 지

겨우면 한 번 더 사람 모습을 하고 싶어 하지요. 그런 경우 죄 없는 소년 소녀에게 달라붙어, 그 아이에게 심한 병을 앓게 만들지요."

"정말?"

어머니는 반신반의하며 물었다. 어머니는 신과 조상에 대해서는 믿지만, 망령은 믿지 않았다. 우리 가운데 누구도 망령을 믿지 않았다.

"정말이구 말구요!"

도사는 테가 없는 낡은 안경을 제 눈에 다시 맞추었다.

"그게 제 철학의 전문 연구 분야입니다. 저는 인간의 속으로 들어가려는 망령들을 제 눈으로 보고, 그 망령들이 들어오는 걸 막는 일엔 익숙하지요."

"정말?"

어머니는 똑같은 질문을 되풀이했다.

"그럼요, 정말이지요!"

도사는 확고하게 말했다.

다시 두 사람 사이에 침묵이 흘렀다. 어머니는 망령 이야기를 더 하고 싶지 않았다. 망령이 우리 모두를 놀라게 했고, 때문에 벤친은 계속 이야기를 할 수 없었다. 마지막으로 그는 죽은 사람처럼 눈을 감고 있는 알란을 다시 한 번 쳐다보고는 몇 마디 더 중얼거렸다.

"저렇게 어린 나이에 망령 들어 고생하다니. 불쌍한 아이야.

기어코 내가 저 아이의 망령을 쫓아내야지."

문턱을 지나가면서는 그의 목소리가 좀 더 컸다.

"그래, 기어이 내가 우리 마을에 들어온 망령을 쫓아버릴 테다. 기필코! 망령이 내 코앞에 얼씬거리다니 참을 수 없지."

마을 노인들의 말에 따르면, 벤친은 한때 떠도는 망령을 다스리는 사람으로 명성이 자자했다. 왜냐하면 그 망령들을 쫓으려고 여러 신령이나 신까지도 불러 올 수 있었기 때문이었다. 어느 가정에 무슨 재앙이 있을 때면, ─ 옛 사람들은 이를 사악한 망령이 저지르는 짓이라고 믿었다. ─ 그에게 그 짓을 못하게 해 달라고 했다. 그리고 그가 한 일에 대해 쌀이나 돈으로 보답했다. 그러나, 대기근 때, 열두 도사가 와도 대기근을 해소할 방법이 없음을 알자 더 이상 아무도 그런 일을 해 달라고 하지 않았다. 당시에는 먹을 양식이 없어 마을사람들은 많은 친지를 잃었고, 땅마저도 추민에게 빼앗겼다. 땅이 없는 그들은 그 지주의 지배하에 놓이게 되었다. 그들은 망령도 잊어버릴 정도의 시련을 겪고 있다. 아무 할 일도 얻지 못하게 되자, 벤친은 앙상한 몰골이 되었고, 힘도 없었다. 그러니 다른 일은 고사하고라도 설법조차 해낼 수 없었다. 요술에 걸린 것 같은 운명은 신체적으로, 정신적으로 그를 절망의 구렁텅이 속으로 밀어 넣어, 무식한 농민인 마우마우조차도 암까마귀를 차지하기 위한 경쟁에서 이 도사를 물리칠 수 있을 정도였다.

그러나 벤친은 이번 기회를 이용하여 망령을 지배하는 자신의 권위를 확실히 인식시켜, 자신이 믿고 있는 도교를 보급하려고 했다. 그는 그날 저녁, 앞뒤에 용이 그려진 도교 제복을 입고, 위쪽으로 향하는 길고 검은 머리핀을 한 장방형의 어두운 색깔의 모자를 썼다. 이것들은 그가 경제적 어려움에도 불구하고 지금까지 간직해 온 재산이었다. 사실은, 어느 전당포에서도 이런 물건은 사 주지 않았기 때문이었다. 그리고 그는 도사 권위를 상징하는 신성한 지팡이도 들고, 자신의 작은 집에서 나와 지신을 모셔 둔 정자로 서둘러 갔다. 그의 넓고도 어두운 제복이 펄럭거려 바람을 일으키고 있었다. 라우리우의 이야기를 듣기 위해 마을의 공터 마당에 모여 있던 사람들은 잠을 충분히 자고, 든든하게 음식을 먹은 듯 그렇게 뽐내며, 활기차게, 당당하게 걸어가는 그를 보고는 미치지 않았나 하고 생각했다. 짙은 눈썹과 튀어나온 입술로 보아 그는 망령과 싸우러 가는 것이 아니라 마치 전쟁터에 나가는 사람 같았다.

그는 지신을 모신 제단 아래 상석 앞에서 작은 머리를 가능한 높게 하고, 굽은 등은 바로 세운 채 무릎 꿇었다. 우리 지신과 그 지신의 부인을 향한 그의 주문은 단조롭지만 거침없이 나왔다.

"우리 대스승 라오쯔9의 충실한 제자인 제가, 도사로서, 지신께 부

---

9. 老子 : 중국 고대 사상가이자 철학자이며, 도교 창시자. 뒷날 그의 도교에 초

탁드릴 일이 있어 이렇게 비옵니다. 알란에게 들어온 망령을 쫓아 주시고, 저 강 저편의 큰 관 속에 그 망령을 가두어 놓아 주소서. 그 망령이 개나 돼지로 환생할 때까지만 맡아 주시기를 간청하옵나이다. 만약 지신께서 이 일을 들어주시지 않으시면, 저는 애석하지만, 하늘에 계시는 우리 스승께 지신의 무능함을 일러 바쳐야겠습니다. 지신인 당신의 평안을 위해서도 저와 협력하여, 더러운 망령을 쫓는, 제 사명을 다할 수 있도록, 마을신으로서의 권위를 사용해 주십시오……."

그의 목소리가 잠시 멈추었다. 잠시 침묵이 흘렀다. 그날 저녁 이야기를 시작하려던 라우리우는 이제 도사의 주문이 끝났다고 추측하고는, 큰 부담에서 벗어난 듯, 한 번 숨을 크게 내쉬고는 이야기의 시작을 알리는 북소리를 울렸다. 그러나 그 북채가 북의 표면을 두드릴까 말까 하는 순간에, 정자에서는 사람들을 괴롭히는 탁탁 소리가 허공에서 들려왔다. 이는 벤친이 미친 사람처럼 지팡이로 그 상석을 격렬하게 때리는 소리였다. 동시에 그는 알란을 괴롭히는 것에게 욕하며 온갖 위협적 이름을 들먹였다.

"망령아, 네가 내 명령을 듣고 저리 내빼지 않는다면, 내가 혼을 내

자연적 능력이 첨가되어 중국 국민의 종교들 중 하나로 됨.

주겠다. 내가 너를 붙잡으러 염라대왕의 머리 아홉 달린 사자(使者)들을 불러, 기름 끓는 큰 솥에 너를 집어던져 버리거나, 병아리처럼 지옥 불에 구워버리거나, 뾰쪽 칼날 있는 산으로 끌고 가 돼지고기처럼 걸어 놓을 테다. 잘 생각해 봐! 나는 더 이상 너를 기다리지 않을 거야……."

그 말 안 듣는 망령의 잘못과 관련한 그의 환상이 부채질한 화로 인해, 그의 목소리가 점점 더 커지는 만큼, 그가 상석을 다시 지팡이로 치는 행동은 더욱 빨라졌다. 그 불협화음에 설서인의 음악소리는 완전히 묻혀 버렸다. 때문에 라우리우는 자신의 노래를 계속할 수 없었고, 벤친은 승리한 듯 목청을 한층 더 높였다. 그 소리는 정말 가관이었다. 단 한 번으로 벤친은 우리 마을에서 아주 유명한 설서인을 능가하는 탁월함을 성취했다고 확신하는 듯했다. 실제로 그날 저녁, 라우리우는 자신의 악기들을 거두고는 자기 의무를 다하지 못해 청중에게 용서를 구했다.

설서인의 공연이 연기되자, 우리는 매우 애석했다. 조용한 저녁 허공에서 우리 머리 위로 들려오는 천둥소리 같은 도사의 독주(獨奏)에 대해 우리는 씁쓸한 마음이 생겼지만, 아쉬움을 참고 발걸음을 집으로 옮겼다. 그날 밤, 우리는 잠도 제대로 못 갔다. 결국, 아침 일찍 농사일하러 잠자리에서 일어나야 되는 마우마우가 그 시끄러움을 도저히 참지 못했다. 하지만 그는 도사와 다투거나 일을 방해할 의도는 없었다. 이런 공공연한 의사 표현으로 벤친의 마음을 상하게 해 암까마귀를 두고 그와 경쟁자가 되는 것은 두려웠다. 그는 가능한 빨리 암까마귀와 결혼하고 싶었다. 그래서 구혼하고 있을 때는, 이런 불미스런 일을 피해야 했다.

대신에, 그는 밤새 사람들을 괴롭히는 망령의 지배자 벤친을 괴롭힐 방법을 찾아내는 데 성공했다. 마을의 유명한 설서인을 제압하고 의기양양해진 벤친이 '마을의 적'을 꾸짖는 동안, 마우마우는 낡은 빗자루 하나를 들고 발뒤꿈치를 들어 올린 채 살금살금 벤친의 뒤로 다가가 숨었다. 길고 가는 끈으로 벤친이 입은 성의(聖衣)의 뒤편 옷자락 끝에 빗자루를 묶는 데 성공했다. 그러고는 그는 도사가 눈치 채지 못하게 조용히 사라졌다. 벤친이 연이어 상석에 지팡이를 휘둘러 망령을 규탄할수록 그의 울부짖음도 높아만 갔다.

마우마우는 도사를 바라보며, 멀찍이 나무 아래 서 있었다. 마침내 마우마우도 피로해 졸음이 왔다. 그는 집으로 되돌아가는 길에 그 반갑지 않은 행사에 불만을 표시하려고 주먹 크기의 돌 여럿을 정자 너머로 던졌다. 작은 돌들이 벤친의 머리 위에 우박처럼 떨어졌다. 도사는 이것이 지금 자신이 쫓고 있는 망령의 군대가 그에게 대항하는 것으로 여겼다. 그는 낭패감을 느끼며, 자신의 생명을 구하기 위해 재빨리 자리에서 일어나, 자신의 작은 집으로 달아났다. 그가 내달리자, 그의 뒤에 붙어 있던 빗자루도 마치 공격하는 군대의 발걸음인양 땅에서 끌렸다. 그가 빨리 달리면 달릴수록, 빗자루 소리도 따라 커졌다.

"사람 살려! 사람 살려!"

벤친은 다급해진 목소리로 크게 외쳤다.

하지만 아무도 그를 구하러 오는 사람은 없었다. 마을 사람들은 잠 못 자게 하는 그를 미쳤다고 여겼기 때문이었다. 결국 그가 최대한 빨리 달리자, 줄이 끊어졌고 마침내 덜거덕거리던 소리도 더 이상 들리지 않았다. 그렇지만 이제는 발걸음조차 그에게는 망령들의 것으로 들려왔다. 마침내 자신의 집에 도착했을 때는 이미 자신의 신성한 지팡이와 모자를 잃어버렸고, 어둠 속에서 다시 찾을 용기도 나지 않았다. 벤친은 환상과 공포로부터 벗어났지만, 다음 날 아침에 병이 났다. 그리고 두 달 이상 그는 집 안에만 있어야 했다.

마우마우 말고는 병의 원인을 아무도 알 수 없는 이상한 병으로 도사가 고통을 당하는 동안, 알란은 서서히 회복되기 시작했다. 의원이 시킨 대로 물과 죽으로만 하는 식사로도 알란은 아주 만족할 정도로 진전이 있었다. 간혹 알란은 헛소리를 했지만 잠깐 하다 그쳤고, 고열도 계속되진 않았다. 사흘째 되던 날, 어머니는 알란의 얼굴에 난 어떤 증세에 대한 신호들을 읽게 되었다. 알란의 볼에 작은 물집 같은 농포가 생겨났다. 자세히 몸을 숙여 알란을 관찰해 본 어머니는 탄식했다.

"어, 이러면 안 되는데!"

알란은 천연두에 걸렸던 것이다. 우리 마을 아이들이 매년 천연두로 죽어갔기 때문에 어머니는 천연두가 아주 위험한 병이라고 알고 있었다. 이미 상황을 파악한 어머니는 이 소식을 삼촌에게 알리고, 예방책에 대한 도움을 청했다.

판 삼촌은 다락방에서 마른 쑥을 한 줌 내왔다. 향기 나는 쑥은 모든 균을 박멸한다고 했다. 우리는 보통 음력 5월 5일[10] 아침 해가 뜨기 전에 쑥을 숲에 가서 꺾어 온다. 어머니는 쑥을 태워 집 안 구석구석과 어두컴컴한 벽감에도 연기를 불어넣었다. 많은 모기와 파리들이 창문을 통해 앵앵거리며 날아가거나, 방바닥에 떨어져 죽기도 했다. 한편, 판 삼촌은 마른 석회 가루를 한 양동이 가져와, 알란의 침대 아래뿐만 아니라 구석구석 뿌렸다. 이렇게 하고 난 뒤, 어머니는 붉은 비단을 한 조각 꺼내, 조상을 모신 제단의 발원 판 옆 애기 여신[11]의 형상에 둘러씌웠다. 그러고는 어머니는 여신 앞에 향을 피우고 머리를 조아리며, 두 손을 모은 채 이렇게 중얼거렸다.

"알란의 생명을 구해 주시고, 여신의 자비와 은총으로 다시 한 번 이보다 더 큰 축원 비단을 놓을 수 있게 해 주십시오. 알란이 건강해지면, 절을 지을 기금을 마련하기 위해 더 많은 돈

---

10. 단오절 : 중국 전통 축제일로, 이날 마른 쑥을 태우는 습관이 있음.
11. 고대 중국에서 미신을 믿는 농민들 사이에서는 이 여신이 애기를 갖게 해 주거나, 복을 준다고 여겨졌다.

을 저축하겠습니다……."

기도가 끝난 뒤, 어머니는 나를 국화 아줌마가 사는 조그만 집에 데려가, 알란의 병이 나을 때까지만 데리고 있어 줄 수 있는지 물었다. 아줌마는 생각에 잠긴 듯 말없이 어머니를 먼저 쳐다보았다. 잠시 뒤 그녀는 눈을 아래로 하면서 말했다.

"혼자 있을 때는 남자의 출입을 두려워해 왔고, 이 집에는 몇 년간 그런 일은 없었어요."

그 말은 이 집이 수도원처럼 춥고, 조용하다는 것을 나에게 강조하는 것 같았다. 아줌마 남편 민툰이 이 방에 살았던 마지막 남자였지만, 민툰은 결혼하자 곧 마을을 떠난 뒤 아직까지 돌아오지 않았다. 어머니는 마음이 무거웠다. 어머니는 내 어깨를 잡으며, 혹시 다른 이웃이 나를 맡아 줄 수 없을지 물어보러 일어설 참이었다. 갑자기 국화 아줌마는 고개를 들고는 내키지 않는 웃음을 보이며 말했다.

"그러나 저 아이는 아직 성인이 아니니까."

아줌마는 나를 손가락으로 가리켰다.

"햇살이 좋을 때, 저 애를 내 무릎에 앉혀 놓았던 아기로 기억하고 있으니."

그러고는 갑자기 아줌마는 두 손으로 내 머리를 세게 잡더니 입술을 내 이마에 대면서 말을 했다.

"너를 내 큰아들로 여기겠다. 나하고 같이 지내자."

나는 그날 저녁 아줌마와 함께 식사했다. 저녁상은 계란을 풀어 놓은 것과, 훈제된 돼지고기와 소금에 절인 콩이 있는 푸짐한 식사였다. 음식도 아주 맛있었다. 순전히 아줌마의 요리 솜씨 덕분이었다. 전에 나는 한 번도 이처럼 풍성한 식사를 해본 적이 없었다.

"어디서 이런 맛있는 음식을 구했어요, 국화 아줌마?"

나는 물었다. 정말 궁금했다. 국화 아줌마 집에는 남자가 없어 땅을 경작하지 않는다. 따라서 돼지나 병아리들을 키울 사료가 없어 집짐승들을 기르지도 않았다.

"보세요. 이런 맛난 돼지고기는 돼지를 키우는 저희 집에서도 먹어 보지 못했어요."

나는 호기심을 보이면서 설명했다.

"하! 하! 그것은 비밀."

아줌마는 내게 웃으며 말했다.

"너희 남정네들은 만사를 땅과 연결해서만 생각하는구나. 음식은 땅 없이도 구하는 법이 있지"

"어떻게요?"

다시 아줌마는 크게 웃었다.

"그 음식들은 사온 거야, 알겠니? 내가 그걸 샀지."

나는 아줌마가 하루 종일 집에만 있어, 일도 하지 않는 걸로 알고 있기에 어디서 돈을 구해 오는지 감히 물어보지 못했다. 아줌마는 마을의 다른 대다수의 여자들이 하듯, 마을 옆의 작은 호숫가에 가서 빨래하는 것조차도 찬물에 자신의 섬세하고 작은 두 손의 살갗이 거칠어질까 봐 싫어했다. 내가 말없이 그렇게 결론을 내리고 있을 때, 아줌마가 나를 다시 부르면서 말했다.

"자, 이것 봐. 이 돼지고기는 오 년이나 보관해 놓은 것이야. 이런 것은 귀하다구."

"하아, 귀한 재산이군요, 국화 아줌마. 하지만 왜 그렇게 오래 보관해야 하나요?"

"그건 민툰이 어느 날 해거름이나 밤늦게 돌아올 것을 대비해서지. 그분이 금의환향할 때, 축하 음식은 준비해 둬야 하거든⋯⋯."

아줌마는 여기까지 말하고는 갑자기 명상에 잠기고, 두 눈도 명상에 빨려들어 간 것처럼, 기름 램프만 바라보고 있었다. 시간이 좀 지난 뒤 아줌마는 다시 활기를 찾으며 중얼거렸다.

"벌써, 일할 시간이네. 일을 해야지."

그러고는 내 쪽으로 몸을 돌리면서 이어 말했다.

"피곤하면 일찍 잠을 자도 돼. 네 방은 나의 방 위쪽, 저 위에 있단다."

"아뇨. 더 앉아 있고 싶어요."

"좋아. 잠이 오면, 스스로 가서 자거라."

아줌마는 더 이상 말하려고 하지 않았다. 뭔가 아줌마 마음이 가볍지 않음을 나는 알았다.

아줌마는 방의 아랫목에 있는 물레로 가, 등 없는 의자에 앉았다. 아줌마는 물레를 돌리기 시작했다. 아줌마는 오른손으로 물레바퀴의 손잡이를 돌렸고, 왼손으로 다람쥐꼬리 같은 긴 솜뭉치를 집었다. 딱딱거리면서도 끊임없이 무슨 음악처럼 웅웅거리며 소리 나는 물레바퀴가 돌자, 실패도 같이 돌았다. 그리고 미세한 무명실이 솜뭉치에서 뽑혀 나오기 시작했다. 마치 누에고치에서 비단실이 나오듯이 실패 위로 감기었다. 실패는 이제 더욱 커져 갔다. 15분이 지났을 때쯤, 실패는 공처럼 둥글게 되었다. 국화 아줌마는 이것을 바퀴에서 빼내었다. 아줌마는 또 새로운 실패를 만들기 시작했다.

국화 아줌마는 한 번도 쉬지 않고 실패들을 만들어 냈다. 아줌마는 하품을 여러 번했다. 그때마다 몇 초 동안 눈을 비비고 실패를 셀 때 잠시 일어설 뿐이었다. 아줌마는 숨을 한 번 깊이 쉬고는 다시 일을 계속했다. 나는 아주 재미있어, 잠자코 아줌마만 바라보고 있었다. 아줌마는 허리와 팔이 아주 가늘어, 일하는 모습이 마치 춤을 추는 것 같았다. 더욱이 실패가 공으로 변하는 과정 자체는 나에게 흥분을 불러일으켰다. 나는 그것을 오래간만에 보았다. 몇 년 전부터 대도시에서 기계로 생산된 옷감을 사 입은 이후로는 우리 마을에서 아무도 옛날 방식의 물레로 일하지 않았다.

마침내 국화 아줌마는 긴 숨을 내쉬었다. 기계도 웅웅거리는 것을 멈추었다. 아줌마는 옆의 바구니 속에 든 실패들을 바라보고는 하나, 둘, 셋, …… 열둘, …… 열다섯까지 헤아렸다.

"신께서 보살펴 주신 덕에 오늘 저녁에는 충분히 짰구나!"

아줌마는 자리에서 일어나 큰 보자기를 방바닥에 펼쳐 실패들을 넣고는 한데 묶었다. 그리고 아줌마는 나를 바라보며, 웃으며 말했다.

"잠이 안 오니? 난 자야겠다."

"매일 저녁에 이렇게 해요?"

나는 자리에서 일어나면서 물었다.

"매일 저녁뿐 아니라 낮에도."

그러고는 내게 희미한 웃음을 지었다.

"잘 자거라."

나는 이 모든 것을 이해할 수 없어 혼돈에 빠졌다. 그 일은 아주 지루한 일이다. 이제는 옷감을 짜지 않기 때문에 불필요한 일이기도 했다. 나는 그 이상한 사정을 생각하느라 잠을 잘 수 없었다. 온통 내 귀에는 물레 돌아가는 음악 소리가 웅웅거리는 것 같았다. 그러던 차에 피곤해 내가 잠에 들락 말락 할 때는 자정이 좀 지나서였다. 나는 뭔가 새로운 사실에 놀랐다. 아랫방에서 뭔가 부스럭거리는 인기척이 있었는데, 국화 아줌마가 일어나는 소리였다. 아줌마가 자기 방의 여기저기로 돌아다닐 때, 나는 아줌마의 발소리도 들을 수 있었다. 아줌마도 잠이 오지 않나 하고 생각했다. 이런 늦은 밤에 어슬렁거리는 이상한 아줌마라는 생각도 들었다. 아줌마가 스물한 살의 나이에 민툰에게 시집온 뒤, 혼자 몇 년간 이 집에 살며 망령들을 무서워하고 있는가? 그러나 나는 곧 아줌마가 뭔가 중얼거리는 소리를 들었다.

"조상님들, 민툰이 삶의 바른 길로 가도록 안내해 주시고, 그이 사업이 성공할 수 있도록 도와주십시오. 그리고 꼭 그이가 훌륭한 사람이 되어 고향으로 돌아오게 해 주십시오. 그이가 훌륭한 사람이 되도록 수많은 나날을 기다려 왔습니다. 저는 그이를 더 기다리겠습니다. 그이는 강철 같은 의지를 가진 사람이고 야망도 대단한 사람입니다. 단지 여러 조상님들이 돌봐 주시기만 하면, 그이가 꼭 유명한 사람이 되리라 믿습니다……."

국화 아줌마는 기도를 하고 있었다. 이해할 수 있었다. 아줌마는 우리 마을 어느 누구도 그 뒤로 소식을 듣지 못한 그 야심 찬 사람, 즉 자기 남편을 위해 기도를 하고 있었다.

다음 날 아침 국화 아줌마는 내게 잘 잤느냐고 물었다. 나는 잘 잤다고 했다. 그 대답은 내가 아줌마에게 밤늦도록 왜 기도했으며, 또 아줌마는 남편 생각에 왜 잠을 이루지 못하는지도 물어볼 수 없게 만들었다. 하지만 그 뒤 나는 그 일은 완전히 잊고 있었다.

몇 주일이 지난 뒤, 어머니는 알란이 다 나았다고 하면서 나를 데리러 왔다.

알란이 생명을 구했다는 것을 알고는 나는 매우 기뻤다. 집에 들어서자마자 나는 알란을 보러 알란이 거처하는 방으로 갔다. 그러나 알란은 그곳에 없었기 때문에 나의 기대는 무산되었다. 대신, 창가에 앉아 밖을 멍하니 내다보는 야위고 창백한 소녀가 있음을 발견했다. 내 발자국 소리를 듣고, 알란은 몸을 돌려 내 눈을 뚫어지게 바라보았다. 알란은 입술이 움찔했지만, 한마디도 하지 않았다. 호기심과 어색함에 나도 알란 얼굴을 다시 쳐다보았다. 갑자기 알란은 동그래진 두 눈에 눈물을 글썽이더니, 두 눈에서 몇 방울의 눈물을 흘렸다. 알란은 흐느껴 울었다.

"나라구! 알란! 이전의 알란도 몰라보니?"

알란은 말했다. 그랬다. 그 목소리를 듣고 나는 알란임을 알아차렸다. 그러나 이렇게 다를 수가! 알란 얼굴에는 접시에 빽빽이 놓아 둔, 큰 콩 크기의 마마 자국이 완전히 덮고 있었다.

3

국화 아줌마와 장 보러 가다

알란이 완전히 건강을 되찾아 집안일을 다시 하게 되자 어느 날 국화 아줌마는 알란에게 선물을 하나 해 주고 싶다고 내게 말했다.

"불쌍한 것, 그 아이는 자신이 잘못되었다고 느낄 거야."

국화 아줌마는 말했다.

"그 나이 또래의 소녀에게 마마 자국이 있다는 것은 정말 슬픈 일이지. 나하고 읍내에 가지 않을래? 넌 그 아이의 취향을 잘 아니까, 무엇을 사 주는 것이 좋은지 내게 말해 줄 수 있잖아."

그 제안은 내 마음에 들었다. 아줌마와 내가 함께 읍내에 갈 수 있었기 때문이다. 마을의 많은 젊은이가 아줌마와 동행하려고 했지만, 번번이 성공하지 못했다. 아줌마와 나란히 걷는다는 것은 기쁜 일이다. 아줌마는 한 평의 땅도 일구고 있지 않아, 아줌마의 발은 예쁘고 가느다랗고, 허리도 날씬했다. 때문에 아줌마는 산뜻하고 매력적인 모습이다. 그래서 아줌마 걸음걸이는 라우리우의 이야기 속의 완벽한 여걸의 모습에 못지않다. 한번은, 설서인이 마을 공터로 지나가는 아줌마를 보고 평을 했다.

"저 여인은 흔하지 않은 성격 때문에 더욱 빛나는, 정의하기 어렵지만 산뜻한 매력을 갖고 있습니다. 저 여인은 훌륭한 규범을 지켜 나갈 줄 알 뿐만 아니라, 이상적 아내이자 매력 넘치는 여인입니다. 하지만 안타깝게도! 저 여인이 내 마음을 받아주기만 하면…… 저 여인의 아름다움을 완벽하게 해 주는 친절한 남자가 필요합니다."

하지만 아줌마는 이 마을에서 가장 신사답고 가장 예술가다운 남자인 그에게 유혹되는 법이 없었다.

"그럼요! 읍내에 함께 가면 참 좋겠어요, 국화 아줌마."

"그러면, 잠시 들어와 기다려라."

아줌마는 나를 아줌마의 작은 집으로 들어오게 했다.

"머리만 손질하면 되거든. 오래 걸리지 않아."

아줌마는 화장대 앞으로 가서, 나를 단순한 어린아이로 보고 나의 존재를 무시하고 화장을 시작했다. 아줌마는 얼굴 전체가 보이도록 거울을 움직였다. 그러고는 몇 걸음 뒤로 물러나, 머리도 보이도록 했다. 아줌마 머리카락은 숱이 많고, 한밤중처럼 까맣고, 검은 비단결처럼 윤이 났다. 아줌마는 말없이 거울 앞에 서 있다. 내가 뒤에서 지켜보고 있는데도 아줌마는 아무 말도 않는 것이 놀라웠다.

아줌마는 머리를 풀어 아래로 빗어 내렸다. 머리카락은 이상하리만큼 길고 세밀했다. 아줌마 등 뒤로는 어두운 골짜기를 따라 흐르는, 자녹색 이끼 덮인 개울물처럼 머리카락이 흘러내렸다. 아줌마는 머리를 빗어 내리고 또 빗어 내렸다. 나는 멍하니 거울만 바라보고 있었다. 그 습관적 동작에 나는 놀랐다. 이는 마치 머리 손질을 핑계로 조금이라도 더 시간을 보내보려고 게으름 피우는 하녀의 행동 바로 그것이 아닌가. 나는 침을 한 번 꿀꺽 삼켰다. 목에 붙은 복숭아뼈 부분이 한 번 오르내렸다. 아줌마는 그것을 거울로 보며 알아차렸다. 그러자 아줌마는 깜짝 놀랐다.

"이 바보. 왜 그렇게 나를 쳐다보니?"

아줌마가 말했다. 그러면서도 아줌마의 관능적인 두 입술엔 미소가 엷게 퍼졌지만, 오른손은 언제나 쉬지 않고 계속 머리카락을 빗으로 빗어 내렸으며, 왼손은 흘러내리는 개울물 같은 머리카락들을 받치고 있었다.

"잘 모르겠어요. 머리 손질하는 것이 아닌 것 같아요. 빗고 또 빗고 빗질만 하는 건데요."

"그게 무슨 말이야?"

아줌마는 짐짓 놀라는 듯 소리쳤지만, 아줌마의 미소 띤 입술은 더욱 더 벌어져, 반짝이는 예쁜 치열을 보이고 있었다.

"내가 무슨 생각하고 있나 묻고 싶은 게지? 장난꾸러기!"

"무슨 생각 하고 있었나요?"

"그건,"

아줌마는 나의 말이 곧장 튀어나오자 망설이고 있다. 나는 입천장 아래에서 다시 굽어져 가는 아줌마의 혀를 보았고, 그 아래 두 줄의 튀어나온 푸른 혈관도 보았다.

"그래."

아줌마는 내 추측을 확인해 주었다.

"무슨 생각인데요?"

"어찌 그리 내 생각에 관심이 많니?"

그녀는 화를 내는 체했다.

"국화 아줌마를 그만큼 좋아하니까요. 아줌마는 저희 어머니처럼 마음씨도 착하고 고운 분이지요."

"너도 착한 소년이지."

그녀가 말했다.

"민툰 생각했어. 그이 편지를 받아본 지 오래되었거든. 알겠지."

그러고는 다소곳하게 숨을 한 번 쉬고는 계속 말을 이어 갔다.

"남정네들은 처신을 정말 잘 못해. 넌 그렇게 생각 안 하니?"

나는 그 말에 동의하길 주저하며 말했다.

"머리를 손질하면서. 그분 생각을 한다고 무슨 일이 일어나나요? 언제든지 그분 생각을 할 수 있을 텐데요."

"하하하!……"

아줌마의 구부려진 혀가 느슨해지자 웃음소리가 이 사이로 터져 나왔다.

"그럴 수도 있지!"

"내 말이 틀렸어요?"

내가 물었다.

"한 가지 일을 하면서 마음이 딴 곳에 있으면 안 되지요."

나는 알란이 일을 천천히 처리할 때, 어머니가 알란에게 하던 말이 생각나 말했다.

"정말, 넌 너희 아버지처럼 고지식하구나!"

아줌마는 진지하게 말했다. 나중에 아줌마는 나의 말을 고쳐주려고 계속 말했다.

"무엇을 생각해 보려고 애쓸 때는 생각이 잘 나지 않는 게 사람이란다. 뭔가 행동하고 있을 때만 생각이 나거든. 왜냐하면, 그 일을 함으로 해서 생각이 떠오르거든."

"그러면, 빗질하면 무슨 생각이 떠오르나요?"

"넌 장난기가 보통이 아닌 녀석이구나."

그녀가 말했다.

"그건 비밀."

"국화 아줌마, 저는 그걸 꼭 알고 싶어요."

내가 간청했다.

"제가 관심을 갖는 게 바로 그것이에요!"

그녀는 잠시 생각했다. 그러고는 그녀는 물었다.

"정말 알고 싶니?"

"그럼요!"

"내게 말했잖니. 민툰 생각을 했지. 그리고 빗질뿐만 아니라 너를 보니 그 생각이 났지!"

아줌마는 웃으며, 나를 바라보았다.

"신혼 시절에 내가 머리 빗질을 할 때면, 언제나 그이가 내 뒤에 서서, 내 머리를 보았거든. 바로 너처럼 멍청하게. 내 손이 어떻게 움직이는지 바라보았지만, 그이는 너도 알다시피 어른이니까…… 그이는 다른 많은 일도 알고 있었지……."

아줌마는 갑자기 이렇게 말하고는 말을 멈추었다. 아줌마의 두 눈엔 눈물이 어리면서 빛났고, 마치 뭔가를 꿈꾸듯이 거울만 바라보고 있었다.

나는 혼돈에 빠졌다. '이 아줌마의 머리카락과 민툰이 무슨 관련이 있는가?' 더욱이 그는 마을에서 완전히 잊혀진 옛 사람이었다. 나는 개인적으로 그에 대한 아무런 느낌이 없었다. 그가 마을을 떠났을 때, 나는 다섯 살 정도였으니, 나는 그의 모습조차 그릴 수가 없었다. 저녁 식사 때, 판 삼촌이 어머니에게 라우리우와 관련해 물어보았을 때, 단 한 번 그를 언급했던 적은 있었다.

"국화 아줌마는 자신을 그토록 사모하는 라우리우를 사랑할 수 없을까요?"

"라우리우는 정말 매력적인 사람이지요."

어머니가 말했다.

"그러나 그가 국화 아줌마 마음을 얻었는지 아닌지는 확실치 않아요. 아줌마는 여전히 민툰을 아주 존경하고 있으니까요."

"왜 그럴까요? 제가 듣기로는, 민툰은 결혼한 지 얼마 안 되어 마을을 떠났고, 그 이후로는 편지 한 장 없었다던데요. 그런 무소식은 이별과도 같아요. 그가 아직 살아 있다손 치더라도, 아줌마가 그 사람에게 무슨 의무 같은 것을 가질 필요는 없다구요."

"하지만, 내 생각은요. 아줌마는 여전히 그를 사랑하고 있어요. 왜냐하면, 그가 아줌마를 돕기 위해 떠났기 때문이지요. 자, 보세요. 그는 사치스럽게 살아가고 싶어 하던 그런 젊은이었어요. 그는 결혼식 연회를 아주 거창하게 열어 예쁜 신부의 명예를 한층 높이려고 했지요. 물론 그는 연회를 준비하려고 고리대금업자를 찾아가 돈을 꾸어 왔어요. 하지만 결혼식이 끝나자 업자는 그에게 빚 독촉을 했다구요. 그가 당장 그 빚을 갚을 수 없게 되자, 그 업자는 그가 가진 땅을 전부 빼앗아 가 버렸어요. 그 사건 때문에 그는 부끄러웠고, 그를 사랑하던 신부에게도 큰 상처를 입혔지요. 그랬을 겁니다. 그 때문에 그는 어느 날 이른 새벽, 국화 아줌마가 아직 자고 있는 사이, 아무도 몰래 마을을 빠져 나갔어요. 그가 남긴 편지는, 아줌마가 한시도 잊을 수 없을 정도로 간결하고 감동적인 내용이었어요. 그는 언젠가 고리대금업자뿐 아니라 추민 지주보다도 더 훌륭한 유명 인사가 되어 꼭 돌아오리라고 했거든요."

"하지만 왜 그는 그 오랜 세월 동안 자기 아내에게 편지 한 장 부치지 않았을까요?"

"아마 아직 유명 인사가 되는 일에 성공하지 못했겠지요."

어머니가 설명했다.

"보세요. 평범한 시골 사람이 넓은 세상에 나가 쉽게 성공할 수 있겠어요?"

"그럼, 그는 공상가네요."

"모르지요."

"나는 라우리우가 노력을 계속하면, 그녀의 마음을 사로잡을 수 있으리라고 확신해요."

여자 사냥꾼이었던 늙은 판 삼촌은 자신의 입술을 오므렸다가 다시 펴면서 자신의 경험을 말했다.

"보세요, 여자들은 이상한 존재라구요. 그네들은 양보보다는 힘으로 밀어붙이는 게 필요해요. 라우리우는 민툰보다 많은 방면에서 더 낫고 재치 있는 사람이지요. 그는 밀어붙이기만 하면 돼요."

"판 삼촌, 확실해요?"

어머니는 의심하며 물었다.

"이런, 형수님, 용서하십시오."

판 삼촌은 갑자기 어머니도 한 사람의 여자라는 것과, 어머니에게 너무 떠벌렸다는 점을 알아차렸다.

"용서하십시오! 제 말에는 관심 두지 마십시오. 형수님, 제가 멍청해서!"

그러고는 그의 얼굴과 목이 갯가재처럼 붉어졌다.

진홍빛이 된 판 삼촌의 얼굴과 그의 대화가 내 마음속에서 고개를 들었지만, 나는 민툰이라는 젊은 농민을 야심찬 사람으로 생각하는 국화 아줌마를 거울을 통해 보고 있었다.

내가 이런 생각에 잠겨 있을 동안, 국화 아줌마는 머리를 손질하기 시작한지 15분이 지나 머리 손질을 마쳤다. 아줌마는 뒷머리를 혹처럼 감아올렸다. 그녀는 자연광선에 빛나는 뒷머리를 손가락으로 여러 번 매만졌다. 그리고 아줌마는 한숨을 내쉬었다.

"그이는 용기 있는 사람이야. 남자답구!"

아줌마는 마지막으로 한 번 더 거울을 바라보고는 마지막 낱말을 강조했다.

"그이가 언제고 돌아오기만 하면, 그이를 무조건 용서해 줄 거야."

아줌마는 화장대 서랍을 열고, 분이 든 작은 주머니를 꺼냈다. 아줌마는 노란 우단 조각보 안에 든 분첩을 손에 문지른 뒤, 잘생긴 코에 발랐다. 코의 양 옆으로 몇 개의 주근깨가 있어, 다른 곳보다 더 많이 분을 칠했다.

"이제 준비가 다 끝났네."

아줌마는 내게 말하면서 웃음을 지었다. 그러고는 나를 놀리는 목소리로 덧붙였다.

"내가 초록비취 같지 않니?"

"그래요, 하지만 차이가 있어요."

"뭐라고?"

아줌마는 호기심을 가지고 물었고, 아줌마의 미소는 좀 슬픈 표정이었으며, 빛나던 아줌마의 고른 치열도 숨어 버렸다.

"저어, 라우리우가 말했지요. 초록비취의 눈썹은 가는 버드나무 잎 같고요. 내가 보기에는 아줌마 눈썹은 초승달 모양이네요."

"그건 언제 알았니?"

아줌마는 주저하는 듯이 말했지만, 얼굴엔 또 다른 웃음이 빛났다.

"코에 분을 너무 많이 바르지 말아요."

"정말, 넌 장난꾸러기구나!"

아줌마는 이렇게 말했지만, 얼굴에는 함박웃음이 가득했다.

"하지만 그게 더 좋아. 나는 초록비취가 되는 건 싫어."

'초록비취'는 약 한 달 전 라우리우가 일주일에 걸쳐 우리에게 이야기해 준 어느 연속극의 여주인공이다. 초록비취는 아름답고 심성이 고운 여자다. 초록비취의 남편은 군인이다. 명조[12] 당시 왜구가 약탈을 일삼자, 남편이 나라를 지키러 해안 지방으로 갔다. 왜구가 침범해 온 그날 저녁, 그는 그들을 막기 위해 출전에 앞서, 침략자들을 무찌르지 않으면, 돌아오지 않겠노라고 아내에게 약속했다. 다행히 약속을 지키는 데 성공했지만, 약 십이 년의 세월을 보내야만 했다. 오랜 전쟁 동안 그는 아내에게 편지 한 장 보낼 겨를도 없이 바빴다. 그런데 엉뚱하게도 그가 왜구들에게 생포되어, 노예가 되어 왜국에 끌려갔다는 소문이 들려왔다. 이 무섭고도 나쁜 소식이 들려오자 초록비취에게 이 세상만큼의 재산을, 바다와 같은 사랑을 갖다 바치겠다며 멋있고 학식을 갖춘 선비나 구혼자들이 무수히 나타났다. 하지만, 그녀는 그들을 하나씩 물리쳤다. 마침내, 그녀의 남편에 대한 그리움이 '폭발점'에 다다른 어느 날, 갑자기 고대하던 남편은 많은 칭호와 훈장을 달고 마을에 나타났다.

"정말로, 학식을 갖춘 선비님들과, 매혹적인 귀부인 여러분, 그 두 사람이 만나는 장면을 한번 그려 보십시오!"

우리 설서인이 결론을 내렸다.

"두 사람은 스물두 살의 청춘 남녀처럼 열렬히 사랑했습니다."

---

12. 明祖 : 1368~1644년까지 중국을 지배한 왕조.

"그 초록비취가 얼마나 아름다운가!"

국화 아줌마는 혼자 말했다.

"민툰도 군인의 길을 택했을까?"

"아저씨가 군인이면 좋아요?"

나는 아줌마의 혼잣말을 엿듣고 물었다.

"그건……"

아줌마는 갑자기 얼굴을 붉혔다. 그녀는 내 질문에 대답하지 않고, 망설이는 걸음으로 물레 쪽으로 걸어갔다. 그러고는 보자기로 싼 보따리를 집어 들었다.

"가자."

그녀는 재촉했다. 그래서 우리는 나섰다.

우리가 좁은 길을 따라, 공터 마당에 갔을 때, 동구 밖의 길 입구가 내다보이는 고목이 다 된 단풍나무의 밑동에 기댄 채, 긴 의자에 앉아 볕을 쬐고 있는 라우리우를 발견했다. 그는 공중으로 날듯이 자장가 같은 노래를 흥얼거렸다. 그는 요람을 흔드는 어머니처럼 노래 부르면서, 고개를 왼쪽, 오른쪽으로 흔들었다. 국화 아줌마를 보자, 곧 노래를 멈추고 자리에서 일어나, 마치 열여덟 살 처녀처럼 수줍은 미소를 지었다. 그는 국화 아줌마 앞에서는 언제나 수줍음이 많았다.

"읍내에 갑니까? 국화 아줌마?"

그는 진홍빛 얼굴이 되어 있었지만, 쾌활하고 다정한 목소리로 말했다.

"그럼요."

국화 아줌마는 그를 내려다보며 말했다.

잠시 침묵이 흘렀다. 우리는 신작로 쪽으로 나섰다. 라우리우는 우리와 함께 가고 싶어 했지만, 내심 결심하지 못해 주저하면서, 우리 뒤를 따라왔다. 우리가 마을 어귀에 다다르자, 그는 갑자기 말을 건넸다.

"날씨 참 좋지요?"

"그래요. 아주 좋아요."

국화 아줌마가 대답했다. 그러고는 또 두 사람은 말이 없었다.

이제 우리는 신작로에 들어섰다. 아직도 라우리우는 마음을 정하지 못한 듯이 걸어오고 있었다. 태양은 빛나고, 기온은 따뜻했다. 날은 더웠고, 등도 좀 가려웠다. 벌써 늦가을인데도 칠월의 날씨 같았다. 떠돌아다니는 들오리 대열이 우리 머리 위에서 꽥꽥거렸다. 그 때 갑자기 라우리우가 국화 아줌마의 오른 편으로 다가와 다정하게 말을 걸었다.

"그 보따리 내가 들어 줄게요."

"고맙지만, 괜찮아요!"

그녀는 차가운 목소리로 말했다.

"이 보따리 아주 가벼워요. 내가 들고 갈 수 있어요."

"허!"

라우리우는 씁쓰레하여 한마디를 내뱉고는 더 이상 말이

없었다. 그의 얼굴은 붉어져, 태양 아래 잘 익은 사과처럼 빛났다. 그럴수록 그의 발걸음도 더디어졌다. 다시 그는 우리 뒤로 처지게 되었다.

"우린 서두르자!"

라우리우가 뒤로 물러났다는 것을 알고서 국화 아줌마가 내게 말했다.

우리는 발걸음을 재촉했다. 국화 아줌마가 빨리 걸을 때는 마치 날아가는 것 같았다. 그만큼 아줌마는 날씬했다. 나도 아줌마를 따라 잡을 수 없어 몇 걸음 뒤처지게 되었다. 약한 바람이 내 코앞으로 불어오고 있어, 나는 국화 아줌마의 주근깨가나 있는 코에 바른 분에서 나는 달콤한 향기를 맡을 수 있었다. 그리고 나는 방향을 머금은 그녀의 옷이 살랑거리는 소리도 들을 수 있었다. 나는 고개를 돌려 뒤를 보았다. 저런! 라우리우는 어린아이마냥 기우뚱거리면서 더욱 멀어져 있었다. 그의 얼굴은 완전히 낭패감에 젖어 있는 것 같았다.

"국화 아줌마!"

나는 아줌마에게 다가가면서 물었다.

"라우리우가 아주 불행해 보이는데, 왠지 알아요?"

"아니, 몰라."

아줌마는 냉정하게 말했다.

"더욱이 그건 그 사람 사정이니, 그 일로 고민하지 마라."

"저는 잘 모르지만 그가 안 되어 보여요!"

나는 아줌마가 그에게 상냥하게 대하지 않는 것을 보면서 말했다.

"그는 굉장히 친절한 남자라고요. 이야기도 정말 아름답게 하고요."

"그래. 그는 이야기를 정말 아름답게 하지, 하지만⋯⋯."

국화 아줌마가 말을 꺼내다 멈추었다.

"하지만 뭐예요?"

나는 흥분해 물었다.

"하지만 정말 그는 남자답지는 못하지. 너무 여자 같아."

"무슨 말씀이세요?"

나는 호기심이 가득 차서 물었다.

"그 사람이 여자애처럼 노래하는 거 보면 모르니?"

"저는, 그 점이 좋던데요! 그가 소녀의 역을 맡아 노래할 때는 정말 매력적이에요."

"넌 소년이니 그런 소리 하지."

"그러나 알란도 그를 존경한다던데요?"

"알란은 아직 어린아이잖니."

"그럼 아줌마는 어른이라서 그런가요?"

나는 진지하게 물었다.

"어른이 되면 여자들은 여자 같은 남자를 싫어하나요?"

그녀는 얼굴을 붉혔다.

"그건⋯⋯. 야망 있는 남자를 좋아하지."

아줌마는 풀이 죽어 중얼거렸다.

"라우리우는 언제나 연극인일 뿐 그 이상은 아니야. 그는 자신의 이야기 속에 나오는 공적(功績)이 많고 감동적인 영웅들과도 전혀 달라. 그 영웅들을 난 존경한단다……."

"그 영웅들을 그렇게 재미있는 이야기로 만들어 내는 그 남자는 아니고요?"

나는 아줌마의 말을 가로막았다.

"정말, 넌 장난꾸러기구나!"

아줌마는 소리쳤다.

"우리 그 이야기는 그만 하자. 벌써 읍내에 다 왔구나."

읍내 입구에 도착했을 때, 나는 마지막으로 한 번 더 우리가 걸어온 신작로를 돌아보았다. 라우리우는 보이지 않았다. 그는 읍내까지 우리를 따라 오지 않았다. 보따리를 대신 들어 주겠다는 제안을 국화 아줌마가 거절하자, 라우리우가 낭패감으로 죽을상이 되었던 순간을 떠올리자 나는 이내 슬퍼졌다.

우리는 읍내 간선도로 옆에 돌로 된 인도(人道)를 따라 걸었다. 얼마 뒤, 어느 큰 모퉁이에 솜을 파는 상점이 보였다. 우리는 상점 안으로 들어갔다. 커다란 뭉치의 솜과 겹겹이 쌓여 있는 실패들이 보였다. 이것들은 천정까지 쌓여 있었다. 이 상점이 솜들을 수집해 '대도시'에 사는 우리나라 사람들이 운영하는 상사(商社)에 팔면, 그 상사는 "매판13을 중개로 외국 공장으로 이 물건들을 보내었다. 이 상점 주인은 중년의 나이였고, 언청이였다. 키 작은 그가, 높은 판매대 뒤에서 나오는 모습은 마치 판매대가 그를 관 속으로 집어넣는 것 같았다. 그는 긴 담뱃대를 물고 있었다. 이 때문에 입술은 완전히 다물어지지 않아, 담배연기는 마치 불에 타는 쇠똥무더기에서 나오는 연기처럼 입의 여기저기서 조금씩 달아나고 있었다. 국화 아줌마는 이 상점에 자주 방문하는 것 같았다. 왜냐하면, 그 언청이 주인이 국화 아줌마에게 웃으며 옛 여자 친구 대하듯 말을 걸어 왔기 때문이다.

"날씨 참 좋지요, 국화 아줌마? 동네에 무슨 좋은 소식이라도?"

"예, 날씨 좋아요, 왕 사장님. 우리 동네 도사가 망령한테 무슨 오해를 산 소식밖에는 없어요."

"뭐라고요? 망령한테?"

상점 주인은 호기심과 흥미를 가지며 물어왔다.

"그럼요. 도사의 주문이 뭔가 맞지 않은 모양인가 봐요. 망령이 그의 명령에 복종하기는커녕, 그의 생명을 위협해 그를 괴롭혔어요. 불쌍한 사람이에요. 그 일로 그는 두 달 넘게 자리에

---

13. [옮긴이] 買辦 : 1770년경 이래로 중국에 거주하는 외국 상관(商館), 영사관 등에서 중국 상인과의 거래 중개기관으로 고용한 중국 사람을 말함.

누워 있었지요."

"하하하! 그 사람에게 축하인사를 전해 주구려."

상점 주인이 크게 웃을 때는, 그의 찢긴 입술은 곧 떨어져 나갈 듯 그렇게 팽팽해졌다. 나는 상점 주인에 대한 관심이 점점 커졌다. 하지만 그는 고통을 느끼지 않는 것 같았다. 그는 계속 웃어 댔다.

"오호, 그 가련한 사람을 선한 눈길로 봐 주세요."

그의 이상한 입술을 멍하게 바라보던 국화 아줌마가 그에게 호소했다.

"요즘 시세는 어때요?"

"그렇게 즐겁지가 않아요."

상점 주인은 웃음을 거둬들이고 말했다.

"무슨 말씀이세요?"

국화 아줌마가 진지한 표정을 지었다.

"또 국산 실 가격이 좀 떨어졌어요."

상점 주인은 어떻게 해도 숨길 수 없는, 밖으로 나온 앞니들을 드러낸 채 좀 슬프고 유쾌하지 못한 표정으로 말했다.

"하지만 아무도 사 가지 않는 걸요."

"대도시 공장들이 문 닫았나요?"

국화 아줌마가 걱정이 되어 물었다.

"그럼요. 최근 들어서는, 또 저 강 아랫마을에 사는 우리 옛 손님들은 사러 오지도 않아요. 그래서 솜과 실이 저렇게 많이 있다니까요.”

그는 담뱃대로 그 더미를 가리켰다.

“왜요? 옷 안 입고 사나요?”

“왜냐구요?”

왕이라는 성을 가진 상점 주인은 되물으며 담뱃대를 빨았다.

“나라 안 전쟁 때문이지요. 세상에 알려지지 않은 곳에 사는 우리야 그 사건들로 한 번도 괴로워한 적 없지만, 황제가 폐위된 뒤로는 사람들이 계속 여기저기서 서로 싸우고 있으니. 이 군벌이 저 군벌과 싸우고, 실제로 그들 중 얼마가 싸우는지 나도 몰라요.”

“들기로는 지금은 새 왕조, 공화국이라던데요? 하지만 그 새 왕조에서도 사람들은 옷을 입을 게 아니겠어요?”

“전쟁이라고 내가 좀 전에 말했잖아요. 아줌마!”

상점 주인이 담배를 힘껏 빨자 뒤틀린 입술 틈새로 담배 연기가 여러 마리 뱀처럼 흔들려 나왔다.

“내가 들기로는 아주 큰 전쟁이 일어난대요. 때문에 강 하류 도시의 방직 공장들은 전부 문 닫았대요.”

국화 아줌마는 고개를 끄덕이며 이해하는 듯했지만, 표정은 점점 창백해져 있었다. 한동안 아줌마는 한마디도 더 묻지 않았다. 아줌마는 상점주인 왕 씨의 떨어져 있는 입술을 처음 보는 듯 호기심 어린 시선으로 그를 쳐다보았다. 상점 주인은 아줌마의 그런 시선 때문에 괴로워하지는 않았지만, 연거푸 담배만 빨아 댔다. 그러자 그의 입술과 위로 들린 넓은 콧구멍 사이로 난 삼각 구멍으로 연기가 연거푸 나왔다. 그 연기가 그의 편편한 얼굴을 완전히 감쌌다.

"아이고, 이를 어쩌나!"

국화 아줌마가 마침내 외쳤다.

"난 어떻게 살아가지? 이제 실도 필요하지 않다니."

왕 씨는 그를 둘러 싼 연기를 후하며 불어 버리고는 온화하게 말했다.

"그래 실은 얼마나 가져왔소? 내가 할 만큼은 해 보겠소. 오랜 친구로서 내가 배신은 않겠소."

"약 두 근요."

국화 아줌마는 보따리를 풀어 여러 실패에 감겨 있는 흰 실꾸러미들을 꺼냈다.

"이번 실은 최고급이에요. 왕 사장님."

아줌마는 말했다.

"왜냐하면 이번 실들은 모두 밝은 대낮에 만들었어요."

"어째서요? 밤일은 그만 두었소? 사실, 기름 램프를 켜고 물레를 돌리는 게 쉽지는 않아요."

"저어, 이 아이가 여러 날 우리 집에서 살았거든요."

아줌마는 나를 가리키고 웃으며 말했다.

"안주인으로 내가 이 아이를 돌보아야 돼요."

나는 그것이 의도적인 거짓말임을 알았다. 그러나 그것도 왕 씨의 관심을 불러일으키지 못한 것 같았다. 그는 책망하듯 말했다.

"가져온 게 얼마나 품질이 좋은지는 차치하고요. 그 실은 기계로 짠 실과는 경쟁이 안 된다구요. 이제 손으로 만든 실 제품은 사 가지도 않을 거요. 그 제품들은 값이 비싸고, 또 새 기계에 맞지 않아요. 내 말을 믿어 줘요. 내 고객들은 솜만 모아 달라고 했답니다. 그렇지만 우리는 오랜 친구이기 때문에……."

그는 담뱃대를 빨기 위해 잠시 멈추었다. 그리고 실패 하나를 집어 들어, 문틈으로 들어오는 빛에 대고 품질 검사를 했다. 그는 실패를 판매대에 올려놓고, 고개를 들어 국화 아줌마를 쳐다보며 물었다.

"한 근에 얼마 받겠소?"

"지난번 가격보다 낮지 않았으면 합니다. 그렇게 되겠지요?"

국화 아줌마가 말했다.

"그렇게 될 수 있을지."

왕 씨는 입술을 오므리며, 반대 의견을 말하려 하다가, 간단히 말했다.

"전쟁이 끝나지 않아 시세가 맞을 리 없다고요."

국화 아줌마는 솜뭉치가 가득 쌓인 천정을 뚫어지게 쳐다보며, 잠시 생각에 잠겼다. 그러고는 결정한 듯 말했다.

"좋아요. 왕 사장님, 원하시는 대로 주세요. 내게 너무 손해가 되지 않았으면 해요."

"물론, 그러면 안 되지요. 요즈음은 한 푼도 이익을 남기지 못해요. 어떻게든지 가게 유지만 할 수 있으면, 언제고 아줌마 같은 옛 손님들에게 봉사하는 게 내 희망이기도 하고요."

왕 씨는 두 근의 실에 대한 값을 아줌마에게 치렀다. 우리는 아무 말 없이 나왔다. 거리에 나섰을 때, 국화 아줌마는 한숨 쉬며 말했다.

"그 두 근 짜려고 닷새나 일했는데 노력한 대가는 이제 없는 것 같구나."

"술도가 딸들처럼 농사지어 보면 어떤가요?"

내가 당돌하게 물어보았다. 마침 그때, 나는 채소를 가득 갖고 나와 진짜 채소가게 안주인마냥 당당하게 주부들에게 채소를 팔고 있는 암까마귀를 보았다.

"저게 돈벌이가 될 것 같아요."

"하지만, 첫째로 나는 땅이 없고, 둘째로……."

국화 아줌마는 그렇게 말하다가 멈추고서 노란 난초에 나비가 수놓인 자색 신발에 있는 자신의 발을 바라보았다.

"저어……."

아줌마에게는 더 하고픈 말이 모자란 듯했다.

우리는 이제 포목점에 도착했다. 국화 아줌마는 문 앞에 잠시 멈추고는, 코에 분칠을 약간 하고 들어갔다.

"알란에겐, 내 생각에, 뭔가 실용적인 선물이 어울릴 거야."

아줌마는 내게 말했다.

"새해에 새 옷을 하나 만들어 입을 수 있도록 난징(南京) 무명천을 몇 자 사야겠다. 너는 어떻겠니?"

"아주 좋은 생각이에요."

아줌마는 판매대로 가서 젊은 점원에게 말했다.

"흰 꽃이 찍힌 푸른 난징 무명천을 좀 보여 주세요."

점원은 천을 쌓아 둔 곳에서 무명 한 필을 꺼내, 국화 아줌마에게 보이며 말했다.

"이거 말씀이에요?"

"그래요."

그녀는 손가락으로 천을 만져 보았다. 기계로 짠 무명이라 아주 좋았다. 왜냐하면 옛날 집에서 손으로 짠 천에 비하면 구조는 같았지만, 품질은 더 우수했다.

"한 자에 얼마요?"

아줌마가 물었다.

"삼십 전이에요."

"뭐라고요?"

국화 아줌마는 휘둥그레진 눈으로 놀라면서 말했다.

"내가 며칠 전 여기 왔을 때는, 한 자에 이십칠 전밖에 하지 않았는데, 특히 국산 실 값은 내려가는 판국에, 무명 천 값은 어떻게 이리도 빨리 올라가요? 이건 실로 만든 것이 아닌가요?"

"실로 만든 겁니다. 하지만 값을 올려 받는 것은 우리 때문이 아니라 군벌 총독 때문입니다. 잘 아시다시피, 우리 지방 총독과 북부 군벌들 사이에 새 전쟁이 일어난다고 하지요. 때문에 '대도시' 면직물 공장들은 생산을 중단하고, 직물은 크게 부족하게 되었구요. 더구나, 총독이 무기 사들이는 데 돈을 충분히 마련하려고, 직물에 세금을 새로 매겼다구요. 우리 죄가 아닙니다."

국화 아줌마는 이 점원의 청산유수 같은 말에 놀라, 할 말을 잃고 그만 뚫어지게 보고 있었다. 청년도 우리를 다시 쳐다보았다. 그는 진지한 표정을 짓고 있다.

"저는 거짓말하지 않습니다. 아주머니, 우린 이익을 아주 조금 남깁니다. 고객들을 절대로 속이지 않습니다."

"고맙군요. 알겠어요."

이렇게 말하고서 국화 아줌마는 고개를 숙였다. 조심스럽게 그녀는 언청이 왕 씨가 실 값으로 쳐준, 손수건에 꼭 싸 두었던 은전(銀錢)들을 꺼냈다. 아줌마는 그것을 세고 또 세어 보았다.

"이런, 옷감 두 자도 못 사겠는 걸."

아줌마는 말했다.

"어떡하나?"

그리고 그녀는 점원을 쳐다보았다. 잠시 더 침묵을 지키다가 아줌마가 덧붙였다.

"손수건도 좀 보여 주세요."

점원은 손수건이 든 통을 가져왔다. 모두가 기계로 짠 것이었다. 국화 아줌마는 자주색 하나를 골라, 국산 실의 반 근에 해당하는 십전을 지불했다.

"이게 알란 맘에 들었으면 좋겠다."

상점을 나서면서 아줌마가 말했다.

"하지만 네 것을 못 사 어떡하지. 나머지 돈으로는 쌀과 소금 좀 사야 되는걸."

마을에 돌아온 국화 아줌마는 직접 나를 집으로 데려다주었다. 풀이 죽어 슬픈 표정의 라우리우가 판 삼촌과 우리 집에서 뭔가 상의하고 있는 걸 보자, 아줌마는 깜짝 놀랐다. 아마 그는 읍내로 가지 않고, 이곳으로 왔나 보다 하고 나는 생각했다. 그는 국화 아줌마가 오는 것을 보고, 웃음을 지어 보려 했지만, 그의 입술은 기쁜 표정이지는 않았다. 국화 아줌마 역시 당황했다. 아줌마 얼굴은 진홍빛이 되었다. 아줌마는 이야기를 들으러 인파 속에 파묻히는 어두운 밤을 제외하고는 우리 설서인과 직접 대면하지 않았다.

"저기요, 알란이 회복되었다니 축하도 할 겸 변변찮은 선물 하나 가져왔어요."

아줌마는 황급히 어머니에게 말하고는 손수건을 건넸다. 그러고는 서둘러 작별인사를 하고 가버렸다.

"저 아줌마가 내 앞에서 곤혹스러워하는 걸 보았지?"

판 삼촌은 국화 아줌마가 떠난 뒤 라우리우에게 말했다.

"자네 이야기 속에 나오는 영웅들처럼 자네도 용기를 가지고 공격적이어야 한다고."

"그래요. 그런 방식이 아줌마에겐 어울려요."

어머니도 판 삼촌의 생각을 두둔했다.

"내가 잘 알지."

설서인은 수줍게 고개를 아래로 내린 채 말이 없었다.

"이봐."

판 삼촌은 학교 선생님처럼 계속 말했다.

"자넨 완전한 이론가이지 행동파는 아니군. 자넨 다른 사람의 성공을 묘사할 줄만 알지, 스스로 실천할 줄 모르네. 마우마우 좀 보게. 그 사람조차도 여자 마음을 사로잡을 줄 안다고."

"뭐라구요?"

라우리우가 깜짝 놀랐다.

"그 사람 결국 술도가 딸에게 장가가게 되었어. 오늘 아침 들에서 그를 만났는데, 그는 지주가 된 양 행복한 표정으로 자신이 암까마귀 마음을 꽉 잡았다고 내게 말하더군. 꽉, 알아듣겠지?"

"하지만, 어떻게요?"

설서인은 그 소식에 깜짝 놀랐다.

"'어떻게'라고? 하지만 자넨 그걸 배워야 할 걸. 젊은 친구.

마우마우 스스로 그 암까마귀에게 실질적인 것들을 약속했기 때문이지. 그 때문에 그녀를 꼭 붙들었지. 그는, 예를 들면, 항상 그녀에게 쌀밥을 먹이겠다, 그녀가 하는 말이라면 나이 어린 남동생처럼 경청하겠다, 그녀의 행복을 위해서라면 말이 일하듯 하겠다, 아이처럼 그녀에게만 항상 관심을 두겠다, 그녀 허락 없이는 결코 다른 여자나 처녀와 말도 걸지 않겠다, 언제나 그녀를 때리지 않고 웃음으로 대하겠다고 하는 그런 약속들을 했지. 알아듣겠는가! 바로 그렇게!"

"쳇!"

라우리우는 경멸하는 소리를 내며 일어섰다.

"그건 사랑도 아니고, 사랑 놀음도 아니라고요."

"이론이 또 나오네, 라우리우!"

어머니가 말했다.

그러나 설서인은 더 듣고 싶지 않았다. 그는 풀이 죽어 우리 집을 나섰다.

4

아버지가 형을 데리고 집에 오다

마우마우의 결혼식이 있던 날에는 마을 사람들이 모두 즐거워했다. 한때 '잠재적 경쟁자'였던 늙은 총각 벤친만 자신의 작은 집에 틀어박혀 이 흥겨운 행사에 참석하지 않았다. 그런데 이날 우리는 전혀 기대하지 않았던 또 다른 즐거움도 갖게 되었다. 축복 속에 혼례가 끝난 바로 뒤, 갑자기 우리 마을에 아버지와 형이 찾아온 것이었다. '대도시'에서 일하던 분들이 돌아온 것은 꿈만 같았다. 우리는 이들을 낯선 사람처럼 한참 바라보았다. 그 일이 현실임을 믿게 된 것은 알란이 갑자기 두려움에 떨며 터뜨린 울음 때문이었다. 벌써 알란은 청년이 된 우리 형을 쳐다보고, 형은 형대로 알란의 마마 자국이 난 얼굴을 신기한 듯 들여다보고 있었다. 그렇게 형과 대면하자, 알란은 자기 처지를 알아차리고는 놀라 울음을 터뜨렸다. 그리고 알란은 얼굴을 두 손으로 가린 채 마치 도둑처럼 부엌으로 달아났다.

"고마우신 하느님께서 두 사람을 이렇게 집으로 돌려보내 셨군요!"

마침내 어머니는 놀라움과 기쁨이 가득한 목소리로 외쳤다.

"한마디도 내게 알려 주지 않고요."

그리고 어머니는 본능적으로 두 손을 모아 합장했다. 어머니는 무릎을 꿇고 기도를 하고 싶은 모양이었다.

아버지는 곧 바로 대답하지 않고 어머니를 물끄러미 바라만 보고 있었다. 아버지도 놀라움과 경탄에 사로잡혀 있었다. 이 집이 당신의 집이라고 믿기지 않는 듯했다. 그만큼 오랫동안 아버지는 이 마을을 떠나 있었다. 마을을 떠날 때 아버지는 중년이었지만, 지금은 머리카락이 희끗하고, 뺨엔 주름살이 보일 정도로 늙었다. 내 기억으로는 그렇게 여러 해 집을 떠나 있으면서, 아버지는 한 번만 집에 다니러 왔다. 아버지가 일하던 곳의 사장이 매판을 통해 거래하던 어느 외국인 면직물 공장에 형을 견습생으로 취직시키기 위해 데리러 왔을 때가 그때였다.

"우리 고마우신 하느님께서 두 사람을 이렇게 집으로 돌려 보내셨군요!"

어머니는 행복감에 젖은 눈망울로 똑같은 말을 되풀이했다.

"당신은 배당금14을 많이 받기 전에는 고향에 돌아오지 않

---

14. 配當金 : 옛 중국에서 상점 주인이 점원들이 마음 놓고 계속 일할 수 있도록

겠다고 언제나 편지에 썼잖아요. 배당금은 그래 받았어요?"

아버지는 못 받았다는 듯 고개를 내저었지만, 웃음을 보였다. 배당금은 아버지가 노년에 노력해 온 유일한 목표였다. 아버지는 상회에서 휴가 없이 육 년간 일하면, 그 몫을 받을 수 있을 것이다. 그것은 아주 상당한 금액이 될 것이다. 왜냐하면, 국내 상인들과 외국 공장들 간의 거래에는 이윤이 아주 컸기 때문이었다. 아버지는 배당금을 받기 위해 육 년간 쉼 없이 일할 작정이었고, 이렇게 되면 종국에는 생계 걱정 없이 노년에 은퇴할 수 있을 것이다.

어머니는 아버지가 웃고만 있고 고개를 내젓는 것을 보고는 그만 창백해졌다. 아버지는 어머니 손을 잡고 더욱 반가운 표정을 지으면서 말했다.

"배당금은 받게 될 거요. 괴로워하지 말아요. 나라 안 전쟁 때문에 돌아왔을 뿐이오."

"나라 안 전쟁이라뇨?"

어머니는 소스라치게 놀라며, 두 눈에는 공포감이 역력했다.

"내전이라는 말씀입니까?"

판 삼촌은 북쪽 자신의 고향에서 내전을 피해 피난을 왔기에 깜짝 놀라 물었다.

"그렇다네. 맞아."

최근 수년에 걸쳐 번 이익금 중 일부를 점원들에게 나누어 주는 것.

아버지는 조용히 말했다.

"그래서 우리 상회도 문을 닫았네. 아주 큰 싸움이 될 걸세. 남북의 군벌들은 이번에 결판을 낼 모양이야."

"그건 내전이 아니라 국제전이죠."

갑자기 형이 끼어들었다.

"왜냐하면 양측이 외국 사람들로부터 무기를 공급받고 있으니까요."

그것은 아주 복잡한 사건처럼 들렸다.

"외국 사람들이라니?"

어머니는 자문하듯 말했다. 그 뒤 어머니는 호기심 어린 눈으로 판 삼촌을 바라보았고, 판 삼촌은 형이 지식인처럼 말하자, 혼비백산한 눈으로 형을 바라보았다. 우리는 외국 사람들에 대해 전혀 아는 바 없었다. 그러나 마치 전쟁이라는 소식을 확인해 주려는 듯이 갑자기 밖에서 큰 목소리가 들려왔다.

"전쟁이야! 큰 전쟁이 벌어졌어!"

그 소리와 동시에 개 짖는 소리가 파도처럼 요란하게 들려왔다. 한 노인이 우리 집의 개 라이바우를 떼놓으려고 애쓰면서 우리 집으로 뛰어 들어왔다. 노인은 헐떡거리며 방의 가운데 서서 자신의 회초리로 개를 위협하면서, 개가 마치 망나니나 되는 것처럼 개를 향해 말했다.

"이 무식한 짐승아! 닌 나를 몰라보겠느냐? 네놈도 내 제자들처럼 말하고 배울 수 있다면, 내가 이것으로 네 품행을 다스리겠지만……."

그는 라이바우에게 회초리를 들어 보였다. 하지만 그의 두 손은 떨고 있었다. 라이바우는 그런 그의 몸짓에도 겁먹지 않았다. 반면에 개는 노인에게 달려들어, 솜 넣은 겨울옷을 물고 늘어졌다. 그 옷은 하도 오래 입어 닳아, 솜이 꽃 장식마냥 밖으로 삐져나와 있었다.

"삐이후 삼촌!"

어머니는 흥분해서 외쳤다.

"무슨 바람이 불어 저희 집에 다 오셨어요? 삼촌"

그러고는 라이바우에게 몸을 돌려 말했다.

"저리 가! 삐이후 삼촌은 이 고장의 대학자이자 교장 선생님이야. 모르겠어?"

라이바우는 어머니 말을 알아듣는 것 같았다. 하지만 이 개는 의심스런 눈초리로 늙은 선생님을 바라보고는, 잠시 으르렁거리다 마침내 저 멀리 가 버렸다.

"웬일로 저희 집에 다 오셨는지요?"

어머니는 되풀이해 물었다.

"옛 친구 만나러 오셨겠지요?"

"전쟁이요! 전쟁 때문에 들렀습니다."

삐이후 삼촌은 소리치면서 한편으로는 라이바우가 물어뜯는 바람에 빠져 나온 솜을 옷 속으로 다시 집어넣기에 바빴다. 그는 고개를 들고 뛸 듯이 자신의 몸을 바로 세웠다. 그는 아버지의 두 손을 잡았다.

"자네 얼마만인가? 왜 나에게 마중 나오라는 기별도 않았는가? 이 얼마나 반가운 일인가!"

"아시다시피 전쟁 때문에!"

아버지도 흥분하여 말했다.

"내 눈으로 직접 확인해 보진 않았지만, 그 전쟁 때문에 나도 여기에 왔지요."

"전쟁은 참 좋은 일도 만드는군."

뻬이후 삼촌은 이가 다 빠진 윗잇몸을 드러내며 말했다.

"전쟁 때문에 옛 친구들이 한곳에 모이는군. 하하!"

"이렇게 귀한 걸음을 하셨는데, 술 한잔하시지요?"

어머니는 즐겁게 말했다.

누가 부탁하지도 않았는데 판 삼촌은 벌써 술 항아리가 놓인 곳으로 달려갔다. 그는 보리로 담은 술을 큰 주전자에 떠왔다. 그리고 뻬이후 삼촌에게 큰 사발로 부어 주었다.

선생님은 고개를 숙여 술을 빨아들였다. 한 모금 빨고는 아직도 술 냄새가 나는 사발 주위의 공기마저 빨아들이겠다는 듯이 그는 숨을 길게 들이쉬었다.

"벌써 기분이 한결 좋아지네."

그는 말했다. 그는 고개를 들어 아버지에게 우정 어린 눈길로 말했다.

"우린, 전쟁은 잠시 잊으세. 그래 그 넓은 바깥세상에서 여러

해 지내면서 자네가 얼마나 발전했는지 말해 보게."

"똑같아요. 그래 형님은 어떻습니까?"

"자네가 학교에 있었을 때보다 더 나빠졌네."

그는 한숨 쉬며 말했다. '대도시'로 가기 전에 아버지는 삐이후 삼촌이 운영하는 학교에서 교사로 일하고 있었다.

"내가 조금만 젊었더라도, 이 절망적인 직업을 버리고, 자네처럼 어느 상회에 가서 새 일자리를 구했을 터인데."

"무슨 말씀인가요? 학생들이 쌀을 충분히 주지 않습니까?"

"쌀? 한 아이당 쪼개진 쌀 오십 근씩 내가 받기는 하지. 그 대가로 일 년 동안 아이들을 돌봐야 된다고. 부잣집 부모들은 자연 욕심이 더 많다네. 그들은 자식들이 잘 교육받기를 바라면서, 교사들에게는 쌀 한 톨 더 주고 싶어 하지 않지. 나는 이제 거의 배고파 죽을 지경일세. 과거 시험이 폐지된 뒤로, 더 이상 늙은 학자들은 존경을 받지 못해요. 자네도 알지?"

"이해가 안 되는데요, 형님. 추민은 교육을 꾸준히 지원해주었어요. 그가 그런 타락상을 보고 가만 놔두나요? 그 집도 배워야 되는 자식들이 있는데 그렇지 않아요?"

"추민이라고! 난 그 사람 이름도 듣고 싶지 않네!"

그는 화를 벌컥 냈다가 감정이 격했다는 것을 알고는 어투를 조금 누그러뜨렸다.

"그래 그 사람이 아이 셋을 보내고 백오십 근의 쌀을 매년 주기는 하지. 그건 결코 부족한 것은 아니야. 그래, 그는 아주 좋은 마음씨를……."

갑자기 그는 말을 멈추었다. 그는 계속해 나갈 수 없었다. 뭔가 목을 꽉 누르는 것 같았다. 그의 두 눈에는 화기(火氣)가 비치고, 얼굴은 붉어졌고, 입술은 분을 못 참는 듯이 뽀로통해졌다. 우리는 깜짝 놀랐다. 그는 고개를 뒤로 젖힌 채, 술 한 사발을 들이켰다. 그러자 이성의 힘에 억눌렸던 그의 두 눈이 다시 빛나기 시작했다. 그의 양 볼은 핏빛으로 붉게 되고, 마치 누군가와 싸울 기세였다.

라이바우가 몰래 다시 들어와, 뻬이후 삼촌의 발가락이 다 보이는, 해어진 양말 냄새를 맡았다.

"멍청한 놈아! 한 수 가르쳐 줄까?"

뻬이후 삼촌은 자리에서 일어나 회초리로 개를 위협했다.

라이바우도 늙은 선생님께 눈을 부라리며 으르렁거렸다.

"한 수 배우겠다고? 그래!"

뻬이후 삼촌이 다시 소리쳤다. 그는 마치 마술사처럼 활기차고 난폭한 몸놀림으로 허공에 회초리를 휘둘렀다.

그러자 뻬이후 삼촌의 두 눈은 흐릿해졌고, 머리는 주체할 수 없어 끄떡끄떡 거렸고, 두 다리는 덜덜 떨었다. 잠시 뒤, 그는 등받이가 있는 의자에 짚단처럼 쓰러질 듯 앉더니, 의자 등받이에 머리를 기대었다. 그리고 그는 꿈꾸듯이 중얼거렸다.

"추민, 이 늙은 늑대 같으니. 그는 내가 교육비를 올리자고 제안할 때마다, 그의 빌어먹을 아들을 데려가겠다고 언제나 협

박해 왔지. 내가 몸이 피곤하도록 가르쳐도 한 번 쉬었다 하란 소리 한 적 없고, 그의 멍청하고 희망 없는 아이들에게 고전, 시, 서예, 남자로서의 예절을 잘 가르쳐 주기만 바랐지 ······. 그는 다른 학부모에게도 학자금을 오십 근에서 삼십 근으로 낮추자고 했지. 내가 죽으면 정말 좋아할 거야. 그걸 난 알아 ······. 그렇게 되라고 나를 더 부려 먹는 게지 ······. 늙은 늑대야. 그는 나에게 자기 생일날에 자신은 한 번도 베풀지 않은 자비롭고 착한 마음씨나, 희생이나 친절을 나타내는 축하시를 짓게 해, 그의 손님들 앞에서 그런 내용으로 시를 읊도록 했지. 우리 학교 후원자로, 지성과 교육의 후원자로 칭찬은 받고 싶고 ······. 추민, 이 인정머리 하나 없는 마귀 같으니. 그가 땅도 많고 도시에 점포도 여럿 갖고 있다는 것쯤은 나도 알아. 하지만 난 그를 증오해 ······."

뻬이후 삼촌이 이 고장에서 가장 부유한 유지인 추민 지주를 그토록 비난하자 우리는 아연실색했다. 우리는 보통 그의 이름도 감히 들먹이지 않았었기 때문에 전율을 느꼈다. 추민은 이 지방 농민 대다수를 완전히 장악하고 있었다. 왜냐하면, 농민들 대다수가 그의 땅을 경작하여 먹고살고 있기 때문이었다. 뻬이후 삼촌이 추민 지주의 이름을 언급할 때마다 매번 목청을 더 높였기에 판 삼촌의 얼굴은 창백해졌고, 걱정으로 혼비백산했다. 판 삼촌은 발뒤꿈치를 들고 조심스레 출입문으로 가서는 문을 닫고, 출입구에 등을 기댄 채, 이 소란이 옆집에 들리지 않게 단단히 막고 있었다.

"아주 취하셨네."

아버지는 어머니에게 이야기하고는 이미 두려워진 듯 눈을 감은 뻬이후 삼촌을 손으로 가리켰다.

"단숨에 술 한 사발 다 들이켜니 제정신이 아닌 모양이군요. 벌써 여러 해 술을 안 마신 것 같군. 형님께 찬물 좀 갖다 주구려."

어머니가 부엌으로 가, 물 한 사발을 떠 왔다. 어머니는 뻬이후 삼촌 입 안으로 물을 부었다. 그제야 뻬이후 삼촌은 천천히 눈을 뜨고 정신을 차렸다. 마침내 그는 등을 일으켜 세워 편안히 의자에 앉았다.

"제수씨, 무슨 일입니까?"

그는 한 손에 사발을 들고 서 있는 어머니를 보고 말했다.

"내게 무슨 잘못된 일이라도?"

"아뇨."

어머니가 대답했다.

"삼촌이 술을 단숨에 다 마신 것이 전부지요."

"뭐라고요?"

뻬이후 삼촌은 창백한 얼굴로 다시 물었다.

"내가 술에 취했다고?"

벌써 그는 두 눈이 휘둥그레져 두려워하고 있었다.

"선생님에겐 아무 일도 생기지 않았습니다. 하느님 덕분에요!"

판 삼촌이 아무 일 없었다는 듯, 한 번 숨을 크게 쉬고는 닫아 두었던 출입문을 열었다.

"무슨 그런 말씀을 하십니까?"

"내가 쓸데없는 말을 했던가?"

뻬이후 삼촌의 놀란 눈에는 두려움이 가득했다.

"정말 내가 추민 이야기를 했나? 요즘 이상하게도 내 꿈에 그가 자주 나타나!"

"예, 꿈을 꾸셨나 봐요!"

판 삼촌이 대답했다.

"정말인가?"

뻬이후 삼촌 얼굴은 더 난감한 표정이었다.

"추민 이야기는 많지 않았어요."

아버지가 재빨리 말했다.

"또 욕도 안 하셨고요."

어머니가 판 삼촌에게 눈짓하며 말했다.

"정말이고말고요. 심한 말씀은 없었습니다. 하느님 덕분에."

판 삼촌이 어머니를 바라보며 다시 말했다.

"내가 추민 지주에 대해 심한 말을 하지 않았다니 천만다행이군."

뻬이후 삼촌은 숨을 한 번 크게 내쉬며 가벼워진 마음으로 말했다.

"사람은 실제로 화를 잘 낸다고. 그래. 아무리 부자라도, 마음씨 착한 사람이라도 때로 화를 내는 법이지. 그가 쉽게 화내는 것도 내 마음에 좀 들지 않아. 그래도 화를 약간 내는 그를 보면 얼마나 매력적이라고. 그의 두 눈을 바라보면, 자네들의 마음을 온화하게 해 주는 불이 번쩍거리지……."

"우리 다른 이야기하지요. 형님."

아버지가 그의 말을 가로막았다. 한편 어머니는 나오는 웃음을 참으려고 손을 입가로 가져갔다.

"나는 추민이 흥미로운 사람이라는 것을 알아요. 제가 여러 해 형님과 함께 근무했으니까. 하지만 요사이 추민을 만날 일이 없어요. 추민이 우리 상회 근처에, '대도시'의 같은 구역에 솜을 파는 상점을 갖고 있지만요."

"난 자네가 그 사람 밑에서 일하지 않아도 먹고살 수 있다는 게 아주 기쁘네!"

뻬이후 삼촌은 다시 한숨을 쉬며 말했다. 그러나 곧 뻬이후 삼촌은 양해를 구하여 자신의 말을 고쳤다.

"허, 애석하게 되었군. 안타깝게도 말이 헛나왔군. 내 말은 그게 아니라 오히려 모르는 사람의 상점에서 일하는 게 훨씬 더 흥미롭다는 거야. 새 사장에게서 뭔가 새 경험을 쌓는 것은 즐겁다는 말일세."

"정말로 다른 이야기를 했으면 하고 말씀드렸는데요."

아버지가 조용히 말했다.

"형님이 들어오시기 전에 전쟁이 어떻다고 이야기하시던데 혹시 새 소식이라도?"

"이런, 그걸 내가 까맣게 잊고 있었네!"

뻬이후 삼촌은 자신의 늙은 머리를 꾸짖듯이 두드리고는 말했다.

"전쟁은 이미 끝났네!"

"그렇게 빨리 말입니까?"

아버지가 깜짝 놀라며 말했다.

"전쟁은 내가 그 대도시에서 출발할 때, 바로 시작되었어요."

"내 말을 믿게. 끝났다네."

뻬이후 삼촌이 말했다.

"추민의 사환인 고구마가 오늘 아침 대도시에서 돌아왔네. 고구마는 정직하고 믿을 수 있는 노인이지. 자네도 집에 보내는 편지를 그이 편에 여러 번 부탁했지. 그는 거짓말이라곤 할 줄 모르는 사람이야. 내 말 믿어."

"그럼요. 고구마는 아주 믿을 만하지요. 어떻게 그 큰 싸움이 그렇게 빨리 끝날 수가 있어요? 머리가 복잡해지는군요."

"내가 알기로는 먼저 공격을 시작한 북군 군수품이 형편없었다는 거야. 그들은 한 번 전쟁 치르고 난 뒤 무력해졌다더군."

그는 갑자기 목소리를 낮추고, 신경을 곤두세우는 듯이 두 눈을 껌벅거렸다.

"싸움에서 진 군인들 중 일부가 북쪽으로 돌아가면서 우리

지방을 들른다고 해. 그들은 정신이 썩어 도적떼보다 더 잔혹하다고 추민이 말했거든. 그들은 강 하류에 있는 여러 도시도 약탈했다네 그려.”

“그들이 우리 읍내도 지나갈 건가요?”

“당연한 일이지. 우리 읍도 그들 여정에 들어 있다고 해.”

삐이후 삼촌은 이번에도 목소리를 낮추어 속삭이듯 말했다.

“추민은 나더러 큰일, 아주 큰일을 맡아 달라고 부탁했다네.”

그는 그 일이 얼마나 큰지 일러 주려고 두 손을 펼쳤다.

그의 뭔가 숨기는 듯한 소곤거림과 몸짓 때문에 우리는 얼떨떨했다.

“이보게들. 추민은 아주 천재라구.”

삐이후 삼촌은 이상스런 표정을 아주 진지한 표정으로 바꾸고는 우리의 당황한 얼굴을 번갈아 쳐다보았다.

“추민이 우리 읍을 지나가는 그들이 나쁜 짓을 못 하게 방책을 하나 만들었어. 그들의 훼손된 자존심을 치켜세울 환영 행사를 지역 주민 이름으로 거창하게 열어 주자고 제안했다네. 우리가 그들을 넉넉한 마음으로 대접하면, 그들도 우리 읍내에서는 나쁜 짓 하는 걸 부끄럽게 생각할 걸세. 누가 그들을 마중해서 그들을 대접하는 일을 맡을지 한번 생각해 보게.”

삐이후 삼촌은 우리를 진지한 눈빛으로 바라보며, 두 눈을 껌벅거렸다.

“당연히 추민 지주가 해야겠지요.”

판 삼촌이 말했다.

"그가 상업위원회의 회장이니까."

"틀렸네! 생각을 잘 해 보게. 그 일을 해낼 수 있는 사람은 뭔가 위엄 있게 말할 줄 아는 학자여야 한다네. 그는 부자니까, 만약 어느 장교가 그 자리에서 그가 부자라는 사실을 알아내기라도 하는 날이면, 그를 감금해 몸값을 요구할 수도 있고. 물론 그건 가정해서 하는 말이지만, 그런 일은 일어나면 안 되지. 내가 장담하네. 그렇지만 언제나 부자들은 몸을 도사리긴 해."

"그럼, 뻬이후 삼촌께서 그 일을……."

어머니가 주저하며 말했다.

"맞습니다. 맞습니다요."

뻬이후 삼촌이 의기양양하게 말했다.

"그 때문에 내가 여길 왔지요. 나는 자네 도움이 필요하네."

그는 옛 친구를 대하는 듯, 판 삼촌 어깨를 툭 치며 이야기를 계속했다.

"자네를 우리 환영 모임의 농민 대표로 내세우고 싶네. 라우리우를 지성인 대표로, 벤친을 종교계의 전권대사로 초청하고 싶네. 그 모임을 위한 몇 시간의 수고 대가는 충분히 지불할 걸세. 물론 후한 금액으로 쳐서."

"그 돈으로 술 몇 병 살 수 있겠네요?"

판 삼촌이 넉살 좋게 물었다.

"그럼 그보다 더 많지. 추민은 모든 대표자에게 큰 대가를 지불하기로 약속했다네."

"그가 꼭 지불한다는 점은 확실히 해 두어야 해요. 그가 여러 번 약속을 어겨 놓아서요."

"그 점은 확실하게 해 두지. 그가 자네들 이름을 직접 들먹였네. 그는 정말 우리를 배신할 수 없다고. 저어, 이제 나는 라우리우와 벤친에게 이 사실을 의논하러 가야 되겠는걸. 판, 자넨 꼭 와야 돼. 우리는 맛난 음식과 오래된 술로 연회를 만들 걸세. 모든 것이 특별한 것들이라네. 그 연회로 장교들이 야만적인 행동을 못 하게 취하도록 만들 걸세."

"그렇다면 가지요. 뻬이후 형님."

판 삼촌은 공감을 나타냈다.

"형님을 위해 기꺼이 돕겠습니다."

뻬이후 삼촌은 자리에서 일어나 우리와 헤어졌다. 그는 출입구에서 한번 돌아서더니, 군인들 도착 시각을 알려 주겠다고 덧붙였다. 그러고는 출입문을 지나 사라졌다. 그러나 잠시 뒤 서둘러 되돌아왔다. 그는 자신의 회초리를 가져가는 것을 잊었다. 그는 어머니에게 실례한다며, 회초리 없이는 개로부터 공격을 받는 것과 같은 어려운 일을 당할 때 대처할 방법이 없다고 했다.

"이 회초리는 교육의 상징일 뿐만 아니라, 좋은 동반자이기도 하지요. 하! 교육을 말하니, 다른 생각이 떠오르는군요. 우리 환영 모임에 젊은 사람들의 대표를 찾아야 하는데, 자네는 어떤가?"

뻬이후 삼촌은 나를 지목하며 물었다.

나는 어떻게 대답할지 몰라, 어머니만 바라보았다. 어머니는 잠시 생각에 잠겼다. 한참이 지나서야, 어머니는 판 삼촌이 간 다면, 가도 된다고 했다.

뻬이후 삼촌은 다시 한 번 출입문에서 라이바우를 만났다. 우리 개는 그를 여전히 적대하는 눈길로 노려보았다. 그는 한 손에 회초리를 단단히 쥐고 조심스럽게 마을 공터 마당으로 움직였다. 마침내 라이바우가 그를 놓아주자, 그는 조용히 벤 친의 작은 집으로 들어갔다. 도사는 후한 대가와 대연회를 연 다는 데 혹해, 종교계 대표가 되는 일에 동의했다. 그리고 뻬이 후 삼촌은 라우리우의 서재로 찾아갔다. 설서인은 '영웅적 싸 움'을 마치고 돌아오는 장군들과 병사들을 만나 볼 생각에 아 주 기뻐했다. 그에게는 그런 사람들의 새 경험이 필요한 모양이 었다. 그는 전쟁터 이야기에 대한 새로운 감흥을 얻을 수 있으 리라고 생각했다.

마침내 북군이 도착한다는 기별이 우리 마을에 왔다. 그래 서 우리는 지역 주민을 대표해서 그들을 마중하러 읍내로 갔 다. 라우리우는 자신의 유별난 신년 복장으로 나왔다. 벤친은 삼 주나 깎지 않던 수염도 깎았다. 망령이 괴롭힌 뒤로 처음으 로 그는 위엄 있는, 검은 도복(道服)을 걸쳤다. 판 삼촌은 석 자나 되는 담뱃대를 집어던지고 대신, 담배 한 갑을 사, 유행에 맞게 입에 담배 한 개비를 물었다. 그러나 그 때문에 그는 질식한 듯 여러 번 기침했다. 그렇지 않으면 담배 연기가 곧장 코로 들어가게 되었다.

우리는 패전 군인들이 도착하기를 기다리며, 읍내 관문 앞 축대에 서 있었다. 최고 대표 뻬이후 삼촌은 우리 앞에 우뚝 서 있었다. 우리는 읍내 관문에 뻬이후 삼촌이 고전적 서체로 손수 지은, 여러 가지 격려문이 걸려 있는 것을 볼 수 있었다.

"필승군대 환영!"

"행운이 우리 국민군대와 함께 하기를!"

"하찮은 저희 지방을 방문해 주셔서 영광입니다!"

"그대는 우리의 물이요, 우리는 그대의 고기이니, 그대 없이는 우리가 살아갈 수 없습니다!" 등등. 뻬이후 삼촌은 자신이 쓴 격려문을 당조(唐祖)의 시(詩)[15]에서 뽑은 불멸의 시 구절이나 되는 양 머리를 좌우로 흔들며, 다시 읽고 있었다.

약 한 시간 뒤, 신작로 저 멀리 먼지구름이 일었다. 그러고는 우리를 향하여 제복 입은 군인들이 한 사람씩 일렬종대로 나타나기 시작했다. 우리는 곧 나무 꼭대기에서 땅까지 닿도록 길게 매어 둔 축포들의 작약(芍藥)에 불을 붙였다. '휘익-'하는 폭

---

15. 당조(唐祖, 618~907)에는 시 활동이 왕성했다. 당대 시인으로는 이백(李伯), 두보(杜浦), 백거이(白居易) 등이 유명하다. 당조의 시는 중국 문학사에서 중요한 자리를 차지하고 있음.

음과 불꽃의 웅웅거리는 소리가 섞여 땅에서 공중으로 선회했다. 우리가 느낀 분위기로는, 여러 해 동안의 신년 행사에서도 이렇게 많은 축포를 사용해 보지 못했다는 것이었다.

군인들이 읍내 성벽에 가까이 왔을 때, 우리는 그들을 맞으러 축대를 따라 앞으로 나아갔다. 맨 앞에 뻬이후 삼촌이 섰다. 행렬 맨 앞의, 말 탄 장교가 삼촌의 말을 들을 수 있는 거리에까지 이르자, 삼촌은 잘 교육받고 학식 있는 사람들처럼 격식 있게 인사했다. 우리도 똑같이 따랐다. 뻬이후 삼촌의 위풍에 뒤지지 않으려고 벤친도 이미 굽은 등을 더 깊숙이 숙이다 자신의 도사 모자를 그만 땅에 떨어뜨렸다. 이 때문에 장교가 탄 말이 깜짝 놀라 발로 도사 모자를 짓밟아 버렸다. 도사는 자신의 행동이 잘못되었음을 걱정했지만 이를 감히 어찌할 줄 몰랐다. 이번에는 장교가 말했다.

"여러분, 그만 일어나시오!"

우리는 일어났다. 그러나 벤친은 자신의 모자를 되찾지 못했다.

"우리가 이 지역 사람들 대표해서 그대들을 진심으로 환영하고자 합니다. 장교님."

뻬이후 삼촌이 다시 절하며 말했다.

"그대들이 온다는 소식을 듣고 우리는 그대와 그대의 영웅적 용사들을 만나 뵈는 영광스런 기회를 갖게 되었습니다."

뻬이후 삼촌의 존경 어린 인사와, 격의에 찬 낭송 앞에(나중에 뻬이후 삼촌이 이런 말들은 추민 지주가 '격려하는 의미'로 지어 준 것이라고 고백했다.) 장교는 눈썹을 찌푸리고 믿기지 않는다는 표정을 지었다. 왜냐하면 절을 한 뻬이후 삼촌이 장교의 대답을 기다리며 그대로 굽히고 있었기 때문이다. 장교는 자신의 용병(傭兵)들에게 몸을 돌려 말했다.

"형제 여러분. 이처럼 우호적인 읍에서는 정말 국민의 군대로서 행동해 주기 바란다. 풀 한 포기도 건드리면 안 된다. 알았나!"

"대단히 고맙습니다. 장교님. 그대가 바로 국민의 장군이십니다."

뻬이후 삼촌은 이렇게 말하고는 굽힌 등을 바로 세웠다.

"우리는 그대 입술의 먼지를 털 정도의 술과, 구미에 맞을지 모르는 음식을 조금 준비해 두었습니다."

"아주 친절하십니다."

장교가 말했다.

우리는 연회석이 마련되어 있는, 가까운 절을 향해 함께 갔다. 다른 군인들은 읍내에서 좀 떨어진 곳에 자리를 잡고 총을 옆에 세워 둔 채 웅크리고 앉아 있었다. 마을 사람들은 그들에게 차와 음료수를 대접했다. 그리고 그들이 만족할 수 있도록 보리로 빚은 술 세 동이와 말린 쇠고기 한 바구니를 갖다 주었다. 그들은 모두 합쳐 약 100명 정도 되었다. 술은 남아돌았다. 그들은 피곤하고 거칠어 보였다. 그들은 주력 부대에서 이탈한 것 같았고, 아무도 그들을 걱정해 주지 않았다. 그들은 술을 마시면서 감상적이고도 슬픈 곡조의 북쪽 농가(農歌)를 불러 댔다. 판 삼촌은, 장교와 하급 장교들과 함께 가면서 노래를 듣고는, 내게 속삭였다.

"저 사람들은 북쪽 농민들이야. 나는 저 노래를 알아. 저 노래는 일을 할 때 부르는 거다. 황하강이 다시 범람한 게 틀림없어. 그렇지 않았으면 저네들이 용병이 안 되었을 걸."

"그 때문에 군대에 들어갔나요?"

"그 강이 범람하면, 모든 토지가 물에 잠기지. 때로는 그곳에 내전이 벌어져도 일을 못하게 되면 먹고살려고 군에 가기도 하는 거란다."

"그렇구나."

나는 다른 의견을 말할 수가 없다. 나는 군대에 아직 가보지 않았으니까.

우리는 마침내 절에 도착했다. 음식들은 이미 상에 차려져 있었다. 술병들과 찻잔들은 작은 탁자의 한쪽에 놓여 있었다. 장교와 호위병들은 긴 상의 한편에 앉고, 우리는 반대편에 앉았다. 상이 길어 우리는 모두 손님들 앞에 앉을 수 있었다. 음식들은 잘 차려져 있고, 구미를 당기는 냄새 때문에 먹음직스러웠는데, 그것은 추민의 개인 요리사가 만든 것이었다. 장교는 말을 많이 하기보다는 먹고 마시는 것에 열중하고, 차린 음식에 만족하는 것 같았다. 술 세 주전자를 다 비운 뒤 그는 이미 붉게 된 얼굴로, 좀 더 호의적 태도로 말을 꺼냈다.

"보십시오."

그는 호기심 어린 눈으로 자신을 예언자를 대하는 양 낯선 사람의 얼굴을 주의 깊게 보는 벤친에게 말했다.

"돌아가는 길에 우리가 백성들 돈이나 귀중품 좀 빌어 가는 것은 우리 죄가 아니지요. 그것은 그들의 잘못입니다. 그들은 언제나 우리를 독이 묻은 사람처럼 보고 피한다니까요. 우리가 싸움에서 졌다는 것을 알고는 우리를 도적 대하듯 한다구요. 당신들처럼 그들도 우리를 대해 주어야 합니다."

"그럼, 그럼요."

뻬이후 삼촌이 말했다.

"나는 그대들이 국민 군대임을 알고 있습니다."

"정말 지당한 말씀입니다!"

장교가 독한 술을 한 잔 마시면서 더 큰 소리로 말했다.

"그리고 패배한 원인은 우리에게 있는 것이 아니라 일본인들에게 있습니다. 일본인들은 20년 전, 동북[16]에서 러시아 인들로부터 노획한 녹슨 총과 오래된 총알을 우리에게 팔아먹었어요. 우리 사령관은 일본인들 말을 곧이곧대로 들은 신사였지요. 군수품이 도착한 날, 그는 시험도 해 보지 않았지요. 무기들이

---

16. 東北 : 중국의 동북지방. 이 지방은 1904~1905를, 러일 전쟁 때 러시아와 일본이 서로 분할 점령하려고 전쟁을 벌이던 곳.

완전히 고물임을 알았을 때는 이미 늦었습니다."

"저런, 저런!"

라우리우가 속임수를 쓴 일본인들을 경멸하는 표시로 머리를 심하게 흔들며 동정했다.

"저런! 그럴 수가!"

"저어, 너무 괴로워하실 필요는 없습니다."

장교가 위로하듯 말했다.

"우리가 아직 무기 대금을 그 일본인들에게 주지 않았습니다. 이젠 지불하지 않을 겁니다. 우리는 전쟁에서 졌거든요."

"아주 옳은 말씀입니다. 나도 동감입니다."

벤친이 말했다.

"외국 사람은 모두 쓸모없지요. 그들은 우정을 믿지 않고, 망령을 믿지 않고, 더구나 도교 도사도 믿지 않아요. 그들이 믿는 것은 단 한 가지, 돈을 끌어 모으는 것, 그것만 믿어요. 너무하지 않아요?"

환담은 계속되었다. 장교의 부관인 털 많은 거인이 장교에게 오후 네 시가 되었다고 알려 주었을 때까지 계속되었다. 부관은 지금 출발해야 북쪽 참모 본부까지 정시에 도착할 수 있다고 말했다. 그러자, 장교는 자리에서 일어나, '잘 선정된 대표단'이 이를 증명했듯이, 지역 주민들의 풍성한 연회와 성의에 고마움을 표시했다.

"바쁘지 않고 한가하다면……"

장교가 말했다.

"우리가 충분히 휴식을 취하고 여기 며칠간 기꺼이 머물겠습니다만……."

"곧 떠나야 하다니 섭섭합니다."

뻬이후 삼촌이 정중하게 말했다.

"우리가 이렇게 잘 어울렸는데도 말입니다! 장교님이 여기서 여러 날 더 머물면 좋지만, 어쨌든, 장교님의 중대한 여정을 방해한다는 것은 안 될 일이지요."

우리는 자리에서 일어서서 읍내 성벽의 외곽에 있는 군인들을 만나러 왔던 길을 따라 되돌아왔다. 이미 거리에는 사람이라곤 찾아 볼 수 없고, 모든 상점은 문이 닫혀 있었다. 담배 파는 노점도 보이지 않았다. 단지 주인 없는 개들만 정육점의 조그만 판자 다리에 코를 킁킁거리거나, 경계와 호기심 어린 눈길로 우리를 쳐다보고 있었다. 다른 쪽에서 바람이 불어왔다. 인적 없는 거리의 한 모퉁이 쓰레기통에 들어 있던 휴지 조각이 꾸겨진 채 허공으로 날아다녔다. 종이들이 우리 머리 위에서 집 없는 아이마냥 휘익 울며, 회전하고 있어 황당했다. 갑자기 장교가 이상한 듯 주위를 둘러보고는 뻬이후 삼촌에게 물었다.

"주민들은 다 어디로 갔지요?"

그 질문에 그만 뻬이후 삼촌은 죽을상이 되어 입술은 바싹 마르고, 손은 덜덜 떨고 있었다.

"그들은 집 안에 있습니다. 장교님. 여러분이 찾아오는 바람에 휴일을 즐기고 있지요."

그는 라우리우에게 도움을 청하는 듯 눈을 껌벅거리며, 더듬거렸다.

"그럼, 왜 문은 닫았지요?"

다시 그 장교가 물었다.

"이 지방의 독특한 풍습이지요. 장교님"

라우리우가 삐이후 삼촌을 도우려고 애쓰면서 설명했다.

"저희들은 한가한 시간에 즐길 때는 엄격한 침묵을 지키도록 하고 있지요."

"그건 내 마음에 들지 않는군요."

그 장교가 말했다.

"그들도 우리와 함께 즐기도록 나오라 하시오."

"저어……."

그는 대답도 기다리지 않고, 추민의 아마포(亞麻布) 상점으로 곧장 다가가, 상점 문을 여러 번 두들겼다. 안에서는 아무 대답도 없었다. 그는 참지 못해, 신발 바닥에 창이 박힌 군화로 문을 걷어찼다. 문이 조금 흔들리기는 했지만 열리진 않았다. 침묵의 문은 이미 두려워 떨고 있는 모든 대표에겐 멀리서 들려오는 천둥소리같이 포효했다. 결국 문이 열렸다. 안에서 어린 견습생이 고양이 앞의 쥐처럼 부들부들 떨며 나왔다.

"군인 나리."

그가 울먹였다.

"제발 죽이진 마십시오. 저는 가난한 견습생에 불과합니다. 우리 주인 추민은 제게 지난 해 품삯도 주지 않았습니다요. 오늘 제 지갑은 제 배만큼이나 비어 있습니다요. 어제 저녁부터 아무것도 먹지 못했습니다요."

"네 주인과 다른 점원은 다 어디 갔느냐?"

장교는 산 채로 소년을 집어삼킬 듯이 큰 소리로 말했다.

"군인들이 지나간다는 소식을 듣고, 모두 달아났습니다요. 군인 나리. 저는 가난한 소년일 뿐입니다. 제발 죽이진 마십시오!"

장교는 견습생에게 대답하지 않고 상점을 관찰하듯 둘러보았다. 손님용 탁자 뒤에 재고가 남아 있었다. 귀중품 대부분은 이미 가져가 버린 것 같았다. 장교는 뻬이후 삼촌에게 몸을 돌렸다.

"당신은 우리를 도적으로 생각하지 않지요?"

"그럼요, 그렇구말구요. 장교님."

뻬이후 삼촌은 더듬거렸다.

"변명하지 마!"

장교는 늙은 삼촌의 뺨을 후려갈기며 소리쳤다.

"나는 다 안다고!"

그는 부관과 호위병들을 데리고 읍내 성문으로 달려가, 군인들에게 외쳤다.

"어서 이리 와! 형제 여러분. 뭐든지 보이는 대로 가져간다!"

군인들 모두는 마치 감전된 듯한 반응을 보이며 이 거리로 쏟아져 들어왔다. 비명과 울부짖음에 이어, 발로 차거나, 문짝이 떨어져 나가는 등 야단법석 그 자체였다. 모두 깜짝 놀라, 우리도 논밭으로 숨었다. 뻬이후 삼촌은 여러 번 엎어지는 바람에 머리는 돌에 부딪히고, 코피도 났다. 딱딱하게 등이 굽은 벤 친은 전혀 뛸 수 없어, 읍내 성벽 외곽에 있는 마른 웅덩이 속으로 들어가, 풀로 몸을 숨겼다. 뻬이후 삼촌도 급기야 암소 똥이 가득 쌓인 거름 무더기를 찾아, 마치 비늘 있는 천산갑처럼 속으로 뚫고 들어갔다. 그렇지만, 라우리우, 판 삼촌, 나는 무사히 집으로 피신하는 데 성공했다.

군인들은 읍내에서 약탈로 오후를 다 보냈다. 저녁에는 불을 피우려고 여러 탁자들과 의자들을 가져갔다. 다음 날 이른 아침, 그들은 읍내 관문에 붙여진 격려문에, 자기네 사령관이 다른 전투에서 승리해 언젠가 이 지방 장관이 될 때, 교수형감인 이 지역 주민의 가짜 대표들과 음모를 꾸민 자들을 단죄하러 꼭 오겠다고 써 놓고 갔다.

그런 일이 있은 지 며칠 만에 뻬이후 삼촌이 지팡이에 의지하여 마을로 다시 돌아왔다. 그는 군인들을 피해 달아나다 발목을 삐었다고 했다. 스스로 내린 처방으로 많은 약초를 먹었는데도 완전히 회복되지 않았다. 그가 항시 가지고 다니던 회초리는 허리춤에 걸려 있었다. 그가 펄쩍펄쩍 절뚝거리며 다닐 때, 회초리는 흔들거리는 마술쟁이의 지팡이마냥 이리저리 흔들렸다. 그는 먼저 등을 다친 벤친을 찾아갔고, 다음에 그 일 이후로 며칠 집 밖을 나오지 못했던 라우리우를 찾아갔다. 왜냐하면 그날 얼마나 빨리 집으로 달려왔는지 그 뒤 다리를 잘 움직일 수가 없었기 때문이다.

"그렇게 갑자기 넘어졌다니 유감이네."

삐이후 삼촌이 벤친에게 용서를 구할 때 했던 말과 똑같은 말로 라우리우에게 용서를 구했다.

"패전 군인들이 도적 떼보다 더 나빠. 그들은 있는 대로 다 가져갔다네. 추민의 아마포 상점과 싸전은 의자 하나도 남아 있질 않았네!"

"그분도 건강하길,"

설서인은 뻣뻣해진 자신의 다리를 주무르며 말했다.

"그분은 선생님께도 제게도 나쁜 일을 맡기지 말았어야 했어요. 그의 땅을 빌려 경작하고 싶은 생각도 싹 사라졌어요."

"저, 그건,"

삐이후 삼촌은 주저하며 말했다.

"저어, 그래, 아, 아닐세. 그래! 아닐세!"

삐이후 삼촌은 추민 지주에 대한 자신의 태도를 결정할 수 없어, "저어, 그래. 아, 아닐세!"를 연발했다. 마침내 그는 그 집에서 나와, 외발로 우리 집까지 뛰어왔다. 지팡이를 짚은 삐이후 삼촌을 처음 본 판 삼촌은 웃음을 참지 못하고, 전혀 감정이 들어 있지 않은 어조로 말했다.

"멋진 행사이지요? 추민의 총대표가 되는 것이? 이젠 두 번 다시 우리를 뽑지 말라고 하느님께 빕니다."

"놀리지 말게, 판."

뻬이후 삼촌은 눈썹을 찌푸리며 진지하게 말했다.

"그 일은 안 할 수가 없었네."

"아니에요."

판 삼촌이 말했다.

"그러나 나는 필요가 없었지요……."

밖에서 들려오는 목소리에 판 삼촌은 말을 이어갈 수 없었다.

"여보세요! 약속한 대가는 어떻게 된 것입니까?"

그건 종교계 대표로 나섰던 벤친의 목소리였다. 그는 백 살 먹은 사람처럼 지팡이를 짚고 기우뚱거렸다.

"등에 난 상처 때문에 나는 며칠 기도도 할 수 없었구요. 또 그 빌어먹을 말이 나의 신성한 모자를 망가뜨린 건 두 눈으로 보셨지요? 그것은 어떻게 말씀하시겠어요? 내가 그 모자 보상을 요구하진 않겠지만 추민이 약속한 그 대가는 정당하게 지불해야지요."

뻬이후 삼촌은 슬픈 표정으로 옅은 눈썹을 찌푸리며 간단히, 조리 없이 몇 마디 했지만 그의 입술은 떨고 있었다.

"애석하게도 벤친, 나는 약속을 지킬 수가 없네. 추민은 우리가 일을 잘 처리하지 못했기 때문에 한 푼도 줄 수 없다고 했어. 우리가 한 일이 뭔가? 약값 달라고 말할 수 없었다네."

"정말 운이 나빴어요, 벤친."

어머니가 거들었다.

"추민이 돈을 안 주면 뻬이후 삼촌이 어떻게 할 수도 없지요."

"그 말이 맞습니다. 전적으로 옳은 말씀입니다!"

뻬이후 삼촌은 도사를 바라보며, 어머니 말에 동의했다. 그리고 어머니의 동정 어린 말에 그는 감격했다.

"그러나, 뻬이후 형님,"

아버지가 말했다.

"발목이 삐었는데 뭘 하실 생각입니까?"

"가르쳐야지! 물론 가르쳐야지! 전쟁은 끝났고, 이젠 패전 병사들도 지나가지 않을 거야. 추민 지주가 다시 자신의 상점을 열었다네. 나는 학교를 다시 시작해야겠네. 가르치는 것이 내 직업이니."

그리고 왼손으로 회초리를 허공에 휘두르다, 회초리가 굽어지는 바람에 그의 삔 발목을 맞혔다. 그는 아픔을 참지 못했다.

"그 잔인한 사건이 있었는데 학생들이 다시 오겠습니까?"

"그럼. 부자들은 자기 아이들을 교육도 하지 않구서 내버려 두진 않거든. 하지만, 이번에 유감스럽게도, 추민이 학자금을 쌀 50근에서 30근으로 깎자고 했단 말씀이야. 그것도 그리 될 걸세."

"추민이 그럴 수가?"

어머니가 놀라며 말했다.

"지금의 쌀 50근도 아이 학자금으론 이미 적다면서요."

"그렇지요."

뻬이후 삼촌이 동의했으며, 그러는 동안에 그의 눈에는 눈물이 나지는 않았지만, 분노를 참는 것이 역력했다.

"그러나, 다른 방도가 있지도 않아요. 우리가 패전 병사들의 약탈을 잘 막지 못해, 그는 큰 손해를 입었다고 말했거든요. 그의 삭감 제안을 내가 받아들이지 않으면, 자기 아이들을 데려가겠다고 분명히 말했다구요. 나는 나이가 많아 흥정할 수도 없어요."

아버지는 더 아무 말도 하지 않았지만, 고개를 힘없이 흔들었다. 잠시 침묵이 흘렀다. 뻬이후 삼촌은 기분이 언짢아, 곧 작별 인사를 했다. 그 뒤를 따라 벤친은 약속한 대가와 그의 신성한 모자를 잃어버린 것에 대한 약간의 보상을 요구하며 나섰다. 그들은 밖에 나가서도 논쟁을 계속하는 것 같았다. 아버지는 절뚝거리며 가는 늙은 선생님과 등이 굽은 도사가 사라진 쪽을 뭔가 미련을 두는 듯 쳐다보고 있었다. 아버지는 한마디도 더 하지 않았다. 아버지의 두 눈은 뭔가를 꿈꾸고 있었다. 아버지는 미래와 과거, 그리고 현재에 대해 뭔가, 불확실하지만, 정의되지 않는 뭔가를 생각하고 있었다. 갑자기 아버지는 자리에서 벌떡 일어나, 활기를 되찾았다. 아버지는 결심을 한 듯, 혼자 말을 했다.

"배당금을 꼭 받아야지!"

"무슨 말씀인지요?"

갑작스런 말에 충격을 받은 우리 어머니가 물었다.

"전쟁이 끝났으니 나는 우리 상회로 돌아가야 되겠소."

"곧 새해가 되는 걸요. 집에 온 지도 얼마 안 되는데요."

"가야만 하오. 일을 중단하면 배당금은 못 받을 지도 몰라요. 그게 내 유일한 희망인데."

"당신에게 배당금이 그리 중요한가요?"

"중요하구 말구! 중요하다니까! 만약 이번에 그것을 받지 못하면, 상회에서 육 년 동안 일을 더 해야만 돼요. 아마 그땐 내가 이미 늙어서 그것을 해내지 못할 거요. 그리고 당신이 직접 보다시피, 뻬이후 형님처럼 다시 교사가 될 수도 없어요."

"아이고."

어머니는 말을 잇지도 못하고 조용히 있었다. 어머니는 아버지 말을 이해했다. 바로 그때, 밖에 나갔다가 배추를 들고 오는 형이 들어섰다. 그는 채소밭에 갔다 오는 것이 분명했다.

"큰애도 당신과 함께 대도시로 되돌아가야 되나요?"

"견습생 과정을 마치려면 석 달이 더 필요하오."

아버지가 말했다.

"큰애도 가야지요."

"그럼, 저 아이 결혼은요?"

어머니가 물었다.

"큰애도 다 컸어요. 알란은 집안일에 경험을 충분히 쌓았고요. 이제 저 아이가 집안일을 해야지요. 나도 알란에게 모든 권한을 물려줄 준비가 다 되어 있어요."

"알란과는 결혼 안 해요!"

형은 당돌하게 주장했다.

"왜?"

어머니는 깜짝 놀라, 진정되지 않는 목소리로 물었다.

"나는 우리 가문을 위해 알란에게 조심하도록 시킬 것은 다 시켰고, 교육도 시켰다. 그래 너는 조상들이 살아온 이 집에 살기 싫어?"

"나는 알란을 사랑하지 않으니까요!"

형도 흥분된 어조로 말했다.

"더구나 우린 가치관이 아주 달라요."

"너의 그 가치관이라는 게 무슨 말이냐? 너 그런 말 어디서 배웠니? 네가 외국 사람이냐? 너는 오래도록 살아온 이 마을에서 태어나지 않았어?"

어머니는 화를 벌컥 내었다.

아버지는 이때 어머니에게 말하면서 조정하려고 애썼다.

"큰애 말에 너무 개의치 말아요. 큰애는 실제로 정규적으로 다닌 노동조합 야학 반에서 새 사상을 많이 배웠어요. 나이를 더 먹으면, 큰애는 균형을 잡게 될 거요."

"하지만 어쨌든 난 알란에게 장가가지 않겠어요!"

형은 확고하게 말했다.

"왜? 저 알란은 너와 약혼한 사이 아니야? 너는 우리 마을의 전통을 깨려 하는구나."

어머니가 격노하여 물었다.

"아니면 자, 저 아이의 얼굴에 난 마마 자국이 네 마음에 들지 않아서 그래? 하지만 그건 운명이야! 네 운명은 마마 자국이 있는 아이를 아내로 맞아들여야 하는 것이야!"

"하지만, 난 알란이 마마 자국이 있든 없든, 결혼하지 않겠어요!"

갑자기 알란의 방으로 연결된 복도에서 발걸음 소리가 요란하게 들려왔다. 나는 그 소리를 낸 사람이 엿듣던 알란이라는 것을 알았다. 최근 알란은 아주 신경이 날카로워져 있었고, 언제나 알란은 자신의 미래에 대한 대화를 엿들으려 주목하고 있었다. 알란은 가족들이 다투고 있는 이유가 자신의 얼굴 때문이라는 것을 알고는, 마음이 아주 상한 것 같았다. 나는 알란 방으로 가서, 뭔가 위로가 될 말을 해 주고 싶었다. 알란은 말없이 화장대의 큰 거울을 멍하니 쳐다보고 있었지만, 알란의 매끈하지 않은 얼굴에는 두 줄기 눈물이 흘러내리고 있었다.

"울지 마, 알란, 우리 형이 농담으로 한 말이야."

내가 말했다.

내 말을 들으며, 알란은 흐느끼기 시작했다. 나는 더 이상 말할 수 없었다. 알란의 마마 자국 몇 개가 완두콩처럼 커져 있는 것을 보고 나는 움찔했다.

다음 날 아침 일찍 아버지와 형은 '대도시'를 향하여 마을을 떠났다. 아버지는 우리나라 사람이 경영하는 상회의 배당금 때문에 길고 긴 서기의 일을 계속하러, 또 형은 외국인 면직물 공장에서 견습생 일을 마무리하러 떠나갔다. 두 사람이 떠날 때, 어머니 두 눈은 이미 눈물에 젖어 있었다. 그 이유는 몇 주 뒤면 우리 가족이 함께 모여 설 명절을 쇨 수가 있었는데 그럴 수가 없게 된 때문이었다. 그러나 어머니는 눈물을 닦고 즐거운 목소리로 말했다.

"조심하셔야 해요! 우리 내년 설을 거하게 차립시다."

이 말로 아직도 슬픔에 잠겨 있는 아버지를 즐겁게 해 주려고 했다. 그러면서 어머니는 그때쯤이면 아버지도 배당금을 받게 되리라는 것을 상징적으로 말하는 것 같았다.

5

우리 집 소가 암송아지를 낳다

설날이 다가오자 우리 마을은 집집마다 활기가 살아났다.

우리는 가족의 재회와 우리가 모시는 신(神)과의 재회를 위해서도 준비를 하기 시작했다. 설날 명절의 엿새 앞에는 작은 설날[17]이 있다. 이날은 신들을 위한 설날로, 우리 집의 신으로 모시는 조왕님이 당신의 영생하는 가족들과 하늘나라로 올라가, 당신이 다스리는 가정을 천제[18] 님께 보고를 드리는 날이다. 집집마다 자신이 모시는 조왕님이 하늘나라에 가서서 보고를 가장 잘 올리도록, 조왕님이 출발하기 전에 되도록이면

17. [옮긴이] 亞歲 : 작은설은 동지(冬至)로, 이날은 중국뿐 아니라 우리나라에도 벽사진경(辟邪進慶)의 풍속이 있다.
18. 天帝 : 전설에 따르면 만물과 모든 다른 신을 지배하는 가장 높은 위치에 있는 신.

가장 좋은 선물을 드리려고 애썼다. 이때만큼 읍내 모든 물건들의 가격이 널리 이야기되는 때도 없었다. 성벽이 있는 읍내는 우리가 사는 곳에서 10리나 떨어져 있지만, 읍내를 생각하지 않고는 새해를 결코 시작할 수 없을 정도로 우리 삶의 일부가 되어 있었다.

특히 어머니와 판 삼촌은 장터에서 파는 물건에 관심이 많았다. 두 사람 모두 조왕님께 가장 좋은 선물을 바치고 싶어했다. 두 분은 뭔가를 염원하고 있었다. 신께서 우리에 대해 보고를 좋게 하시리라는 기대뿐 아니라, 천제님께서도 기쁜 마음으로 그 보고서를 읽고 난 뒤, 우리에게 전대미문의 축복을 내리리라는 기대를 하고 있었다. 어머니는 약 두 해를 앞당겨 기적이라도 일어나, 내년엔 아버지가 배당금을 받을 수 있었으면 했고, 판 삼촌은 '딸'을, 그러니까 우리가 키우는 경작용 암소가 새 암송아지를 낳아 주기를 기대하고 있었다. 그 일 잘하는 짐승은 벌써 새끼를 밴 지 몇 달이 되어 금방이라도 새끼를 낳을 기세였다. 판 삼촌은 송아지가 작은설 이전에 나면 건강하고 탐스럽게 성장한다는 농민으로서의 자기 개인 경험에 따른 원시 미신을 믿고 있었다. 그 믿음의 진실은 입증되었다. 작은설 이후 난 새끼 짐승들은 이른 봄, 여러 주 계속 내리는 눈에 거의 견디지 못하고 죽기 일쑤였다. 그는 새 암송아지가 앞당겨 모습을 보이도록 신의 도움을 고대하며 몰래 기도를 올렸다.

그는 읍내에 가기에 앞서, 장터에서 살 만한 물건들과, 가격을 알아보기로 했다. 그는 마을에서 장터에 자주 가기로 일등인 마우마우를 만나 물어보고 싶었다. 유별나게 마우마우는 장 보러 가는 일에 관심이 많았다. 그도 특별한 축복이 필요했다. 그의 아내 암까마귀가 최근 음식을 골라먹는 버릇이 생겼다. 암까마귀가 이제 활달하고 성실한 자기 아버지 밑에서 일하는 사람이 아니라는 이유로, 가정주부임을 자랑삼아 거만을 부리는 것인지 아이를 배었는지 그는 확신이 서지 않았다. 그는 후자이기를 바랐다. 그러나 '딸'이기를 바라며 기도하는 판 삼촌과는 달리, 그는 앞으로 논밭에서 자신을 도울 아들이기를 바랐다. 그런 면에서 단순한 농민인 그가 할 일은 아무것도 없었다. 신만이 자궁 속 아이의 성(性)을 바꿀 수 있다. 판 삼촌과 마찬가지로 그도 미신을 믿고 있었다. 그는 먹는 것에 욕심 많은 여자는 딸만 낳는다고 믿고 있었다. 암까마귀가 먹는 것에 욕심 부리는 여자가 아닌 것으로 보이지만, 사실 먹는 것에는 다른 사람들이 놀랄 정도로 큰 배를 지니고 있어, 배가 찰 때까지 먹는 것을 좋아해, 먹는 것이 자신의 기호이자 취미로 여기고 있었다.

판 삼촌은 담배 한 대 피우자고 마우마우를 불렀다. ─ 삼촌은 최근 대나무 뿌리로 새 담뱃대를 만들었다. ─ 뙤약볕 아래 우리 집 앞에서.

"마우마우, 읍내에 가서 설빔으로 무엇을 샀는지 말해 보게."

그는 마우마우에게 새로 만든 담뱃대를 한번 물어 보라고 하며 말했다.

"아무것도요!"

마우마우가 말했다. 그의 확고한 목소리에 판 삼촌은 당황했다.

"전혀 아무것도!"

마우마우의 두 눈은 아래로 향했다. 그는 암까마귀에게 장가간 뒤로 언제나 땅만 내려다보았다. 마치 그의 머리를 온종일 뭔가 누르고 있는 것처럼.

"그럼 읍내에는 뭐 하러 갔어?"

판 삼촌은 뭔가 정리 안 된 듯 물어보았다.

"조왕님께 바칠 선물 사려구요."

"방금 아무것도 안 샀다고 해 놓고선."

"그래요. 아무것도. 전혀 아무것도."

"무슨 말이 그런가? 자네는 마치 철학하는 사람처럼 말하는군. 언제나 부정확하게 말하는 버릇 자네 집사람에게서 배웠나? 자넨 이전엔 직설적으로 말하지 않았는가. 정리가 잘 안 되는군, 마우마우."

"난 아무것도 못 샀다니까요!"

마우마우는 문제를 더 복잡하게 만들며 말했다.

"이해가 안 되어 다시 묻는데, 읍내는 왜 갔어?"

"사러 갔지요."

"어허! 어허! 자넨 자네 집사람과 하는 말장난을 나와 하고 있는 건가? 언제나 젊은 사람들은 그런다는 거 알아. 아낙네들과 따뜻한 잠자리에서 얼굴 마주 보고, 쓸데없는 말 하는 거 젊은 사람의 마음이긴 하지. 난 안다구. 알아. 자네는 내가 결코 인생을 그렇게 즐기며 살아오지 못했다는 것을 알고 내게 허풍 떠는 거야."

판 삼촌은 감상에 젖었지만, 강하다는 것을 보이려고 일부러 웃음을 보였다.

마우마우는 삼촌 말에 부끄러워 얼굴을 붉혔고, 삼촌의 두 눈은 더 아래로 내려다보고 있었다. 마우마우가 이야기를 꺼냈다.

"이해하기 아주 쉽다니까요. 판 삼촌. 시장에는 살 게 하나도 없었어요. 대다수 귀중품들은 지난번 패전 병사들이 약탈해 갔고요. 남은 거라곤 그자들이 불을 지르는 바람에 탄 것뿐이었어요. 노점상들이 파는 몇 가지 물건들은 턱없이 이전보다 다섯 배나 비쌌고요. 그걸 살 돈이 충분하지 않았어요. 좀 더 있으면, 우리가 음식에 넣는 소금도 부족할 겁니다. 소금 값도 믿기지 않을 정도로 올라 있었어요."

"정말? 그러면 상인들이 돈 많이 벌겠군!"

"언제나 그렇지요. 그들은 될 수 있는 한 우리 가난한 농민들을 희생시켜 돈이나 많이 벌려고 하지요."

"그럼 자네가 다녀온 일은 성과가 없었구먼."

"하지만요. 나는 이번에 땅주인을 찾아갔지요. 보세요. 벌써 한 해가 다 끝나니까요. 땅 임대 계약을 언제 다시 할지 알아보려고요."

"그래, 언제라고 하던가? 재계약했나?"

판 삼촌은 마을의 모든 사람들과 마찬가지로 이런 일에는 관심이 갔다. 물론 삼촌은 추민의 땅을 빌려 경작하지는 않지만.

"언제든지요. 하지만 소작료도 2할이나 더 올랐어요."

그는 '2할'이라고 하면서 울음을 터뜨리려고 했다.

"말도 안 돼!"

판 삼촌은 눈이 휘둥그레져 말했다.

"그러면 자네는 전체 수확량의 2할 5푼만 가질 수 있는 걸. 자네가 흥정을 해 보지 그랬나?"

"그렇게 했지만, 그는 지난번 약탈당한 것을 다른 것에서 보상받아야 한다고 하던데요. 그자들이 그의 상점을 완전히 부숴 놓았더군요. 만약 그 조건도 내가 안 받아들이면, 다른 사람이 지어 먹게 한다고 말하더군요."

"그래, 자네는 그렇게 하기로 했나?"

"달리 방법이 없었어요. 판 삼촌. 가능하다면 더 많은 토지를 빌려 농사를 짓고 싶어요."

"어떻게 그런 조건을 가지고 더 해낼 수 있겠나! 자네 돌았나?"

"그리고……."

마우마우는 계속 말을 할 수 없었다. 그는 슬퍼 고개를 떨 군 채, 바보처럼 땅만 내려다보았다. 잠시 침묵이 흐른 뒤, 그는 중얼거리며 말했다.

"말씀드린 대로예요. 그 외 다른 방도는 없었어요. 아시지요. 암까마귀가……."

"하! 그래! 이해되네!"

판 삼촌은 그의 말을 가로막으며 말했다.

"그녀는 대단한 먹통을 가지고 있지. 나도 안다구! 그녀는 자 네보다 더 많이 먹지. 난 안다구!"

판 삼촌은 다행히 자신에게는 약혼녀가 없다는 사실에 위 로받으며 큰 소리로 말했다.

"마우마우, 그 쪽에서 무슨 이야기를 하고 있어요?"

갑자기 마을의 맞은편에서 암까마귀가 소리쳤다. 그곳에서 암까마귀는 빨래를 하고 있었다.

"내 이야기하지요? 마우마우! 당신이 나를 먹여 살릴 수 없 다면, 나를 나가라 하면 된다구요. 당신보다 더 나은 남편을 구 할 수 있다구요. 한때는 읍내 관청의 일급 공무원이 내 앞에서 세 시간 동안이나 무릎 꿇고 결혼해 달라고 간청했다구요. 그 것도 쉬지 않고 세 시간 동안이라구요! 내가 지난번 잠자리에 서 이야기하지 않던가요? 대답해 봐요, 어서요. 내가 그 말 했지요?"

마우마우는 반박도 하지 못하고 죽을상이 되어 얼굴이 창백해졌다. 넓은 그의 어깨와 두 다리가 떨리기 시작했다. 그는 자리에서 일어나면서, 삼촌에게 양해를 구하며 말했다.

"이만 가 봐야겠습니다. 죄송해요. 담배 한 대 피우게 되어 고마워요. 아주 좋은 담뱃대군요. 아주 즐겁게 피웠어요."

그러고는 어미 말에 순종하는 어린아이마냥 암까마귀에게 느린 걸음으로 갔다.

바로 그때 어머니가 나왔다. 어머니도 정말 암까마귀의 말에 대한 그의 반응이 어떤지 보고 싶었다. 어머니는 그런 식으로 그들이 부부 싸움을 벌일까 걱정했지만, 그들은 결코 한 번도 싸우지 않았다. 어머니가 햇빛이 난 곳으로 나왔을 때, 마우마우는 벌써 암까마귀에게 다가가 빨래 널고 있는 그녀를 수줍게 돕기 시작했다. 그런데 갑자기 암까마귀가 소리쳤다.

"저기 국화 아줌마가 읍내 갔다 오네!"

우리가 신작로로 눈길을 돌렸을 때, 정말로 국화 아줌마가 우리에게 다가오는 것을 보았다. 아줌마가 읍내 갔다가 이렇게 이른 아침에 돌아오다니 놀라운 일이었다. 아줌마는 보통 좀 늦은 시각에 읍내에 간다. 왜냐하면 화장하는 데 시간이 오래 걸리고, 걸음걸이도 그렇게 빠른 편이 아니었기 때문이다. 곧 우리는 이유를 알게 되었다. 아줌마는 마을에서 읍내로 가장 먼저 가, 제일 맘에 드는 선물을 사고 싶었다. 아줌마는 작은설에는 언제나 집을 지키는 신에게 가장 아름다운 공물을 바쳤다. 왜냐하면, 아줌마는 자신을 위해서라기보다는 자신이 언제나 기다리고 있는, 밤마다 꿈에 그리는 남편을 위해 신의 특별한 가호를 염원하고 있었다.

잠시 뒤 아줌마는 우리 앞에 도착했다. 아줌마가 아무것도 사 가지고 오지 않자, 우리는 깜짝 놀랐다. 아줌마는 자신의 실보따리만 들고 있었다.

"이해가 안 되어요. 이해가 안 되더군요!"

아줌마는 볼멘소리를 했다. 아줌마 얼굴은 아주 고통스러워 보였고, 두 눈은 뭔가 정리가 안 된 듯이 보였다. 우아하고 온화한 국화 아줌마가 이처럼 절망적이고 흐트러진 모습을 보인 적이 없었다.

"이해가 안 돼요! 말도 안 돼요!"

아줌마는 우리 어머니에게 도움을 청하는 듯 바라보며 돌아서서 말했다.

"무슨 일이 있었구나, 국화 아줌마?"

어머니는 아줌마가 숨을 돌릴 수 있도록 보따리를 받아 주며 말했다.

"읍내에는 조그만 물건도 아주 비싸요."

국화 아줌마는 마치 싸울 기세로 거칠게 볼멘소리를 하고 말했다.

"반면에 농촌 사람이 만든 것들은 반 푼 어치도 쳐주지 않아요!"

"국화 아줌마, 그게 무슨 말이에요?"

판 삼촌이 물었다.

"나는 우리 집안을 지키는 신께 드리려고 붉은 비단 한 조각을 사고 싶었어요."

아줌마는 설명했다.

"그것이 값이 얼마나 나가는지 한번 알아맞혀 보세요. 500원이나 내라고 하지 않겠어요. 전보다 다섯 배나 비싸졌다구요. 하지만 내가 밤낮으로 짠 실을 팔려고 했을 때는 왕 사장은 이전 가격의 3분의 1로 쳐주겠다고 해요. 그런데 그런 가격의 거래에도 그는 그다지 관심을 가지지 않더라구요. 정말, 앞으로 어떻게 살아가야 할지!"

그녀는 동정을 불러일으키는 한탄의 소리를 내었다.

"어떻게 그럴 수가!"

어머니가 평했다.

"그건 정말 눈속임 같네."

"정말이라니까요!"

국화 아줌마는 자신의 주장을 증명하듯 소리쳤다.

"그리고 상점 주인들은 패전 병사들의 약탈해 간 것에 대한 보상을 받으려면 그렇게 해야 한대요. 그 말을 드러내 놓고 하구요."

"그랬어요. 난 알구말구요."

판 삼촌이 끼어들어 말했다.

"좀 전에 마우마우도 같은 말을 하더군요. 안타깝게도 우리가 우리들의 신을 위해 선물을 사려는 때에."

"안타깝기만 해요, 정말……."

국화 아줌마는 목소리를 갑자기 낮추어, 고개를 숙이고, 자신의 발을 내려다보며, 말했다.

"나는 우리의 마음씨 고운 신에게, 그분의 하늘나라로 가는 여행에 무슨 선물이 필요한지 잘 모르겠어요……. 내게는 이제 아주 불행한 일만 남았어요……."

"정말 가슴 아픈 일이구나."

어머니는 국화 아줌마를 조용히 바라보며 말했다. 어머니는 국화 아줌마가 새해가 다가올 때마다 집 지키는 신께 남편인 민툰이 마음을 잘 다스려, 언젠가 그녀에게 꼭 돌아와 주도록 도와주십사 하고 기도했다는 것을 알고 있다. 어머니는 국화 아줌마가 언제나 희망과 기원 속에 살고 있고, 신에게 좋은 선물을 해 그녀의 희망을 키워가고 있다는 것을 이해하고 있었다.

"우린 아직 장에 가보지도 않았다구."

어머니는 계속 말했다.

"뭘 살게 있는지 저 산 너머 군(郡)청 소재지의 시에 가 봐야 되겠구먼. 그 군은 읍내보다 훨씬 큰 도시니까, 그곳 상인들은 좀 더 정직하겠지요!"

"좋은 생각이군요! 좋은 생각입니다!"

판 삼촌은 기뻐하며 어머니의 말에 동감을 표시했다.

"그 도시를 가 본 지도 오래되는군요. 자, 여러분! 그곳엔 기장으로 빚은 술을 파는 상점이 좋아요. 그 냄새는 '특효약'이라고는 할 수 없지만, 정말 끝내 준다구요."

"판 삼촌은 언제나 마시는 타령이시군요!"

어머니가 말했다.

"이번 장보기는 아주 진지한 태도로 해야 할 거예요."

"잘 알겠습니다. 명심하지요. 내가 물건 사러 그곳에 간다면 술을 안 마시겠노라고 약속하지요. 내 명예를 걸고 약속하지요."

"정말 판 삼촌을 도시로 장 보러 보내야 되겠군요."

국화 아줌마가 어머니에게 말했다.

"이곳 읍내는 가 볼 필요조차 없다구요."

"그리고 그곳에서 이 실도 좋은 가격으로 팔아 올 수 있지요. 국화 아줌마, 내가 장담하지요."

판 삼촌은 국화 아줌마의 동의를 구하면서, 서둘러 말을 꺼냈다. 이 때문에 아줌마는 얼굴이 붉어졌다.

"그것도 좋겠군요."

어머니가 말했다.

"다른 방법이 없으니. 삼촌, 내일 출발하세요, 그렇지 않으면 이미 잘 어울리는 물건들은 사람들이 다 사 버릴지도 모르니까요."

"그렇게 생각해 주시니, 저도 기뻐요!"

국화 아줌마는 어머니에게 말했다.

"국화 아줌마, 이 실패들을 더 좋은 가격으로 바꿔다 줄 것으로 기대해도 좋아요! 아줌마가 신께 드릴 선물은 걱정 말아요."

판 삼촌은 자신이 장 보러 가는 일에 국화 아줌마가 성원을 보내자 행복한 목소리로 말했다.

"판 삼촌, 고마워요."

국화 아줌마의 두 눈에는 어느새 희망이 빛나고 있었다. 아줌마는 삼촌에게 보따리를 맡겼다.

다음 날 이른 아침, 판 삼촌은 약 150리 떨어진 군(郡) 소재지의 도시로 국화 아줌마의 희망과 새해에 대한 우리 모두의 희망을 안고 출발했다.

판 삼촌이 떠난 지, 3일이 지났다. 삼촌이 돌아오지 않자 어머니는 걱정이 되었다. 나흘째 되던 날 국화 아줌마는 몇 번이고 삼촌이 도착했는지 알아보러 왔다. 아줌마는 걱정을 많이 했다. 작은설이 점차 다가오고 있기 때문이다. 어머니는 걱정이 되어 신경도 날카로워졌다. 더구나 우리 암소도 지친 기색을 보이고 있었다. 때로는 소가 먹지도 않아, 우리는 어떻게 해야 할지 몰랐다. 암소는 배를 땅에 대고 누워 숨을 약하게 쉬고는 천천히 되새김질만 하였다. 소의 입가에는 크고 흰 꽃 같은 두

터운 거품이 한데 엉겨 있었다. 그리고는 끈적한 침이 나오기 시작했다. 그 침은 눈으로도 확인할 수 있을 만큼 짧은 줄처럼 이어 내려 입가에 걸려 있었다. 몇 번이나 소는 판 삼촌을 찾듯이 뭔가를 기다리고, 아무 도움도 받지 않으려 하면서 지나가는 사람을 쳐다보곤 했다. 마치 어딘가 가려워 긁고 솔질해 주기를 기다리는 듯이 여러 번 땅에 문질렀다. 우리는 소에 대해 잘 모르기 때문에 소를 도울 방도가 없었다.

닷새가 지났다. 판 삼촌은 여전히 돌아오지 않았다. 그날 수시로 어머니는 마을 어귀까지 나가, 삼촌이 장 보러 간, 군 소재지 쪽의 먼 산들 사이로 나 있는 산길을 바라보았다. 길에는 판 삼촌과 비슷한 그림자조차 보이지 않았다. 어머니는 이런저런 생각 끝에 똑같은 질문을 여러 번 스스로에게 되물었다.

"무슨 일로 판 삼촌은 도시에 머물고 있을까?"

평상시처럼 그날도 저물어 갔다. 마을은 벌써 해가 지기 전인데도 황혼에 접어들었다. 주위 산들이 햇빛을 막았기 때문이다. 그리고 둥지로 돌아오는 까마귀들은 벌거벗은 나무 위 둥지 주위를 맴돌면서, 구슬피 울어댔고, 그 우는 소리는 메아리가 되어 마을을 더욱 음산하게 만들었다. 피곤한 새들도 자신들의 둥지로 날아들고 있었다. 온 세상이 조용해지고, 마침내 어두워지기 시작했다.

그날 밤, 어머니는 한잠도 주무시지 못했다. 어머니는 판 삼촌의 발걸음 소리일지도 모를, 바깥에서 들려오는 소리에 귀를 기울이며 긴장해 있었다. 그러나 모든 것은 고요하기만 했다. 바람조차 불지 않았고, 라이바우도 짖지 않아 완전히 고요했다. 판 삼촌은 돌아오지 않았다. 그가 떠난 지 엿새가 되었다. 며칠 지나면 신들의 설날이 된다. 나는 잠자리에서 어머니가 혼잣말하는 소리를 들었다.

"만약 내일도 삼촌이 돌아오지 않으면, 마우마우를 보내 봐야겠다."

어머니는 조왕님에 대한 선물 걱정보다는 늙은 판 삼촌 걱정을 더 많이 하고 있었다.

다음 날 새벽, 어머니는 자리에서 일어나 마우마우를 찾아가려고 밖으로 나섰다. 어머니가 앞문 고리를 잡아 올렸을 때, 나는 어머니가 깜짝 놀라는 소리를 들었다.

"저런! 삼촌이 어젯밤에 돌아오셨군요? 왜 삼촌은 문도 두드리지 않았나요?"

나는 어머니가 있는 곳으로 뛰어가, 미라처럼 굳게 입을 다물고 벽에 기대서 있는 삼촌을 보고 있는 어머니를 발견했다. 어머니가 그토록 날카롭고, 거칠고, 심각하게 보고 있지만 삼촌은 전혀 움직임이 없었다. 그는 무표정하고, 죽은 것 같고, 나무처럼 된 얼굴이 마치 부처의 형상과 흡사했다. 그는 눈을 뜨고 있었지만, 움직임은 없다. 또 빛나지도 않았다.

듣는 귀도 없는 사람 같았다. 그는 목석처럼 귀가 먹은 것 같았다.

"어느 사악한 바람이 삼촌을 보냈어요?"

우리 어머니는 다시 물었다.

그는 가타부타 대답이 없었다.

"어둠을 헤쳐 오시면서, 망령을 만났나요?"

어머니의 매가 우는 듯한 날카로운 목소리가 허공을 갈랐다. 어머니는 절망감에 두려웠다. 어머니는 이제까지 한 번도 믿지 않았던 망령 생각이 났기 때문이었다.

그래도 판 삼촌의 입은 봉인된 것 같았다.

"정말 아주 이상하네. 판 삼촌은 말문을 닫은 모양이다."

어머니는 소리를 낮추어 혼잣말했다. 반면에 어머니는 이 노인을 마술가나, 멀리서 온 고행자처럼 오래 바라보았다. 그 순간 나는 판 삼촌의 겉옷이 벤친의 예복처럼 느슨하게 풀어져 있는 것을 알았다. 그의 유명한 허리띠도 보이지 않았다. 그의 두 손도 비어 있었다.

"산속에 숨어 있던 자들에게 다 털렸나요?"

어머니는 삼촌의 이상한 겉모양새를 훑어보며 말했다.

삼촌은 고개를 끄덕이지도, 가로젓지도 않았다. 판 삼촌은 눈꺼풀도 움직이지 않았다. 몸도 움직이지 않았다.

어머니는 더 이상 어찌할 줄 몰라 판 삼촌에게 한 걸음 더 다가가, 그의 풀린 두 눈을 유심히 바라보았다. 판 삼촌은 아무 반응을 보이지 않았다. 결국 어머니는 삼촌의 양어깨를 붙잡고 마치 고목(古木) 둥치처럼 삼촌을 흔들어 보았다. 삼촌은 앞

뒤로 흔들려 비틀거렸다. 그러나 우리 어머니가 두 손을 놓자, 그는 곧장 벽에 기대선 채 또 움직이지 않았다.

"알란아! 벤친 좀 불러 오너라! 판 삼촌의 영혼을 빼앗아 간 아주 못된 망령, 삼촌에게 망령이 든 모양이다!"

어머니는 벌써 망령이 있음을 믿게 되고, 벤친의 망령 물리치는 능력을 인정하기로 한 모양이었다.

어머니가 알란을 부르자, 암소에게 물을 다 먹인 양동이를 손에 들고 알란이 외양간에서 뛰어왔다. 이 일은 매일 아침 알란이 하는 일이다. 알란은 어머니 말에 상관 않고 단숨에 어머니에게 말했다.

"엄마! 우리 소가 아기 낳아요! 우리 소가 아기 낳아요!"

기나긴 가뭄 뒤 하늘이 내려 준 신성한 빗물처럼, 벤친 도사의 주문보다 더 마술적 권능을 지닌 그 소식은 효과가 있었다. 그 소리는 죽은 사람도 살리는 것 같았다. 판 삼촌의 두 눈이 껌벅거리기 시작했다. 그의 입술도 떨기 시작했다. 판 삼촌은 다리도 움직이게 되었다. 그러고는 갑자기 어린 멧돼지처럼 외양간에 달려갔다. 그가 이렇게 빨리 활기차게 뛰어가는 것을 우리는 본 적이 없었다. 그는 되살아났을 뿐만 아니라 자신의 젊음도 되찾은 것 같았다. 아니, 자신의 어린 시절로 돌아간 것 같았다.

암소는 마른 모래가 깔린 바닥에서 바둥거리고 있었다. 암소 새끼의 앞 두 발이 암소 자궁으로부터 기이하게 나와 있었다. 어미 소는 고통스러워했다. 어미 소의 두 눈은 반짝이며 앞으로 튀어나와 있었다. 판 삼촌을 본 어미 소는 조용해졌고, 두 눈은 움직임이 없이, 흘러내리는 눈물로 빛나고 있었다. 판 삼촌이 암소에게 다가서자, 암소는 머리를 흔들었다. 그리고 삼촌이 암소를 쓰다듬어 주자, 암소는 눈을 감았다. 암소의 얼굴 없는 얼굴에는 두 줄기 눈물 개울이 만들어지고 있었다.

판 삼촌은 암소 옆에 웅크리고 앉아, 머리를 들고서 울고 있는 암소의 두 눈을 바라보았다. 오랫동안 그들은 서로를 뚫어지게 바라보고 있었다.

"울지 마라, 귀여운 여자야!"

판 삼촌은 테너 조로 말하면서, 한 손으로 소의 배를 쓰다듬어 주고 있었다.

"오래 걸리지 않아. 조금만 견디면 돼. 조금만 참아."

그는 자신의 늙은 입술을 할머니처럼 뽀로통하게 만들어 용기를 북돋아 주고, 자신의 소매로 눈물을 닦아 주며 말했다.

"용감한 여자가 되어야지. 아기 다치지 않게 몸을 뉘여. 그래, 이렇게!"

정말로 암소는 판 삼촌의 무릎 맞은편 바닥에 조용히 기대어 누웠다.

어머니는 한 모퉁이에 선 채 멍하니 그들을 바라보았다. 잠시 뒤 암소가 갑자기 움직이더니, 헐떡거리기 시작했다. 어머니는 본능적으로 무릎을 꿇고 두 손을 모은 채 신에게 암소가 무사하길 빌기 시작했다. 우리 모두는 6에이커의 땅에서 일만 하며 보낸 암소가 위기에 처해 있는 걸 보고는 창백해졌다. 알란은 영문도 모르고 어머니 곁에 무릎을 꿇고 앉았고, 나도 암소 앞에서 같은 자세를 취했다.

주위가 쥐죽은 듯 고요해졌다. 이런 상황에서는 판 삼촌의 읊조림도, 어머니의 기도도 중단되었다. 암소는 입을 크게 벌린 채 숨을 힘들게 헐떡거리고 있었다. 우리 모두도 숨죽였다. 허공에는 태고의 고요를 자아내는 긴장감이 감돌았다. 우리는 외양간에서 뭔가 터져 나갈 것 같은 것을 느꼈다. 그리고 극적인 순간이 일어났다. 어미 소는 두 눈을 감고, 마치 삶의 마지막 순간에서 죽어 가는 짐승처럼, 영원한 잠에 빠져들듯 머리를 바닥에 힘없이 떨구었다. 그때 송아지가 어미 소에서 빠져나왔다.

안도의 마음으로 우리는 송아지를 보러 일어섰다. 아주 미끈하게 생겼다. 송아지 귀는 대나무의 어린잎처럼 부드러웠고, 두 눈은 살구씨처럼 연약했고, 아직 얇은 배는 아주 우아한 모습이었다. 송아지는 판 삼촌이 기대했던 대로 소녀였다. 암송아지였기에 불안해하고 수줍음을 느끼는 것 같았다. 판 삼촌은 헌솜으로 만든 누비이불 한 조각을 가져와, 송아지를 조심조심 닦아 주었다. 송아지는 판 삼촌이 어미 소의 마음의 친구이자 공동 목표를 향해 가는 충실한 동반자라는 것을 느끼는 듯이, 그가 건드려도 움직이지 않았다.

"난 너를 사랑한단다. 애야!"

판 삼촌은 뿔 없는 이마를 쓸어 주면서 부드럽게 말했다.

알란은 노란 콩죽을 한 주전자 가져와, 사발에 부었다. 판 삼촌은 사발을 어미 소의 코에 갖다 대었다. 암소의 두 눈은 감겨 있지만, 본능적으로 코로 냄새를 맡았다. 잠시 뒤, 어미 소는 자신의 눈꺼풀을 들어 익숙하게 머리를 숙여 우유 같은 죽을 보고는 먹기 시작했다. 그리고 암소는 뭔가를 생각하는 것이었다. 암소는 머리를 돌렸다. 새끼가 바로 자신의 옆에 누워 있었다. 어미 소는 먹는 것을 중단하고 어린 송아지를 핥아 주기 시작했다. 송아지는 어미 소가 길고 감미로운 혀로 핥아 주니, 침착해지고 눈도 반쯤 감았다.

"저 송아지는 판 삼촌 몫이에요."

어머니는 웃음을 지으며 말했다.

"그리고 삼촌 이름을 계속 사용할 수 있도록 판 아가씨로 부릅시다."

"고맙습니다, 형수님."

판 삼촌은 기쁜 표정으로 말했다.

"그것이 가장 바람직한 방법이라고 봅니다."

"송아지가 무사히 태어나고, 또 송아지가 저렇게 아름다운 모습을 지녔으니 그렇게 만들어 주신 우리 신들께 향을 피웁시다."

"예, 그래야지요."

판 삼촌이 말했다.

그리고 우리는 선조를 모셔 둔 제단 앞에서 감사의 예를 표하기 위해 현관으로 들어갔다.

감사의 예를 표한 뒤, 어머니는 가벼운 마음으로 한숨을 내쉬었다. 판 삼촌도 마찬가지였다. 암송아지는 작은설 하루 전에 태어났다. 이 우연의 일치는 복된 새해에 대한 전조(前兆)처럼 보였다. 어머니와 판 삼촌은 오랫동안 서로 의미심장하게 바라보았다. 두 사람은 내키진 않지만 만족한 듯 웃었다. 이날 세상에서 가장 신난 남자는 정말 판 삼촌이었다.

"하지만, 판 삼촌."

어머니가 말했다.

"여러 날 무슨 일이 있었는지 말씀해 주세요. 나는 삼촌 걱정 많이 했어요."

그러자 판 삼촌의 만족해하던 얼굴은 창백해졌다. 삼촌은 입술을 한 번 깨물고는 말이 없었다. 삼촌은 멍하게 어머니만 바라볼 뿐이었다. 그리고 삼촌은 괴로운 듯 고개를 떨구었다.

"판 삼촌, 내게 무슨 일이 일어났는지 말씀해 주셔야 합니다."

어머니가 누차 이야기했다.

"말씀이 없으시면 가장 나쁜 쪽으로 생각하고 말겠어요. 산적을 만났습니까?"

판 삼촌은 고개를 들었다. 어머니 얼굴에는 추측과 동요가 내비쳤다.

"아니에요, 형수님."

드디어 판 삼촌은 말을 시작했다.

"그럼, 무엇 때문에 이렇게 늦어졌습니까?"

"그것은……."

판 삼촌은 말을 이어 갈 수가 없었다. 그의 얼굴빛이 몹시 붉게 변했다.

"그럼 도대체 어떻게 되었단 말입니까?"

어머니는 집요하게 물었다.

"판 삼촌, 이야기하기를 주저하시면 안 됩니다. 무슨 잘못이 있었다 하더라도, 삼촌 잘못이 아니에요."

"정말 제 잘못입니다. 형수님."

판 삼촌이 고개를 들며 말했다.

"형수님 말대로 했다면, 그런 일 일어나지 않았을 겁니다."

"무슨 일이요?"

"그, 그건 이야기가 깁니다."

판 삼촌은 라우리우가 비극적인 이야기를 시작하려는 것처럼 숨을 깊이 내쉬었다.

"그 일은, 제 의도와는 달리 벌어졌습니다. 제 의도와는 전혀 다르게요."

"어떻게 그 '전혀'를 이해하면 됩니까?"

어머니는 이 부사어를 연극 대사처럼 강조해 놓고선, 우쭐하여 웃음을 머금지 않을 수 없었다.

"군청 소재지가 있는 도시에 제가 도착했을 때,"

그는 말했다.

"도시는 우리 읍내보다 더욱 텅 빈 것을 보고는 깜짝 놀랐습니다. 도시에 사는 사람들 말로는 더 많은 패잔병들이 지나가면서 약탈을 했다고 했어요. 그들은 인근 마을에도 들어갔대요. 그들은 경작용 암소나, 고구마 등 닥치는 대로 약탈해 갔대요. 도시 인근 마을의 사람들은 모두 뺏겼대요. 형수님, 그런 상황인데, 장이 설 리가 있겠어요? 국화 아줌마가 맡긴 실이 걱정되더군요. 그걸 아줌마에게 도로 가져다줄 수는 없지요. 보따리를 내게 맡길 때, 난감해하는 것을, 형수님도 보셨지요? 그래서 저도 어떻게 하면 좋을까 하고 생각하며 큰길을 따라 이리저리 돌아다녀 보았지요. 그때, 온종일 제 뒤를 쫓아다니던, 실눈을 한 녀석이 갑자기 제게 말을 걸어오지 않겠습니까. '어르신, 연세도 이렇게 많으신 분이 무슨 일로 그렇게 고민하십니까?'라고 하지 않겠습니까? 그 녀석의 혀엔 아주 사람을 꼬드기는 재주가 있었다구요."

판 삼촌은 기침을 한 번 하여 목을 가다듬기 위해 잠시 말을 멈추었다.

"아주 어여쁜 이웃 아주머니가 맡긴 실 때문에 괴롭다는 말을 그만 해버렸지 뭡니까. 그 녀석은 큰 소리로 웃으며 이런 말을 하더군요. '나이 지긋한 어르신, 기뻐하십시오. 이 세상에는 아름다운 여자가 얼마나 많다구요. 그런 걱정은 걱정도 아닙니다. 저기 유명한 기장술집에 가서 술 한잔 하시지요!' 그러지 않겠어요? 그는 내 걱정을 감상적인 번민으로 생각했던가 봐요."

"그런데 따라가셨나요?"

"저어."

판 삼촌은 두 눈을 아래로 하고 얼굴이 붉어졌다.

"저어, 제가 가고 싶지 않았지만 어떻게 사양할 수가 없었지요……. 이해하십시오. 그래서 그를 따라 술집에 갔지요. 그 녀석이 술 두 잔과, 안주로 땅콩 두 접시를 시키더군요. 그는 제게 친하게 지내려고 너무 친절하게 대하더군요. 저는 내심 제 스스로 다짐했습니다요. '판아, 돈 조심해야지!' 그래서 저는 돈이 그대로 온전히 잘 있나 알아보려고 허리띠에 손을 한번 가져가 만져 보았지요. 돈은 그때까지 안전하게 있었답니다. 그리고 저는 한 잔을 다 마셨지요. 그 뒤 제가 일어나려니까, 그 녀석이 저를 붙들고 이렇게 말하는 겁니다. '내가 다른 술 한 잔 대접하도록 해 주십시오! 사해[19] 안에 사는 사람들은 모두 형제입니다. 나이 지긋한 어르신'이라고 안 그러겠습니까? 그 녀석의

---

19. 四海 : 고대 중국인들은 중국이 동서남북의 바다로 둘러싸여 있다고 생각했다. 그 때문에 사해라는 말은 나라 전체를 비유했으며, 요즈음은 온 세계를 말함.

혀 놀림은 정말 대단하더군요!"

다시 그는 목을 가다듬기 위해 기침을 하려고 말을 멈추었다.

"그래 저는 다른 술도 한 잔 얻어 마셨지요. 이번 술잔은 아주 컸어요. 그것은 멋진 물건이더군요. 확실해요. 그 술은 마시면 마실수록, 내 맘에 쏙 들었지요. 그래서 제가 그에게 말했지요. '자네가 친절하게 내게 술을 대접하니, 나도 자네에게 한 잔 권해야 되지 않겠나?' 그래야 되는 것 아닙니까? 제가 점잖게 말하니 그가 제 제안을 받아들이는 것은 당연하지요. 그래서 저는 석 잔을 마시게 되었답니다. 그때 갑자기 저는 머리가 어질어질한 것을 느꼈어요. 구름 속을 날아다니고, 내게 큰 날개가 두 개 생기고, 이 날개로 새처럼 행복하게 날 수 있다는 것을 느끼게 되었어요. 그건 아주 기분이 좋았다구요. 형수님. 저는 아름다운 꿈을 꾸었을 때처럼, 행복감에 젖어 있었다구요. 여기서 알아 두셔야 되는 것은 벌써 여러 해 동안 저는 아름다운 꿈을 꾸어 본 적이 없었어요. 꿈 같다는 느낌이 들었어요. 또 한 잔을 더 마셨지요. 그랬더니 제 목은 양털마냥 몰랑해져 목을 가눌 수 없었답니다. 동시에 제 머리가 무거운 통나무처럼 느껴지더군요. 그래서 저는 두 눈을 감고 깊은 잠에 빠져들었습니다요."

"그 뒤, 저는 깨어났어요. 양팔을 벌리고 하품을 했답니다. 춥게 느껴지더군요. 숨김없이 말하자면, 형수님, 제 옷에서 기분 나쁜 냄새가 나고 있었지 뭡니까. 옷을 수습하면서, 저는 내 허리띠가 없어진 것을 발견하게 되었습니다. 또 탁자에 놓아 둔 국화 아줌마 실 보따리도 사라져 버렸구요. 그리고 그 시커먼 녀석도 사라져 버렸지요. 저는 그 실도, 물건을 사려고 허리띠 에 숨겨 둔 돈도 그가 가져간 것을 알게 되었습니다요. 더구나 그는 술값도 계산하지 않고 내뺐더라구요."

"날치기 당한 곳이 술집인데, 술집 주인에게 배상해 내라고 주장하지 않았나요?"

어머니는 창백해진 얼굴로 물었다.

"물론 저도 그렇게 말했지요, 형수님, 제가 그렇게 바보는 아 니니까요. 하지만……."

판 삼촌은 갑자기 조용해졌다.

"하지만 뭔가요?"

판 삼촌의 입술이 떨렸다. 주위가 산만해져서 그는 고개를 숙였다. 이윽고 다시 그는 계속 말할 수 있었다.

"그러나 주인은 그 시커먼 녀석을 제 친구로 알았다면서, 저 를 점잖은 분으로 여겨 선불도 요구하지 않았다고 말하더군 요. 그는 손님 모두를 신사로 생각한다고 하더군요. 그렇게 날 치기를 당한 뒤로 그 주인이 제게 일러 주기를, 도둑과 날치기 들이 도처에 날뛴다고 하더군요. 먹을 것이 없으니까요. 보세 요. 그는 정말 교묘한 사람이었어요. 술집 주인은 그와 제가 무 슨 말을 주고받았는지 알고 있더라구요. 제가 그와 말다툼을 벌일 수 없었지요. 그래서 그 주인에게 술값으로 속옷마저 주어야 했어요."

"그동안 삼촌은 그렇게 하릴없이 지내다 왔어요?"

어머니는 화를 내며 말했다.

"내일이 작은설인데, 우리 조왕님께서 하늘에 계신 천제를 뵈러 가셔야 한다구요. 지금까지 우리는 그분께 선물 하나도 준비해 놓지 못했으니 지금 와서 어떡하면 좋아요? 그것도 이렇게 늦게……."

바로 그때, 밖에서 들리는 소리 때문에 어머니는 말을 잇지 못했다.

"판 삼촌! 돌아오셨다고 들었어요. 암소도 아름다운 새끼를 낳았다면서요. 축하드려요!"

작은 코 주위로 튀어나온 살갗에 고랑이 파이고, 분에 묻힌 주근깨가 보일 정도로 활짝 웃으며 들어선 이는 바로 국화 아줌마였다.

곧 어머니도 아줌마를 반기면서 미소를 지었다. 그러나 판 삼촌은 여전히 고개를 숙인 채 있었다. 삼촌의 온몸은 두려움에 떨고 있었다. 국화 아줌마는 그를 조용히 바라보며, 그의 침묵 때문에 걱정이 되는 것 같았다. 잠시 뒤 그녀가 물었다.

"판 삼촌, 내 실은 팔았나요?"

판 삼촌은 말없이 위를 쳐다보았다. 국화 아줌마의 웃음은 서서히 굳어져 갔다. 아줌마의 반짝이던 두 눈에 눈물이 고이

자, 두 눈은 더욱 반짝였으나 슬픔을 내비치고 있었다. 아줌마는 최근 읍내의 전반적 불경기로 인한 불행한 상황에 아주 민감했다.

잠시 침묵의 시간이 지났다. 판 삼촌은 생각에 잠겨 있는 국화 아줌마를 훔쳐보고서, 신경이 날카로워 가만있지 못했다. 삼촌의 입술은 바람 앞의 양철처럼 떨고 있다. 삼촌은 무슨 말을 하려고 했지만, 용기가 나지 않았다.

"국화 아줌마,"

어머니가 판 삼촌의 입장을 설명하려고 말을 꺼냈다.

"뭔가 예기치 않은 일이 정말……."

"아닙니다!"

판 삼촌은 갑자기 어머니의 말을 끊었다.

"아닙니다. 예기치 않은 일이란 아무것도 아닙니다. 국화 아줌마. 그 실 내가 다 팔았어요. 그리고 그것도 좋은 가격에! 잠시만 기다려요. 내가 돈을 갖고 오겠소."

그리고 판 삼촌은 자신의 방으로 달려갔다. 잠시 뒤 그는 손에 작은 뭉치를 들고 왔다. 그것은 헝겊에 싸여 있었다. 그는 소중하게 그 헝겊뭉치를 한 겹씩 벗겨 갔다. 마침내 몇 개의 은전(銀錢)과 함께 몇 장의 지폐가 보였다.

"그 실은 이 돈과 바꾸었어요. 아줌마의 그 실, 이 돈 받고 팔았다구요."

그리고 그 돈을 그녀에게 주었다.

국화 아줌마의 슬픔에 잠긴 얼굴에는 어느새 웃음이 감돌았다. 그녀는 판 삼촌을 완전히 믿는다는 것을 보여 주려고 돈을 세지도 않고 받았다.

"정말 고마워요, 판 삼촌."

아줌마는 이렇게 말하면서 우리 어머니에게도 머리 숙여 인사했다.

"두 분이 많이 도와주었어요. 나는 이만 가보겠습니다. 나는 우리 조왕님을 위해 아직 아무것도 준비하지 못했어요. 우리 모두 설날 때문에 바쁘지요, 그렇지 않아요?"

그리고 그녀는 날아갈듯 활기차고 가벼운 발걸음으로 떠나갔다.

"삼촌 개인 돈이지요?"

어머니는 국화 아줌마가 떠난 뒤, 판 삼촌에게 물었다.

"그렇습니다. 형수님."

판 삼촌은 풀이 죽어 대답했다.

"그 돈은 암소가 아기를 가졌을 때부터 모아 온 것이에요. 저는 암송아지에게 은방울을 달아 주려고 했는데."

"저런, 가엾은 판 삼촌!"

어머니가 소리쳤다.

"그럼 설빔으로 삼촌께 은방울을 사 드리지요. 판 삼촌. 그 날치기 때문에 너무 괴로워 말아요. 그 일은 잊어버려요!"

"형수님은 언제나 친절하시군요."

판 삼촌은 흐느끼는 듯 말했다.

"형수님은 언제나 제게 베풀기만 하시니. 제가 멍청한 놈입니다. 형수님, 제가 멍청해요."

그리고 삼촌은 두 다리를 떨었다. 그는 무릎을 꿇으려 하는 것 같았다. 그러나 그는 어찌하여 몸을 돌리고는 마치 도둑처럼 자신의 방으로 달아났다. 삼촌은 두 손으로 머리를 감싸고 침대에 쓰러졌다. 판 삼촌의 가슴은 헐떡거리며, 오르락내리락했다.

작은설 날 저녁, 우리는 짧은 휴가차 하늘나라로 출발하시는, 집과 부엌을 지켜온 신에게 바칠 게 아무것도 없었다. 어머니는 아주 낙심천만이었다. 어머니는 우리 신께서 하늘에 계신 천제께 우리 집안사람들에 대해 잘 말씀을 드려, 아버지가 하시는 일이 성공하도록 축원해 주시리라고 언제나 믿고 있었다. 하지만 지금 어머니는 우리 신께서 우리에 대해 어떻게 말하실지 전혀 확신이 서지 않는 것 같았다. 아마 우리 부엌이 완전히 깨끗해 있지 않다거나, 집 안에서 불손한 말을 너무 많이 쓴다거나, 우리가 정기적으로 목욕하지 않는다거나, 이웃에게 불친절하다거나 등등의 잘못을 그분은 천제께 알릴지 모른다. 우호적이지 않은 보고를 드렸다면, 우리는 병을 얻거나 일의 실패로 그 벌을 받을 것이다.

"조왕님께 용서와 양해를 구해야겠다."

어머니는 고개를 숙인 채 중얼거렸다. 어머니는 잠시 생각에 잠긴 뒤, 고개를 들며 덧붙였다.

"우리 신께서 아무 보고도 안 하셨으면 좋으련만. 신께서 이번에는 게으름을 피우셔서 한 번 빼먹으면 좋겠는데."

그러고 나서 어머니는 땅을 내려다보았고, 머리를 만지면서 또 생각에 잠겼다. 갑자기 어머니가 말했다.

"아니지. 우리 조왕님은 원기 왕성한 분이지!"

그러고는 어머니가 손짓으로 알란을 부엌에 불러 와 속삭였다.

"알란아, 아직 보리떡 남은 것 있지?"

"예, 엄마."

알란이 대답했다.

"아직 많아요. 그게 녹아 당밀이 되어, 정말 잘 붙어요."

"그것이면 되었다!"

어머니는 소리를 더욱 낮춰 말했다.

"그걸 가져오너라. 신께서 하늘에 올라가시기 전에 조왕님께 드려야 되겠구나."

알란은 찬장에서 떡을 내왔다. 어머니는 떡을 윤이 반들반들 나는 파란 접시에 담았다. 그리고 부엌 제단에 놓았다. 세 번 절하고, 어머니는 무릎을 꿇고 땅에 머리 숙여 빌었다.

"우리 집을 지켜 주시는 조왕님들이시여. 저희를 지난 일 년 동안,

흑사병이나 재난을 당하지 않도록 해 주시고, 또 죄를 짓지 않도록 보살펴 주셔서 대단히 고맙습니다. 이제 하늘나라에 다니러 가셔서 감로의 음식과, 성인의 모임에 참석하여 즐긴다고 하시니 저희도 기쁘기 한량없어요. 하지만 저희는 애석하기도 하옵니다. 저희들이 가장 존경하는 조왕님이시여, 저희가 피치 못할 사정이 있었지만 당신께서 저희들을 어여삐 보살펴 주셨기에, 이렇게 보리떡이라도 준비하였습니다. 그만큼 신께서는 정말 고마우신 분입니다. 정말 최고의 영광을 지닌 신이시여, 저희의 선의를 받아 주십시오. 또 당신의 복된 설날을 축원 드립니다."

기원을 마친 뒤, 어머니는 적어도 15분은 그 제단 앞에 머리를 숙이고 있었다. 그러고는 부엌에서 거실로 돌아와서는 조용히 앉아 신께서 그 눌어붙은 보리떡을 다 잡수실 때까지 기다렸다. 한밤중에 우리는 신께서 이미 하늘나라에 가 계신 줄로 생각했다. 우리는 하품했다. 우리도 이제 잘 시간임을 생각했다. 하지만 우리가 잠자러 가려고 인사를 나누기 전에, 어머니는 안타까운 듯이 말했다.

"우리 조왕님께서 이런 속임수를 폭로하지 말아야 할 터인데. 보리떡은 그만큼 잘 붙으니까. 신의 두 입술과 이가 달라붙어 보고를 할 수 없게 되겠지. 그래도 이번은 아주 예외적인 경우예요. 앞으로 두 번 다시 그분에게 그렇게 대접하면 안 되지."

그리고 어머니는 긴 한숨을 내쉬었다.

우리는 잠자리에 드니, 양심의 가책이 느껴졌지만, 만사가 잘 되었으면 하고 바랐다.

6

혁명 사상을 전하는 청년의 방문

일 년의 둘째 달이 끝날 즈음의 어느 날 저녁, 우리는 화롯가에 둘러앉아 이야기를 나누고 있었다. 그때 엄청나게 개 짖는 소리가 들려왔다. 집 지키는 개들이 누군가를 공격하고 있음이 분명했다. 개들은 허공으로, 어느 망령이 속은 것에 한탄하는 것처럼, 땅이 흔들리듯 날카롭게 짖어 댔다. 긴 담뱃대를 빨고 있던 판 삼촌은 움찔했다. 그는 빠는 것을 멈추고, 개 짖는 소리를 아주 유심히 듣고 있었다. 그 소리는 적어도 15분쯤 계속되었다. 소리는 점차로 울음 섞인 불평으로 들리더니 나중에는 흐느끼는 것같이 작아졌다.

"밖에 무슨 소리가 나는 것 같은데."

삼촌은 일어서면서 말했다.

"요즈음 암소 훔쳐 가는 일이 빈번하게 일어나니. 우리 소는 안전한지 한번 보고 와야겠는 걸."

외양간은 판 삼촌의 침실 옆에 있지만 입구는 따로 나 있었다. 도시에서 주머니를 털린 뒤로, 판 삼촌은 도둑에 대한 경각심이 아주 높아, 집에 도둑이 들까 언제나 걱정이었다. 판 삼촌은 긴 담뱃대의 재를 툭툭 털고는 발뒤꿈치를 들고 출입문까지 갔다. 문고리를 조용히 들어, 문을 약간 열어 둔 채 나갔다. 순간 모든 것이 조용해졌다. 여러 마리의 개들이 삼촌에게 다가와, 그의 발에 코를 킁킁대고 있었기 때문이었다. 삼촌은 처마 끝의 아래에 서서 조용히 주위를 살폈다. 몇 분 뒤 삼촌은 기침을 했다. 아직은 무슨 특별한 소리를 들을 수 없었다. 그러고는 삼촌은 라우바우를 동구 밖까지 데리고 가, 나무들 사이로 무슨 물체가 있는지 확인해 보려고 했다.

삼촌이 어둠 속으로 사라지자, 개 짖는 소리가 다시 들려왔다. 우리는 판 삼촌이 고함치는 소리를 들었다.

"거기 누구요?"

그러나 아무 대답도 들리지 않았다. 갑자기 머리카락이 바짝 서는 오싹함이 우리를 휘감기 시작했다.

우리는 숨죽인 채 조용히 있었다. 도대체 바깥에서 무슨 일이 벌어지고 있을까 궁금해 하며 기다리고 있었다. 한 줄기 바람이 불더니 문이 활짝 열어 젖혀졌고, 그 바람에 램프 등이 꺼져 버렸다. 우리는 얼음같이 차가운 바람에 떨기보다는 우리를 휘감고 있는 망령 같은 갑작스런 어둠 때문에 떨고 있었다.

우리는 바다같이 깊은 밤에 묻혀 있었다. 달도 별도 보이지 않았다. 우리가 명백하게 인지할 수 있는 것이라고 한다면, 방 안에서 들리는 우리 숨소리뿐이었다. 더구나 우리는 우리 맥박소리도 들을 수 있을 것 같았다. 원시적 침묵 속에 문이 삐걱거렸다. 누군가 문을 닫고 있었다. 두 사람의 발자국 소리. 한 사람은 무겁고, 다른 사람은 가벼웠다. 누군가 성냥으로 불을 켰다. 이상한 불꽃이 어둠 속에서 떨고 있더니, 조금 뒤 사방이 환해졌다. 불을 켠 사람은 판 삼촌이었다. 삼촌 뒤에 낯선 청년이 서 있었다.

삼촌은 램프 등을 켜고는 몸을 돌려 걱정이 되는 눈으로 어머니를 바라보며 양해를 구했다.

"형수님, 낯선 사람을 하나 데려왔습니다."

그는 낯선 청년을 가리켰다.

"이 젊은이가 혼자 숲에서 떨고 있었어요. 배가 아주 고프대요. 이틀 동안 아무것도 먹지 못한 채 먼 길을 와, 너무 피곤하다고 했습니다. 이 사람 말로는 자기가 민툰 친구라고 하고, 이집 큰아드님과도 친구라고 해서 데려왔습니다. 이 사람은 도둑같이 보이지 않습니다. 자네가 도둑인가?"

그는 그 낯선 이에게 몸을 돌려 물었다. 청년은 대답은 않고 머리만 내저었다. 판 삼촌은 가만히 서 있었지만, 청년은 두 눈으로 우리 어머니를 주의 깊게 바라보며, 눈을 껌벅거렸다. 어머니는 놀라지도 두려워하지도 않았지만, 그를 머리부터 발끝까지 찬찬히 살펴보았다. 이 낯선 이는 아주 나이가 어려 보였다. 스물두 살이 못되는 것 같았다. 그의 얼굴은 홍조를 띠고, 소년티가 났고, 머리카락은 벌써 몇 주 깎지 않아 길었다. 그는 수염도 깎지 않은 모양이었다. 그러나 수염은 그리 많아 보이지 않았다. 다만 몇 개의 옅은 수염만 나 있을 뿐이었다. 그의 목은 아주 뾰쪽하게 나와 있는 복숭아뼈 부분을 포함해 길었고, 살갗은 정말 앙상해 한동안 전혀 먹지 못한 것이 분명했다. 그는 조금 고통스러운 듯이 고개를 떨구고 있었다.

"젊은이, 앉게."

마침내 어머니가 온화한 목소리로 말했다.

판 삼촌도 목소리를 낮춰 낯선 이에게 의자를 내밀었다.

"앉게, 젊은이."

삼촌은 앞니 빠진 잇몸을 보이면서 크게 웃으며 말했다.

"저 아주머니는 마음씨 고운 분이니, 저분이 물으시면, 솔직히 대답해야 하네. 앉지, 젊은이."

그는 청년을 당겨 의자에 앉혔다. 그는 청년을 데려온 것에 대해, 또 그를 어머니가 책망하지 않는 것에 대해 내심 기뻐했다.

"젊은 손님."

안락의자에 앉아, 두 손으로 턱을 괴고, 의자의 팔걸이에 팔꿈치를 댄 채 있는 낯선 이에게 어머니는 다시 물었다.

"내게 성명과 어디서 왔는지를 말해 보게. 손님 얼굴 생김으로 보아 이곳 사람은 아닌 듯하고."

청년은 고개를 들고, 의자 팔걸이에서 손을 내려놓았다. 그는 어머니를 경계하듯 바라보았다. 무슨 생각에 잠기는 듯했고, 침을 삼키기도 했다. 마침내 그가 대답했다.

"아주머니, 저는 이름이 없습니다. 태어난 곳도 잊어버렸습니다. 하지만 먹고 마실 것을 제게 좀 주실 수 있겠습니까? 몹시 배고프고 목이 말라서요."

"그렇게 하지. 곧 갖다 주겠네."

어머니가 말했다. 그러고는 청년을 물끄러미 바라보는 알란에게 몸을 돌려 말했다.

"알란아, 국수 좀 남았지? 국수 데우고, 차 한 주전자 만들어라. 서둘러라! 우리 손님이 먹을 게 필요하단다."

그러자 알란이 부엌으로 갔다.

다시 청년은 고개를 떨구고, 오른손 손바닥으로 턱을 받치고서 눈을 감았다. 그는 말하고 싶지 않은 것 같았다. 넓고 미끈한 그의 이마에 길고 빳빳한 머리카락이 흩어져 내려왔다. 겉옷 자락은 한쪽이 접혀 있어, 다른 쪽으로 바지와 발이 다 보였다. 바지는 길고 빳빳해, 마을 사람이 입는 넓고 헐렁한 바지와는 종류가 달랐다. 학생복인 것 같았다. 정말 학생처럼 보였다. 그는 짚신을 신고 있었다. 낡은 양말에서는 발가락이 삐져나와 있었다.

"가난한 소년이군. 저런 사람은 도둑이나 산적이 될 수 없어요."

어머니는 판 삼촌에게 낮게 말했다.

"그러기엔 저 사람은 너무 어려요. 온순하게 보이구요. 아직도 엄마의 보살핌이 필요한 것 같군요!"

청년은 졸고 있는 것 같았다. 전혀 움직임이 없었다. 그는 어머니가 그런 평을 해도 쳐다보려고 고개를 들지도 않았다. 그는 정말 피곤해 보였다.

알란이 데운 국수 한 사발을 두 손에 들고 나왔다. 알란은 국수를 탁자에 놓고는 차를 가지러 다시 부엌으로 갔다. 판 삼촌은 가볍게 청년을 흔들었다. 청년은 얼떨결에 일어나, 여전히 졸리는 듯 두 손으로 눈을 비비면서 황급히 내빼려고 문을 향했다. 판 삼촌이 그를 막고 서서 말했다.

"자네 어딜 그렇게 서두르나? 뒷간 찾나? 음식 준비 다 되었는데!"

청년은 언제나 성실하고 단순해 보이는 판 삼촌을 힐끗 쳐다보고는 황급히 말했다.

"죄송합니다! 죄송합니다! 방금 무서운 꿈을 꾸었어요."

그의 시선은 다시 탁자로 향했다. 국수는 김이 나고, 김은 기름 램프의 희미한 불빛을 감싸 버렸다.

"먹을 것을 주셔서 고맙습니다. 판 삼촌은 친구, 아니 진정한 동무이십니다!"

그가 말했다. 그러고는 탁자 옆 긴 의자에 앉았다. 어린 얼굴에 싸여 있던 공포감은 어느새 사라졌다. 젓가락으로 국수를 휘감아, 마치 음식에 빨려 들어가는 듯이 입을 크게 벌려 급히 먹어 댔다. 그러고 나서 후루룩 소리를 내며 국물을 마셨다. 그 뒤 배가 부른 듯 숨을 크게 쉬고 말했다.

"맛난 음식이네요! 덕분에 이제 몸이 좀 따뜻해졌습니다."

그의 이마에 몇 개의 땀방울이 솟기 시작했다.

"아마 술 한 잔 하면, 자네 피로도 가시게 될 거야."

판 삼촌이 말했다. 그리고 답을 기다리기도 전에, 그는 보리술 한 잔을 가져왔다. 그는 차가운 술을 따뜻하게 하려고 램프불 앞으로 술잔을 가져갔다. 불빛이 곧 술잔 위로 내려앉았다. 술 표면에는 파란 불꽃이 떨면서 춤추기 시작했다.

"자네도 보이지. 이런 술이 좋은 술이야. 오래된 술이지."

판 삼촌이 이렇게 말하고, 불꽃을 불어 끈 뒤, 청년에게 잔을 건네주었다.

청년은 흡 하는 소리를 내며 잔을 빨아 댔다.

"술이 좋네요! 판 삼촌은 정말 제 동무입니다. 삼촌이 저를 완전히 이해해 주시니."

그는 말이 많아졌고, 활기도 되찾았다.

"젊은이, 귀한 성명과 고향을 한번 말해 주어요."

어머니는 아까처럼 질문을 되풀이했다. 하지만 그 어조는 호의적이고 온화했다.

"여보게, 나는 젊은이에게 아주 관심이 많아요."

"감사합니다. 아주머니,"

청년이 말했다.

"아주 친절하게 대해 주셔서요. 제 이름은 많은 사람의 관심 거리가 될 만큼 귀하지 않습니다. 그렇기 때문에 제게 너무 관심을 두지 않으셔도 괜찮습니다. 제가 태어난 곳은 이곳에서 그리 멀지 않습니다. 바로 옆 성(省)입니다."

"그것 참 재미있군!"

어머니가 말했다.

"뭐라더라. 우리 중화민국의 제1대 대총통이라고 부르던가, 황제라고 하던 분이 태어난 성(省) 말이지요?"

"대총통입니다."

청년이 고쳐 말했다.

"그분 마을이 저희 마을에서 얼마 떨어져 있지 않습니다."

"이보게. 그럼 자네는 특별한 사람이군!"

판 삼촌이 촌평을 하고서, 그분에 대한 존경을 표하기 위해 또 한 잔을 부었다.

"젊은이와 그분은 친척인가?"

어머니가 물었다.

"아닙니다. 하지만, 저의 할아버지와 그분의 아버지께서는 마을 학교를 같이 다녔다고 합니다."

"그럼 젊은이도 중요 인물이 되겠네."

어머니는 놀라는 듯 말했다.

"그분과도 친분이 있겠네."

"아닙니다. 제 동무와 마찬가지로 저는 평범한 농민의 아들일 뿐입니다."

그는 이 이야기에 깜짝 놀라는 판 삼촌을 가리켰다.

"정말 아버지는 박식한 분이셨지만, 나라에서 과거 시험을 폐지하자 농사일을 하고 계십니다. 지금 큰형도 농사일을 하고 있습니다. 저는 열다섯 살까지 모심기도 하고, 떨어져 있는 이삭줍기도 하며, 형을 도왔습니다. 그때, 외국인 공장에서 일하시던 삼촌이 저를 성도(省都)로 데려가, 그곳 신식 학교를 다니게 되었습니다."

"그럼 젊은이는 학생인가?"

"예, 그렇습니다."

"우리 군청 소재지의 도시처럼 그 도회지에서 학생으로 생활을 하려면, 돈이 많이 들겠네. 그 도시는 강 건너 '대도시' 맞은편에 있지. 그렇지? 그곳도 물가가 비쌀 텐데. 물론 과거 시험이 폐지된 뒤, 관리가 되려면 신식 학교를 졸업해야 한다지. 젊은이는 군수가 되고 싶은가, 아니면 성(省)을 다스리는 관리가 되고 싶은가?"

"아뇨, 저는 이도 저도 되고 싶지 않습니다. 저희 가족이 언젠가 저더러 공무원이 되라고 하면서, 제 학비를 모아 보내 주고 있다는 걸 압니다. 하지만 저는 그런 사람은 되고 싶지 않습니다요."

"거참, 이상하게 들리는군."

판 삼촌이 말했다.

"마을 이장이 되는 것만 해도 기분 좋은 일인데."

"전혀 그렇지 않습니다. 보세요. 저희 가족이 저더러 공무원이 되라고 한 것은 그게 가난으로부터, 또 너무 닳아 버린 토지에서 밤낮 없는 노동으로부터 해방시켜 달라는 바람임을 나중에 알게 되었지요. 그분들은 다른 공무원들이 그러했듯이, 다른 사람들에게서 착취한 돈으로 더 많은 토지를 사, 두려움과 가난으로부터 영원히 해방된 지주가 되고 싶은 희망을 갖고 있습니다."

"그건 너무나 당연한 거지."

어머니가 말했다.

"우리 자식들도 신식 학교 보낼 방법이라도 있으면 좋겠는데."

"하지만 저는 공무원이 되어서까지 우리 집의 생활을 개선하고 싶지 않습니다."

"그럼 젊은이, 학교는 왜 다니는가?"

"기술자들이 하는 일을 배우려고 갔습니다."

"기술자들이라고? 기술자들이 뭘 하는 사람인가?"

판 삼촌이 깜짝 놀라 호기심 어린 질문을 던졌다.

"기술자는 한 나라의 도로, 철도, 공장, 기계들을 만드는 일을 계획하고 설계하는 직업에 종사하는 사람을 말하지요."

"하지만 그런 직업은 진정한 학자 직업은 아니지 않은가?"

어머니는 깜짝 놀라면서 말했다.

"그런 직업은 손으로 노동하는 사람들이 통상 다 하는 것이지. 학자들은 군수가 되거나 장관이 되어 나라를 다스리는 거네. 우리는 손으로 하는 직업이나 가지러 학교에 보내진 않지. 결코!"

"하지만 저는 그 때문에 학교에 다녔습니다! 그리고 제 또래 학생들도 그렇게 계속 배우고 있습니다."

청년은 자신이 마치 신 사고방식의 선배나 되는 양 자신 있게 말했다.

"우리나라가 역사는 오래되었지만, 과학이나 산업은 다른 나라에 비해 아주 뒤떨어져 있습니다. 그래서 우리는 다른 나라의 침략과 착취의 대상이 되어 버렸습니다. 서구 여러 나라들처럼 근대 국가가 되어야 합니다. 그렇게 되려면, 유능한 기술자들이 많이 필요합니다."

"무슨 말씀이 그런가, 젊은이? 전혀 이해하지 못할 말만 하네."

어머니는 난감해했다.

"우리나라가 나쁜가? 왜 우리가 외국 오랑캐들을 본받아야 하지? 그 사람들은 선조도, 조왕님도, 지신도 믿지 않고, 우리 일상생활의 친절함도 말하려 하지 않는데, 우리가 어떻게 그 야만인들을 닮을 수 있겠어?"

청년은 짐짓 웃음을 보이려다, 정색하고 진지해졌다. 하지만 그는 어머니의 무지함을 동정하는 것 같았다.

"아주머니, 정말 요즈음 상황을 모르시네요. 아주머니는 저희 부모님들과 마찬가지로 산촌에 오래 살고 계십니다. 외국 사람들은 결코 오랑캐가 아닙니다. 외국 국민들도 우리처럼 온화한 사람들입니다. 외국의 무기 판매업자들만 잔인한 사람들입니다. 그들은 우리를 지배하려는 군벌이나 부패한 관리들과 손잡고 일하고 있습니다."

어머니는 이제 정말 속수무책이었다. 판 삼촌은 청년 주장의 진실성을 생각하면서 손으로 머리카락 없는 머리 부분을 긁기 시작했다. 지금까지 한 번도 그런 이야기를 들어 본 적이 없었다. 정말 그것은 허황되게 들렸다. 어떻게 외국 상인들이 우리를 착취할 수 있는가? 우리는 그런 사람을 한 번도 본 적 없었다.

"젊은이 말이 가당치 않다고 난 봐요."

어머니가 진지한 표정으로 말했다.

"그 사람들은 정말 오랑캐들이야. 왜냐하면, 그들은 우리의 신을 믿지 않지. 하지만 토지 임대료를 매년 올려 농민을 비참하게 만드는 추민 같은 지주는 있지."

"그럼, 그런 사람들 속에 추민 지주도 들어가지."

판 삼촌도 같은 생각이다.

"자넨 추민 지주 아나? 더구나 그는 구역질나는 수염을 기르는 남자라네. 자넨 다른 사람들에게 이 말을 하면 안 돼."

청년은 생각에 잠기면서도 머리를 가로저었다.

"그렇군요. 저도 언젠가 그 사람 이야기를 들은 적이 있습니다. 그는 동정이라고는 한 푼도 없는 호랑이입니다."

"자네 말이 맞다구!"

길손의 평가에 판 삼촌은 용기를 얻어 말했다.

"그는 사람을 뼈까지 물어 씹는다구. 우리 선생님이신 뻬이후 형님의 늙은 뼈가 마음에 들 거야!"

"판 삼촌."

어머니가 판 삼촌에게 눈짓을 보내며 말했다.

"두려워하지 마세요, 아주머니."

낯선 사람은 어머니가 판 삼촌에게 눈짓을 보내는 것을 보고서 말했다.

"저는 두 분을 그 늙은 호랑이에게 밀고하지 않겠습니다. 왜냐하면 저는 '앞잡이 개'가 아니니까요. 삼촌 말씀이 전적으로 옳습니다. 판 삼촌이야말로 착취계급에 본능적인 증오심을 가지고 있는 진정한 무산자입니다. 그러나 추민 지주와 같은 사람들은 하나의 기계에서 보면 단순한 톱니바퀴, 한 운동의 일부분에 불과합니다. 좀 전에 말했다시피, 우리 피를 빨려고 서로 협력하는 군벌들이나 외국인 무기 판매업자들과 똑같습니다."

장황하게 얘기를 늘어놓고 있는 동안, 그의 목소리는 더욱 공격적이 되어, 그의 얘기에 등장하는 모든 사람들은 철천지

원수나 되는 것처럼 묘사되었다. 그의 얼굴은 달아오르고, 관자놀이에는 푸른 핏대가 튀어나왔으며, 두 손엔 주먹도 쥐어져 있었다.

"그런 이유로 저는 기술자가 되는 것도 포기해야 했습니다."

그가 말했다.

"그런 몰상식한 사람들이 권력을 쥐고 있고, 대중은 가난에 찌들려 있는데 철도나 공장을 건설하고 있을 수는 없었습니다. 우리는 국가 재건을 논하기에 앞서 새로운 행정이 필요합니다."

그가 큰 목소리로 격문을 읊듯이 소리치자, 우리 식구는 겁이 났다. 더구나 우리는 그가 말하는 취지를 이해하지 못했다. 그래서 어머니는 이 질문으로 화제를 바꾸었다.

"젊은이가 우리 큰 아들 안다고 했지? 어떻게 우리 아들을 아는가? 우리 아들은 학생도 아니고, 더욱이 젊은이가 다니는 신식 학교에 다니지도 않는데?"

"다니진 않지요."

청년은 무감각하게 말했다.

"하지만 우리는 좋은 친구입니다. 아니, 좋은 동무입니다! 나는 그 동무에 관해서는 전부 알고 있습니다. 어렸을 때 그는 어느 가난한 소녀와 약혼을 했다지요, 그렇지 않아요? 하지만……"

갑자기 그는 자신이 하는 이야기를 유심히 듣고 있는 알란의 존재를 깨닫고 말을 중단했다. 그는 유심히 그녀를 바라보았다. 알란은 아주 괴로운 듯 고개를 숙였다. 어머니도 당황하여 알란을 쳐다보았다. 이상한 침묵이 흘렀다. 판 삼촌만이 등 없는 의자의 다리에 자신의 담뱃대를 신경질적으로 두들겨, 담뱃재를 소리 나도록 떨었다. 결국 알란이 자리에서 일어나, 탁자 위에 놓인 사발들과 젓가락을 집어 들고 부엌으로 갔다.

"저 아가씨가 바로 그 사람이지요, 아주머니?"

알란이 나가고 없는 것을 확인하자, 낯선 사람은 물었다.

"아주 안 되었군요, 저 아가씨는 정말 무산자입니다! 가난한 계급의 다른 사람들과 마찬가지로, 저 아가씨도 얼굴에 아주 불행한 상처를 입었군요……."

"호, 그런 말은 거두게."

어머니가 젊은이에게 간청했다.

"저 아인 기구한 운명을 타고났네. 하지만 젊은이가 우리 아들과 어떻게 친하게 지내는지 말해 주게. 그건 듣고 싶어. 젊은이가 우리 아들을 잘 안다고 했지!"

"아, 아주머니, 정말 아주머니의 아드님을 잘 압니다. 그 때문에 오늘 저녁 이곳에 머물게 된 겁니다. 아드님이 주소를 알려 주었습니다. 저는 아드님을 그 회사의 노동조합에서 개최한 야학에서 만났습니다. 저는 그곳에서 '중국 사회발전사'를 가르치고 있습니다. 거의 매일 아드님을 만났습니다. 아주머니, 저는 벌써 4년 전부터 노동자들을 위한 교육에 힘써 왔습니다. 노동자들은 저만큼 그들 스스로를 개조할 좋은 기회가 많지 않습니다. 그래서 그 야학 반에 매일 나가 힘껏 그들을 돕습니다. 댁의 아드님은 아주 지성적이고, 일도 열심히 잘했습니다. 우리는 야학이 끝나면, 개인 토론 시간을 꼭 가집니다. 그는 노동자 계급의 거짓 없는 지성인으로 변모했습니다. 우리나라 역사에 대해서나, 우리나라처럼 시대에 뒤떨어진 나라의 혁명 전략을 어떻게 할 것인가에 대한 그의 해석은, 내 판단으로는, 민툰보다 더 옳은 것 같습니다. 물론 민툰은 출신 성분이 다르지요. 그는 완전한 무산자입니다."

우리는 모두 입을 딱 벌린 채, 그를 보고만 있었다. 청산유수 같은 그의 말을 전혀 이해할 수 없었다. 그가 쓰는 언어 표현은 어느 외국의 성서에 나오는 말처럼 우리에게 생소했다. 그러나 민툰이라는 이름은 우리의 관심을 끌었다. 우리는 몇 해 동안 그에 대한 소식을 전혀 듣지 못했다. 그가 이미 죽었다고 여기는 사람들도 있었다.

그래서 판 삼촌은 반신반의하며 놀라 물어보았다.

"자네가 민툰을 정말 아는가?"

"물론입니다. 아주 잘 압니다."

청년이 말했다.

"그도 그 야학에 공부하러 나오는가?"

어머니가 물었다.

"아뇨, 그는 벌써 오래 전에 그 단계를 넘어 섰습니다. 더욱이 그 단계는 그에게 필요 없구요. 그는 운동의 핵심입니다."

"자네 지금 뭐라고 했나? 핵심이라고? 그 핵심이라는 것이 뭔가?"

판 삼촌은 혼란스러웠다.

"아, 죄송합니다!"

한때 대학생이었던 이 사람은 자신의 두 눈을 가늘게 떨면서 말했다.

"그런 말씀은 안 드렸어야 했습니다. 하지만 판 삼촌은 평생 동무라 판단되니까요. 아무에게도 그 말 두 번 다시 하지 마십시오. 제가 전부 말씀드리지요. 삼촌 같은 무산자의 숨김없는 정직한 물음을 물리칠 수는 없지요. 어쨌든 그는 지금 국내에 없습니다. 그는 외국에 갔습니다."

"그게 무슨 말이오?"

어머니는 예기치 않은 비밀이 밝혀지는 대화에 관심이 쏠렸다가 깜짝 놀랐다.

"외국 망령들이 그를 잡아가서 철도나 공장 짓는 일꾼마냥, 감자 주머니에 넣어 자기네 나라에 팔아 버렸는가? 가엾은 민툰! 그가 마을을 떠나지 말았어야 하는 건데. 땅 위에 나 있는 금(金)도 아무나 쉽게 찾을 수 없다는데."

"아뇨, 아주머니!"

황급히 청년이 고쳐 말했다.

"불법 인신매매는 없습니다. 그들은 중국 사람을 원하지도 않습니다. 민툰은 세계 노동자 대중의 조국에 가 있습니다. 그는 그곳에서 지금 연구를 하고 있는 중입니다."

"뭐라고? 그가 학자가 되었나?"

"예, 그는 학자입니다. 가난한 사람들을 위해 박식한 사람이 되었습니다."

"자네 지금 무슨 말을 하나?"

판 삼촌이 깜짝 놀라 물었다.

"나는 자네 말이 이해가 안 되는구면. 가난한 사람이 어떻게 학자가 될 수 있어? 그런 사람들은 시간도, 돈도 없는데. 하루 종일 일만 해야 될 판인데."

"그러나 가난한 사람들은 '가난한 사람들의 조국'의 도움으로 학자가 될 수 있습니다."

청년이 설명했다.

"그리고 가난한 사람만이 훌륭한 학자가 됩니다. 민툰이 아주 참기 힘든 체험을 했다는 것도 나는 압니다. 그는 자기 밥벌이를 위해, 그 '대도시'에서 처음엔 인력거꾼으로, 나중엔 신문팔이로, 마지막엔 철도 노동자로 일했습니다. 그러나 그가 열심히 일한 덕분에 그는 결국 계급을 잘 이해하게 되었습니다. 그리하여, 그는 자신의 노동조합에서 가난한 사람의 조국의 수도에서 무산자 이론을 연구하는 고급 연구원 후보로 발탁되었습니다."

판 삼촌은 두 눈과 입을 더 크게 벌리고 있었다. 그는 청년의 믿기지 않는 이야기에 흥분이 되었다. 젊은이가 말을 끝내

자 판 삼촌이 갑자기 말했다.

"그래, 자네가 말하는 조국이라는 것은 도대체 무슨 말인가? 학생. 그런 장소를 내 일찍이 들어본 적이 없네. 그것은 우리 중화민국에서 아주 먼 성(省)인가, 아니면 큰 마을인가? 민툰의 조국은 그가 태어나고 장가든 이 마을이 되어야 마땅하구면."

청년의 입술은 순간 웃음이 터져 나올 것만 같았지만, 이를 참는 듯했다. 그는 조용히 설명했다.

"가난한 사람의 조국은 힘이 센 나라로, 미국보다도 훨씬 큰 나라입니다. 그 나라는 우리나라와 국경을 맞대고 있는 이웃 나라입니다. 그곳에서는 가난한 사람들이, 새 나라를, 가난한 사람들의 선을 위해서 일하는 무산계급을 위한 나라를 건설했습니다. 그들은 우리나라 노동자들을 위해 대학을 세웠습니다. 우리 공화국 창건자를 기념하기 위해 쑨원대학(孫文大學)[20]이라고 이름을 지었답니다."

"그래, 그래서?"

---

20. [옮긴이] 1911년 청나라를 무너뜨리고 중화민국을 성립시킨 신해혁명의 주역 쑨원은 나중에 1917년 10월 혁명으로 수립된 소련과 협력한다. 당시 소련은 광저우에 황푸군관학교를 설립하고 군사고문단과 현대식 무기를 중국에 지원했다. 쑨원이 1925년 사망하자, 러시아는 중국 혁명을 수행할 '정치 간부'를 양성해 주기 위해 모스크바에 쑨원(중산(中山))대학을 설립해 쑨원을 기념하고 양국의 우호를 세계에 과시했다.(김명호, 『중국인 이야기』 1, 한길사, 2012, 185쪽).

어머니가 잠시 생각하더니 물었다.

"마을 사람들 중 누구도 꿈꾸지 못하는 일이 저 바깥세상에는 있군. 그래, 그 사람은 얼마나 오래 그곳에 머물러야 하는가?"

"물론, 곧 돌아올 겁니다. 그는 그곳에 너무 오래 있을 수도 없습니다. 그만큼 우리가 할 일이 많으니까요."

"아주 흥분되는군!"

판 삼촌은 뜻밖에 열심히 듣고 있었다.

"전혀 딴 사람이 되어 그가 마을에 돌아오겠구나. 내가 국화 아줌마에게 알려 주어야지! 이제 남편이 유능한 사람이 되길 기원한 그 불쌍한 아줌마의 꿈이 실현되는군. 내가 이 사실을 아줌마에게 알려 주어야지!"

그리고 그는 자리에서 일어나 담뱃대를 두들겨 재를 떨고는 혼자 중얼거리며, 문을 향해 걸어갔다.

"아마 내가 이 늦은 밤에 찾아왔다고 화를 내지는 않겠지. 이렇게 반가운 소식인데!"

"국화 아줌마가 누굽니까?"

청년은 이렇게 물으면서, 함께 자리에서 일어났다.

"민툰의 안사람이네."

우리 어머니는 대답했다.

"여러 해 동안 그 사람이 민툰을 기다려 왔다네. 기다림으로 청춘을 다 보내나 생각했는데."

"안 돼요!"

벌써 문고리를 잡고 있는 판 삼촌에게 그 청년은 소리쳤다.

"그분에게 지금 알리면 안 됩니다. 삼촌은 저의 진정한 친구라고 믿습니다. 여기 계신 분들은 우리 동무들 소식을 알려 주면 안 됩니다. 왜냐하면 적들이 우리 운동을 깨려고 혐의점을 찾으려고 각 행정 구역마다 숨어 있기 때문입니다."

판 삼촌은 우리 모두가 이해 못하는 그 말에 당황해 하는 젊은이를 뚫어지게 바라보았다.

"뭐라고?"

그는 믿기지 않는 듯 말했다.

"자기 남편에게 충실한 아내에게도 이 소식을 전해 줄 수 없단 말인가?"

"아내이든, 아내가 아니든, 상관없습니다."

젊은이는 표정이 굳어지면서 눈썹을 찌푸린 채 말했다.

"제가 말한 것을 아무에게도 알리면 안 됩니다."

"왜? 자네는 이상한 학생이군."

판 삼촌은 두 눈을 크게 뜨고서, 멍하니 문 앞에 서 있었다.

"자네는 엄동설한에도 자네를 믿고 기다리는 안사람이 있어도, 자네와 상관없단 말인가?"

"없습니다. 그것은 개인 문제입니다. 우리에겐 그런 일에 관여할 시간과 정력이 부족합니다. 더 급한 일이 많습니다."

"이상하군. 요즘 젊은이들은! 정말 이상해!"

판 삼촌은 자신의 구부린 손가락으로 하얗게 센 머리를 긁으며, 혼자 중얼거렸다.

"난 이해할 수 없어. 정말 세상이 많이 변했군."

"나이 드신 삼촌도 직접 이 투쟁에 참여하시면 이해가 될 겁니다."

청년은 벌써 조용해진 목소리로 말했다.

"왜냐하면 삼촌은 철저한 무산자이기 때문입니다. 하지만, 제가 이야기했던 것을 아무에게도 알리지 않겠다고 약속해 주십시오."

판 삼촌은 여전히 그의 말을 미심쩍어하면서 혼란스러운 눈길을 그에게 돌렸다.

"그래, 그래, 국화 아줌마에게 이야기하지 않겠어."

삼촌은 그의 목에 무슨 무거운 것이 누르는 듯이 그렁대며 더듬거렸다.

"내가 아줌마에게 그 말은 하지 않겠네."

그러고는 문의 빗장을 걸고, 좀 전에 앉아 있던 긴 의자 쪽으로 마지못해 가서는, 기름 램프를 무표정하게 바라보았다.

어머니는 판 삼촌의 기분을 풀어 주려고 이렇게 말했다.

"판 삼촌, 시간이 좀 지나 국화 아줌마에게 추측의 말처럼 하면 되겠군요. 민튼은 저 바깥세상에서 훌륭한 사람이 되어, 그녀에게 돌아올 거라고요."

"하지만 그가 외국에 가 있다는 말씀은 하시면 안 됩니다!"

청년은 주의를 환기했다.

"왜냐하면 반동분자들이……."

그리고 그는 갑자기 말을 멈추고, 의자 위로 뛰어올랐다. 밖에서 엄청나게 개 짖는 소리가 들려 방향을 감지하려고 그는 오른손을 귀 가까이에 대었다.

또다시 날카롭게 개 짖는 소리가 들려왔다. 보통 마을 사람들이 잠들기 시작할 시각에 도둑들이 들이닥친다. 지금 우리는 아주 긴장되었다. 마치 두 눈을 두 개의 전등처럼 밝혀 뭔가를 찾고 있는 젊은이를 이상하게 쳐다보았다. 곧 우리는 발자국 소리와 사납고 위협적인 목소리 같은 어렴풋한 소란을 느낄 수 있었다. 개들이 물면서 짖어대고, 간헐적으로 비명 소리도 들려왔다. 이 소란은 도둑들의 것이 아니었고, 늦게 찾아드는 길손도 아니었다. 왜냐하면 그들은 감히 개를 때릴 수 없었기 때문이다. 우리 곁의 청년의 얼굴이 파랗게 질렸다.

"아주머니, 저를 숨겨 주실 수 있으시죠? 저자들이 나를 찾고 있습니다!"

그는 급한 목소리로 말했다.

"도와주세요, 아주머니! 어서요!"

어머니는 갑작스런 변화에 깜짝 놀랐다. 그리고 청년은 마음을 진정시키지 못해, 마치 버려진 아이처럼 어찌할 바를 모르고 서 있었다. 그렇게 심오한 이론을 제시하고, 우리 모두를 이해하지 못하게 만든 사람이 바로 이 사람이라고 믿기지 않았다.

"저를 도와주세요, 아주머니!"

그는 급하게 떨리는 목소리로 말했다.

"최근에 저 사람들은 어디에서부터인지 저를 미행해 왔습니다. 저 사람들은 아마 저를 죽일 거예요!"

이미 입술을 떨면서, 마치 악몽 속에서 말하는 듯한 그의 모습은 이미 한낱 어린애에 지나지 않았다. 그는 다리도 심하게 떨어, 하마터면 방바닥으로 넘어질 뻔했다.

혼돈의 와중에서도 판 삼촌은 이런 장면을 보자 마음이 움직였다. 그는 청년에게 다가가, 두 손으로 껴안듯이 부축하고는 말했다.

"걱정하지 마라, 젊은이. 내가 부축하여 주마!"

밖에서는 발걸음이 더욱 가까이 들렸고, 우리 개들의 컹컹대는 소리도 점차로 높아 갔다.

"동무, 숨을 곳을 찾아 주십시오! 숨을 곳을 찾아 주십시오, 동무! 저는 가난한 사람들을 위해 일합니다. 저는 동무의 적이 아닙니다!"

그는 늙은 농민인 판 삼촌을 아버지인 양 매달렸다.

"저는 삼촌 친구지요! 배신하지 말아 주십시오!"

"자넨 무슨 말을 그렇게 하는가?"

판 삼촌이 아버지가 자식에게 하듯 그를 꼭 안았다.

"자네를 이해할 수 없군."

"묻지 마세요, 삼촌! 숨을 곳을 알려 주십시오!"

바깥의 발걸음이 우리 옆집 문 앞에 멈추었다. 우리는 문을 연거푸 두드리는 소리를 들을 수 있었다. 그리고 고함 소리도 들었다.

"문 열어요! 문 열어요! 현청(縣廳) 헌병대에서 나왔소."

"삼촌!"

청년은 숨이 깜박 넘어갈 듯이 울먹이며 말했다.

"그 사람들입니다! 그들이라구요! 그들이 저를 죽일 겁니다! 그들은 저 같은 청년을 열 명이나 죽였어요!"

"자, 날 따라 오너라, 얘야!"

판 삼촌은 새파랗게 질린 젊은이를 껴안고 있던 팔을 풀고 는 부엌을 지나 정원으로 나갔다.

"이리로 와! 숨을 곳을 찾아 줄게."

젊은이는 판 삼촌을 뒤따르더니, 어둠 속으로 사라졌다. 우리는 이웃집 문이 열리는 소리를 들었고, 그 뒤로 무질서한 발걸음 소리와 겁주는 명령과 고함이 연달아 들려왔다. 어머니는 불을 끄고, 알란과 나더러 각자 침실로 가라고 말했다. 알란은 온몸을 떨면서 혼자 자기를 주저했다. 그러자 어머니는 내게 알란의 방으로 가서 함께 있으라고 말했다.

"정말 무서워!"

우리가 알란의 방으로 들어섰을 때, 알란이 내게 말했다.

"저 사람들이 도둑일까?"

"모르겠어."

나는 알란의 두려움을 없애 주려고 말했다.

"그러나 알란, 겁낼 필요는 없어. 그들이 도적이라 하더라도 너를 해치지 않을 테니까."

"왜 아니래?"

알란이 응수했다. 그녀의 두려움은 호기심과 심드렁한 표정으로 바뀌었다.

"내 얼굴이 저 사람들이 관심을 가질 만큼 예쁘지 못해서?"

알란은 자신의 마마 자국을 암시하는 것 같았다. 그 병의 후유증으로 알란은 언제나 신경이 날카로웠다. 나는 대답을 할 수 없었다.

우리는 방 안에 조용히 있었다. 우리는 부엌에서 나오는 판 삼촌의 발소리를 들었다.

"그를 어디다 숨겼나요?"

어머니의 목소리가 들렸다.

"광의 다락 안 건초 더미 속에요."

판 삼촌의 대답이었다.

"그럼 그가 질식해 버릴 텐데. 건초 더미가 얼마나 무겁고 빼곡 재여 있는데."

"아뇨, 그를 창문 가까운 벽에 숨겨 두었어요. 밖을 내다볼 수도 있게 해 주었어요. 건초 더미는 그를 가려 줄 뿐이구요."

"아주 이상한 젊은이군요. 그가 나를 혼비백산하게 만들어 놓았어요······."

어머니가 말을 중단하게 된 것은 밖에서 누군가 우리 문을 연속적으로 두드리는 소리 때문이었다.

"문 열어요! 순찰이요!"

그 외침은 천둥소리처럼 빠르고 위협적이었다. 알란은 두 손으로 귀를 막고 벽의 한구석에 기대었다. 나는 거실에서 무슨 일이 일어나는지 알고 싶어 불을 끄고 두 눈을 문의 쪼개진 틈에 대었다. 나는 어머니와 판 삼촌을 걱정하고 있었다.

판 삼촌이 문을 열어 주었다. 다섯 명의 헌병이 들이닥쳤다. 그들 모두 빛나는 권총을 차고 있었고, 권총집에는 꽃 모양의 여러 가닥의 실이 늘어져 있었다. 그들은 모두 손전등을 들고 있고, 손전등은 거실 바닥에 이상한 그림자를 뿌려 놓았다. 그들 중 한 사람이, 식탁 옆에 떨며 서 있는 어머니에게로 다가갔다. 그리고 어머니에게 물었다.

"오늘 저녁 혹시 젊은 도망자 한 사람을 보지 못했소?"

"보지 못했어요, 선생님."

어머니는 떨리는 목소리로 대답했다.

"해 지고 난 뒤로는 밖으로 나가지 않았으니 아무것도 못 보았고, 거지 하나도 못 보았지요."

"그런데 그를 본 사람들은 전부 그놈이 이쪽으로 사라졌다고 하던 걸요."

헌병이 설명했다.

"아, 이렇게 어두운데, 더 갈 리도 없고."

"본 게 뭐 있어야지요. 선생님."

어머니가 말했다.

"이렇게 추운 날씨에는 해 지기도 전에 대문을 걸어 잠갔거든요."

"틀림없소?"

"그렇지요, 선생님. 아무도 보지 못했어요."

"거참, 이상하네. 정말."

질문하던 사람이 고개를 숙이며 생각을 하면서 말했다.

"그자는 정말 늑대 같단 말이야. 젊고 날샌 도둑 같기도 하구. 벌써 사흘이나 뒤를 밟아 왔는데도 그자를 잡지 못하다니."

그러고는 그는 판 삼촌에게 몸을 돌려 몇 초 동안 매서운 눈초리로 살피더니 물었다.

"이 노인은 오늘 저녁 나갔다 왔지요?"

"그래요……. 아뇨."

판 삼촌은 주저하며 대답했다. 그의 두 입술은 자신의 의도와는 반대로 우물쭈물했다.

"그게 무슨 말씀이요?"

질문자가 삼촌에게 다가서서 수상쩍다는 듯이 물었다.

"나는 저녁에 한 번도 안 나갔소. 요즈음 우리 설서인 라우리우가 며칠 쉬고 있으니까. 하지만 오늘 밤 저녁 먹고 나서, 나는 우리 집 모퉁이까지 산책은 했지요. 소변을 보았소. 그 일이

십 분이나 걸렸지요. 날씨가 너무 추워 오래 돌아다닐 수도 없었지요. 그렇지 않소?"

"그때 젊은 도망자를 보지 못했소?"

"아니오, 선생. 사람 그림자도 못 보았소. 하지만 우리 집의 개가 내 곁으로 왔지요. 그놈이 내 발을 킁킁대며, 내가 눈 모락모락 김이 나는 오줌에 코를 갖다 대지 않겠소."

"이 사람 정신 나갔군."

다른 헌병이 질문자에게 다가서면서 판 삼촌을 가리키며 말했다.

"그에게 시간 낭비하지 마."

그러고 나서 질문자는 다시 어머니에게 몸을 돌렸다.

"아주머니, 솔직하게 말씀해 주십시오. 오늘 저녁에 청년 한 사람을 보았지요?"

그가 물었다.

"그자가 도적들의 두목입니다. 만약 우리가 그를 자유롭게 내버려 두면, 그자는 사람들을 가만히 놔둘 사람이 아닙니다. 우리 현청, 서부 지역에서 그리 오래 활동하지는 않았지만, 그자는 이미 우리를 괴롭히고 있습니다. 곧 그자가 이곳에서도 소란을 피울 것이 분명합니다. 만약 아주머니께서 아시는 대로 그자의 정보를 알려 주시면, 아주머니에게도 득이 될 겁니다."

어머니는 그가 말하는 의도를 파악하려고 노력하면서 호기심 어린 눈으로 그를 주시했다. 잠시 무거운 침묵이 흘렀다. 갑자기 어머니는 결심한 듯이 또박또박 말했다.

"선생님, 난 도적이라곤 보지 못했어요. 그런 도적은 못 보았답니다."

"우리는 가난한 농민이지요. 선생님."

판 삼촌이 가세했다.

"도적들은 우리를 찾아오지 않지요. 간혹 그들을 우리가 볼 수 있도록 기다려 주지도 않구요."

"에잇, 그 녀석이 다시 도망쳤구나!"

질문자가 자신의 동료에게 말했다.

"이 마을에는 오지 않은 게로군. 정말 늑대 같은 녀석이야!"

그리고 그들은 방향을 돌려, 풀이 죽은 듯 작별 인사도 없이 문을 열어 둔 채 우리 집을 나갔다. 판 삼촌과 어머니는 말 없이 멈춰 선 채, 바깥의 어둠을 통해 헌병들이 마치 악몽처럼 사라지는 것을 바라보았다. 한 줄기 바람이 판 삼촌을 꿈에서 깨우는 듯이 불었다. 판 삼촌은 문을 당겨 닫고는, 긴 의자에 앉아, 담뱃대에 불을 붙였다. 알란과 나는 방에서 나왔다. 알란은 여전히 무서워 떨고 있었다. 우리는 서로 쳐다보았지만 말이 없었다. 잠도 오지 않았다. 우리는 기름 램프의 화염이 조금씩 사그라드는 것을 바라보고 있었다. 지붕 틈새에서 찍찍 하는 쥐 소리에도 그대로 앉아 있었다. 갑자기 수탉이 울기 시작했다. 그 울부짖는 소리는 고요한 허공에, 공연의 피날레에서 소프라노가 가사의 마지막 소절을 읊는 것처럼 길게 늘어지고 있었다.

판 삼촌은 자리에서 일어나, 담뱃대의 재를 떨고는 광으로 갔다. 잠시 뒤 삼촌은 낯선 청년과 함께 되돌아왔다. 청년의 머리카락과 옷에는 지푸라기가 많이 붙어 있어 마치 허수아비처럼 보였다. 그러나 그는 정말 십년감수한 것 같았다. 청년의 입가에는 소년다운 웃음이 일었다. 판 삼촌은 나이 많은 아버지가 자식에게 말하듯이 그에게 또 말했다.

"걱정하지 마라, 젊은이. 그들은 갔어. 벌써 오래 전에 갔어."

"저도 알아요, 삼촌. 저도 모든 것을 다 들었답니다. 그리고 그들이 신작로를 따라 사라지는 것도 창문으로 보고 있었습니다. 고맙습니다. 삼촌. 삼촌은 태어나실 때부터 무산자입니다."

청년은 이제 어머니에게 몸을 돌려 말했다.

"아주머니, 고맙습니다. 헌병들에게 하시는 말씀을 다 들었습니다. 아주머니는 정말 마음씨가 고운 분입니다. 저희 어머니처럼 푸근했습니다. 아주머니를 결코 잊지 않겠습니다. 지금 저는 가봐야 되겠습니다."

"안 되네!"

어머니가 말했다.

"이렇게 춥고 어두운데. 뭘 좀 먹고 가게."

그리고 어머니는 알란을 바라보며, 낮은 목소리로 말했다.

"얘야. 손님을 위해 차 한잔 준비하거라."

알란은 말없이 부엌으로 갔다.

"아주머니는 아주 친절하십니다."

청년은 앉으며, 어머니에게 말했다.

"제가 아주머니를 너무 번거롭게 해 드리는 것 같습니다. 죄송합니다."

"하지만 내게 말해 주게."

어머니는 마음을 진정시키지 못한 채 말했다.

"자네는 정말 도둑인가?"

"제가 도둑 같아 보입니까?"

젊은이가 응수했다.

"아니, 그렇지 않은 것 같네."

"그럼요. 저는 도둑이 아닙니다."

"그럼 자네는 뭘 하는 사람인가?"

"아주머니, 말씀드렸다시피, 저는 학생이었지만, 이제는 나라를 위해 운동하는 사람입니다. 저는 우리 공화국을 새롭고 복된 나라로 만들고 싶습니다. 이 나라는 너무 오래, 너무 오래되어, 너무 무기력해요. 불쌍하다 싶을 정도로 무기력하지요……."

"그럼, 왜 자네더러 도둑의 두목이라고 하는가?"

"부패한 체제와 행정에 대항해 싸우도록 가난한 농민들을 조직했기 때문입니다. 군벌들과 패잔병들이 이 지방을 지나가면서, 가난한 사람들의 기름 한 방울까지 다 짜 갔고, 지주들이나 상점 주인들은 가난한 사람들의 피를 빨았지요. 제가 어떻게 하면 그 가난한 사람들이 실제 도적들과 싸워 스스로 권력을 쟁취할 수 있는지 가난한 사람들을 가르쳤기 때문이지요. 따라서 지주들과 그들의 개들은 저를 죽이려고 하고, 우리 운동을 파괴하려고 합니다. 하지만 너무 늦었지요. 그 운동은 번개처럼 퍼져 나가 현청의 지배자들의 코 아래에서 활동하고 있습니다. 그자들은 수적으로 우세한 가난한 사람들을 무서워합니다. 아주머니, 가난한 사람들이 다수이기 때문입니다."

"그런 일을 자네가 하고 다닌다니!"

어머니는 깜짝 놀라 눈을 아래로 깔더니 잠시 뒤 다시 고개를 들고 청년을 훑어보면서 물었다.

"그 일을 우리 아들과 민툰도 배웠는가?"

"저어……."

젊은이가 주저했다. 그는 낭패감에 빠져 있는 어머니를 신경 쓰이는 듯이 바라보았다.

"모아주머니, 저는 모릅니다. 그들이 아주 애국적이라는 것만 압니다."

"애국적이라니!"

우리 어머니는 고개를 숙이며, 못 믿겠다는 듯이 깊이 생각에 잠겼다.

알란이 부엌에서 차와 과자를 쟁반에 담아 들고 왔다. 청년은 탁자에서 차와 음식을 먹었다. 그는 아주 빨리 먹었다. 왜냐하면 수탉이 벌써 두 번이나 울었기 때문이다. 그는 음식을 모두 먹고는 길을 나서며, 아무에게도 이 모든 사실을 알리지 말아 줄 것을 부탁하고 또 부탁했다. 왜냐하면, 적들은 그를 숨겨준 사람도 처벌할지 모르기 때문이라고 했다.

판 삼촌은 젊은이의 옷과 머리카락에 붙어 있는 지푸라기를 떼어 주었다. 어머니는 배고프면 가다 먹으라고 과자를 싸 주었다. 그들은 문 앞까지 조용히 가, 문을 아주 조심스럽게 열었다. 우리 집 개 라이바우는 군침을 흘리며, 낯선 사람에게 코를 들이댔다. 그러나, 판 삼촌은 한 손으로 개의 입을 막고, 다른 한 손으로 개가 날뛰지 않도록 개의 등을 쓸어 주었다. 젊은이는 여명 속으로 사라졌다.

"정말 이상한 젊은이군!"

판 삼촌은 떠난 사람에 대해 그렇게 평했다.

"그 젊은이는 또 다른 민툰 같아 보이는군요. 형수님, 국화 아줌마에게 우리가 들은 이야기를 해 줄까요?"

"안돼요, 한마디도 하면 안 됩니다!"

어머니가 말했다.

"우리는 방금 일어난 일을 모두 잊어버려야 해요. 그 일로 인해서 나는 아주 서글퍼졌다구요!"

어머니는 잠시 생각에 잠긴 듯이 말했다. 그리고 어머니는 혼잣소리로 말했다.

"세상이 정말 이렇게 이상할 수가. 정말 이상한 세상이구면."

램프 심지는 어머니의 말에 반항하듯 타 들어가, 슬픈 빛이 너울거렸다. 기름이 다 떨어진 모양이었다. 그러나 아무도 기름을 더 붓고 싶은 심정이 아니었다. 왜냐하면, 주위의 무거운 분위기가 모든 사람들을 휘감고 있었기 때문이다. 우리는 심지가 다 말라 불평하고 있어도 그냥 심지만 바라볼 뿐, 그 불이 꺼져 가도록 가만히 내버려 두었다. 결국 그 무거운 침묵이 다시 시작되었다. 그런데 침묵 속에서, 압박하는 고요함에 저항하는 듯 코 고는 소리가 가볍게 규칙적으로 들려왔다. 그 소리의 주인은 램프 심지가 다 타버리자 잠들어버린, 이제껏 일을 많이 한 우리의 알란이었다.

7

파종과 긴 가뭄, 보안대원

마침내 가난했던 그 겨울은 우리 마을 사람들의 꿈속에서조차 밤마다 나타나 괴롭히던 두 가지 찜찜한 추억을 남긴 채 지나갔다. 하나는 전례 없이 2할이나 소작료를 올려 추민과 새해 임대차 계약을 맺은 것이요, 다른 하나는 하늘나라 가시는 길의 조왕님께 변변찮은 선물을 바친 것이다. 그러나 벌써 태양은 아주 밝아, 따뜻한 햇살이 우리에게 온갖 근심 걱정을 떨쳐 버리게 하고 새 희망을 가져다주었다.

벌써 파종할 시기가 다가왔다. 우리는 언제나 파종 이야기만 나오면 활기가 넘치고 믿기지 않을 정도로 기쁨에 휩싸인다. 마을 사람들은 다락방에서 올해 쓸 볍씨를 여러 가마니 들고 나와 멍석에 쏟아 붓고, 웃음 짓는 태양 아래 볕을 쬐게 했다. 그리고 물동이만 한 가마니에 그 볍씨들을 다시 집어넣어, 이를 긴 장대에 달아맨 뒤, 마을 공터 마당 옆에 있는 작은 연못에 담갔다.

사흘 뒤 우리는 줄을 이용해 그 가마니들을 끌어올렸다. 가마니에서 물이 흘러나와 땅 위에 고였다. 어느새 작은 고기들과 새우들이 가마니의 짚 속에서 나와 있었다. 고기들은 아직도 연못 안에 있는 양, 고인 물 안에서 헤엄치고 있었다. 마을의 암탉들과 수탉들은 땅에 물이 다 스며들 때까지 기다리며, 감시하듯 조금씩 다가섰다. 닭들은 작은 고기들이 마치 곡식 낟알인 듯 하나씩 하나씩 쪼아 먹었다. 마을 사람들은 태연히 즐기면서 사납게 움직이는 닭을 바라보았다. 사람들은 볍씨가 햇볕에 어느 정도 덥혀지자, 벼 타작 때 사용한 넓은 마당으로 가져갔다. 벌써 하얗고 작은 싹이 보이고 있었다. 계절에 비해 이날 날씨는 정말 따뜻했다.

마을 사람들은 모두 웃고 있었다. 벤친 도사도 비록 농사를 짓지는 않았지만 진심으로 웃었다. 그러나 우리 마을에서 가장 기쁨에 차 있는 사람은 마우마우였다. 올해 그는 추민의 토지를 지난해보다 더 많이 소작할 수 있게 되었다. 처음에는 어렵다고 생각했었다. 소작 조건이 까다로워, 처음에는 하지 말까하고 생각도 했지만 다른 선택의 여지가 없었다. 그의 아내는 식욕이 왕성하고 배가 아주 크기 때문에 그는 더 많은 식량을 만들어 내어야 했다. 그렇지 않으면, 그 아내가 여러 번 언급했듯이, 마우마우를 떠나가 버릴 것이다. 더구나 마우마우는 마음이 약한 남자였다. 그렇게 아내가 돌아서면, 아내로서는 용감한 행동이지만, 마우마우의 마음은 갈기갈기 찢겨 버릴 것이다. 더구나 지금은 얼마나 희망찬 봄인가! 올해의 봄은 기록에 남을 봄이었다. 자기 아내의 입김 때문이기는 했지만, 그가 더욱 많은 땅을 경작할 수 있다는 것은 그 자신으로서도 행운이었다.

　마을의 다른 사람들처럼 마우마우도 품질 좋은 볍씨를 토양이 가장 좋은 논에 신경 써서 뿌렸다. 그도 다른 사람들처럼 파종하면서 노래를 불렀다. 결혼한 뒤로 그는 거의 노래를 부르지 않았다. 그가 노래 부를 때 평소에는 곡조가 구슬펐지만 지금은 즐거운 마음으로 노래를 하고 있었다. 봄날의 미풍으로 벼의 싹 발육은 더욱 잘 될 것 같았다. 곧 무논의 바닥에는 노랗고 파란 것이 보였으며, 노랗고 파란 색깔 뒤에는 푸르름이 보였다. 벌써 모판의 모는 손가락 세 마디 정도 자랐다.

　마을 사람들은 무엇보다도 비가 많이 와 주었으면 하는 바람을 가지고 있었다. 어느 날, 저녁 식사를 하기 전에 구름이 갑자기 우리 머리 위에 모였다가는, 마을 주변의 키 큰 단풍나무들과 떡갈나무들의 꼭대기에 낮게 걸렸다. 그리고는 우리가 잠자리에 들기도 전에 멀리서 천둥소리가 들려오기 시작했고, 천둥이 한 번 지나간 뒤에 억수 같은 비가 뒤따랐다. 이 비는 두 시간 가량 계속되었다. 하지만 다음 날 아침까지도 처마 끝에는 빗물이 떨어지고 있었다.

벌써 온 들판에는 물이, 하늘이 내려 준 깨끗한 물이 가득
차 있었고, 언덕 축대에도 생명을 가져다주는 감로수 때문에
빛나고 있었다. 사람들은 더 바랄 게 없었다. 모판의 모들은 벌
써 많이 자랐고, 모내기를 해야 했다. 그래서 모두 들로 나갔다.
마우마우는 더 많은 논에서 일하게 되었기에, 그의 아내인 암
까마귀도 그를 도와야 했다. 그녀는 정말 모내기에는 뛰어난
여인이었다. 그녀는 자기 신발과 양말을 벗어 던지고, 바짓가랑
이를 무릎까지 말아 올렸다. 그녀의 발은 왕발이었고 다리는
통통했다. 처음에는 암까마귀가 귀부인처럼 우아하게 발을 물
에 담갔지만, 마우마우가 그녀에게 어린 모춤 한 다발을 손에
쥐어 주었을 때는 바로 옛날 실력이 나왔다. 암까마귀는 전문
적인 농사꾼처럼 등을 굽혀 잽싸게 모를 심어 나갔다. 술도가
를 운영하는 그녀의 부모는 자식을 많이 낳아, 먹여 살릴 입이
많았다. 그래서 맏딸인 암까마귀는 열네 살 때부터 농사일을
거들어 왔던 것이다.

일주일 만에 산골의 모심기는 전부 끝났다. 모심기를 하면
서 유일한 즐거움은 미친 듯이 옛 노래를 부르는 것이다. 그래
서 노래를 부를 때면 중후한 노랫가락과 질질 끄는 후렴이 허
공을 진동시켰다.

아유, 아유, 아이 아유, 아이 아유, 아이요 호호……

아유, 아유, 아이 아유, 아이 아유, 아이요 호호……

봄이 오면 황토는 우리에게 쌀을 주고
가을날에 황토는 콩과 고구마를 주네.

옛 가락을 중얼거리면서, 마을 사람들은 모가 잘 자라도록 충분한 비가 와서 영양분을 가져다주었으면 하고 바랐다. 그리고 그들의 기대는 언제나 이루어졌다. 왜냐하면, 언제나 비는 정기적으로 와 주었기 때문이다. 우리는 보슬비가 언제 올지, 그리고 그 비가 얼마나 오래 지속되는지 달력만 보면 알 수 있었다.

그런데 올 봄에는 지금까지 단 한 차례의 비도 오지 않았다. 점점 태양은 뜨거워지고, 날은 더워만 갔다. 이 더위로 인해 논바닥의 물은 말라 버렸다.

이제 말라 버린 논을 다시 채워 줄 비는 오지 않았다.

하늘은 온종일 구름 한 점 없이 찌푸리지도 않고 웃음만 보내고 있었다. 그 때문에 우리는 신경이 날카로워졌으며, 하느님의 의도에 대해 의구심을 가졌다. 하느님께서는 산골의 가난한 농민들을 가뭄에 내버려 두실 것인가? 그래, 때로는 하느님이 그렇게 한 적이 있었다. 통상 10년 아니면, 15년에 한 번 정도는 봄에 비가 전혀 오지 않아 모를 심어 놓은 벼들은 완전히 말라 죽어 버렸다. 올해도 그런 가뭄의 해가 아니라고 누가 장담할 것인가? 마을 사람들은 걱정에 사로잡혀 미친 듯이 즐겁게 부르던 노래도 중단했다. 웃음만 보내는 태양 아래의 산골짜기는 조용하기만 했다.

찌푸려야 할 하늘은 가만히 있고 대신, 마을 사람들의 이마만 찌푸려졌다. 점점 무게를 더해 가는 중압감이 마음을 짓누르기 시작했다. 이 때문에 우리는 가뭄 자체에 대한 관심보다 조왕님에 대해 더 깊은 관심을 가졌다. 우리가 그 어른을 천대한 기억이 되살아났다. 잘 붙는 보리떡으로 그 마음씨 고운 신을 대접한 가족이 우리뿐만은 아니었다. 다른 사람들도 다소 비슷하게 대접을 했단다. 우리는 그 일만 생각하면 창백해졌다. 가뭄도 하늘이 내린 벌인가? 조왕님은 우리의 불손한 행동과 욕심을 알고 있었을까? 마우마우는 신께서 그렇게 알아들으셨다고 확신하고 있었다. 그는 절약해 모은 돈으로 자기 조왕님께 바칠 과자 한 갑을 샀는데, 암까마귀가 먹고 싶은 충동을 참지 못해 그만 과자를 조왕님 앞에 공물로 내놓기 전에 삼켜 버렸단다.

집을 지키는 신은 한량없이 마음씨가 고왔지만 그 집 안사람의 소홀한 대접에 정말 화가 났나 보다. 이 이야기를 전해 들은 마을 사람들의 일치된 결론은 마우마우의 조왕님이 온 마을의 다른 조왕님을 선동했다는 것이다. 그래서 하늘에 계신 천제께 호의적인 것이라고는 눈곱만큼도 없는 공동 보고서를 만들어, 우리를 죽일 놈으로 규정하여 비를 내려 주지 않도록 했다는 것이다.

"하지만 이미 엎질러진 물을 다시 담을 수는 없지요."

우리 도사가 마을 공터에서 말했다. 그는 우리 조왕님과 마찬가지로 무시당하고 있어 그도 굶어 죽을 지경이었다.

"그럼, 어떡하면 되겠어요?"

마우마우가 눈썹을 치켜 올리면서 황급히 물었다.

"자네 마누라의 통통한 엉덩이를 한 대 쥐어박게!"

도사의 대답이었다.

마우마우는 뭐라 더 대답할 수 없는 상황이라, 풀이 죽어 고개를 떨구었다. 그렇게는 감히 할 수 없다. 그에게는 그런 용기가 없었기 때문이다. 더구나 벤친이 진지하게 말하자 그는 좀 두렵기조차 했다. 그는 언제나 이 깡마른 사람을 결혼 전처럼 '경쟁자'로만 생각하고 있었다. 마우마우는 이 헛된 꿈에 사로잡힌 늙은 총각이 다른 일을 꾸밀 수도 있다는 생각도 했다.

공터 마당에 여전히 그들과 함께 있던 판 삼촌은 도사의 제안에 몰래 웃고 있었다. 하지만 마우마우가 슬픈 표정을 짓자, 삼촌의 마음도 가볍지 않았다. 그는 두 사람을 화해시켜 주려고 말했다.

"벤친, 우리 좀 더 진지해 보세. 자넨 그래도 성스러운 사람 아닌가. 자네는 이 상황을 해결할 수 있는 것이 무엇인지를 우리에게 설명해 줄 수도 있지 않은가? 마우마우는 아주 솔직하게 속사정을 털어놓고 문제를 제기했다구. 안 그런가?"

벤친은 성스럽다는 그 수식어에 기분이 좋았다. 그는 여러 번 자신의 근시 안경을 빙빙 돌리고는 입과 얼굴을 근엄한 표정으로 지었다. 마침내 그는 고개를 아래로 숙이고 있는 마우마우를 보기 싫은 듯이 바라보고 나서 말했다.

"우리가 무엇을 할 수 있느냐고요? 저어……."

그는 마우마우를 싫은 듯이 다시 쳐다보면서 이렇게 운을 뗐다.

"저어, 우리가 지은 죄 때문에 용서를 받아야 된다고 생각합니다. 우리는 지금부터 천제가 좋은 인상을 갖도록 노력하여, 그분이 자신의 태도를 바꾸시도록 해야 합니다. 우리는 너무 욕심이 많고, 너무 야만적입니다. 예를 들어, 우리는 돼지를 잡아먹습니다. 암까마귀는 조왕님께 드릴 선물을 다 먹어 버릴 정도로 욕심이 큽니다. 우리는 천제께 이제 다시는 돼지를 잡아먹지 않고, 모든 동물들, 특히 돼지는 신께서 창조한 평등한 존재이므로 그런 일을 하지 않겠다는 것을 보여 주어야 합니다. 그러면 천제의 마음을 풀 수 있을 겁니다. 물론 두 분께서도 이 도사를 잘 대접해 주셔야 됩니다."

"예, 도사님."

마우마우가 고개를 끄덕여 동감을 표시하며 말했다. 그는 난생처음으로 자신의 옛 '경쟁자'를 '도사님'으로 불렀다.

마우마우는 도사가 비만 내리게 해 준다면, 이미 뭐든지 할 준비가 되어 있었다. 도사에게 무슨 칭호를 붙여 줄 수도 있고, 도사 앞에 무릎을 꿇을 수도 있다. 그가 너무 많은 논에 모내기를 해 놓았기에 실패하면, 만사가 도로 아미타불이 될 것이다. 그리 되면 추민과 약속한 소작료를 지불하기 위해, 자기가 갖고 있는 모든 재산과 집마저 저당 잡혀야 될 뿐만 아니라, 자신의 귀한 마누라조차 잃게 되는 것을 의미했다. 즉, 그녀는 '깊이가 보이지 않는 샘'인 자신의 배를 채울 만큼 충분히 얻어먹지 못해, 필시 달아나 버릴 것이 뻔했다. 어찌 되었건, 이러한 실패는 불을 보는 듯이 뻔했다. 논의 물은 이미 햇빛에 말라 버렸고, 벼 이삭들도 시들어 갔다.

마우마우는 이러한 앞날이 닥쳐오니 미칠 지경이었다. 부끄러워하지도 않고 웃음만 짓고 있는 태양이 떨어져, 그 뜨거운 불로 그를 포함한 만물을 태워 버렸으면 하는 생각조차 들었다. 그는 뜨거운 양철 가장자리에 놓인 개미처럼 발을 동동 구르기 시작했다. 갑자기 그에게 진기한 생각이 하나 떠올랐다. 그는 언제나 뭔가를 고안해 내는 데는 남에게 뒤지지 않았다. 바가지 긁는 마누라의 말을 듣지 않으려고 앉아 있던 의자에서 벌떡 일어나, 돼지우리로 뛰어갔다. 그는 무서워하던 돼지를 강한 끈으로 묶더니 설날에 입던 자신의 겉옷을 입히고 안락의자에 앉혔다. 그리고 그 안락의자를 어깨에 둘러매고, 길 가는 사람들에게 소리치며 행진하듯 뽐내었다.

"비켜나시오, 어서요! 우리 귀하신 돼지님께서 지나가십니다!"

"자넨 참 어리석군, 마우마우."

우리의 설서인 라우리우가 짐승을 나라 대신이나 되는 양

대하며 모시고 가는 마우마우를 보고서 말했다. 한편 그 인정 머리 없는 짐승은 꼭 끼는 설빔 복장에 난폭하게 꽥꽥 소리만 지르고 있었다.

"라우리우 님은 지성인이지요?"

마우마우는 변명하듯 말했다.

"지금 이렇게 돼지를 모시는 것은 돼지도 신이 창조한 똑같은 피조물로 대하고, 대신처럼 대해 주어 그 늙은 조왕님의 마음을 돌려 보자는 것입니다."

"멍청한 사람! 정말 멍청하군!"

우리 설서인은 그런 주장을 반박했다.

"자넨 돼지고기가 썩었든지, 곰팡이가 피었든지, 돼지고기이기만 하면 다 먹어 치우겠군. 그러고는 하느님의 판단과 벌을 최종적인 순간에 유치한 희극으로 바꿔 볼 작정이라니. 그분은 자네가 생각하는 만큼 그렇게 어리석은 분이 아닐세."

"하지만, 솔직, 솔직히 말하자면, 지난겨울부터 나는 고기라곤 구경도 못 했다구요."

마우마우가 설명했다.

"멍청하기 이를 데 없군! 그 읍내 약탈 사건 이후 누군들 먹어 보았는 줄 아는가? 나는 고기 국물도 구경 못 했다구."

"아주 맛있는 고기 국물은 설서인 님 차지지만, 나는 누렁 콩으로 만드는 두부 국물도 못 먹은 걸요."

"설날 두부 만들려고 누렁 콩을 좀 준비해 놓은 것은 있을 법도 한데?"

"그렇지만 마누라가, 아시다시피……."

마우마우는 괴로워 고개를 숙였다.

"내가 알긴 뭘 안다구?"

라우리우가 다그쳤다. 그로서는 암까마귀에 관한 것이라면 언제나 흥미로웠다.

"그건……."

마우마우는 얼굴을 붉히며 말을 계속할 수 없었다.

"그래, 그것이 어쨌다고?"

설서인이 계속 물었다.

"저어……."

마우마우는 이미 고개를 완전히 수그렸다. 그는 세 살짜리 아기마냥 고분고분해지고 괴로워하고 있었다.

"저어, 마누라가 두부를 만들기도 전에 다 먹어 치웠다구요."

"정말? 그 참 재미있군! 그 일을 내게 자세히 말해 주게. 암까마귀는 아주 놀라운 사람이군! 정말!"

그들이 철학하는 사람들처럼, 네 개의 눈으로 대화를 나누고 있을 때, 안락의자에 있던 돼지는 인내심을 잃고 자신에게 입혀진 겉옷과, 묶여 있는 끈을 풀어 보려고 싸우고 있었다. 둘의 대화는 점점 고조되어 그들의 관심이 가장 흥미로운 점에 도달한 바로 그때, 갑자기 돼지는 굴레를 벗어 버리고, 안락의자에서 미끄러져 내려와, 머리를 땅바닥에 처박았다. 돼지의 코가 뾰족한 돌에 부딪혀, 피가 나고, 한쪽 다리도 심하게 삐었다. 상처를 입은 짐승의 날카로운 울음소리가 마치 저승행 나팔 소리처럼 들려왔다.

"이렇게 하는 것이 돼지를 대신처럼 대우해 주는 건가?"

라우리우는 진흙 속에서 발버둥을 치며, 다리를 다친 채 있는 돼지를 가리켰다.

라우리우는 토론을 더 해 보았자 별 재미가 없다고 판단하고는 몸을 돌려 멀어져 갔다. 그러나 마우마우는 제자리에 멍하니 서 있었다. 예기치 않은 돼지의 추락으로 그가 하느님의 마음을 움직여 보려고 했던 시도와, 짐승을 존경하려고 애쓴 태도는 완전히 쓸모없게 되었다. 더구나 그가 가지고 있던 유일한 좋은 옷 한 벌도 갈기갈기 찢겨져 버렸다.

실제로 만사가 완전히 망가뜨려졌다. 태양은 여전히 광염을 자랑하고 있고, 갈라질 대로 갈라져 들판의 벼는 이제 뿌리까지 완전히 말라 죽어 버렸다.

정말 재앙이었다. 가뭄은 벼뿐만 아니라, 채소마저 모두 죽게 만들었다. 마을의 어느 누구도 저장해 둔 양식이 남아 있지 않았다. 이런 상황은 다른 곳도 마찬가지다. 자신의 먹거리를 위해 일을 할 수 있는 곳은 거의 없었다. 우리 주위의 어떤 지역은 더욱 나빴다. 왜냐하면 패잔병들이 지나가면서 약탈을 일삼은 뒤로 그곳 사람들은 지난겨울부터 벌써 굶주림에 빠져 있었다. 그들은 우리 마을에 도움을 청하러 오기도 했다. 벌써 신작로에는 다른 곳에서 피난해 온 사람들이 우는 아이를 등에 업고, 깡마른 개를 뒤따르게 하며 나타났다.

마우마우는 계속 풀이 죽어 있었다. 아침나절에 그는 산골짜기 가까이에 있는 동산에 올라가 있는 것이 습관이 되다시피 했다. 그곳에서 바보같이 멍하게, 태양으로 인해 이미 재가 되어 버린 것 같은 갈라진 논밭과 말라죽은 벼이삭을 바라만 보고 있다. 오후에 그는 가련한 돼지 녀석이 안락의자에서 떨어진 뒤 죽어 버려 이제는 돼지 한 마리도 없는 돼지우리의 뒷담에 웅크리고 앉아 있곤 했다. 그의 마음은 벌써 두 가지 사실로 괴로워하고 있었다. 가뭄에도 불구하고 내년에도 땅을 빌려 계속 농사지으려면 추민에게 올해 소작료를 지불해야 한다는 것과, 그의 마누라가 온종일 배고파 죽겠다고 바가지 긁는 것이었다. 그러나 더욱 신기한 것은 그럼에도 불구하고 암까마귀가 그를 떠나지 않고, 그와 꼭 붙어 있었다는 것이다.

모든 사람들의 예상대로 유월의 어느 날 일찍, 추민은 자신의 마름을 우리 마을에 보냈다. 그는 무섭게 생긴 사람이다. 그는 짙고 큰 수염과, 빗자루 두 개의 자루 부분처럼 생긴 어둡고 짙은 눈썹이 나 있었고, 깨진 징소리마냥 목청도 컸다. 마름의 명령은 언제나 거역해서는 안 되며, 언제나 그의 기분을 맞추어야 했다. 마름은 조왕님보다 더 고약했다. 왜냐하면 그의 입은 보리떡으로 결코 봉할 수 없기 때문이었다. 그리고 그는 자신의 주인에게 소작농에 관한 보고를 한 해에 한 번 올리는 것이 아니라, 자신의 머리에 그런 생각이 떠오르면 언제나 보고를 올렸다. 따라서 마름 그림자가 보이는 날, 우리 마을은 아주 큰 구름에 가려 어둠에 잠겨 있는 것 같았다.

마름이 마우마우의 작은 집에 들어서자, 마우마우는 무서움에 떨고 있었다. 하지만 마우마우가 놀란 것은 마름이 여느 때와는 달리 깨진 징 소리처럼 소리 내지도 않고, 자신의 용건을 말하기 전에 고깃국 한 사발도 요구하지 않았기 때문이다. 마름은 조용히 말했다.

"마우마우, 자네는 이 지역의 다른 농민들과 마찬가지로 올해엔 돈이 없다는 것을 난 잘 아네. 계약서엔 자네가 추수를 하고 나면 곧 소작료 전액을 지불해야 한다고 적혀 있네. 하지만 추민 지주는 마음씨 고운 분이라네. 다른 많은 지주들은 소작농들에게 그네들의 가련한 목숨까지도 내놓고 반란을 일으키게 그네들을 한 구석으로 내몰기도 하지만, 추민 지주께서는 그런 부류에 들 분이 아니야. 그분께서는 내년 모심기 뒤에 소작료를 내도 된다는 약속을 자네와 하도록 하셨네. 그 권한을 내게 위임하셨기도 하구. 대신, 자네가 잘 처신하고 그분의 명(命)을 잘 이행하겠다는 것만 보장하면 되네."

"그렇게 하지요. 나으리. 그분의 명이라면 뭐든 들어 드려야지요."

마우마우는 경의를 표하며 말했다.

"그럼 좋네. 나는 자네가 내년에 소작료를 지불하기로 한 약속을 보장받기 위해 자네 집을 담보로 하고 싶네. 자네가 소작료를 내기만 하면, 자넨 집에서 더 살 수 있고, 영원히 살아갈 수도 있지. 자, 이게 합의서일세."

마우마우는 자신의 집을 담보로 하는 새 합의서에 아무 말도 못 하고 서명했다. 그리고 마름은 자기 주인의 땅을 소작하는 다른 사람들에게도 똑같은 일을 하러 갔다. 지난 대기근 때는 추민이 마을의 모든 땅을 자기 것으로 만들더니, 이번에는 사람들이 사는 작은 집마저 모두 가져갔다. 그러나 마우마우는 계약 때문에 지금 괴로워하고 있지는 않았다. 반대로 큰 위기가 찾아왔지만 마음은 오히려 가벼웠다. 이제 그는 한 가지 일만 걱정하면 되었다. 자신이 사랑하는 암까마귀를 먹여 살리는 것만. 그러나 그것은 자신의 땅을 빼앗기는 것보다는 잔인하지 않았다.

그러나 손으로 노동하는 사람이 아닌 라우리우나 벤친, 국화 아줌마 같은 사람들은 정말 삶이 고달팠다. 특히 국화 아줌마가 더 심했다. 물레질하는 건 벌써 이 시대에 절대적으로 뒤떨어진 일이 되어 갔다. 왜냐하면 먹거리 거래도 뜸한 마당에 실 거래는 거의 볼 수가 없었기 때문이다. 국화 아줌마의 물레바퀴는 더 이상 돌아가지 못 했다. 아줌마는 몸도 약한 사람이라, 힘든 일은 해낼 수도 없다. 그녀는 이젠 묽은 죽으로 연명해 나가야 했다. 얼굴에 듬성듬성 나 있는 주근깨를 덮을 분 바르는 일, 그 아름다운 습관도 그만두었다. 라우리우의 비극에 나오는 여주인공이 사모하는 남자를 생각하며 가난하게 죽어가는 것처럼 아줌마는 더욱 더 창백해지고, 약해지고, 풀 죽어 있었다.

이러한 사실을 보면서 라우리우도 매우 침울해졌다. 그는 상황이 바뀌어 아줌마가 기운을 되찾기를 몹시 바라고 있었다. 어느 날 오후, 아줌마가 저녁밥을 지을 물을 길러 강에 갔다가 그만 모래밭에서 쓰러졌다. 아줌마의 섬세한 두 손은 여전히 물동이를 잡고 있지만, 두 눈은 감동에 겨운 듯 감겨 있었다. 아줌마의 우아함을 평하자면, 이 순간은 자비의 여신인 관음보살[21]처럼 보였지만, 창백한 얼굴로 따진다면, 굶주린 피난민 바로 그 모습이었다. 라우리우는 아줌마에 대한 사랑과 연민의 정 때문에 아줌마를 돕는 일이라면 촌각도 아끼지 않았다. 그가 아줌마를 두 팔로 들어올려, 꿈에 그리던 여인마냥 아줌마의 집으로 안고 갔다. 그러는 동안, 아줌마의 가냘픈 어깨는 허공에 대책 없이 축 늘어져 있었다. 그가 아줌마를 안락의자에 눕히자, 아줌마는 정신을 차리고 눈도 떴다. 어느 전설에 나오는 부인의 몸종처럼, 옆에 서서 자신을 간호하고 있는 라우리우를 보자, 아줌마는 깜짝 놀라 쳐다보았다. 아줌마의

---

21. 觀音菩薩 : 이 보살은 상냥한 여인의 모습으로 그려져 있으며, 사람들은 이 보살을 마음씨 곱고, 자비로운 분으로 칭함.

풀어지고 놀란 시선에 설서인은 황홀해졌다. 그는 이렇게 천진난만하고 심금을 울릴 듯 매력적인 모습을 한 국화아줌마를 본 적이 한 번도 없었다.

"라우리우가 여긴 웬일인가요? 이게 꿈인가요?"

그녀는 죄 없는 눈만 껌벅거리면서 물었다.

"아뇨. 꿈꾸지 않았습니다. 나의 작은 비둘기."

라우리우는 자신의 머릿속에서 짜낼 수 있는 가장 매혹적인 말을 속삭이며 그녀의 말에 대답했다.

"저기 모래밭에 쓰러져 계시는 것을 내가 발견하고서 댁으로 모셔 왔지요. 오, 가련한 국화여! 그대가 내 양팔에 안겨 있을 땐 깃털처럼 가벼웠다구요. 그대는 마치 저 심술궂은 태양 아래 시들어 가는 장미 같았어요. 그대로 인해 내 마음은 피로 물들었지요!"

라우리우는 마치 연인에게 말하듯, 힘주어 말하면서 미소도 몸짓도 지어 보였다.

"무슨 말씀인가요?"

국화 아줌마는 두 눈을 크게 뜨고 물었다.

"라우리우, 댁이 한 말은 적절하지 않아요!"

"가장 마음에 드는 말만 했는데요. 내 사랑."

설서인은 그녀의 빛나고, 까만 눈동자가 놀라 쳐다보는 것에 눈이 부신 듯이 설명했다.

"난 그대를 흠모해 왔어요. 공주, 꽃, 모란 위에 있는 나비처럼 그대를 꿈꾸어 왔지요. 그대는 모르겠지만, 난 그대를 위해 수많은 이야기를 만들어 놓았다구요. 그대는 나의 영감 속에선 예술의 여신이구요……."

"댁은 지금 소설을 말하고 있지요?"

국화 아줌마가 그의 말을 가로막았다.

"아뇨. 나는 지금 그대 발아래에서 내 마음을 쏟아 붓고 있답니다."

"이제, 그만 가 보세요. 제발!"

국화 아줌마는 진지하게 문을 가리키며 말했다.

"내 머릿속엔 오로지 한 남자, 남자다운 남자만 있습니다. 알겠어요?"

"국화, 그대 의도가 무엇인지요!"

설서인은 이미 얼굴을 붉히고 말했다.

"그러나 민툰이 영웅은 못 됩니다. 그가 영웅이 되려면, 그대에게 편지를 써서 보내야 합니다."

"나는 그이를 십 년이고 이십 년이고, 삼십, 사십 년이라도 기다린다구요. 그이가 편지를 보내든 않든!"

"정말인가요?"

"혼자 있게 해 주세요. 라우리우, 제발!"

국화 아줌마는 간청하는 목소리로 그에게 재촉했다.

진홍빛이던 라우리우의 얼굴은 죽을상이 될 정도로 창백해졌다. 그는 입술을 떨기 시작했다.

"허, 그대는 정말 여걸이군요! 살아 있는 여걸입니다!"

그가 할 수 있었던 말은 이것이 전부였지만 거의 들리지 않는 목소리였다. 그는 낙심하여 국화 아줌마의 집 문턱을 지나 무거운 발걸음을 끌며, 자신의 집으로 향했다. 도중에 그는 혼잣말했다.

"그 여인은 살아 있는 전설의 영웅이야! 그녀가 바로 나의 이야기 속에 나오는 내가 창조한 그런 여자라구. 그런데. 허! 나는 얼마나 큰 실수를 했는지! 나는 미인인 여자들에게 영웅을 숭배하도록 했지만, 나 자신은 영웅이 아니니……. 아니, 난 영웅이 될 수 없어!"

라우리우는 난생처음으로 누구나 존경하는 자기 직업 때문에 슬퍼졌다. 그는 자기 집 문 앞에 도착하자, 미친 사람처럼 큰 소리로 말했다. 그 소리가 얼마나 컸던지, 우리 마을의 모든 사람들이 다 들을 수 있었다.

"이따위 직업은, 이 설서인이라는 직업은 결코 내게 도움이 되지 못해. 이 직업으로는 내가 흠모하는 여인의 마음도 얻을 수 없으니. 이젠 무슨 일을 해야 하나? 이젠 무슨 일을 할 수 있을까? 이제 더는 전설 이야기 따위는 만들지 않을 테다. 국화 아줌마가 나의 의욕을 완전히 꺾어 버렸다구……."

하지만 국화 아줌마가 우리 마을을 떠나 읍내로 가서 새 직업으로 먹고살아 가자, 가장 큰 낭패감을 맛본 사람은 바로 그였다.

가문 여름에 국화 아줌마는 자신이 할 수 있는 모든 방법을 다 동원했다. 그렇지만 국화 아줌마는 다른 사람의 도움을 받기에는, 너무 정숙한 여인이었다. 우리 어머니가 국화 아줌마에게 쌀을 한두 사발 줄 때가 간혹 있었다. 국화 아줌마는 처음에는 우의의 뜻으로 받았지만, 그것이 동냥이라는 것을 인식하고서는 그것마저도 거절했다.

"만약 내가 동냥으로 연명해 간다는 것을 민툰이 알면, 그이가 나를 어떻게 생각하겠어요?"

국화 아줌마는, 우리가 그런 선물들을 받으라고 강력하게 말했을 때, 우리 어머니에게 말했다.

"나는 그이의 이름을 더욱 칭송받게 해야 해요. 자, 그이는 성격이 강한 사람이에요. 그이를 위해서도 이것을 받는 것은 적절하지 않아요."

그녀는 마치 지난밤에 민툰을 만난 것처럼 말했다.

"어느 날, 그이는 훈장을 많이 탄 군인이나, 존경받는 인물이 되어 돌아올 겁니다. 내가 동냥으로 살아왔다는 것을 그이가 알면 얼마나 괴로워하겠어요?"

국화 아줌마가 덧붙였다.

국화 아줌마는 그렇게 혼자로서의 울적함을 달래었다. 반면에 그녀가 이 지역에서 가장 정숙한 연인이라는 명성은 더욱 널리 퍼져 갔다. 모진 바람을 막아 주는 울타리처럼, 이 흉년에 옛 도덕을 지키고 있는 여인으로, 전통의 사회 질서를 지켜 주는 기둥처럼 우뚝 서 있는 여인으로 말이다.

어느 날, 국화 아줌마를 방문한 한 손님이 있었고, 그 사람은 중요한 인물이었다. 바로 추민 지주의 마름이었다. 그 나으리가 국화 아줌마에게 볼일이 있어 찾아왔다는 것은 정말 대사건이다. 언제나 깨진 징 소리 같은 목소리를 내던 그가 오늘은 듣기 좋은 새소리와 비슷한 목소리를 한 채 입가엔 계속 웃음을 띠고 있다. 마름이 국화 아줌마에게 말했다.

"추민 그분께서는 국화 아줌마에 대해 많이 들으셨습니다. 댁은 우리의 옛 문명을 모범적으로 보여 주는 사람으로, 이 사회에서 가장 훌륭한 사람이라고 봅니다. 다른 사람들 같으면, 이러한 어려움을 참지 못해 도적이 되거나 반란자의 무리에 들어가기도 하지만, 댁은 그런 나쁜 영향에 흔들리지 않고 가장 법도를 잘 아는 국민으로 우뚝 서 있습니다. 그분께서 댁을 돕고자 하십니다."

"도움을 받고 싶지 않습니다. 나으리."

국화 아줌마가 말했다.

"아닙니다. 용서하십시오. 내가 말씀을 서툴게 한 것 같군요."

마름이 해바라기처럼 미소를 지으며 용서를 구했다.

"그분께서 댁의 도움을 바라고 계십니다."

"그게 무슨 말씀입니까? 어떻게 나같이 가난한 사람이 지체 높은 분을 도울 수 있겠어요?"

국화 아줌마가 깜짝 놀라 말했다.

"댁이 할 수 있는 일입니다. 국화 아줌마. 다른 사람은 할 수 없습니다요."

"어떻게요? 이해할 수 없군요."

국화 아줌마는 손님을 멍하니 바라보고 또 바라볼 뿐이었다.

"보십시오……."

마름은 이번에는 수줍게 미소를 지으며 자신의 목소리를 낮추었다.

"추민 지주께서 샀다구요…… 저어……."

그는 잠시 멈추었다가 말을 이었다.

"좋은 일을 베푸신 게지요. 배가 고파 굶주리는 열다섯 살의 소녀를 첩으로 데려왔습니다. 추민께서 마음씨 착한 양반이라는 것을 이해하면 됩니다. 그분께서 그 아이를 셋째 첩으로 생각하기보다는 딸처럼 생각하고 있답니다. 그분의 의도는 요조숙녀가 첩과 함께 있으면서, 여성이 갖추어야 될 모든 덕성을 첩에게 가르쳐 주어야 한다는 것입니다. 그 일을 할 수 있는 적임자가 바로 댁입니다. 그분도 댁을 아주 존경합니다."

국화 아줌마는 조금 얼굴이 붉어졌지만, 우쭐했다.

"저어……."

국화 아줌마는 결심을 하지 못하고 주저했다.

"주저하지 마십시오. 국화 아줌마."

마름이 아줌마를 재촉했다.

"좋은 성품을 지닌 댁이 젊은 여인에게 품행을 가르친다는 것을 민툰이 안다면, 댁이 추민 지주와 원만한 관계를 유지하고 있는 것을 민툰이 안다면, 민툰도 좋아할 겁니다."

"하지만 그이는 추민과 같은 부류의 사람들을 좋아하지 않아요."

국화 아줌마는 여전히 주저했다.

"그땐 그가 돈이 한 푼도 없었기 때문에……."

마름이 설명했다.

"그가 제힘으로 중요 인사가 될 때는, 확신을 가지고 말씀드립니다만, 추민과 같은 계층에 있는 사람들만이 그의 친구가 될 만한 가치가 있습니다. 그리고 그도 그렇게 행동하리라 봅니다. 국화 아줌마, 심사숙고해 보세요. 댁을 돕고 싶습니다."

"말씀은 옳으신 말씀입니다. 하지만……."

국화 아줌마는 말을 하고는 고개를 숙였다.

"더는 주저하지 마십시오, 국화 아줌마. 주저하는 것은 아무 도움이 못됩니다. 댁이 추민과 돈독한 친분을 유지하면, 민툰에게는 저 아래 신작로를 새로 단장하는 것과 같은 효과가 있습니다."

국화 아줌마는 고개를 들고서, 말했다.

"그럼 좋아요. 정 그러시면, 한번 해 보지요. 그러나 나는 동냥은 받지 않습니다. 그것은, 내가 받을 만하다고 하는 급료보다 더 높은 경우엔 사양합니다."

마름은 연신 웃으면서, 작은 두 눈을 한 가닥의 실처럼 합쳤다.

"그 점은 쉽게 해 드릴 수 있는 일이지요. 나는 댁이 한 푼의 동냥도 안 받고, 유모 이상의 급료를 한 푼도 받지 않는다는 것을 확인해 둡니다. 내 명예를 걸고 그 일을 기필코 해 드리지요."

그래서 만사는 순조롭게 척척 진행되었다.

이틀 뒤 국화 아줌마는 추민의 첩을 돌보는 보모의 일을 하러 읍내로 갔다.

이와 같은 갑작스런 진전은 라우리우에게는 충격이었다. 그는 한편으로 슬프고 다른 한편으로는 보모의 일이 어떻게 진행되는지 궁금했다. 그는 국화 아줌마의 뒤를 밟아 읍내로 가서 읍내 사는 사람들과의 친분을 이용하여 소식을 알아냈다. 어린 첩은 추민에게서 땅을 빌려 경작하는 어느 가난한 소작농을 아버지로 둔, 별로 배우지 못한 소녀였다. 불쌍한 농민은 자기 땅주인에게 담보로 잡힐 집 한 채도 갖고 있지 않아, 다가오는 겨울밤에 늙은 추민의 잠자리를 덥혀 주는 보온병으로 간단히 자기 딸을 팔지 않을 수 없었다.

"보모라니! 국화 아줌마와 같은 그런 고매한 여성이 그런 부끄러운 칭호를 가지다니!"

라우리우는 그런 이야기를 듣자, 화를 벌컥 내며 말했다.

이 같은 사태 진전으로 라우리우는 밤낮으로 명상에 잠겼지만, 미와 도덕, 우아함과 기품의 전설적인 여걸로서 국화 아줌마에게 기대하던 꿈에서 조금씩 깨어났다. 그는 미칠 것처럼 환멸을 느꼈고 심란했다. 우리는 자주 그가 마을 공터 마당에서 이리저리 돌아다니는 모습을 보았다. 그는 고개를 숙이고, 두 눈은 아래로 향한 채, 마치 도사가 경전을 읊듯이 하루 종일 중얼거렸다.

"그렇게 천하게 되어 버릴 수가! 문화라든가, 아름다움이라고는 완전히 내팽개치고, 가난한 농민을 쥐어짜 받은 더러운 돈밖에 없는 그 늙은 건달의 보온병이나 걱정해 주어야 하는 신세라니. 더구나, 내가 그렇게 숭상했던 여인이 그 더러운 돈을 숭배하고, 나의 존경과 사랑을 완전히 무시해 버리다니. 내가 영웅이 될 필요도 없어! 오, 나는 얼마나 어리석은 사람이었던가! 내가 지주가 되기만 한다면! 아름다운 이야기가 무슨 소용이 있는가? 시나, 세련된 언어, 황금 같은 목소리가 무슨 쓸모가 있겠는가? 오, 내가 얼마나 얼이 빠졌던지. 그 공허한 꿈 때문에 내 청춘을 다 보냈구나……."

마을의 어느 누구도 그를 이해할 수 없었다. 우리가 알 수 있는 말이라고는, 우리의 등을 오싹하게 만드는 '늙은 건달'이라는 말뿐이었다. 마을 사람들도 흐르는 개울물처럼 중얼거리며 공터를 이리저리 돌아다니는 그를 멀리하게 되었다. 그는 고립되어 자신감도 잃었다. 이제 그는 방랑하는 음유시인처럼 혼자서 인근 지역을 배회하게 되었다. 그는 길에서 만나는 사람들과 대화를 나누기도 하지만, 우리 마을 사람들과는 말을 하지 않았다. 그는 산골짜기 길마다 흩어져 있고, 어디서나 볼 수 있는 피난민들과 친해지기 시작했다.

어느 날 저녁 라우리우가 갑자기 우리 집에 와서, 판 삼촌에게 물었다.

"판 삼촌, 군인이 되는 일이 어렵습니까?"

"무슨 이야기인가, 라우리우?"

판 삼촌이 조금 놀라면서 되물었다.

"내 말은 군인이 되는 일이 어려운가 하는 거예요."

라우리우가 진지하게 말했다.

"저, 그건 나도 잘 모르겠네."

판 삼촌은 머리를 만지며 말했다.

"하지만, 처음 삼촌이 북쪽에서 왔을 때, 그곳에서는 사람들이 양식이 부족할 때는 젊은이들이 군에 들어간다면서요."

"허, 그건 잘 모르지만, 군인이 되는 것이 내겐 마음이 내키지 않아. 전쟁을 벌이는 일은 내 마음에 맞지 않네. 이보게. 난 농민일세. 그 때문에 난 북쪽으로 안 간다구."

"그럴 테지요."

설서인은 상냥하지 못한 얼굴로 고민에 싸여 있었다.

"하지만, 이 친구야, 그건 왜 묻는가? 자네는 언제나 온화하고 시를 좋아하는 사람 아닌가."

"난 토지제도와 지주를 파멸시키고 싶습니다. 나는 이 모든 악을 없애고 싶어요."

"허허!"

판 삼촌은 깜짝 놀라 벌떡 일어났다.

"그것은 반란인데. 어디서 누가 그런 생각을 심어 주던가? 그런 생각은 위험천만한 거야."

"벌써 많은 사람이 그리 말하고 있어요. 많은 피난민이 그런 말 하는 걸 내가 들었다구요. 난 그들이 옳다고 봐요. 피난민들이 상속받은 토지 전부를, 자기들의 작은 집과, 그들의 딸도 지주들이 뺏어 가 버렸다구요. 땅을 일구지 않는 국화 아줌마저."

"자네 그 말이 무슨 뜻인가, 라우리우!"

판 삼촌은 자신의 입에 손가락을 대며 걱정이 되어 소리쳤다.

"나는 자네가 들었단 이야기를 정말 믿을 수 없네. 하지만 너무 크게 말하면 안 돼. 그런 소릴 지주들이 듣는 날이면, 농민들 땅을 전부 뺏어갈 거라구. 자네로선 두려워할 필요가 전혀 없다는 것 나도 아네. 자네는 입으로 먹고사는 사람이니까. 하지만 저 불쌍한 농민들을 생각해 보게! 만약 저 농민들이 땅을 빼앗기면, 자네가 하는, 그 이야기 일도 못 할 수 있어."

"나는 더는 그런 이야기는 하고 싶지 않습니다."

"허, 그런 말은 아직 일러, 참게."

"그따윈 안 합니다!"

라우리우는 화를 벌컥 내며 말했다. 하지만 곧 그는 슬퍼 고개를 숙였다. 그의 목소리는 약하고 힘도 없어 중얼거렸다.

"하, 나는 이제 다시는 이야기를 하고 싶지 않습니다. 의욕도 잃었어요. 영원히 잃어버렸다구요!"

그리고 그는 허황된 꿈으로 최면에 걸린 듯 바닥만 멍하니 내려다보고 있었다. 우리 집 지키는 개가 몰래 들어와, 라우리우의 발 냄새를 맡으면서 적을 만난 듯 짖어 댔다. 판 삼촌이 자신의 담뱃대에 불을 댕길 때마다, 불꽃은 점점 줄어들었다. ― 이 불꽃은 언제나 나의 관심을 불러일으키는 현상이었다. 하지만, 라우리우는 두 눈을 뜨고 있으면서도 이를 알아차리지 못했다. 라우리우는 자신의 겉옷의 가장자리를 라이바우가 장난치듯 당겨도 아무 말이 없었다. 개가 계속 겉옷을 잡아당기자, 그제야 최면에서 깬 듯했다. 작별 인사도 하지 않고 그는 풀이 죽은 발걸음으로 우리 집을 나섰다.

"라우리우!"

판 삼촌이 그의 뒤에서 경고하며 불렀다.

"공연하게 그런 위험한 말, 지주에게 하지 말게. 안 그러면 그들이 자네가 한 말 다 들어!"

라우리우는 대답이 없었다.

그러나 판 삼촌의 경고는 소용이 없는 것으로 드러났다. 지주에 대해 그렇게 앞뒤 재지 않고 말하는 사람은 라우리우뿐만이 아니었다. 많은 사람들이, 특히 우리 읍내의 몇 명도 그런 말을 하기 시작했다. 필시 지주들이 그런 험담을 들었을 것이다. 드디어, 추민의 마름이 우리 마을에 나타났다. 이번에 그가 온 목적은 토지 때문이 아니었다. 그는 우리 마을의 신체 건강한 사람들에게 마을 공터 마당으로 나와, 그가 하는 말을 들어 보라고 했다.

그는 이렇게 연설했다.

"존경하는 마을 주민 여러분. 추민 지주께서는 언제나 여러분 생각뿐입니다. 그분은 먹거리가 부족하다는 것을 아시고 비탄에 잠겨 계십니다. 하지만 내년에는 이런 배고픔을 겪지는 않을 겁니다. 과거에는 한 번도 연속으로 흉년이 든 경우는 없었습니다. 우리는 이러한 어려움을 굳센 마음으로 견뎌 나가야 합니다. 그분이 가장 걱정하는 것은 여러분 안전입니다. 질이 나쁜 많은 농민들이 대도시에서 온 기만적인 청년들에게서 선동이 되어 도둑이 되거나, 선량한 농민들이 그들 무리에 들어가게 되거나, 타인의 재산을 불법으로 나눠 가지려고 한다는 것을 그분이 들었습니다. 간단히 말해, 그들은 우리의 전통적이고 평화로운 삶을 폐허로 만들려고 합니다. 여러분은 폐허가 되는 것을 원치 않으리라고 나는 확신합니다. 그래서 추민 지주와 상업회의소의 많은 자문 위원은 우리 공동체 전체의 안전을 지키기 위해서 그러한 더러운 성분들을 막아 낼 보안대를 조직하기로 했습니다. 기쁜 마음으로 내가 알려드립니다만, 왕사자(王獅子)가 벌써 그 일을 맡을 약속을 했습니다. 하지만 그들을 도울 사람들이 수적으로 부족합니다. 우리가 더 모아

주어야 합니다……."

그가 잠시 연설을 중단하고, 그 제안에 대해 우리 생각을 정리할 시간을 주었다.

왕사자는 산에 자기 본부를 두고 있는 비밀단체의 두목이었다. 그를 따르는 자들은 대개 도둑이거나, 집을 터는 강도이거나, 소매치기들이라, 대개 군(郡)의 감옥을 탈출한 무법자들이었다. 그들은 격투, 곡마 같은 최악 조건에서도 초인적으로 버틸 수 있는 신체 단련을 하는 것으로 소문이 나 있었다. 그들은 날이 어두울 때면, 산길을 오가는 나그네들을 터는 것은 다반사고, 대부분 가난한 농민들이 사는 마을에까지 간혹 나타나곤 했다.

"그럼, 여러분 의견은?"

마름이 물었다.

"나는 여기 계시는 분들 가운데 몇 분이 보안대에 들어가 주시면 좋겠습니다."

아무도 대답하는 사람이 없었다. 서로 호기심으로 쳐다보았지만 아무도 말하는 이는 없었다.

"내가 좀 더 설명을 해 드리지요."

마름이 계속 말했다.

"가입한다고 해서 농사에 지장이 있는 건 아닙니다. 내년 봄, 비만 적당히 오면, 그 군대는 더 이상 필요 없게 되지요. 그러면, 여러분은 자신이 짓고 있는 땅을 경작하러 돌아올 수 있지요."

모인 사람들은 웅성거렸다. 더러는 조용히 말했다.

"아냐, 군대 가는 일엔 관심 없어. 나쁜 놈들이나 그 군에 가입하라지."

한편 다른 사람들은 이렇게 말했다.

"우리는 가난할 대로 가난해, 잃어버리거나 나눠 줄 것이 더는 없어. 그런데 보호는 무슨 보호."

마름의 얼굴은 뜨거운 햇빛에도 불구하고 창백해졌다. 그의 입술은 회색이 되어 경련을 일으키듯이 떨고 있었다. 하지만 그는 주먹을 꼭 쥔 채 서 있었다. 그의 얼굴 표정이 갑자기 바뀌자, 웅성거리던 마을 사람들은 그만 죽음과 같은 침묵으로 되어 버렸다. 모두 마름이 청천벽력 같은 목소리로 호통 칠 걸로 기대하고 있었다. 하지만 그의 화난 입술에서 튀어나온 목소리는 정말 온화했다.

"여러분이 잃어버릴 것이 하나도 없다는 것은 틀린 생각입니다. 친구 여러분, 잘 생각해 보십시오! 만약 그 도적들이 여러분의 암소라도 훔쳐가 버린다면, 다가오는 봄엔 어떻게 할 겁니까? 오해는 마십시오! 추민 지주의 의도는 여러분에게 꼭 군복을 입히고자 할 생각이 없답니다. 그분은 충분히 도와주시리라 봅니다. 그분은 이번 겨울을 지낼, 어떤 임무를 수행해 주기를 바라고 있어요. 왜냐하면 그건 여러분이 보안대에 가입하기만 하면, 여러분들에게 대가를 지불하기 때문입니다. 그리고 대가는 후하게 쳐 드릴 겁니다."

여전히 반응은 약했다. 연설자에게로 빈정대는 눈길만 향하고 있었다. 추민 지주는 언제나 약속만 했지, 약속을 지킨 적이 없었다.

"그 대가라는 것이 쌀입니까? 아니면 돈입니까?"

용감한 목소리가 그 침묵을 깼다. 그 소리는 군중 속에서 마우마우 옆에 서 있던 암까마귀였다.

"둘 다요!"

마름이 확고한 태도로 말했다.

"그것 좋은 것이군요!"

암까마귀는 즐겁게 말하면서 두 손으로 손뼉을 쳤다. 그러고는 마우마우를 향하여 아주 진지하게 말했다.

"마우마우, 당신이 그 군대에 들어가요! 호, 나는 물같이 멀건 죽을 더는 먹고 있을 수 없어요. 당신은 며칠 전, 밤에 내게 맹세하지 않았어요, 마우마우. 나를 정말 사랑한다구요. 그러면 당신은 저 보안대에 들어가야 해요."

빈정거리는 군중들도 암까마귀가 물같이 멀건 죽에 대해 숨김없이 드러내자, 즐거워 웃음을 터뜨렸다. 하지만 그 웃음 속엔 어딘가 슬픈 분위기를 담고 있었다. 그래도 마름은 아주 진지했다. 그는 소란을 진정시키려고 두 손을 들어 두 날개처럼 펄럭거렸다. 그러고는 군수라도 된 양 말했다.

"암까마귀는 현명한 여인입니다. 나는 이 여인의 명확한 판

단 능력을 존경해 마지않습니다. 모든 부인들이 이 여인을 닮았으면 얼마나 좋을까요? 나는 훌륭한 부인을 둔 마우마우 자네가 부러워. 내 마누라도 저렇게 유능하다면야!"

마우마우는 마을 사람들의 웃음과 마름의 고무적 연설에 혼돈되었다. 하지만 암까마귀는 소동에 전혀 개의치 않았다. 암까마귀는 그를 계속 등 떠밀면서 말했다.

"들어가요! 들어가요! 마우마우, 당신 들어가는 게 내 희망이라구요."

"좋습니다. 나으리."

마우마우는 마름에게 말했다.

"내가 가입하지요."

마우마우는 이렇게 해서 보안대의 일원이 되었고, 우리 마을에서는 그가 유일했다. 다음 날, 그는 보안대 본부가 있는 읍내로 갔다.

우리는 그 사건에 대한 언급을 자제했다. 우리는 이 일로 인해 작은 슬픔을 느꼈기 때문이다. 우리 마을 사람들이 자신의 호구지책으로 군인이 되려고 스스로 찾아간 적은 이전에 한 번도 없었다. 특히 왕사자와 같은 악명 높은 도적에게는 더욱 아니었다. 우리의 늙은 총각 '벤친'은 만나는 사람마다 말했다.

"내가 저 먹성 좋은 암까마귀에게 장가 안 간 게 정말로 나의 스승 라오쯔(老子) 덕분입니다! 그렇지 않으면, 나는 저 왕사자같이 무식한 야수에게 잡혀 먹힐 뻔했을 것입니다."

"나도 동정이 가는구먼!"

라우리우는 말을 흉내 내는 습관이 그대로 남아 있었다.

"하지만 내가 보기엔, 추민 지주의 더러운 급료를 받는 게 더 부끄러운 일이지요!"

8

낯선 여자와 도둑

긴 가뭄과 함께 닥쳐온 뜨거운 여름은 먼지로 덮인 토지와 갈라진 논밭을 남기고 지나갔다. 이젠 태양도 점점 약해졌다. 하늘은 낮게 걸려 있고, 회색과 어두운 색을 보이고 있었다. 때때로 여러 개의 뭉게구름이 돛을 달아 서쪽으로 몇 번 지나가더니, 갑자기 바람이 일고 공기도 차가워졌다. 조금 뒤에 바람은 나무들을 벌거숭이로 만드는 바람으로 바뀌었다. 나뭇잎들이 허공으로 미친 듯이 춤추는 모양은 마치 여왕벌이 없는 꿀벌들 같았다. 우리는 날씨가 추워지자, 옷도 더 껴입고, 음식도 더 많이 먹고 싶었다. 그러던 어느 날, 전혀 예상치 않은 일이 일어났다. 우리 마을 주변에 많은 피난민들이 옷도 제대로 입지 않고, 먹거리도 없이 나타났다.

이전에 이렇게 많은 피난민을 본 적은 정말 없었다. 우리는 그들이 어디서 왔는지 알지 못했다. 그들의 앙상한 몰골이 온 신작로에 흠집을 내어 놓았다. 갓난애를 등에 업은 여인들, 어깨에 봇짐을 진 남자들. 이 사람들이 읍내를 향해 가고 있다. 마치 읍내가 그들의 성지(聖地)나 되는 양. 하지만 곧 그들은 다시 물러나, 산과 골짜기 여기저기에 흩어졌다. 우리가 사람들에게 이런 추운 날씨에 왜 읍내의 절로 피난하지 않았느냐고 묻자, 그들이 들어가려고 시도할 때마다, 보안대가 매번 쫓아냈다고 답했다. 그러면 왜 고향으로 돌아가지 않느냐고 하자, 그들은 이구동성으로 그래 봐야 뾰족한 수가 없다고 하면서, 온 지역이 가물어 땅이 황폐할 대로 황폐해져 버렸고, 지나가던 패잔병들이 닥치는 대로 약탈을 일삼으니, 남아 있는 것이 하나도 없다고 설명해 주기도 했다. 거센 억양으로 말하는 것으로 보아 그들은 큰 산 너머 군 관내의 지역에서 온 사람들이었다. 우리는 그들을 동정하며 한숨 쉬었지만, 그들을 도울 방도가 없었다. 그들이 우리 마을에 찾아와도 괴로워할 필요도 없었다. 우리도 먹을 것이 없었기 때문이다.

하루는, 피난민 중 한 사람이 우리 마을에 나타났다. 여자였다. 그녀는 꾀죄죄한 몰골을 하고 있었지만 거지 같아 보이지는 않았다. 왜냐하면 거지에게서 볼 수 있는 창백한 얼굴이나, 바싹 마른 체격이 아니었기 때문이다. 여인은 케케묵은 윗도리에, 발이 보일락 말락 하는 길이의, 색 바랜 장미색 바지를 입고 있었다. 그녀는 도둑처럼 주변을 살피면서, 여기저기로 왔다

갔다 했다. 우리 마을 개들이 여자를 에워싸, 늑대처럼 날카롭게 짖어 댔다. 여자는 개들을 쫓으려고 긴 대나무 막대를 휘둘렀다. 하지만 여자가 긴 막대 무기를 들 때마다 매번 개들이 여자에게 뛰어들었다. 라이바우는 여자의 바지 한 쪽을 찢기도 했으며, 큰 이빨을 내보이며 다시 공격해 여자를 위협했다. 여자는 두려움으로 고함을 질렀는데, 목소리는 마치 남자 목소리처럼 딱딱하고 거칠었다.

개들이 계속 핏발 선 눈으로 노려보며 공격해 오자, 여자는 한 발짝씩 물러나게 되었다. 결국 그렇게 되어 우리 집까지 밀려오게 되었다. 마침 그때 판 삼촌은 암송아지를 솔질하고 있었다. 이 암송아지는 벌써 귀부인처럼 우아하고, 예순 살 여자처럼 점잖게 자랐다. 판 삼촌이 개들에 둘러싸인 채 피해 다니는 여자를 발견하고는 솔을 집어던지고, 라이바우에게 큰 소리로 말했다.

"저리 가! 우리 집에 찾아오는 여자분을 공격하면 안 돼!"

라이바우는 이제 짖지 않고 조용히 끙끙거리는 것으로 보아 삼촌 말을 이해한 모양이었다. 낯선 여자는 집 앞의 긴 의자에 쓰러질 듯 앉아 안도의 한숨을 쉬고는 자신이 가진 대나무 막대를 옆에 두면서 판 삼촌을 뚫어지게 바라보았다.

"아주 고마워요, 아저씨! 도와주시지 않았더라면, 개들에게 물어뜯길 뻔 했어요."

판 삼촌도 여자를 수상한 듯 훑어보고 말했다.

"동냥하러 왔소?"

"피난 온 사람이에요. 아저씨."

낯선 여자는 대답하고서 짧은 머리가 내보이도록 머리에 썼던 수건을 벗었다.

"저어, 그런데, 혹시 먹을 것 있으면 좀 주시면 고맙겠어요."

바로 그때, 어머니가 해진 양말 한 켤레를 손에 들고 꿰매려고 하며 밖으로 나오고 있었다. 어머니는 문턱에 서서, 낯선 여자를 발견하고 깜짝 놀랐다.

"놀라지 마십시오, 아주머니."

여자는 어머니를 쳐다보았다.

"저는 피난민일 뿐이에요. 사흘 낮 사흘 밤을 계속 걸었지만 네 끼 밖에 못 먹었어요. 그래서 이 마을을 들렀어요."

"아, 그래요."

어머니는 여자를 뭔가 수상하다고 여기면서 천천히 말했다.

"댁은 여자 중이 되러 승원(僧院)에 가는 길이오?"

그 말에 여자가 펄쩍 뛰자, 여자의 눈이 마치 두 개의 공처럼 튀어나오는 것 같았다.

"무슨 의도로 그런 말씀을 하세요? 아주머니, 왜 중이 되어야 하나요?"

"댁이 머리를 그렇게 짧게 깎은 이유가 궁금해서요. 비구니들은 머리를 자르지 않나요?"

"아, 예."

그 방문객은 마음을 진정시키고 한숨을 쉬며 동의했다.

"하지만 중이 되고 싶지는 않네요. 아직은 그렇게 절망적 상황은 아니거든요. 머리를 매일 손질하는 게 번거로워 짧게 했을 뿐이구요. 또 올해는 가문 해이니까요. 지금으로서는 외모에 신경 쓸 수 없지요. 아주머니, 마실 거 있으면 좀 주시겠어요?"

"그러지요. 기다려 보오."

어머니가 말했다. 어머니가 알란더러 낯선 여자를 위해 차 한잔과 과자를 좀 내어오게 했다. 몇 분 뒤 알란이 접시를 들고 나왔다. 알란은 부엌에 과자가 더는 없어 대신 보리떡을 데워 왔다고 말했다. 낯선 여자는 뜨거운 차를 후루룩 소리를 내며 마셨다. 여자는 딱딱한 보리떡을 암소처럼 씹으면서, 한편 여전히 긴장하여 두 눈으로 몰래 사방을 살피고 있었다.

"아주머니, 이 마을은 아주 조용하네요."

그 여자는 자신의 입에다 보리떡을 넣으면서 중얼거렸다.

"그럼요. 우리 마을은 조용한 마을이지요."

어머니는 대답하고는 양말을 꿰매기 시작했다.

"이제 사람들이 농사도 많이 짓지 않는답니다."

"그럼 어떻게 삽니까? 마을 사람 모두 보안대에 들어갔나요?"

"아니지요. 많지 않아요. 여기선 한 사람이 들어갔어요."

"그게 정말이에요?"

낯선 여자가 깜짝 놀라 소리쳤다.

"이곳 사람들은 보안대가 싫은가요?"

"아니요."

판 삼촌이 나섰다.

"우린 평범한 농민이니 싸우는 일엔 어울리지 않지요."

"옳은 말씀이네요. 아저씨."

낯선 여자는 고개를 끄덕였다.

"그러나, 아저씨, 재산은 지켜야 하지 않겠어요? 피난민 숫자가 아주 많은데 두렵지 않아요?"

"우리가 왜 두려워해야 해요?"

판 삼촌이 반박했다.

"우리도 생활이 나쁘기야 댁들하고 마찬가지요."

"아주 옳은 말씀이에요. 아저씨. 저도 동감이에요."

여자는 두 눈을 깜박였다.

"솔직히 말씀드려, 보안대는 도시에서는 필요하지요. 그들에게 우리가 쌀을 구걸하지 않겠다고 약속해도 읍내에 들어오지도 못하게 해요. 그 사람들도 확실히 방책이 필요한 모양이에요. 왜냐하면 그들이 우리를 두려워하니까요."

"왜 그들이 댁들을 두려워해요?"

판 삼촌이 물었다.

"우리는 가난해도 수적으로 더 많아요. 그들은 우리가 태풍처럼 읍내로 들어가, 창고에 재어 놓은 쌀을 가져갈까 봐 두려워하고 있으니까요."

"그건 약탈이 아니라 하더라도 확실히 불법인데."

"그 말씀은 이젠 맞지 않아요. 아저씨. 내가 한 말씀 올리자면,"

낯선 여자는 웃어도 찌푸린 인상이다.

"법대로 하자면, 이 가뭄이 든 해에 지주들은 2할씩이나 소작료를 올려도 되나요? 그 점에 대해 의견이 있으면 말해 보세요."

판 삼촌은 확실하지 않은 듯 머리를 긁었다. 그 질문에 어떻게 대답해야 할지 몰랐다.

"나는 군 소재지가 있는 관내에서 왔지만요,"

여자는 계속 말했다.

"오랜 가뭄으로 그곳은 더 나빴어요. 태양이 나무껍질마저 태워 버렸어요. 그래도 지주들은 소작료를 더 올리려고 했지요. 가엾은 남편은 소작료 인상에 항의하다, 그만 나쁜 놈으로 몰려, 죽도록 맞기도 했어요……."

"남편이 말인가요?"

어머니가 말을 중단시키고, 양말을 꿰매는 일도 잠시 중단했다.

"아주 슬픈 일이군요."

"무슨 말씀이에요? 아주머니"

여자는 완전히 남자 목소리를 하고서 펄쩍 뛰며 반박했다.

"남편이 있으면 안 되나요? 제가 그 정도로 못생겼나요?"

"오, 아니에요!"

어머니가 용서를 구하듯이 말했지만, 괴상하게 짧게 깎은 머리카락에 놀라지 않을 수 없었다.

"미안하네요. 놀랄 정도로 얼굴도 예쁜 걸요."

낯선 여자는 어머니의 칭찬에 웃으며 대답하면서 침착하려고 애썼다. 나중에는 의도적으로 높인 목소리를 다시 조정한 여자는 판 삼촌에게 몸을 돌려 말했다.

"아저씨, 부자들이 이 큰 가뭄에 소작료를 올린 것에 할 말이 없나요?"

"그들이 아주 나쁘다고 생각해요."

판 삼촌이 대답했다.

"그들의 양심이 고약하긴 해요."

"벌써 이해하고 계시네요, 아저씨."

여자는 판 삼촌에게 곁눈질하며 웃었다.

"그래서 가난한 우리 같은 사람들이 그런 보안대에서 부자를 위해 봉사한다는 건 적절치 않지요! 여담인데, 이 마을에서 누가 그 보안대에 들어갔나요?"

"마우마우지요. 암까마귀의 남편. 저 술도가의 아홉 딸 중에 맏이 암까마귀라는 사람 알아요?"

판 삼촌은 갑자기 말을 중단하고, 두 눈을 크게 하고는 여자를 수상하게 바라보았다.

"그 사람 이름은 왜 알고 싶소? 그를 한번 만난 적이 있소?"

"아뇨, 나는 사람들의 이름에 관심이 많답니다."

낯선 여자는 살짝 웃으면서 설명했다.

"보세요. 저는, 말하자면, 점을 봐 주는 사람이에요. 차 한잔 마신 보답으로 그 사람을 조심하라고 말해 주고 싶어요. 그런 직업은 위험해요. 보안대에 들어간 것 말이에요. 알았지요?"

"그럼요, 그 점은 나도 동감이요."

판 삼촌은 이 말에 감정을 넣었다.

"그래서 나는 농민으로 남아 있어요. 농사짓는 일이 평화롭고 정직한 직업이요."

"그래요. 옳은 말씀입니다. 하지만 마우마우는 부유한 농민이에요? 아니면, 가난한 농민인가요?"

"허, 그야 가난한 농민이요! 먹성 좋은 마누라와 결혼한 뒤로는 더 가난해졌지만!"

"그럼, 왜 그는 가난한 사람들을 방해하는 보안대에 들어갔나요? 그런 사람이 정말 가난한 사람들을 배반하고, 더러운 부자들의 집 지키는 개가 되다니요!"

"이보세요, 손님!"

어머니는 양말을 옆으로 치우고, 얼굴을 찌푸리면서, 두 눈을 휘둥그레져서 갑자기 거들었다.

"댁은 어느 날 우리 집을 찾아 온 어떤 도망자처럼 이야기하네요!"

"도망자라구요?"

그 말에 여자는 두려움에 소리쳤다.

"도망자라구요? 누굴 말씀하세요? 그가 누구예요? 이 마을을 지나갔나요? 저는 그 사람 모릅니다. 몰라요. 몰라요! 호, 몰라요! 한 번도 그 도망자에 대해 들어 보지 못했어요."

여자는 되풀이해 말하면서, 어머니가 별 뜻 없이 언급한 그 사람에 대해 아무런 아는 바가 없다고 애써 부인했다. 그러나 여자의 얼굴은 눈에 띌 정도로 새파랗게 질렸고, 두려운 표정이었다. 여자의 두 눈은 이미 몰래 주변을 살피고 있었고 몸도 조금씩 움직였다.

어머니는, 판 삼촌이 어머니에게 보내는 경고와 시선에 걱정되어, 손을 입으로 갖다 대었다. 우리는 은신처를 찾아온 대학생을 쫓아온 헌병들 생각이 났다. 그리고 그 생각은 나의 온몸을 떨게 만들었다. 어머니도 몸을 떨었다. 어머니 입술은 마치 양철 판의 두 조각처럼 떨고 있었다. 끝내 어머니는 더듬거렸다.

"아니, 손님, 손님, 이미 지난 일, 오래 전 일이었지요. 그건 요사이 일과는 아무 상관이 없다오."

"알았어요. 알았다구요"

낯선 여자도 어머니를 믿겠다는 듯이 말했다. 그리고는 여자는 이젠 편한 자세로 계속 말했다.

"차를 내주셔서 정말 고맙습니다. 아주머니는 제가 만난 사람들 중에 아주 친절한 분이에요. 저는 한 걸음도 더 옮길 수 없을 만큼 피로했지만, 이젠 좀 회복되었네요."

어머니나 판 삼촌 둘 중 아무도 대화를 계속해 나갈 수 없었다. 두 사람은 이 비밀을 잘 알고 있고, 이것을 들키지 않도록 서로를 경계했다. 그런 모습은 여자를 혼돈스럽게 했다. 그녀는 무관심한 듯이 보이려고 주머니에서 빗을 꺼내 머리를 빗었다. 그러나 빗은 아무 도움이 되지 못했다. 왜냐하면 여자의 머리카락 숱은 아주 적었고, 직모(直毛)이기에 빗으면 빗을수록, 여자를 더욱 곤경에 빠뜨렸다. 그 뒤 그녀는 손수건으로 바지의 먼지를 털어 내려고 애썼다. 여자가 열심히 바지 먼지를 털 때마다, 발이 보였다. 정말 큰 발이다. 여자는 자신의 그런 모습을 발견하고는 정신병자처럼 화들짝 자리에서 일어섰다.

"친절하게 대해 주셔서 감사해요. 아주머니."

여자가 말했다.

"아저씨도요. 잘 대해 주셔서 고맙습니다. 아저씨. 이제 그만 가 보아야 되겠습니다. 저는 오늘 저녁 피난민들에게 점을 쳐 주어야 됩니다. 그들은 언제 저 큰 산 너머 고향으로 되돌아갈 수 있는지 알고 싶어 합니다."

여자는 떠났다. 판 삼촌은 개가 여자를 방해하는 것을 막으려고 마을 어귀까지 따라가 주었다. 어머니는 문 앞에 남아 있었다. 여자가 잠시 앉았던 긴 의자를 산만하게 내려다보고 있었다. 어머니는 양말을 계속 꿰맬 수 없었다. 어머니의 마음을 강하게 짓누르는 뭔가 있었다.

해는 서산마루를 지나고 있었다. 하늘은 점점 더 아래로 떨어지는 것 같았다. 수많은 뭉게구름이 하나의 거대한 무리를 지어 우리 머리 위에서 위협하려는 듯 걸려 있더니, 우리 지붕 위로 떨어지기로 작심한 모양이었다. 벌써 공기는 무거운 포화 상태에 있었다. 참새들은 지붕의 처마 끝에 앉아 밖을 내다보면서 귀가 따갑도록 울어 댔다. 폭우라도 쏟아질 모양이었다. 오랜 가뭄 뒤에는 언제나 마른 대지가 쉴 새 없이 생명의 물을 빨아들이도록 억수 같은 비가 내리는 것은 언제나 똑같다.

우리는 오늘 밤엔 필시 추워질 것이라고 예상하고 일찌감치 잠자리에 들었다. 열 시 가까운 시간에 지붕을 두들기는 소리와 들고양이들의 울부짖는 소리가 들려왔다. 그리고 기와를 타닥거리며 다른 소음을 잠재우듯 줄기 바람이 휙 불었다. 비가 억수같이 내렸다. 비는 처마의 낙수 홈통으로는 감당하지 못해 단단한 땅바닥에 작은 폭포를 이루었다.

그날 저녁 나는 어머니 방으로 옮겨 가 어머니와 함께 잠을 자게 되었다. 격렬한 소음을 어머니는 두려워하고 있었다. 오랫동안 우리는 빗소리와 산발적인 바람 소리에 귀 기울인 채, 쉽게 잠자리에 들지 못했다. 어머니는 무엇인가 계속 중얼거렸다.

"저 불쌍한 피난민들. 밤에 비 피할 곳이나 찾는지."

그러자 내 머릿속에는 그들이 읍내로 급히 달려갔지만, 보안대의 칼 때문에 다시 쫓기어 오는 장면이 그려졌다. 나는 읍내 성벽 위에서 밤마다 보초를 서고 있는 마우마우 생각도 났다. 또 여자 점쟁이도 생각났다. 그 여자는 어디로 갔을까? 그 여자는 정말 이상한 사람이었다.

비가 계속 떨어지고 있지만 바람 소리는 조금씩 약해졌다. 단조로운 음악만 밤을 휘감고 있다. 그것은 지붕 위에서 토닥토닥 들려오는 빗소리였다. 하지만 빗소리는 마음을 차분하게 해 주었다. 나는 어머니가 몸을 다른 쪽으로 돌리는 것을 느꼈고, 코를 작게 고는 소리도 들을 수 있었다. 피난민들, 마우마우, 이상한 여자 점쟁이에 대한 생각도 내 마음속에서 희미하게 되었다. 나는 곧 잠에 빠져들게 되었다.

내가 뭔가 삐걱거리는 소리를 들었을 때는 이것이 꿈인지 생시인지 알 수 없었다. 그 소리는 처음엔 아주 날카로웠다가 나중에는 둔탁하게 들렸다. 방 안으로 찬바람이 들어왔다. 나는 갑자기 눈이 따가워 눈을 떴다. 나는 방문이 좀 열려 있음을 알았다. 어머니는 이를 알지 못하고 있는 것 같았다. 왜냐하면 어머니의 침대는 문에서 더 먼 안쪽에 있었다. 나는 어머니를 방해할 생각이 없어, 문을 닫지 않고 그대로 내버려 두었다. 아마 약한 바람에 우연히 문이 열렸겠지 하고 나는 생각했다. 두 눈을 감고 나는 다시 잠을 재촉했다.

그런데 꿈을 꾸려고 하는 바로 그 순간, 내 코를 자극하는 매캐한 냄새가 났다. 나는 반듯이 누워 있었지만 이제 잠은 오지 않았다. 그것은 아주 썩은 냄새여서 거의 질식할 정도였다.

혼비백산한 나는 허공에 이상한 불빛 비슷한 것이 방 안으로 들어오는 것을 보았다. 그것은 갈지자로 움직여 마치 날아다니는 뱀처럼 보였다. 그러한 움직임 속에서, 나는 더욱 독한 냄새를 맡아야 했다. 기침을 하고 싶었지만, 나를 둘러싼 정체불명의 두려움에 기침도 제대로 하지 못했다. 내 생각으로 어머니도 이제 잠에서 깬 모양이었다. 방 안에는 이상한 침묵이 감돌았다. 어머니의 코 고는 소리마저 그쳤기 때문이다.

이상한 긴장 상태에서도 나는 수상한 불꽃이 방 한가운데까지 기어 왔다가는 다시 방향을 바꿔, 벽의 장롱으로 향하는 것을 보고 있었다. 갑자기 그 불꽃 같은 뱀이 그곳에서 허공으로 꼬였다. 나는 장롱 문이 딸각거리는 소리를 들었다. 누가 문을 열고 있었다. 그리고 밖에서 다른 불꽃이 들어왔다. 나는 발걸음을 살금살금 옮기는 희미한 소리를 들을 수 있었다. 냄새가 진동하고 이상한 사람의 숨소리를 듣자, 나는 바짝 긴장이 되었다.

"사람 살려! 사람 살려! 도둑이야! 사람 살려!"

갑자기 어머니가 날카로운 소리로 외쳤다. 어머니는 불꽃의 움직임을 계속 주시한 모양이었다. 어머니의 외침은 허공을 갈라놓았다.

어머니가 소리치자, 매캐한 두 개의 불꽃은 두 개의 떨어지는 유성처럼 약한 소음을 일으키며 방바닥에 떨어졌다. 그리고 둔탁한 발걸음이 방 밖으로 재빨리 빠져 나갔다. 어머니는 잠자리에서 벌떡 일어나, 작은 성냥으로 기름 램프를 밝혔다. 우리는 목청껏 외치며 마루까지 뛰어나갔다.

"도둑이야! 도둑!"

우리가 현관에 다다르자, 그곳 중앙에는 일당 중 두 사람이 서 있었다. 그들 둘은 추한 모습에, 굽은 코만 내놓고 검은 복면을 하고 꼼짝 않고 서 있었다. 두 구멍에서 뿜어지는 이상한 광채를 발산하는 두 눈은 우리를 노려보고 있었다. 그들은 무서워하지도 않았다.

어머니와 나로서는 그들과 싸움이 안 된다는 것을 그들은 알고 있는 것 같았다. 어머니는 큰 소리로 외쳤고, 나는 다리를 떨며 복면 쓴 사람들을 뚫어지게 쳐다보고 있었다.

"그만 소리쳐, 두려워하지도 마."

침입자들 중 한 사람이 말했다.

"우리는 당신들을 해치진 않겠다! 우리는 이곳에 뭘 좀 빌리러 왔을 뿐이야. 알다시피 우리는 돈이 없다. 오랜 가뭄만 아니라면 당신들을 괴롭히러 여기에 오지 않았을 거야."

그렇게 평탄하고 평범한 목소리를 들으면서, 우리는 등에 식은땀이 났다. 어머니는 어렴풋이 공포감을 느끼면서 그들을 멍하니 바라보고 있었다. 어머니는 마치 정복자에 의해 무장해제를 당할 준비를 하는 군인마냥 두 손을 들고 있었다. 그래도 두 남자는 우리에게 겁주려는 듯 말이 없었고, 움직이지도 않았다. 한편 그들의 넓은 신체가 어두운 빛에서 귀신 같은 그림자를 만들고 있었다.

"아이고."

어머니는 다시 크게 외쳤지만, 부엌으로 한 걸음 물러섰다.

"내가 소리치지 말라고 했잖아."

남자들 중 한 사람이 화를 내며 말했다.

"그렇지 않으면, 당신들 목을 졸라 죽이겠다! 우리는 도둑이 절대 아니다. 알아들었어? 당신네 읍내 사람들은 양식을 충분히 갖고 있다는 것을 우리도 알아. 그 사람들이 우리에게 양식을 조금이라도 줄 만큼 너그러웠다면 우리가 이 한밤중에 당신들을 괴롭히러 여기까지 오지는 않았을 거야. 우리는 보안대에 있는 당신네 사람들보다는 착하다구."

내가 지금도 분간해 낼 수 있을 정도로 그 사람의 억양은 분명했다. 그것은 날카롭고 무뚝뚝했다. 그들은 피난민 무리에 들어 있음이 분명했다.

"조용히 해!"

복면을 한 다른 사람이 말했다.

"상황이 호전되면, 우리는 이 집에서 가져간 걸 돌려주겠다."

그러고는 그들은 조용히 뒷걸음쳐, 바깥의 어둠 속으로 사라졌다. 어머니는 아직도 두 손을 들고 벽에 기대어 서 있었다. 어머니는 뭔가 최면이 걸린 것 같았다. 매섭고 차가운 바람이 불자, 어머니는 램프를 들고서 방을 둘러보기 시작했다. 문 옆 벽에는 높이가 약 석 자, 너비가 약 두 자 정도의 큰 구멍이 하나 나 있었다. 이것은 실로 처참한 광경이었다. 왜냐하면 이것은 우리의 안전에 대한 모든 감정을 송두리째 뺏어 가 버렸기 때문이다. 이 작은 집은 벌써 문이 열린 채 무방비 상태였다.

우리는 외양간 옆의 판 삼촌 방으로 갔다. 그 방은 깨끗하진 않았지만, 판 삼촌은 언제나 암소들이 숨 쉬는 소리와 소들의 미끈한 살갗에서 나는 냄새를 맡을 수 있기 때문에 이곳을 좋아했다. 판 삼촌은 이곳 말고 다른 곳에서는 잠이 오지 않는다고 말하곤 했다. 실제로 판 삼촌은 우리 집에 무슨 일이 일어났는지 모른 채 깊은 잠에 빠져 있었다. 아주 달콤한 휴식을 즐기고 있었다. 그는 자면서 평상시처럼 코를 골지도 않았다. 그는 아주 약한 숨을 쉬고 있었다. 그의 눈꺼풀은 자극을 받은 듯이 부풀어져 있었다. 나는 스스로에게 물었다. '삼촌이 지금 악몽을 꾸고 있는 걸까?'

"판 삼촌! 일어나세요! 집에 좀 전에 도둑이 들이닥쳤다구요."

어머니는 그의 귀에 대고 소리쳤다.

판 삼촌은 눈꺼풀을 실룩거렸지만 아직 아무것도 듣지 못한 것 같았다.

"판 삼촌! 이 순간에 이렇게 잠만 잘 수 있어요?"

판 삼촌은 여전히 듣지 못하는 것 같았다. 판 삼촌은 양 입술을 움직여, 마치 방금 맛난 식사를 끝낸 듯 두 입술을 핥으려고 혀를 내밀었다. 그러나 판 삼촌은 아무 대답도 할 수 없다는 듯이 눈도 떼지 못했다.

다른 도리가 없자, 어머니는 판 삼촌을 두 손으로 아주 힘차게 흔들어 깨우기 시작했다. 그래도 그는 아무 반응이 없었다. 판 삼촌은 자신의 머리가 호박처럼 이리저리 굴러도 여전했다. 그러나 끝끝내 그는 목을 움직였다. 판 삼촌의 눈꺼풀이 천천히 열리더니 멍청하고 생기 없는 두 눈동자가 보였다. 우리가 들고 있는 두 개의 램프가 삼촌의 눈동자를 부시게 만들었다. 판 삼촌은 우리의 존재를 인식하기 시작했다. 그는 바로 앉더니 기억 속에서 뭔가를 다시 부르는 듯이 자신의 머리를 긁기 시작했다.

"무슨 일이 있었나요? 아무 소리도 못 들을 정도로 인사불성이 되어 있으니."

어머니가 말했다.

"꿈을 꾸었습니다. 형수님. 아름다운 꿈요."

판 삼촌은 여전히 머리를 긁으면서 더듬거렸다.

"제가 고향으로, 북쪽에 있는 제 고향으로 돌아가는 꿈을 꾸었어요. 그곳에는 더는 형제간의 싸움은 없었어요. 그리고 조카들도 벌써 성장해서 결혼도 하고, 아이들도 낳았더군요. 그들이 저를 아주 놀래 주려고 환영 식사 모임을 만들어 축하해 주더군요. 형수님, 음식이 아주 맛있었답니다. 맛이 정말 하늘만큼 기똥찼어요! 또 술은 50년이나 된 것이었지요. 그건 저희 선친께서 지하실에 묻어 둔 것을 최근에 다시 찾아냈더군요. 하늘만큼 맛있었다구요, 형수님!"

"무슨 말씀이세요!"

어머니는 화를 내며 소리쳤다.

"우린 방금 도둑맞았다구요. 벽에 구멍도 크게 났는데. 지금 무슨 말씀을 하고 계세요?"

"뭐라고요? 도둑을 맞았다고요?"

판 삼촌은 두려워 떨고 있었다.

"무얼 도둑맞았나요? 암소들은 괜찮은가요?"

판 삼촌은 대답도 기다리지 않고, 침대에서 잠옷 차림으로 벌떡 일어나, 맨발로 외양간으로 달려갔다. 그런데 판 삼촌은 그곳으로 가는 도중에 멈추어 서서 비명을 질렀다. 그는 바닥에서 타고 있는 뭔가를 밟았다. 그곳으로 램프를 가져가 살펴보니 한 다발의 향이었다. 이 향이 우리를 숨 막히게 했던, 안개 같은 연기를 만들어 낸 것이었다. 곧 우리는 어머니 방에서 허공으로 떠다니던 일단의 불꽃이 무엇인지 알게 되었다. 그 향은 횃불로도 쓰이지만, 동시에 마취제로도 쓰였다.

"다행히 그때, 잠자지 않고 있었기에 망정이지."

어머니는 놀라 겁을 내며 말했다.

"그렇지 않았다면 온 가족이 이렇게 취해 도둑들이 온 집안 물건 다 훔쳐 가도 몰랐겠구나."

"그랬군요."

판 삼촌은 생각에 잠겨 혼잣말로 중얼거렸다.

"그 때문에 제가 이상한 꿈을 꾼 게로군. 마취를 당해 있었 구나. 오, 이런 돌대가리!"

판 삼촌은 자신의 머리를 세게 쥐어박았다. 그 뒤, 판 삼촌 이 외양간에까지 가는 데는 시간이 얼마 걸리지 않았다.

밖으로 따로 나가도록 되어 있던 외양간 문은 활짝 열려 있 었다. 외양간에는 열려진 문을 통해 바람이 온 사방으로 휑하 니 부는 것 이외에는 아무것도 없었다. 어미 소도, 송아지도 없 었다. 여물이 가득 들어 있는 여물통만 외양간 한가운데 아주 이상하게 놓여 있었다. 두 사람 이상의 도둑이 들어 온 것 같 았다. 소 두 마리는, 도둑들이 우리 방으로 침입하기 훨씬 이전 에, 데리고 내뺀 모양이었다.

판 삼촌은 발바닥으로 맨땅을 세게 구르면서, 양손을 비틀 고는 크게 외쳤다.

"야, 이 비정한 도둑놈들아! 우리 소마저 훔쳐 가다니! 암소 없이는 나도 이 세상에 있을 필요가 없다구! 무정한 놈들아!"

그러나 판 삼촌은 자신의 두 눈을 믿지 못하는 것 같았다. 그는 여물통을 뒤집어엎었다. 마치 짐승들이 그 밑에 숨어 있 기라도 하듯이. 그리고는 판 삼촌은 여물통을 마치 공처럼 발 로 걷어차 버렸다. 여물통이 굴러가자, 안에 든 여물이 온 외양 간 안에 뿔뿔이 흩어져 온통 아수라장을 만들었다. 결국 그 여 물통은 외양간의 한쪽 구석에 멈춰 섰다. 판 삼촌은 벙어리처 럼 벽에 기댄 채 말이 없었다. 한동안 그는 움직이지도 않았다.

그러고는 갑자기 몸을 돌려 밖의 어둠 속으로 달려 나갔다.

"라이바우 어디 있어? 이놈이 나를 배신했어. 한 번도 짖지 않구서!"

어머니는 등롱을 켜서 문 앞까지 판 삼촌을 따라갔다. 라이바우는 출입문의 벽에 배를 기대고서 누워 있었다. 마치 물에 빠진 생쥐처럼 비에 흠뻑 젖어 있었다. 개는 가늘게 숨을 쉬고 있다. 개는 배를 위아래로 가늘게 움직였다. 어머니가 개의 머리를 흔들었다. 개는 눈꺼풀을 들어 멍하니 목석처럼 우리를 바라보고는 다시 눈꺼풀을 덮었다.

"이 녀석도 독을 마셨구나!"

어머니는 도움을 청하듯이 주위를 둘러보며 말했다. 판 삼촌은 계속해 도둑들을 증오했고, 라이바우에 대해서는 안타깝게 여기지도 않았다.

"알란아! 알란아!"

어머니는 소리쳤다.

"앵자동유 좀 가져오너라! 저 녀석에게는 독한 설사제가 필요하겠구나!"

한편 판 삼촌은 이제 자신이 경멸하고 욕하는 대상을 라이바우에서 보안대로 바꾸었다.

"보안대는 뭐하는 건가? 보안대가 읍내 평안을 지킨다 해 놓고 도둑들이 암소들을 훔쳐 가고 우리 집에 들어오게 하다니!"

결국 판 삼촌의 노발대발은 보안대의 마우마우에게로 옮겨 갔다. 삼촌은 마우마우가 옆에 있는 양 소리쳤다.

"마우마우! 너도 무슨 소용이 있어? 도둑들이 내 코밑에서 우리 암소를 훔쳐 갔는데, 자넨 아무 쓸모없는 사람이야. 뭘 하고 있어?"

그는 마우마우의 작은 집으로 달려갔다. 우연히도 그날 밤, 마우마우는 휴가를 얻어 집에 있었다.

알란이 앵자동유 한 사발을 들고 왔다. 나는 라이바우의 입을 벌렸고, 어머니는 개의 입안으로 기름을 부어 넣었다. 이제 그 개는 경련을 일으키고 숨을 쉬고는 신음하기 시작했다. 나는 다시 개의 양턱이 떨어지도록 벌렸고, 알란은 물 한 사발을 개에게 먹였다. 그리고 우리는 개의 발을 잡아들고는, 불 옆에서 몸을 덥히게 했다.

판 삼촌은 한동안 집에 있지 않았다. 우리는 마을 공터 마당에서 마우마우와 싸우고 있는 판 삼촌의 소리를 들었다. 마우마우가 계속해 말했다.

"그래요, 판 삼촌. 내가 그 암소들 찾아보지요. 나를 때리지 마십시오! 내가 소들을 찾아본다니까요. 내 생각으로는 도둑들과 어제 오후에 다녀간 여자 점쟁이가 관련이 있는 것 같기도 합니다. 내가 집에 있을 때 여자를 보았어요. 여자가 아주 수상쩍더군요."

"난 여자들이라면 아주 질색이에요. 나는 그런 피조물을 증오해. 그러나 우리 암소 두 마리는 꼭 찾아야 해."

판 삼촌이 나발을 불 듯 말했다.

"압니다. 안다구요. 판 삼촌에겐 여자가 없어 여자들을 좋아하지 않는다는 것을 압지요."

마우마우는 아무 자랑도 들어 있지 않은 투의 목소리로 말했다.

판 삼촌은 마우마우를 째려보며 큰 소리로 말했다.

"뭐라고? 너 이 순간에도 먹성 좋은 암까마귀 이야기인가?"

마우마우는 순간 창백해졌다. 그는 될 수 있는 대로 빨리 말했다.

"조용히 하십시오, 판 삼촌. 정 그러시면 암소들 찾으러 지금 가보지요. 나는 도둑과 연관 있는 여자를 꼭 붙잡고 말 거예요. 그것이 바로 왕사자가 내게 내린 명령입니다요. 내 잘못이 아닙니다."

"명령 좋아하네. 난 우리 암소들을 찾고 싶을 뿐이야!"

판 삼촌은 주장을 굽히지 않았다.

"그러나 나는 대장의 명령에 복종해야 합니다요."

마우마우는 자신의 태도를 확고히 하면서, 좀 더 큰 소리로 말했다.

"그분이 내게 급료를 주기 때문이지요."

"뭐 빌어먹을 대장인가!"

판 삼촌이 화를 벌컥 냈다.

그렇게 약 한 시간동안 결론 없이 싸움이 계속되다가 결국,

두 사람은 목소리가 거칠어지고, 힘이 빠질 대로 빠져 버린 상태가 되었다. 두 사람은 그만 헤어졌다. 한 사람은 암소를 찾아 떠났고, 다른 한 사람은 여자 점쟁이를 잡으러 떠났다. 날이 새기 시작했다. 불을 피워 몸이 따뜻해진 라이바우는 경련과 구토를 시작했다. 개는 아주 역겨운, 악취를 내뿜는 검은 액체를 쏟아 내었다. 하지만 개는 이제 눈을 떴고, 눈이 빛나기조차 했다. 개의 생명은 구했다. 붉은 태양이 동쪽 산 뒤편에서 올라오고 있었다.

놀랍게도 아침을 먹을 시간쯤 해서 돌아온 판 삼촌은 우리를 기쁘게 해 주었다. 판 삼촌이 어린 송아지를 끌고 돌아온 것이다.

"가련한 아가, 이 녀석이 축축한 골짜기에서 이리저리 방황하고 있더군요. 마치 어미 없는 아이처럼 불쌍해 보입니다."

판 삼촌은 옷소매로 콧물을 닦으며 어머니에게 말했다.

"저는 저놈이 감기나 들지 않았으면 해요. 보세요, 형수님. 저 녀석이 저를 알아보더라니까요. 저 녀석이 저를 보자마자, 구슬피 울부짖으며 이리저리 꼬리를 흔들었답니다."

그러면서 그는 송아지가 꼬리를 흔들었다는 것을 표현하려고 자신의 손을 왼쪽 오른쪽으로 저었다.

"그렇잖아요, 말 잘 듣는 딸자식 바로 그 모습이었어요. 제가 저 소에게 가까이 가자, 녀석이 내 손을 킁킁대며 혀로 핥기도 했지요. 허, 그게 정말 부드러웠답니다. 그건 솜처럼 말랑말랑했답니다……."

"어미 소는요?"

어머니가 물었다.

"어미 소는 못 봤습니까?"

"아무데도."

판 삼촌은 눈길을 아래로 하고 말했다.

"형수님, 저는 며칠 전에 어미 소에게 새 종을 매달아 주었습니다. 그자들이 어미 소를 데리고 간 것이 분명합니다요. 그자들이 돌이 많은 산으로 갔기 때문에 그 족적을 찾아볼 수가 없었어요. 그자들이 저 산 너머 숲으로 들어간 모양입니다요. 형수님."

"저어……."

어머니가 말을 꺼냈다가 중단했다. 밖에서 떠들썩한 소리가 점차 크게 들려왔다. 소란스런 소리가 우리 집에까지 다가왔다. 그 소리는 마우마우의 목소리였다.

"더러운 년! 네년이 도둑들에게 길을 안내하고 탈출구를 염탐해 주러 여길 왔었지. 그들이 어디에 있는지 알려 주지 않으면, 네년을 떡판으로 만들어 놓을 게다."

우리는 무슨 일이 일어났는지 알려고 밖으로 나왔다. 마우마우는 여자의 멱살을 잡고 우리 쪽으로 끌고 왔다. 우리는 단번에 여자가 어제 우리 집을 찾아온 그 떠돌이 여자 점쟁이라는 것을 알았다. 여자의 겉옷은 진흙이 묻어 있었고, 머리에 썼던 수건은 없었다. 여자의 짧고 빛나던 머리카락들이 오늘따라 유난히 기묘하게 보였다.

"아주머니, 이 여자는 나를 보고도 놀라기는커녕 꿈쩍도 하지 않았어요."

마우마우가 여자를 계속 붙잡고서 어머니에게 말했다.

"이 여자는 신작로의 십자로에 서서 지질학자처럼 약도 비슷한 걸 그리고 있었습니다요. 내 생각에 이 여자는 배운 게 많아, 지체 높은 인물인 것 같기도 합니다. 보세요, 이 괴상망측한 것을!"

그는 작은 약도 수첩을 꺼냈다. 그것은 여자가 강, 길, 골짜기, 크고 작은 산들을 그려 놓은, 우리 인근의 지리를 표시해 놓은 수첩이었다.

"이건 뭐에 쓰나요?"

어머니는 약도 수첩에 얼떨떨해하며 물었다.

"무엇에요?"

마우마우가 평했다.

"밤에 길을 찾아 저 여자의 동무들을 이동시킬 의도이지요."

"저는 도둑들과 아무 관련이 없어요. 정말이에요!"

여자가 반항하며, 그 수첩을 뺏으려 했다.

"네가 혀를 계속 나불거릴 테냐?"

마우마우가 소리쳤다.

"내가 누군지 알아?"

마우마우가 멱살을 단단히 잡고 전설 속의 전사가 자기 먹이를 눈앞에 두고 위협하듯 여자를 노려보았다. 아무도 우리 마을에서 마우마우를 중요한 인물로 대해 준 적이 없었다. 때문에 그는 자신이 중요한 인물인 듯한 표정을 지으면서 재차 말했다.

"내가 누군지 알아?"

"당신이 부자들의 '앞잡이'라는 건 알아요!"

여자의 목소리는 저음이었지만 꽤 컸다.

마우마우가 이를 뿌드득했지만, 그의 얼굴은 새파랗게 되었다.

"짐승 같은 년! 앞잡이가 무엇인지 내게 설명해 봐."

그러고는 마우마우는 여자의 겉옷을 찢고는 엉덩이를 발로 차기 시작했다. 잠시 뒤에는 여자의 속옷까지 찢자, 가슴이 보였다. 땅바닥으로 두 뭉치의 짚이 떨어졌다. 여자 젖가슴은 가짜였다. 그는 여자로 변장한 남자였다! 그는 두 뭉치의 짚을 발견하고는 싸움을 멈추었다.

"흠!"

조롱거리가 된, 추민 지주의 마름의 빈정대는 목청을 흉내내며, 마우마우가 말했다.

"그래 네놈이 남자였군! 나와 같이 보안대 본부로 가자!"

마우마우가 그를 신작로 쪽으로 끌어가려고 했다.

그러자 곧 여자로 변장한 남자는 땅에 주저앉아, 밀랍처럼 사색이 된 얼굴로 움직이기를 거부했다.

"형님,"

그는 절망적인 목소리로 마우마우에게 말했다.

"형님이 가난한 농민이라는 것은 저도 알아요. 내가 가난한 사람들을 위해 일하는 것 때문에 형님과 적이 될 수 없어요. 왜 나를 형님의 본부로 끌고 가야 합니까? 그들은 확실히 나를 죽이려 할 거예요. 지주의 앞잡이들이 형님의 친구를 죽이면, 형님은 마음이 편하겠어요?"

'앞잡이'라는 표현만으로도 마우마우는 난폭해졌다.

"뒈져라, 이놈!"

마우마우가 말했다. 그는 온 힘을 다해 여자로 변장한 남자를 일으켜 세워 반항하는 돼지 끌어가듯 질질 끌고 갔다.

우리는 그들이 읍내로 가면서 계속 싸우는 것을 묵묵히 보고만 있었다.

"판 삼촌!"

어머니는 마우마우와 여자로 변장한 남자가 읍내 성벽에서 사라지는 것을 보고서 마침내 입을 열었다.

"여자로 변장한 남자 점쟁이가 그 젊은 도망자와 유사한 이야기를 하니, 그날 밤 헌병들이 찾아온 생각이 나요. 왕사자가 그를 고문할까 두려워요. 뻬이후 삼촌을 만나, 추민이 그를 석방하도록 애써 주십사 하고 이야기를 전하세요. 우리는 약탈

사건에 너무 깊숙이 관여하고 싶지 않아요. 결국 불행한 일이 닥쳐오는군요. 우리가 작은설에 조왕님께 대접을 잘못한 때문인 것 같아요. 아마 우리도 해를 당할지 모른다구요. 판 삼촌이 읍내로 가 보세요. 어서요!"

"예, 형수님."

판 삼촌은 낭패감과 공포에 사로잡혀 대답했다. 우리 모두는 이 지역의 가난한 농민들 사이에서 뭔가 이상한 일을 하던, 그 쫓기던 도망자와 여자로 변장한 남자가 어떻게든지 연계되어 있음을 대충 느꼈다. 아마 여자로 변장한 남자도 이곳 피난민들에게 비슷한 일을 하고 있는 것 같았다. 만약 그렇다면, 왕 사자는 그 여자로 변장한 남자를 죽일 것이다. 이런저런 생각으로 인해, 판 삼촌은 어미 소에 대해서는 잊어버렸다. 판 삼촌은 다른 말없이 그 포로를 구해 주러 읍내로 출발했다.

판 삼촌은 차가운 날씨에도 불구하고 땀을 흘리면서 정오에 읍내에 갔다 돌아왔다. 판 삼촌은 돌아오는 길에 쉬지 않고 뛰어온 것 같았다.

"그래 뻬이후 삼촌을 만났습니까?"

어머니가 물었다.

"그렇습니다. 형수님."

판 삼촌은 숨을 깊이 내쉬며 말했다.

"그러나 그 형님은 책과 다른 것들을 꾸리기에 아주 바빠 있었어요. 형수님, 상점 절반이 닫혀 있었어요. 아주 나쁜 풍문이 돌고 있었어요. 사람들 말로는 저 큰 산 너머 피난민들과 가난한 사람들 사이에 싸움이 수차례 있었대요. 그리고 어젯밤, 비가 억수로 내릴 때, 칠흑 같은 어둠 속에서 소동을 일으킨 사람들이 군 청사를 들이닥쳐, 그곳 보안대를 무장해제시키고 군수도 죽였다고 해요. 하늘이 무너질 모양입니다요, 형수님. 이 늙은 두 귀로도 믿지 못하겠습니다! 가난한 사람들이 군수를 죽이다니. 생각조차 못한 일이구요."

어머니는 판 삼촌을 쳐다보며, 두려움과 망연자실한 느낌으로 말이 없었다.

"형수님, 군수가 그들에게 죽임을 당했다고 해요!"

판 삼촌이 또 말했다.

어머니는 펄쩍 뛰었다.

"무슨 말씀인가요?"

어머니가 물었다.

"가난한 사람들이 군수를 죽이다니요!"

"그럼, 그 여자로 변장한 남자는 어찌 된답니까? 왕사자가 그이 목숨을 끊는답니까?"

"모르겠어요, 형수님. 그 사람들이 그를 가둬 심문을 한다고 해요. 추민 지주가 직접 신문한다고요, 형수님. 밀실에서요. 아무도 엿들을 수가 없다고 해요. 왕사자와 그의 호위병들만 있대요."

"뻬이후 삼촌이 그를 위해서 할 수 있는 일이 없다고 하던 가요?"

"모르겠습니다. 형수님. 그 형님도 밀실에 들어갈 수 없다고 해요. 하지만 형님이 그의 석방을 위해 힘껏 설득해 보마고 약속했습니다. 뻬이후 형님이 오후에 여기로 오셔서 결과를 말씀해 주실 겁니다. 형수님."

우리는 뻬이후 삼촌이 도착하기를 기다렸다.

황혼에 접어들자, 라이바우는 아직도 아주 약하지만, 독약의 독으로부터 충분히 원기를 회복했다. 개는 다시 방문객에게 첫 울부짖음을 시도했다. 판 삼촌이 나가 손님을 들어오게 했다. 손님은 뻬이후 삼촌이었다. 이번에는 회초리도 들지 않고서 왔다.

"급히 왔습니다. 제수씨."

뻬이후 삼촌이 어머니에게 말했다.

"여자로 변장한 남자를 석방시킬 희망이 없다는 걸 전해 주려구요. 내가 그 일을 위해 추민에게 영향력을 행사하려고 했지만 헛일이었어요. 추민 지주더러 왕사자에게 여자로 변장한 남자를 석방하라는 명령을 내리지 않으면, 지주의 아이들을 가르치지 않겠다고 내가 위험을 무릅쓰고 엄포를 놓았지요. 물론 농담이었지만요. 지주가 뭐라고 하는지 알겠습니까? 지주는 나더러 갈 테면 가라, 자기는 다른 선생을 구하면 된다고 하지 뭡니까. 그 말에 내 심장이 펄떡 뛰었어요. 제수씨, 생각해 보세요. 그가 정말 우리 학교에서 아이들을 데려간다면⋯⋯."

삼촌의 늙은 목소리가 멈추었다. 뻬이후 삼촌은 울먹이는 것 같았다.

"그럼 그 사람들이 그 여자로 변장한 남자를 어떻게 할 건가요?"

어머니가 질린 듯이 말했다.

"허, 끔찍한 일이지요. 제수씨. 법을 어긴 국민에 대한 본보기로 그 여자를 내일 공개 처형한답니다. 보십시오, 제수씨. 어젯밤에 그 소동을 벌인 자들이 군의 법원을 점거하고 있으니 그자를 법정으로 보낼 수도 없습니다. 허, 끔찍한 일입니다. 제수씨!"

"처형당할 만한 이유가 그 여자로 변장한 남자에게 있나요? 그 여자로 변장한 남자가 점쟁이가 아니라면, 도둑들과 한패일 뿐인데요."

어머니가 말했다.

"아, 아닙니다. 제수씨! 그자는 혁명의 앞잡이이고, 그자의 임무는 지주들과 대항해 싸우도록 가난한 농민들을 조직하는 일이라고 고문을 당하고 나서 실토했답니다. 그자는 이 집에 잠입해 온 도둑들과는 아무 상관이 없습니다. 제수씨. 단지 우연히 이 집에 그자가 그 전날 찾아왔다는 것밖엔. 그자는 아직 정체가 밝혀지지 않은 그 젊은 도망자를 돕는 사람인가 봐요. 그 젊은 도망자, 다시 말해서, 그 위험한 혁명가에 대해 들어 본 적 있습니까?"

"저어⋯⋯."

어머니는 주저하며 더듬거렸다.

"저, 아니요. 그런 사람은 들어 보지도 못했답니다."

"그자도 범상치 않는 인물입니다. 제수씨. 바로 그는 비밀리에 군(郡)을 장악하려고 가난한 사람들을 조직했답니다. 그 여자로 변장한 남자 점쟁이도 이 지역에서 똑같은 일을 저질러보려고 시도했습니다. 이미 그자는 피난민들과 가난한 사람들을 많이 만났나 봅니다. 만약 그자가 잡히지 않았더라면, 어느 날 밤에 여기도 그런 소동이 일어날지도 모릅니다. 그자는 자백하는 것도, 그 점을 두려워하지도 않았습니다. 그래서 그를 내일 처형해야만 민중들에게 겁을 주고 그 불길을 잡을 수 있다고 해요."

"잔인한 일이군요! 정말 잔인해요!"

어머니가 중얼거렸다.

"어떻게 그런 일이 일어날 수가 있습니까? 믿을 수 없어요. 믿어지지 않아요!"

"믿어야 됩니다. 제수씨. 정말, 정말이라니까요. 바깥세상에는 이보다 더 잔인한 일들이 벌어지고 있습니다. 제수씨. 윤치가 그런 이야기를 편지에 써 보냈습니까? 안했을 겁니다. 윤치가 그 일로 제수씨를 걱정시키려 하지는 않았을 겁니다. 들어 보세요, 새 군대를 혁명군이라 부른답니다. 즉 남쪽 군대가 양

쯔 강[22] 계곡을 휘몰아쳤으며, 북쪽 지역의 일부까지 진출하여 옛 정부의 많은 군벌과 관리들이 항복을 했답니다. 그 도망자와 같은 젊은이들이 어디서든지 앞장서서 가난한 사람들을 조직해 놓았답니다. 그 때문에 혁명군이 어디로 가든지 전투에서 승리를 한답니다. 들어 보십시오. 그 새 군대가 가난한 사람들의 도움과 능력에 많이 기대고 있습니다."

"왜 그이는 제게 이런 모든 일을 알리는 편지를 하지 않았을까요?"

어머니는 하나하나 이해가 되자 걱정이 되었다.

"어디서 그런 말씀을 들었습니까? 꿈같은 이야기군요. 그것이 사실이라면, 그이도 집으로 되돌아와야 하겠군요. 그이의 주인이 하는 상업도 전쟁동안에는 할 수가 없을 테니까요."

"당연한 일이지요. 제수씨. 나는 강 하류를 따라 대도시를 다녀온 우리 읍내의 고구마라는 사환에게서 들었습니다. 간밤에 군중이 군을 점거했던 것처럼, 혁명이 그렇게 빨리, 그렇게 갑자기 일어났기 때문에 윤치가 하는 상업은 하루도 중단되지 않았답니다. 가난한 사람들은 남쪽 군대가 도착하기도 전에, 주요 도회지들을 이미 점거해 버렸답니다. 정말 믿기 어려운 사

---

22. 중국말로는 창지앙(長江), 중국에서 가장 긴 강으로 길이 6,300km이고 중국 남서쪽, 중심부와 동쪽 지방을 지나면서 상하이(上海)로 흘러들어 중국의 동해로 — 우리나라의 황해로 — 들어옴. [에스페란토판의 주석에 한국어판 옮긴이가 약간의 설명을 추가했다. — 옮긴이]

실이지요. 제수씨. 그 사환은 절대로 거짓말하는 사람이 아닙니다."

"어떻게 그런 일이 일어날 수 있습니까? 있을 수 있는 일입니까?"

어머니는, 여느 때처럼 참새들이 밖에서 지저귀는 쪽을 멍하니 바라보며, 혼자서 연거푸 발했다.

"내 의견이지만요, 지금 우리 왕조가 바뀔 것 같아요."

뻬이후 삼촌이 독백 조로 중얼거리며 말했다.

"모든 게 뒤바뀌어 있습니다. 큰 가뭄이 있었지요, 군수를 죽인 사건이 있었지요, 남자가 여자 점쟁이로 변장을 했지요, 교육에 대한 존경심이라고는 없지요. 지주는 교장의 배를 굶긴다고 위협하지요……. 지금 세상이 어떤 세상인지 생각해 보십시오. 변화가 있어야 됩니다. 우리 왕조가 바뀌리라고 확언합니다."

"그럼, 무슨 왕조가 들어서나요?"

판 삼촌은 조용히 앉아서 내내 깊은 생각에 잠겨 있다가 대화에 끼어들었다.

"공화정에서 다시 군주제로 바뀔까요?"

"모르겠는걸."

뻬이후 삼촌은 자신의 늙은 이마를 찌푸렸다.

"군주제, 그럴지도 모르지. 민중과 남쪽 군대가 이미 모든 나쁜 놈들과 군벌들을 쓸어 버렸으니까, 내 생각으로는, 소란을 벌인 자들을 소탕하고 다시 대 통일 제국을 건설할 실질적인, 하늘이 정해 주는 천제께서 나타날 걸세. 여보게, 이런 일들이 언제까지 계속될 수는 없네. 몇 마디 더 하자면, 제수씨. 명석한 큰아들은 편지를 보내옵니까?"

뻬이후 삼촌은 어머니에게 몸을 돌렸다.

"아뇨, 왜요?"

어머니는 그 질문에 깜짝 놀랐다.

"그 아이가 제수씨께 그런 일을 전했을 것도 같아서요."

"그건 무슨 말씀입니까? 말씀해 주세요!"

어머니는 걱정이 되었다.

"저어……."

뻬이후 삼촌이 한숨을 몰아쉬며, 천천히 말했다.

"내가 이 이야기는 안 해야 된다고 생각이 듭니다만, 어찌 되었든 좀 일찍 알게 되는 것이군요. 사환 말로는 그 아이가 뭐라더라, 새 군대 정치국에 들어가 상하이로 갔대요. 사환이들은 말로는 그들이 은어로 말하는 '어서 동무'라는 신여성과 결혼했답니다. 그런 일로 슬퍼하지는 마십시오. 제수씨. 요즘 세상이 이렇습니다. 왕조가 바뀔 것이라고 내가 말했지요. 그 것은 오래가지 못할 겁니다. 그 아이도 그때가 되면, 정신을 차릴 겁니다. 그렇기 때문에 윤치가 제수씨께 편지하지 않았을 겁니다."

뻬이후 삼촌이 말을 끝냈을 때, 방 한쪽 끝의 어두운 구석에서 흐느끼는 소리가 들려왔다. 그 소리는 코를 풀 때 잠시 멈추는 것 외에는 계속 들려왔다. 우리 모두 눈길을 돌려보니, 그곳에서 알란이 울고 있었다. 우리 중에 누구도 알란이 낮고 긴 의자에 앉아 대화를 듣고 있었다는 것을 알아차리지 못했다. 알란은 온몸으로 흐느끼고, 두 눈엔 눈물이 흘러, 마마 자국으로 추해진 얼굴을 더욱 엉망으로 만들었다. 아무도 알란에게 다가가지 못했다. 나는 알란이 왜 우는지는 알았지만, 특별히 위로할 말을 찾을 수 없었다. 알란은 구석에 혼자 남아, 처음으로 자신이 이 집에서 무용지물이라는 것을 느끼는 것 같았다. 보통 알란은 우리 대화에 끼어들려고 하지도 않았다. 그녀는 고립되어 혼자 있기를 좋아하거나, 노예처럼 일만 열심히 했다.

"운명이네, 그렇게 되는 것도 다 운명이야."

어머니가 혼자 중얼거렸다.

"나는 저 아이를 우리 집 대를 이을 사람으로 키워 왔는데……."

어머니는 말을 잇지 못했다. 어머니 눈길은 눈앞의 방바닥에 가 있었다. 어머니는 알란에게 울음을 그치라고 말하지 못했다.

뻬이후 삼촌은 어머니의 말을 이해할 수 없었다. 그는 뭔가를 말하려고 두 입술을 떨다가 낭패감을 느끼며, 이리저리 둘러보았다. 우리 모두 조용히 있자, 알란의 흐느낌은 더욱더 우리를 긴장시켰다.

"안됐군요! 안됐군요!"

결국 뻬이후 삼촌이 서둘러 말했다.

"저 아이를 깜박 잊었습니다. 저 불쌍한 알란은 언제나 잊어 버리는군요."

그리고 그는 자리에서 일어났다. 그는 방안을 휙 둘러보더니, 뭔가를 찾는 것도 헛일이 되었다.

"오, 이 멍청한 내 머리! 내가 오늘은 회초리를 안 가져온 것도 잊어버렸군. 큰일인데! 난 회초리가 없으면 뭔가 허전하단 말이야! 이만 가보겠습니다. 이제 갑니다."

뻬이후 삼촌은 울고 있는 알란을 남겨 둔 채 방에서 나와 발걸음을 옮겼다.

"회초리를 들지 않은 노 선생님은 역시 이상하지요!"

판 삼촌이 명상에 잠겨 있는 침묵을 깨뜨리려고 어머니에게 한 말은 이게 전부였다.

9

혁명과 정치지도원

기름 램프의 약한 불빛 아래, 오늘 밤 거실에는 슬픈 분위기만 자리를 잡고 있는 것 같았다. 알란은 어두운 구석에서 내내 생쥐처럼 아주 외로이, 소리 죽이며 흐느끼고, 누구의 위로조차 마다하고 음식도 마다했다. 어머니는 타는 심지만 바라보다가 또 벽 옆의 세 발 달린 긴 의자에 말없이 앉아 있는 판 삼촌을 바라보았다. 침묵 속에 잠겨 있는 두 사람은 무언가에 사로잡혀 있음을 나는 느낄 수 있었다. 이분들은 뭔가 마음이 어수선할 때마다 생각에 잠겨 있는 습관이 있었다. 판 삼촌은 담뱃대에 불을 붙이지 않았다.

이젠 기름 램프 불이 더 약해졌다. 침묵은 여전히 계속되었다. 아무도 잠자리에 들려고 하지 않았다. 마침내 판 삼촌이 자리에서 일어나 램프에 기름을 더 붓자, 화염이 더욱 확실하고 강해졌다. 그는 다시 자리에 앉아 손으로 머리를 쓸었다. 시간이 더 흘렀다. 판 삼촌은 갑자기 후회하며 말하기 시작했다.

"저는 왕사자와 그쪽 사람들이 오늘 저녁 그 여자로 변장한 남자를 어떻게 처리하는지 궁금하군요. 그들은 그 여자로 변장한 남자를 내일 처형하기 전에, 음모가 더 있는지 캐려고 또 고문할 겁니다. 걱정이 됩니다요. 형수님."

"나도 그래요, 판 삼촌."

어머니가 말했다. 어머니 목소리는 떨렸다.

"형수님, 제가 일을 망쳐놓지 않았는지."

판 삼촌은 아이마냥 천진스럽게 바라보았다.

"제가 마우마우를 재촉해 암소 찾으려고 하지 않았더라면, 그 남자는 잡히지 않았을 건데. 마음이 아픕니다요. 형수님. 저는 정말 그렇게 재촉하지 말았어야 하는데."

어머니는 즉답을 피하고 등을 굽혀, 어두운 구석에서 그림자마냥 보이는 알란을 주목해서 바라보았다. 기름 램프의 심지 화염이 벽의 뚫어진 틈새로 몰래 스며드는 미풍에 떨리고 있었다. 우리는 전날 밤 도둑들이 뚫어놓은 구멍을 수리하지 못했다. 진흙과 짚으로 대충 구멍을 막아 두었다. 밤바람이 들어올 수밖에 없었다.

"집이 아주 춥고 허전하기조차 하구나."

어머니는 혼잣소리로 중얼거리고는 넋을 잃은 듯이 말했다.

"오늘 밤에는 잠도 오지 않는군요."

"저도 잠이 오지 않습니다."

판 삼촌이 말을 계속했다.

"제 마음속에도 뭔가 정리가 잘 안됩니다요. 형수님, 솔직히 말씀드리자면, 어지럽습니다. 저도 늙어 기력이 쇠한 것 같군요."

"신에게 한번 기도해 볼까요, 판 삼촌."

어머니는 알란에게로 향했던 눈길을 거두면서 여전히 넋 잃은 목소리로 말했다.

"우린 벌써 오랫동안 기도하는 것을 잊었어요. 기도하는 것 이외에 다른 일은 할 수 없군요. 삼촌, 우리 그 가엾은 젊은이를 위해 기도합시다. 또 우리 알란에게도 신께서 은총을 내리시도록 기도하여 줍시다."

알란은 자기 이름을 말하는 것을 알고는 갑자기 울먹이더니, 그 어둡고 보이지 않는 벽감 안에서 큰 소리로 울었다.

"울지 마라. 애야, 운명이겠거니 해라."

어머니가 조용하게 말했다. 그리고 어머니는 두 손을 모은 채 눈을 감고 기도하기 시작했다. 판 삼촌은 끼어들 수 없었다. 판 삼촌은 글은 좀 읽을 줄 알지만, 한 번도 기도하는 법을 배우지 못했다. 판 삼촌은 다만 아주 조용히 자신의 늙은 두 눈만 크게 뜨고 있었다. 어머니의 중얼거림이 매끄럽고 단조롭게 풀려 나가자, 종교적 분위기가 거실을 휘감았다. 판 삼촌의 두 입술이 벌어지고, 입술 사이의 공간이 더욱더 넓어져, 이제는 완전히 바보 같은 모습을 하고 있었다.

갑자기 지붕 위로 한 줄기 강한 바람이 휙 지나가고, 바람 때문에 어머니 기도가 잠시 중단되고, 소란스런 바람 소리와 동시에 우리 마을과 인근 마을의 개들이 파도 소리처럼 난폭하게 울부짖었다. 우리 모두 서로를 쳐다보며 긴장하였다. 알란은 겁이 나, 우는 것도 멈추고 램프 옆 어머니에게 다가가 어린 참새마냥 파르르 떨기 시작했다. 알란의 두 눈은 부어 있었고, 붉게 충혈되어 있었다. 때문에 그녀의 마마 자국이 난 얼굴이 더욱더 못나 보였다. 우리 모두 조용하자, 소란이 일어나는 쪽을 느낄 수 있었다. 이 소란은 우리 마을에서 나는 소리는 아니었다. 약탈과도 무관했다. 그것은 저 멀리서 들려왔다.

판 삼촌은 마음을 가볍게 하려고 숨을 한 번 크게 쉬었다. 그런데 더 위협적이고, 더 큰 소리가 들려왔다. 소란 속에 우리는 휘파람 소리 같은 것을 들었고, 허공을 가르는 쉬잇 하는 소리도 들을 수 있었다. 마치 통신용 비둘기 비행단이 우리 지붕 위로 지나가는 것 같았다. 하지만 이렇게 어두운 밤에는 어떤 새도 날지 않는데.

"저게 무슨 소립니까?"

어머니는 그 수상한 소란에 의심이 가는 듯이 물었다.

"저건 총소리와 아주 비슷하네요, 형수님."

판 삼촌이 말했다.

"제가 북쪽에 있으면서, 으르렁대던 두 군벌이 전쟁을 벌였을 때, 비슷한 소리를, 허공을 가르는 총소리를 들었던 적이 있습니다. 형수님. 저건 음악이 아니라 전쟁입니다요.”

“어떻게 이럴 수가? 여기선 한 번도 전쟁이 일어나지 않았어요!”

“야음을 틈타 읍내로 약탈하러 간 도둑떼인 모양입니다요. 우리가 한번 알아보지요. 무슨 일이 일어났는지 알지 않고는 잠이 안 오니까요. 자, 나가 보입시다. 형수님. 내다봅시다!”

판 삼촌은 무슨 일이 일어났는지 알아보려고, 지붕 위로 올라갔다. 그 뒤를 어머니와 나는 함께 따랐다. 알란은 너무 무서워 방에 남아 있었다. 우리는 지붕에 웅크리고 앉아, 소란을 훨씬 더 명확하게 들을 수 있었다. 그것은 마치 보이지 않는 바다가 주위를 집어삼키려고 위협하는 거대한 폭풍우를 만드는 것처럼 어둠 속 읍내에서 들려왔다. 우리는 한편 춥고, 한편 두려워 떨기 시작했다. 우리는 한 번도 이 평화로운 들판에서 시끄러운 사람들의 목소리를 들어 본 적이 없었기 때문이다. 그 무서운 소란 속에서 수백 개의 빛나는 횃불이 보였다. 횃불들은 마치 방황하는 불빛처럼 읍내를 휘감고는 춤추고 있었다. 소란이 쿵쿵거리는 천둥소리로 이어질 때마다, 일제히 쏘아대는 총소리도 들려왔다. 탕탕거리는 총소리는 언제나 지축을 뒤흔드는 또 다른 비명 소리를 불러왔다.

“저게 무엇인지 이해가 안 되어요, 판 삼촌.”

어머니는 무서워 이를 덜덜 떨면서 말하였다.

"내 생전에 저런 일은 보지 못했어요."

"저도 무슨 일인지 모르겠습니다. 형수님."

판 삼촌이 말했다.

"읍내 성벽을 넘어뜨리려는 도적 떼라고는 믿기지 않아요. 도적 떼라면 저리 많은 숫자도 아니고, 모험도 하지 않아요."

"그럼 저건 뭡니까? 판 삼촌. 나는 무서워요."

"정말 모르겠습니다. 형수님. 무슨 반란인 것 같군요. 저만큼 많은 피난민을, 보안대가 잘못 다루니. 아마 떠돌아다니는 사람들이 큰 산 너머 군(郡)에서 일을 벌였듯이, 먹거리를 구하려고 읍내를 점거하는 모양입니다. 뻬이후 형님이 우리에게 알려 주지 않았습니까?"

"그건 잔인하군요."

"뻬이후 형님도 우리 중화민국이 바뀔 것이라고 말씀하시지 않았어요? 옛 왕조가 사라질 때마다 저런 소란이 앞서 일어나는 법이지요."

"왕조가 바뀌다니요! 그럼 새로운 제도가 생기나요? 옛 청조[23]가 망했을 때, 당신네 남정네들은 변발을 잘라야 했지요. 새왕조에서는 그 변발을 다시 장려할까요?"

"잘 모르겠습니다. 형수님. 변발하고 안 하고는 문제가 안 되어요. 그건 언제나 우리 마음속에 남아 있지요. 평범한 시골사

---

23. 清朝 : 1644년에서 1911년까지 중국을 지배한 왕조.

람들은 결코 변하지 않습니다요. 우리는 땅과 암소를 사랑하고, 우리 삶의 방편을 위해서 토지를 일구며 살아가는……."

약하게 들리는 총소리로 인해 한 번 중단되었던 다른 큰 소란이 들려오자, 대화가 또 중단되었다. 큰 소란은 모든 것을 집어삼킬 것 같은 거대한 파도가 엄습하는 것처럼 부풀어 올랐다가는 큰 고요를 뒤에 남기고 곧 사그라졌다. 이제 횃불들은 두 부분으로 갈라져 두 길을 만들고, 마치 두 마리의 불뱀이 어두컴컴한 동굴 속으로 기어들어 가듯이, 서로 정반대 방향의 어둠 속으로 사라졌다. 그러나 옛 읍내의 어두운 하늘을 밝히는 횃불들의 행렬은 여전히 빛나고 있었다.

"저 읍내가 점거되었습니다."

판 삼촌이 중얼거렸다.

"확실해요?"

어머니가 의심스런 목소리로 물었다.

그 질문에는 아무도 대답할 수 없었다. 마치 하늘에 떠다니는 그 횃불 행렬에 대해 아무도 설명할 수 없었던 것처럼. 우리는 길을 더듬으며 지붕에서 내려와, 다시 방 안으로 들어왔다.

"으음, 새 왕조라?"

어머니는 망설이면서도 중얼거렸다. 그러나 어머니의 두 눈은, 반은 긴장되고 반은 우울하면서도, 진지한 빛을 발했다. 판 삼촌은 자신의 벗겨진 머리의 가운데만 만지고 있을 뿐이었다. 잠시 조용히 있다가 판 삼촌이 중얼거렸다.

"어쨌든 변발을 다시 자라게 할 수는 없는 걸. 저들은 어쨌든 저 같은 사람은 잊어버렸으면 합니다."

"저들이 우리를 잊도록 기대해 봅시다."

어머니가 대답했다.

그리고 다른 이야기는 없었다. 침묵은 우울하면서도 두려웠다. 이제 우리는 잠자리에 들었다.

다음 날 아침 우리 마을에서 맨 먼저 일어난 사람은 판 삼촌이었다. 누가 우리 집 대문을 숨 가쁘게 두들겼다.

"판 삼촌! 판 삼촌! 문을 열어 보십시오!"

이렇게 이른 시각에 판 삼촌을 찾는 것을 보니 판 삼촌이 마을에서 중요 인사가 된 것 같았다. 나도 자리에서 일어나 판 삼촌에게로 달려갔다. 판 삼촌은 자신의 대머리 부분을 손가락으로 툭툭 치면서 문 뒤에 서서 문을 여는 것을 주저하고 있었다. 판 삼촌은 변발을 생각한 것 같았다.

내가 빗장을 올리자, 문이 갑자기 열렸다.

문턱에는 여러 사람이 서 있었다. 판 삼촌은 깜짝 놀랐다. 그는 꿈속처럼 두 눈을 껌벅였고, 두 손은 아직도 여전히 머리카락이 없는 대머리 부분에 가 있었다. 정말 이 광경은 놀라움, 바로 그것이었다. 상처 난 얼굴에 피가 흐르는, 보안대 복장의 마우마우가 마치 포로처럼 포승에 묶여 있었다. 몇 명의 투박한 농민들이 그의 앞에 서 있었다. 그들은 팔에 석 자로 된 한

자(漢字)를 휘갈겨 쓴 붉은 표식을 하고 있었다. 농자대[24]. 그네들은 이곳 사람이 아니었다. 그들은 높은 억양을 구사하고 있었다. '이 사람들은 저 큰 산 너머서 토지를 빼앗기고 피난 온 사람들일까?' 나는 혼잣소리로 물었다. 그러나 내가 대답을 구하기도 전에, 한 청년이 사람들 속에서 절름거리며 나와서 마우마우를 가리키며 판 삼촌에게 물었다.

"이 사람을 알고 있지요. 그렇지요?"

판 삼촌은 두 눈이 휘둥그레졌다. 청년은 팔에 붉은 표식을 하지 않았지만, 의복은 찢겨 너울거렸다. 그도 얼굴에 찰과상을 입었지만 피는 이미 말라 있었다. 우리는 청년을 알 것 같았다. 판 삼촌은 잠시 그를 멍하니 살펴보더니 갑자기 펄쩍 뛰며 대머리에 얹어 놓았던 손을 내렸다.

"처형 안 당했는가? 뻬이후 형님 말씀으로는 자네가 오늘 처형된다고 하던데!"

청년은 바로 그 여자로 변장한 남자였다.

그는 삼촌 물음에 답하지 않고 아주 진지한 어조로 물었다.

"저 사람을 알지 않나요? 판 삼촌! 어서 말하세요. 우리는 아주 바쁘다니까요."

그 사람은 다시 마우마우를 손가락으로 가리키며 말했다.

판 삼촌은 마우마우가 타박상을 입은 것을 보고는 깜짝 놀

---

24. 農自隊 : 농민자위대(農民自衛隊)의 약자.

랐다.

"그래, 난 이 사람을 잘 아네."

판 삼촌이 서둘러 말했다.

"이 사람은 이웃 사람 마우마우일세. 이 사람이 무슨 잘못을 저질렀는가?"

마우마우가 갑자기 울먹이며 말하기 시작했다.

"판 삼촌, 이 사람들이 나를 처형한대요. 이 사람들은 나더러 추민 지주의 앞잡이래요. 나를 사냥개라고 한다니까요? 판 삼촌. 보다시피 나는 멀쩡한 어른인데요."

"입 닥쳐!"

청년이 소리쳤다. 그러고는 판 삼촌에게 몸을 돌려 다시 물었다.

"저 사람은 착한 사람입니까, 아닙니까?"

"이 사람은 착한 사람입니다. 장교님."

판 삼촌은 청년이 높은 계급을 가지고 있음에 틀림없다고 확신하여 더듬거리는 목소리며 높임말로 대답했다.

"그럼 왜 보안대원이 되었습니까?"

"저 사람이 먹거리가 없으니 그렇게 했지요, 장교님. 우리는 긴 가뭄을 겪지 않았습니까? 우리가 일구던 토지에서 아무것도 나지 않았으니까요. 그리고 저 사람 마누라 암까마귀는 아주 배가 큽니다요. 그 여자는 보통 남자 두 사람 몫을 먹어 치웁니다. 그래서 마우마우는 자기 마누라 먹여 살리려고 일자리를 찾아야 했습니다. 마우마우는 자기 마누라를 여신이라도 되는 양 사랑합니다."

청년은 삼촌의 그런 말에 웃지 않을 수 없었지만, 찡그리며 애써 웃음을 숨겼다.

"그것이 사실입니까?"

그가 물었다.

"아주 틀림없습니다."

판 삼촌은 진지한 태도로 말했다.

"나도 가끔 암까마귀가 먹어 대는 모습을 보았지요. 그녀는 단 번에 네 사발을 먹어 치우지만, 마우마우는 두 사발 밖에 안 먹지요. 그 여자를 먹여 살리려면 남편이 둘 있어야 됩니다. 내 말 사실입니다."

"좋습니다. 삼촌 말을 믿겠습니다."

그러고 나서 그는 농자대원들에게 몸을 돌려 말했다.

"동무들, 저 사람을 풀어 주시오. 이번 한 번은 저 사람을 용서해 줍시다. 만약 또 저 사람이 지주를 위해 일한다면, 그땐 처형을 하도록 합시다."

농자대원이 포승을 풀어 마우마우를 자유롭게 해 주었다. 그리고 마우마우를 판 삼촌에게 인계했다. 그들이 떠나기에 앞서, 청년이 판 삼촌에게 말했다.

"삼촌을 믿습니다. 마우마우가 가난한 농민이라는 것을 알았어요. 하지만 그는 동시에 우리의 적입니다. 저 사람은 우리 친구가 되어야 합니다. 왜냐하면 근본적으로 저 사람은 땅을 소유하고 있는 사람이 아니니까요. 저 사람을 잘 돌보고, 착한 사람이 되도록 도와주십시오."

그리고 나서 청년은 농자대원들을 이끌고 읍내로 서둘러 돌아갔다.

마우마우와 판 삼촌은 발아래 아직도 늘어져 있는, 사용하지 않은 포승을 사이에 두고, 서로 모르는 사람처럼 바라보고 있었다. 마우마우는 목석처럼 창백해 있었고, 두 다리가 떨리고 있었다. 갑자기 마우마우는 무릎을 꿇고 땅에 주저앉았다. 마우마우의 양 입술이 포개어지더니, 입의 양끝이 실룩거렸다. 마우마우가 울먹이며 말했다.

"판 삼촌, 판 삼촌이 정말 신입니다요. 판 삼촌이 우리 조왕님보다도 몇 배 더 마음씨가 좋습니다. 조왕님은 내겐 전혀 무관심합니다요! 암까마귀에게 말해 판 삼촌에게 돼지고기 국 한 사발을 갖다 드리도록 하겠습니다. 마누라 혼자 다 먹지 않도록 옆에서 지켜볼 것입니다. 꼭 그렇게 하겠습니다. 믿어 주십시오!"

"일어나게! 일어나게!"

판 삼촌은 안절부절못하고 말했다.

"난 신이 아닐세. 나를 조왕님과 비교도 하지 말게. 그러면 그분께서 질투해 내게 불운을 입힐지도 모른다네. 자네의 고깃국도 사양하겠네. 어서 일어나게, 그리고 무슨 일이 벌어졌는지 내게 설명을 해 주게!"

판 삼촌은 억지로 그를 일으켜 세웠다.

"판 삼촌, 얼마나 잔인했는지 상상도 할 수 없을 겁니다요!"

마우마우가 돼지 코처럼 큰 두 입술을 여전히 오므리고는
중얼거렸다.

"그자는 도둑은 아니었지만, 농자대의 숨은 대장 아니면 첩
자입니다요. 그 사람이 피난민들을 군인으로 조직했답니다. 이
런 것을 그가 이튿날 밤에 왕사자에게 자백했습니다. 그는 자
기 부대에 수많은 농민을 모아, 지금 군 관내의 자기들 주둔지
에서 무기를 공급받고 있습니다요. 하! 나는 그 사람이 그렇게
세력가인 줄은 몰랐습니다. 내가 만약 그 사실을 알았다면 그
를 왕사자에게 끌고 가지 않았을 겁니다."

"그것 참 놀랍군!"

판 삼촌이 늙은 두 눈을 천진스럽게 뜨고서 말했다.

"그럼 그 여자로 변장한 남자가 그 군대 장교였나? 내가 그
변장한 남자와 대화를 나누었다니, 기쁜데. 히야, 아냐! '신이여
그분을 지켜 주소서'라고 하는 것이 더 어울리겠군. 어젯밤에
읍내에서 무슨 일이 일어났는지 내게 말해 주게. 그 사람도 참
가했는가?"

"당연히 그랬지요! 그리고 그자 때문에 소란이 벌어졌지요.
보세요, 왕사자가 직접 그를 고문해 음모를 밝혀냈어요. 그의
소지품에는 자기 사람들의 명단이 있었어요. 왕사자는 곧장

그를 처형하고, 그를 따르는 사람들이 무서워하도록 그의 부하들도 모두 처벌하겠다고 발표했지요. 그런데 사람들이 야음을 틈타 읍내로 들이닥쳤어요. 그리고 준비가 덜 된 우리를 목표로 해서 읍내 성벽을 무너뜨렸어요. 그들은 그만큼 많은 숫자였다구요, 삼촌. 우리가 저 들판에서 본 피난민들이 모두 참여한 것 같았어요. 우리는 속수무책이었고, 왕사자와 추민 지주도 생포될 정도였답니다. 오! 삼촌. 난 무서워요. 그들은 나를 묶은 것처럼 왕사자와 추민 지주를 단단히 포승에 묶었답니다. 아주 강하게. 보세요, 마치 돼지를 묶듯이 말입니다. 오, 삼촌, 나는 무서워요.”

“그 사람들이 감히 그렇게 했겠는가?”

판 삼촌이 깜짝 놀라 물었다.

“저어, 내 눈으로 직접 보았어요. 추민 지주의 마름이 내 엉덩이를 발로 차듯, 그들은 왕사자를 걷어찼다구요. 그러고는 추민 지주의 뺨을 때리기도 했구요. 그 사람의 얼굴이 얼마나 잘 익었고 둥글고 말랑한지 기억하시지요?”

“그래, 난 아주 기억을 잘하고 있지.”

판 삼촌이 고개를 끄덕였다.

“그건 새로 태어난 아이의 볼기짝처럼 잘 익었고 둥글고 말랑하지.”

“맞아요. 아주 기억을 잘하고 있네요, 판 삼촌. 존경스럽습니다. 그런데, 저어 생각을 해 보세요! 그런 잘 익은 살갗을 힘센 농자대원이 때렸을 때, 농민의 다섯 손가락이 지주 **뺨**에 도장처럼 흔적이 남았거든요. 붉은 대리석 같기도 하다가 푸르게 멍들어 마치 하늘 무지개 같았지요."

"그것 정말인가? 그 말 사실인가?"

판 삼촌은 두 눈을 반짝거리며 되물었다. 정말! 마치 이 말을 하는 사람이 마우마우라는 것이 믿기지 않는다는 듯이.

"만약 하나라도 내가 거짓말을 했다면 하늘이 내 위로 무너질 겁니다요!"

마우마우가 맹세하듯이 말했다. 그래도 판 삼촌이 미심쩍어 하는 것을 보고서, 마우마우는 갑자기 자신의 주먹을 쥐고는 제 궁둥이를 크게 때리며 말했다.

"보세요. 그들이 왕사자의 엉덩이를 이렇게 발로 찼지만, 물론 이보다 몇 배나 더 세게 때렸어요."

그리고 마우마우는 다른 손을 들어 제 **뺨**을 때렸다.

"보았지요? 이렇게! 이렇게 정확하게! 물론 나는 내 **뺨**에 그렇게 선명하게 자국을 낼 수는 없지만요. 아시다시피, 내 살갗은 무디고 두껍지요!"

그리고 또 마우마우는 자신의 다른 손을 들어 올렸다.

"그만, 그만하게!"

판 삼촌이 소리쳤다.

"자네 말을 믿지! 자네가 한 말을 다 믿겠네."

그리고 판 삼촌은 자신의 목소리를 아주 낮추어 혼잣말했다.

"나는 이 왕조가 이 사건들처럼 다시 뒤바뀌었다고 생각이
드네. 나는 그 사람들이 어떤 풍습을 권할지, 우리가 새 왕조
에서 지킬 것이 무엇인지 궁금하군. 어쨌든 나는 더는 변발은
못 해!"

그러고는 본능적으로 머리카락이 없는 부분을 만졌다.

"오, 안 되지요! 삼촌은 그렇게 되어서는 안 돼요."

마우마우가 희망 섞인 소리로 말했다.

"나는 보았어요. 농자대원이라는 사람들은 아무도 변발하
고 있지 않았습니다요. 나도 변발은 싫습니다. 그건 여름엔 거
추장스럽습니다. 그 생각 안 드십니까?"

"우리 희망을 가져 보세."

판 삼촌이 말했다. 갑자기 판 삼촌은 뭔가 생각난 듯이 덧붙
였다.

"나는 그네들이 우리 마을에 토지 임대료를 받으러 추민의
마름과 같은 사람들을 보낼 건지 궁금한데."

마우마우는 그 말에 곧 창백해졌다. 그의 얼굴에 빛나던 희
망의 기색도 완전히 사라져 버렸다.

"모르겠어요. 마름이 다시 올 수도 있답니다."

그가 중얼거렸다.

"그는 자기 주인을 어떻게든 바꿀 수 있지만, 언제나 하는
일은 똑같을 겁니다요. 나는 확신합니다. 그래야만 신사 행세
를 할 수 있지 않겠습니까? 불행하게도! 불행하게도!"

"자넨 그 불행으로 무엇을 기대하는가? 마우마우. 그가 최근에 자네를 때렸는가?"

"오, 아뇨. 나는 그가 왕사자의 몇 사람들과 함께 어젯밤 야음을 틈타 읍내를 빠져나가는 데 성공했다는 것을 말해 주고 싶을 뿐이라구요. 그자도 같이 생포되었으면 참 좋았는데. 그도 뺨을 좀 맞아야 돼요. 그 얼굴도 추민 얼굴처럼 잘 익고 말랑하고 둥그니까요."

판 삼촌은 그를 호기심에 가득 찬 눈빛으로 바라보고 있었지만, 아무 말도 더 하지 않았다. 마우마우가 판 삼촌의 두 눈에서 뭔가 이상한 것을 눈치 채고는 두려워 펄쩍 뛰었다. 그는 서둘러 고쳐 말했다.

"내가 말한 것에 너무 주목하지 마십시오. 판 삼촌. 내가 농담으로 한마디 한 것뿐입니다. 나는 진지하지 못합니다. 판 삼촌은 마음씨가 고운 분이니까 마름 이야기는 다른 사람들에게 이야기하지 마세요. 나는 그가 탈출했기에 기뻐할 뿐입니다요. 아니구요, 행운입니다요. 정말 행운입니다요!"

판 삼촌은 한숨을 쉬고서 마우마우에게 연민의 시선을 보내며 말했다.

"나도 그가 우리 마을에 다시 오지 않았으면 하네."

마우마우는 벌써 마름의 무서운 그림자에 사로잡혀 떨고 있었다.

우리 마을의 모든 사람은 새 왕조의 선포, 새 생활 방식에 대한 교시, 새 세금 제도, 신임 군수와 새 풍속을 기대하고 있었다. 여러 날이 지났지만 흥분되는 일이라곤 일어나지 않았다. 단지 마을 밖의 길 옆 움막 벽에 형형색색의 그림이 나붙어 있을 뿐이었다. 하지만 그림들을 새 정부가 내걸었다고는 믿기지 않았다. 왜냐하면 그 속에는 진지함이 보이지 않았기 때문이다. 그 그림들은 어린이 그림처럼 이상스럽고 괴상하고 우스웠다.

　어떤 한 선전 그림에는 길고 짙은 꼬리의 늑대가 꼬리 없는 여우와 대화를 나누면서, 풀을 뜯고 있는 길든 양에게 곁눈질하는 모습을 그린 것이 있었다. 그 그림을 설명해 놓은 붉은 글씨에는 "지주(늑대)와 지주의 마름(여우)이 가난한 농민(양)의 피를 함께 빨아먹으려고 모의한다."고 적혀 있었다. 가관인 것은 늑대의 입에 담뱃대를 물렸는데 앞발 하나로 지탱하고 있었다. 다른 그림에는 총을 든 사냥꾼이 달리는 늑대를 목표로 하는 모습이 그려져 있었다. 여기서는 사냥꾼은 농민이었지만, 색다른 농민이었다. 즉 그 농민은 혁명 사상을 품은 농자대원이었다. 이 모든 그림들에게서 뭔가 중요성을 기대하기에는 너무 간단했고, 우리 마을 사람들이 이를 보면, 우스꽝스러워서 웃고 말 것이다. 이전의 모든 정부 문건들은 불명확하고 이해하기 힘들어, 우리의 도사 벤친과, 설서인 라우리우 같은 지성인들조차도, 때때로 그 의미를 이해하기가 어려웠다. 하지만 이번에는 정반대였다. 그림들은 너무나 재미있고, 아마 이 그림들은 국민학생들이 그렸음에 틀림없을 것이다. 그러나 붉게 쓴 글씨는 아주 잘된 고전적 서체로 되어 있었다. 어떻게 해서 저렇게 만들어졌는지 아무도 설명해 주는 이가 없었다.

그렇지만 얼마 안 되어 읍내에서 파견된 통신원이 우리 마을을 찾아왔다. 그는 자신의 신분증과, 무슨 분야의 정부 관리라는, 자신의 권위를 나타내는 임명장을 가지고 있었다. 그 증서에는 그의 직책이 표시되어 있었다. '지역 혁명당원-통신원 동무.' 그는 아주 키가 크고, 목소리도 컸지만 새가 재잘대는 소리와도 비슷했다. 그 동무의 말에 따르자면, '지역 혁명당의 정치 지도원'이 내일 아침 우리 마을에 찾아와, 농민들과 많은 이야기를 나눌 것이기 때문에 우리 모든 동무들은 정해진 시각에 선조를 모셔 둔 사당에 꼭 모여야 한다고 말해 주었다. 그 사람은 다른 마을로 가기 전에, 내일 모임이 아주 중요하니 남녀노소를 막론하고, 모두의 '협력'을 필요로 한다고 덧붙였다.

"'협력'을 통해서……."

그는 설명하기 시작했지만,

"여러분 모두 꼭 참석해야 합니다. 그렇지 않으면, 저어……."

갑자기 적당히 이어 갈 말을 찾지 못했다.

"저어 저어 저어…… 오, 그렇지요. 나는 서둘러 가야 됩니다. 안녕히들 계십시오!"

그리고 그는 황급히 돌아갔다.

말을 다 끝맺지 못하고 황급히 그가 사라지는 것을 본 마을 사람들은, 새 정부의 교시를 학수고대하던 것과는 다르게 되자, 숨 막힐 정도로 이상한 분위기에 휩싸여 버렸다.

다음 날 아침, 한 명도 빠짐없이 우리 모두는 당당하고 호기심 어린 표정으로 마을 사당으로 갔다. 아침 식사 시간이 지난 뒤 곧 읍내에 지역 혁명당의 정치 지도원이 서기와 함께 왔다. 우리는 옛 왕조의 관리들처럼 일꾼 넷이 운반하는 의자에 앉아 있는 위풍당당한 신사와 일꾼 둘이 운반하는 의자에 앉은 젊은 학자풍의 인사가 그 사람의 서기로 올 걸로 기대하고 있었다. 대경실색하게도, 두 사람은 그런 모습이 아니었다. 정치 지도원이라는 사람은 나이가 스물다섯 정도였지만, 서기라는 사람은 등이 굽고, 두꺼운 안경을 쓴 사람으로 지도원의 아버지뻘 나이의 사람이었다. 또 그 사람들은 걸어서 왔다! 이 사람들은 오면서 내내 서둘렀음이 분명했다. 추운 날씨에도 불구하고 그들의 이마에는 땀이 많이 나 있었다. 신발도 먼지가 덮여 있었다. 그들은 곧장 사당의 한쪽으로 가서, 선조의 제단 앞에 놓인 탁자 뒤에 섰다.

젊은 정치 지도원은 우리와 정면으로 마주 보고 서서, 투명한 두 눈으로 참석자들을 훑어보고 있었다. 한편, 마루의 내 옆에 앉아 있던 판 삼촌은 나를 팔꿈치로 치면서 조용히 말했다.

"새 관리들을 봐!"

나는 그 사람들을 유심히 관찰했다. 한 사람은 늙은 사람이고, 다른 한 사람은 젊어, 그들에게서 특별한 점은 발견되지 않앗다. 저런 사람들이 새 관리이구나 하는 생각뿐이었다. 하지만 좀 더 상세히 관찰을 해 본 결과, 판 삼촌과 나는 깜짝 놀랐다. 판 삼촌의 얼굴은 이제 창백하기조차 했다. 두 관리들의 얼굴을 어디선가 여러 번 본 것 같았다.

"저 사람들을 우리가 전에 알았다고는 생각하지 않았는데……."

판 삼촌은 이해가 안 된다는 듯이 혼잣말했다.

"관리들 중에 친구라고는 아무도 없는데. 턱을 깨끗이 면도하지만 않았더라면, 저 늙은 사람은 꼭 삐이후 형님인 걸."

삐이후 삼촌은 늙은 선생님인데! 확실히 삐이후 선생님이구나라고 나는 혼잣말했다. 그분 말고 다른 사람이 저렇게 등이 굽을 수는 없었다. 그리고 두 손은 언제나 꼼지락거렸는데 이번에는 회초리를 가지고 있지 않았다. 그렇다면 그는 얼마나 변한 모습인가! 지금 그는 혁명당의 회색 군복 차림이었다! 그는 젊은 혁명가의 서기라기보다는 전통 희극에 나오는 광대가 더 어울린다고나 할까. 우리가 그분을 알아차리자, 우리의 호기심은 사라져 버렸다. 대신 우리는 도움이 안 되는 웃음이나 오려고 했다. 하지만 우리는 진지한 침묵을 유지하는 데 성공했다. 왜냐하면 정치 지도원은 더 진지하게 보이는 인물이기에, 우리 마을 사람들은 그 사람만 신기한 듯 아주 열중하여 쳐다보았다. 하지만 판 삼촌은 그마저 누구인가를 알아차렸다. 판 삼촌은 내게 들릴락 말락 하는 소리로 말했다.

"저 사람은 어느 날 밤, 우리 집에 찾아왔던, 그 도망자와 닮았지?"

나는 고개는 끄덕였지만, 공공연히 그 점을 확인해 볼 수는 없었다.

"동무들!"

정치 지도원이 갑자기 침묵을 깨고 우리에게 말하기 시작했다. 한편 낮고 긴 의자에 앉아 있는 늙은 서기는 헌 가죽가방에서 공책을 꺼낸 뒤, 탁자에 몸을 숙여, 청년이 말하는 것을 재빨리 적어 나가기 시작했다.

"우리는 용감한 동무들의 노력 덕분에, 옛 왕조와 관련된 기관들뿐만 아니라 옛 왕조도 무너뜨렸다는 것을 알아야 됩니다. 이제부터 우리는 힘을 모두 합쳐 새로운 세상을, 계급과 부정(不正)이 없는 세상을 건설할 겁니다. 확실히 해 두고 싶은 것은 지주나 우리 엉덩이를 발로 차 대는, 지주의 마름이나, 온갖 세금을 요구하는 부패한 관리들도 이제 없다는 것입니다!"

정치 지도원은 참석자들을 바라보며 잠시 쉬었다.

마을 사람들은 마치 전류에 감전된 것처럼 일순간 깜짝 놀랐다. 모든 사람들은 두 눈이 휘둥그레져서 좀 전에 그렇게 당차게 말하는 젊은 정치 지도원에게 시선을 집중시켰다. 갑자기 어느 건장한 농민이 자리에서 일어나, 절망적인 표정으로 물었다.

"어르신! 이제 지주들이 없어진다면, 우리는 어디 가서 농사

지을 땅을 얻을 수 있습니까?"

"나를 '어르신'이라고 부르지 마십시오."

정치지도원이 그 농민의 말을 고쳐 주었다.

"나를 '동무'라고 불러 주십시오. 우리는 이제 계급이 없는 세상에서 살고 있습니다. 조금 전에 내가 말씀드린 것을 못 들었습니까? 자, 그럼, 토지문제를 거론해 봅시다. 새 혁명 정부는 지주들의 토지를 몰수할 계획을 마련해 놓았습니다. 여러분 모두는 일인당 세 무[25]의 토지를 받게 됩니다. 임시로 여러분은 추민 지주로부터 빌려 경작하고 있는 토지를 보유할 수 있습니다. 여러분은 이제 소작료를 내지 않아도 됩니다."

"소작료를 내지 않아도 된다는 것이 사실이오?"

나이 많은 한 농민이 말했다.

"하지만 주의해야 하는 것은 추민 지주의 마름이란 사람이 다루기 힘든 사람이라는 것이오."

"그자 걱정을 안 하셔도 좋습니다."

정치 지도원이 농민에게 확인해 주었다.

"그자가 감히 여러분을 괴롭히려고 움직이지 못할 겁니다."

"히야!"

좀 젊은 사람들은 그 말을 듣고 일제히 탄성을 자아냈다.

"이제 실감이 될 겁니다."

---

25. 무(畝) : 중국의 토지 면적 단위. 1무는 16분의 1 헥타르.

정치 지도원이 말했다.

"새 시대가 여러분에게 무슨 의미를 가지는지!"

라우리우는 새로운 환경 변화에 깜짝 놀랐다. 그의 얼굴이 달아오르고, 두 눈도 빛나고 있었다. 그가 물었다.

"추민 지주와, 그의 첩, 그의 보모에 대한 것은 뭐 없습니까? 혁명은 그를 그냥 내버려 둘 겁니까?"

"너무 성급하게 생각하지 마십시오, 동무."

정치 지도원이 설명했다.

"하룻밤에 혁명이 다 이루어지지는 않습니다. 우리는 혁명을 한 걸음 한 걸음씩 실현시켜 가야 합니다. 우리는 그 늑대를 나중에 처리할 것입니다. 그는 지금 감옥에 가두어 놓았습니다."

대화를 주고받는 동안 회중의 분위기는 흥분과 긴장이 교차되었다. 대다수 사람들은 정치 지도원이 하는 약속을 받아들이면서 흥분을 참지 못해 자리에서 일어났다. 판 삼촌도 선동이 되어 뭔가 특별한 일이 일어나기를 기다리는 듯이, 갈라진 큰 손으로 자신의 무릎을 치고 있었다. 결코 당황하지 않는 유일한 사람은 나이 많은 서기인 뻬이후 삼촌뿐이었다. 뻬이후 삼촌은 연설 내용 전부를 연필이 굴러가는 소리를 내며 공책에 써 내려갔다. 그리고 삼촌은 늙고 약한 시력 때문에 자신이 쓴 것을 확인하기 위해 두 눈을 종이 위에 굴리는 듯했으며, 반면에 그의 굽은 등은 마치 작은 산처럼 서 있었다. 뻬이후 삼촌의 숙인 얼굴에는 웃음도, 화도, 흥미도, 흥분도 보이지 않았다. 그의 유일한 얼굴 표정이라고 한다면, 옅은 눈썹 사이에 있는 이마의 주름살이었다. 하지만 주름살은 새로운 것이 아니었다. 뻬이후 삼촌의 주름살은 내가 그분을 처음 알 때부터 있었다.

"자, 좋습니다."

정치 지도원이 목청을 높여 계속 이어 갔다.

"새 정치 체제가 무엇을 목표로 하는지 이미 여러분은 이해하였으리라 생각됩니다. 가난한 사람들을 위한 것이며, 가난한 사람들의 것입니다. 새 행정을 공고히 하려면 우리 모두 우리 스스로를 강하게 만들어야 합니다. 달리 말해서, 우리는 우리 스스로를 강한 힘으로 조직하여 다시 반동들이 지배하지 못하도록 해야 합니다. 간단히 말하자면, 우리는 마을에 농민조합을 결성해야 합니다. 농민이면 노소를 불문하고 가입해야 합니다. 우리가 조합을 결성하면, 우리의 사상과 연결하여 뭔가를 해낼 수 있습니다. 내 말이 틀립니까? 아니면 맞습니까?"

아무 대답이 없었다. 우리 마을은 지금까지 무엇을 조직해서 유지하고 있지는 않았다. 부자들만 그런 일에 여러 방법들을 제시했다. 가난한 사람들에겐 농사짓는 일 말고 다른 일은 할 시간이 없었다. 사람들이 움찔하는 것을 보자, 정치 지도원은 당황하는 것 같았다. 그의 눈썹이 찌푸려졌다. 그는 혼잣말했다.

"인민 운동에 대해서 농민들은 바위처럼 반응이 없군."

그러나 그 정치 지도원은 그 말을 내뱉고는 다시 목청을 가

다듬었다.

"우리는 싫든 좋든 농민조합을 결성해야 합니다. 그것이 혁명당 최고 평의회의 명령이기 때문입니다. 사안을 잘 생각하여 주십시오!"

여전히 아무 말이 없다. 추민 지주가 벌써 제거된 마당에 그 조합이 꼭 필요한지, 왜 당장 조직해야 하는지 아무도 이해하지 못했다.

"동무들!"

정치 지도원이 어조를 낮추어 설명을 계속했다.

"내가 비판을 하자면, 여러분은 정치적으로 생각하지 않는 것 같군요. 물론 여러분은 큰 산 너머 산촌의 농민들이 당한 고통을 체험해 보지 못했기 때문일 겁니다. 그들은 스스로 조직을 결성했을 뿐만 아니라, 혁명적으로 싸웠습니다. 그 사람들이 없었더라면, 여러분은 지금 분배 농지를 가지지 못했을 겁니다. 여러분도 그 사람들과 마찬가지로 조직해야 합니다. 여러분도 곧 활동을 시작해야 합니다. 지도를 맡아 수고해 줄 사람을 내가 임시로 제안해도 되겠습니까? 그 사람은 착한 무산자이자 북쪽에서 피난해 온 사람입니다. 우리 연구 위원회는 그 사람을 충분히 검토하였고, 그에 대한 훌륭한 공식 문서도 보관하고 있습니다. 당에서 그를 신임하는 것과 마찬가지로, 여러분도 그분을 신임하리라고 생각합니다."

정치 지도원은 자신의 호주머니에서 작은 수첩을 꺼내, 시선을 그곳으로 옮겼다. 그는 잠시 읽더니, 고개를 들고 호명했다.

"그 사람은 바로 판 삼촌입니다. 판 삼촌, 판 삼촌은 일어나 주십시오."

판 삼촌은 예기치 않은 설명에 완전히 어리둥절하여 자리에서 일어났다. 그는 온 신경이 집중되어 떨고 있었다. 판 삼촌이 말했다.

"어르신, 내가 뭘 하기에는 나이가 너무 많이 들었소, 아주 나이가 많다구요!"

"그런 말 마십시오, 동무!"

정치 지도원이 말했다.

"나는 동무를 잘 압니다. 동무는 훌륭한 농민입니다. 내가 동무의 집에 피난했던 그날 밤 이후로 동무를 한 번도 잊지 못했습니다. 그날 밤 기억나지요? 만약 그때 내가 체포되어 죽임을 당했다면, 이 지역에서의 사건들은 좀 달라질 수도 있었을 겁니다. 착한 무산자만이 삶의 위험을 무릅쓰고, 다른 동무를 구할 수 있습니다. 동무가 나를 구했을 뿐 아니라, 이 지역의 혁명 운동을 구했습니다."

이 폭로로 회중에 모인 모든 사람들은 놀랐다. 지금 백지장처럼 창백해져 있는 판 삼촌에게로 모두의 시선이 모아졌다. 빼이후 삼촌조차도 판 삼촌을 보려고, 그의 굽은 등을 바로 세우려고 애썼다. 판 삼촌에게 모아진 시선으로 판 삼촌은 어찌할 바를 몰라, 마룻바닥에 주저앉았다.

"좋습니다!"

정치 지도원은 판 삼촌의 침묵을 수락으로 이해하고서 즐겁게 말했다.

"새 대표가 선출될 때까지 판 삼촌이 마을 조합의 책임을 맡겠습니다. 자, 그리고 곧 완수해야 되는 다른 일이 우리 여성 동무들을 기다리고 있습니다. 우리가 지금까지 여성을 억압해 왔으며, 여성 자신들은 우리 역사의 시작부터 인간이라는 것을 잊고 지금까지 살아왔습니다. 부자들은 아가씨들을 마치 상품인 양 첩으로 사기도 했고, 고약한 남자들은 자기 아내에게 싫증이 나면 필요치 않은 헌신짝마냥 차 버립니다. 우리는 이제 남성도, 여성도 평등해야 한다고 생각하고 있습니다. 여러분은 그와 같은 평등을 원하십니까? 아니면 원하지 않습니까? 여성 동무 여러분."

정치 지도원은 회장의 뒤쪽에 서 있는 여자 무리들에게 몸을 돌렸다.

처음에는 아무 반응이 없었다. 그러나 몇 분 뒤 아름다운 목소리가 들려왔다.

"확실히 여자들은 평등을 원합니다!"

우리 귀에 익은 설서인 라우리우의 목소리였다. 라우리우는 똑바로 자리에 서서 두 눈을 반짝이고, 한 손을 허공으로 높이 들었다. 모든 시선이 그에게 모아졌지만, 그는 그런 시선에 아랑곳하지 않았다. 우리 설서인은 조용하고, 무심하게, 마치 아름다운 성(性)을 지키는 동상처럼 자세를 취했다.

"동무는 누구시오?"

여성에 대한 라우리우의 침착함과 확고한 태도는 그의 움직이지 않는 자세와 함께 정치 지도원을 놀라게 하여, 정치 지도원이 그의 이름을 물었다.

"동무는 이 마을 여성의 이름으로 말합니까? 아니면 동무 부인의 이름으로 말합니까?"

"나는 이 마을의 설서인이오. 동무"

라우리우는 이 자리에서 처음 알았던 새 호칭을 사용하면서, 자신의 높이 들었던 손을 내리며 말했다.

"나는 아내가 없습……."

"알겠습니다! 알겠습니다!"

정치 지도원이 서둘러 그의 말을 가로막으면서, 자신의 수첩을 여러 장 뒤적거렸다.

"이해가 갑니다! 이해합니다. 여기 동무 이름이 있습니다. 당신이 라우리우 동무이군요. 그렇지요? 동무에 대한 이야기는 많이 들었습니다. 여기 우리 연구 위원회가 수고하여 만든 기록이 있군요."

"정치 지도원 동무!"

라우리우는 혁명가의 말을 끊으며, 자신의 주장을 끝내려고 재빨리 말했다.

"난 아내가 없다구요! 나는 한 번도 아내를 얻지 못했습니다! 내가 사랑했던 여인은, 추민 지주의 첩이 된 가련하고 불쌍한 열다섯 살의 아가씨를 위한 하인으로 들어갔습니다. 내 죄가 아닙니다. 그렇지 않습니까? 나는 가난한 이야기꾼일 뿐입니다. 이렇게 말하는 것이 더 옳을지도 모르겠습니다. 법도를 모르는 부자가 아름다운 여자들을 모욕감을 주어 파멸시키고, 반면에 못생긴 여자들을 헝겊 조각처럼 여기고는 짓밟아 버립니다. 우리 마을에도 그런 전형적인 슬픈 사례가 있습니다. 아주 착하고 활발한 아가씨지만, 얼굴은 마마 자국으로 일그러져 있답니다……."

"자, 그만 되었습니다. 라우리우 동무!"

정치 지도원이 우리 설서인의 말을 중단시켰다.

"동무를 이해합니다. 동무는 힘없고, 억압받고, 짓밟힌 사람들의 지지자라는 것을 압니다. 나는 동무와 따로 한번 만나 보고 싶습니다. 동무가 우리 지역 혁명당 선전위원회에서 일해 주었으면 합니다. 대신 동무는 혁명 이론을 배워야 합니다. 우리는 읍내의 혁명 활동자 개인들을 위한 학습반을 열 계획입니다. 나는 동무에게 꼭 이 학습반에 들어가라고 강력히 권고하고 싶습니다. 내일 면담하러 우리 본부로 오시지요. 자, 기꺼이 와 주리라 기대합니다!"

라우리우가 대답을 하기도 전에 갑자기 울음소리가 들려, 분위기가 어수선해졌다. 그것은 가슴을 짓누르는 울먹임으로 간간이 중단되었지만 날카롭고 긴 울음소리였다. 우리 모두는 어두운 문의 한쪽 모퉁이에 심금을 울리듯이 울음을 터뜨리는 알란에게로 시선을 돌렸다. 라우리우의 불행한 여인에 대한 묘사가 그녀를 감동시켰고, 그녀의 얼굴에 대한 과감한 묘사로 그녀의 마음을 건드렸다. 우리 형이 다른 아가씨와 결혼했다는 소식이 전해지자, 우리 마을의 누구도 알란에게 관심을 가지지 않았다. 알란은 완전히 잊혀 있었다. 라우리우가 마을의 일원으로 있는 알란을 이렇게 많은 사람들이 모인 회합에서 언급한 유일한 사람이었다. 모든 시선이 알란에게 고정되어 있는 동안 그녀의 울부짖음은 더욱 크고 날카로이 허공을 진동시켰다.

라우리우가 연약한 여성의 보호자로서 알란에게 달려가, 알란을 자기 팔로 안고는 앞으로 당기며 낮게 말했다.

"울지 마라. 알란. 난 네가 이해가 돼. 너의 내부에 숨어 있는 아픔도 이해해. 너의 마음이 순수하고 아름다워, 정열적 사랑과 같은 품위 있는 감정도 자아낼 수 있다는 것을 난 알아. 네 얼굴은 안타깝게도 가난한 사람들의 소유물인 몹쓸 병의 흔적이 나 있지만, 마음이 아름답다면 그것으로 충분하다고 할 수 있다구. 아, 나는 얼마나 자주 우리가 잘생겼다고 말하는 것에 속고 살아왔던가. 아, 아, 얼마나 많은 젊은 세월을 환상에 속아 낭비해 왔던가……."

라우리우는 자신의 이야기 속 영웅의 독백을 암송하고 있었지만, 알란에게로 향한 사람들의 눈길이 그에게로 다시 향하는 것에도 아랑곳하지 않았다. 설서인의 언변을 통해 평상심

을 찾은 알란은 자신의 두 눈을 슬슬 감고 자신의 팔로 설서
인의 목을 감고는 곧 울음을 그쳤다. 이제 허공으로 떠도는 유
일한 소리는 알란의 아름다운 마음씨를 칭찬하는 라우리우의
리듬 있고 평탄한 낮은 목소리뿐이었다.

"동무들!"

정치 지도원이 참석자들의 시선을 라우리우에게서 자신에
게로 옮기기 위해 갑자기 소리쳤다.

"여러분은 한시 바삐 조합을 결성해야 합니다. 다른 마을에
서는 이미 활동에 들어갔습니다. 여러분이 뒤떨어질 필요는 없
습니다. 판 삼촌 동무가 당신들에게 모든 필요한 도움을 주리
라고 확신합니다. 지금 나는 이 자리를 떠나야 하지만, 다음에
는 여러분의 조합 사무실에서 만나기를 기대합니다."

그리고 그가 자리를 뜨자, 삐이후 삼촌도 같이 자리를 뜨려
고, 꿈꾸는 듯한 두 눈을 건성으로 문지르고 가벼운 한숨을
내쉬었다.

하지만 정치 지도원은 가려다 말고 멈추어 섰다. 잠시 생각
에 잠기면서 지도원은 호주머니에서 다시 수첩을 꺼내어, 몇 장
을 뒤적거렸다.

"오, 벤친 동무에 대해서도 뭔가 있었는데."

그는 고개를 들고 말했다.

"누가 벤친 동무입니까?"

우리 도사가 군중 속에서 일어나, 대답했다.

"예, 어르신!"

벤친은 자신의 창백한 얼굴을 위쪽으로 하여, 그의 안경이 떨어지지 않도록 했다. 그의 코는 너무 평평해 안경을 지탱하기엔 힘들었다.

"나를 '어르신'이라고 부르지 마십시오! 그것은 봉건적 사고방식입니다. 이해가 됩니까?"

정치 지도원이 그의 말을 정정해 주었다.

"내 수첩에는 우리 당의 연구 위원회가 써 놓은 동무에 대한 기록이 있습니다. 직업은 도사지요, 그렇지 않습니까? 이제부터 그 직업을 그만두시오! 그 직업은 봉건시대 직업으로, 지배 계급에게는 호의적이었지만, 인민들을 속이는 데 써온 것입니다. 더구나 그런 방식으로 미신을 유포시키기도 합니다. 지역 당국은 당신에게도 세 무의 토지를 주기로 결정했습니다. 동무는 산골짜기에 있는 추민 지주의 땅 중에 선택할 권한이 있습니다. 이제부터 농사짓는 일을 열심히 해야 합니다. 알겠습니까? 벤친 동무?"

"호, 예, 나으리. 아니, 동무, 예예."

벤친이 중얼거렸다.

"하지만 나는 지금까지 한 번도 농사를 지어 본 적이 없다구요……."

"하지만 이제부터 배워야 됩니다. 공동체의 모든 쓸모 있는 사람은 생산적인 일에 종사해야 합니다."

벤친은 더 할 말이 나오지 않았다. 정치 지도원은 선조의 사당문을 나섰고, 늙은 서기도 뒤를 따랐다. 모였던 사람들도 헤어지기 시작했다. 우리는 재빨리 뻬이후 삼촌에게 우리의 정중한 인사를 전하려고 서둘러 따라갔다. 우리는 사당문 밖에서 뻬이후 삼촌을 만날 수 있었다.

"난 회색 군복차림과 회초리를 안 가진 모습으로는 형님을 알아보지 못할 뻔 했습니다."

판 삼촌이 용서를 구하듯이 말했다.

"형님이 하시는 일이 무엇인지 말씀해 주십시오. 아주 피곤해 보이시는군요."

"난 지역 혁명당의 못난 서기로 일하고 있네."

"저 젊은 정치 지도원하고 함께 돌아다니며, 나와 라우리우 같은 사람들이 하는 일을 적고 다닙니까?"

"꼭 그렇지도 않네. 때로는 선전물의 붉은 글씨도 내 차지지."

"뭐라고요? 형님이 학교 아이들 그림 위에 아름다운 글씨를 써야 된다는 말씀이십니까? 길고 짙은 꼬리를 지닌 늑대와, 꼬리 없는 여우와 같은 웃기는 그림에다가요?"

"그래, 바로 맞혔네."

뻬이후 삼촌이 얼굴이 좀 붉어져서 말했다.

"어떻게 형님같이 재능 있는 지식인이 그런 어린애 장난 같은 것을 할 수 있나요!"

"새 왕조, 그래 새 방식이지. 사랑하는 동생! 그럼 내가 무엇을 할 수 있겠나? 그 사람들은 내가 어린아이들에게 봉건적 사고방식을 가르친다고 학교도 폐쇄해 버렸는 걸. 그렇다고 내가 혁명 이론을 가르칠 순 없지 않은가? 안 그래? 나는 벤친처럼 세 무의 토지를 받을 수도 없다구. 너무 늦었어, 안 그런가? 나는 농사지을 힘도 없다구. 내 이 늙은 두 손으로 할 수 있는 일이란 고작해야 쓰고, 또 베껴 쓰고, 또 베끼고, 써 나가거나 하는 일이지. 그 일을 뭐라고 부르든 간에."

정치 지도원은 이미 마을 어귀에 가 있었다. 서기가 마을 사람들과 이야기를 나누고 있는 것을 본 정치 지도원은 소리쳤다.

"뻬이후 동무! 서두릅시다. 해 지기 전에 인근 마을에서 과업을 완수해야 합니다!"

"예, 정치 지도원 동무, 나도 갑니다!"

뻬이후 삼촌은 약하게 대답했다. 그러고는 판 삼촌을 향하여 계속 말했다.

"잘 있게나. 판. 하느님이 자넬 도우실 거야!"

그리고 뻬이후 삼촌은 정치 지도원인 젊은 혁명가가 있는 데까지 다가갔다. 잠시 뒤 그 두 사람은 저 멀리로 사라졌다.

정치 지도원이 떠난 직후, 벤친이 판 삼촌에게 다가왔다. 그의 얼굴에는 생기도 없고, 풀이 죽어, 마치 초상집의 하관(下棺)식에 다녀온 것 같았다. 그는 울먹이며 말했다.

"판 삼촌, 나를 세 무의 땅에서 자유롭게 되도록 도와주십시오. 나는 태어날 때부터 농민이 아니었답니다. 땅을 난 바라지 않습니다!"

"하지만, 그건 혁명 정부가 자네에게 준 것인데. 내가 도와줄 일이 없는 걸."

판 삼촌은 두 손을 펼쳐 보이며 대책 없다는 시늉을 했다.

"내게 동정이 가지도 않습니까? 판 삼촌! 내 모습을 좀 보세요!"

그리고 그는 두 손을 펼쳐 보이더니 소매를 걷어 올리며, 주름지고 창백한 살갗의 가는 팔을 꺼내 보였다.

"나는 도끼도 들 힘이 없다구요. 내가 어떻게 농사를 지어요?"

"그만해 두게. 땅을 자네에게 준 사람은 내가 아닐세."

판 삼촌은 어쩔 수 없다는 웃음으로 입을 뽀로통하게 하며 말했다.

"내가 땅을 자네한테 뺏을 수도 없다구."

"아흐, 아흐"

우리 도사는 불명확한 소리로 중얼거렸다.

"아흐, 아흐……아흐……."

그 소리는 마치 그가 귀신 쫓을 때 신을 부르는 소리처럼 들렸다.

마을 공터 마당에는 이제 아무도 없었다. 창백한 태양만 중천에 떠 있었다. 점심때가 되었다.

10

군중집회에 나타난 국화 아줌마의 남편

라우리우는 정치 지도원의 조언을 받아들여 읍내로 가서 혁명당 지부의 근무자들과 면담했다. 그 뒤 약 3주일 동안 라우리우는 마을에서 보이지 않았다. 라우리우는 읍내에 설치된 정치 학습반에서 혁명 교육을 받고 있는 것으로 알려졌다. 라우리우는 완전히 딴사람이 되어 마을에 돌아왔다. 그는 잘 웃지도 않았다. 그는 마을 사람들과 이야기도 잘 하지 않으려고 했다. 언제나 무슨 생각에 잠긴 듯이 눈가에는 주름살이 보였다. 그는 대부분의 시간을 자신의 작은 집에 틀어박혀 무슨 소책자를 연구하기에 바빴다. 간혹 그가 마을의 공터 마당에 나타났을 때도 여전히 바쁜 걸음이었다.

하루는, 판 삼촌이 라우리우가 자신의 작은 집을 나와, 겨드랑이에 한 뭉치의 소책자들을 낀 채, 마을 동쪽에 있는 공동 변소로 서둘러 가는 것을 보았다.

"라우리우, 자네와 이야기를 한 지도 오래되는군."

판 삼촌이 불렀다.

"요즈음 어떤가?"

"죄송합니다. 판 삼촌."

라우리우가 말했다.

"이야기를 나눌 시간이 없습니다. 미칠 정도로 바쁩니다."

"무슨 일에 그리 열중인가?"

"책 읽기요. 보세요. 나는 이제 곧 새 과업을 시작할 겁니다. 그에 앞서, 책을 많이 읽어 혁명 이론을 완전히 내 것으로 만들어야 합니다. 내가 새 일을 시작할 때까지는 판 삼촌과 잡담할 겨를이 없습니다. 이해하십시오."

"그래 새 일이란 게 무엇인가?"

판 삼촌은 궁금해서 물었다.

"재담인가 아니면 뭔가? 보게, 우리가 자네 이야기를 들은 지 오래된다구."

"그래요. 저어……."

설서인은 말을 끝내기도 전에 벌써 공동 변소로 사라졌다. 그리고 변소 안에서 오랫동안 독서 삼매경에 빠져 버리자, 마을 사람들은 하는 수 없이 자기 것을 배설할 곳이 없어, 마냥 늘어선 채 기다리는 줄은 길어만 갔다.

그로부터 3일 뒤, 읍내에서 왔던 통신원이 다시 와, 라우리우가 지역 혁명당 선전부 부간사(副幹事)에 임명되었다고 전해 주었다. 그 이후로 우리 설서인은 더 자주 마을의 공터 마당에 나타났지만, 이젠 소책자 뭉치는 들고 다니지 않았다. 그는 내용을 이미 숙지했다. 어느 날 아침, 판 삼촌이 어린 암송아지를 몰고 나오다가 급히 지나가는 라우리우를 만나게 되어, 그에게 물어보았다.

"뭣 때문에 그리 바쁜가, 라우리우?"

"나는 다시 역사를 이야기할 겁니다."

확고한 대답이었다.

"헌데, 자넨 언제나 역사를 이야기해 오지 않았는가?"

"저어, 그런데 이번에는 새 역사랍니다. 혁명사(革命史)입니다. 가난한 사람들의 무지와 어리석음을 일깨워 주는 것이지요."

"자네의 옛 역사도 훌륭하지 않은가?"

"아닙니다! 옛 역사들은 전혀 가치가 없습니다. 그것들은 봉건적 성격을 지니고 있어, 해악에 물들게 하는 황당한 것이었습니다. 내가 그런 역사를 재담으로 이야기하지 않은 편이 더 좋았을 것입니다. 그런 역사들은 가난한 사람들을 속이는 도구로는 적당하지요."

"자네 무슨 말을 그렇게 하는가?"

판 삼촌이 반박했다.

"자네가 해 주던 모든 이야기가 얼마나 흥미롭고 감동적이었던지, 그 이야기를 듣고 눈물을 흘리지 않는 사람이라곤 없지 않았던가."

"그런 이야기로 눈물을 흘렸다면 유감입니다. 그것은 정력과 감정만 완전히 낭비하는 것이지요."

"무슨 말인가! 자네 말은 믿기 힘들군, 라우리우."

"믿으셔야 됩니다. 판 삼촌. 왜냐하면 판 삼촌도 마을의 농민조합을 위한 혁명의 일을 하니까요. 믿어야만 됩니다! 혁명의 관점에서 보면, 모든 옛 이야기는 부자들을 위해서만 어울려요. 내가 그들의 도구가 되었다니 안타까울 뿐입니다."

"한데, 저어……."

판 삼촌은 자신의 벗겨진 머리를 황급히 매만지면서 혼돈에 빠져 중얼댔다. 그러고는 독백 조로 말했다.

"이상한 세상이야! 사람들이 저렇게 변할 수가!"

"판 삼촌도 정치 학습반에 들어 가셔야 되겠군요."

라우리우가 조언했다.

"판 삼촌도 혁명하는 사람이 되려면 그렇게 해야 합니다."

"나는 혁명하는 사람이 아냐, 라우리우. 난 혁명을 이해할 수 없어."

"어떻게 그런 말씀을 하십니까, 판 삼촌? 삼촌도 혁명을 배워야 합니다. 그러면 혁명을 믿게 될 겁니다. 믿게 될 때 삼촌은 힘이 나서 행동할 수 있습니다. 행동을 통해서 판 삼촌은 이해를 더 잘할 수 있어요."

"무슨 말인가, 라우리우? 그런 말을 자네한테서 듣다니, 희한한 말도 다 하는군! 자넨 공자님의 고전을 연구했나? 자네가 하는 말은 무슨 고전에서 인용하는 것과 똑같이 들리는군!"

"판 삼촌! 그것은 혁명 이론입니다! 우리 언제 한번 그 이론에 대해 토론해야 하겠습니다. 지금 난 바쁩니다. 나는 교시를 받으러 혁명당 본부로 가야 합니다. 잠시 다녀오겠습니다!"

그리고 그는 바람처럼 빠르게 멀리 가 버렸다.

오후가 되었다. 신작로를 따라 빼빼 마른 사람이 바로 먼지 구름을 일으키며 오고 있는 것이 보였다. 그가 바로 일전에 선전부 부간사로 임명된 라우리우였다. 그는 헐레벌떡거렸으며, 이마에는 추운 날씨에도 불구하고 땀이 솟아나 있었다. 라우리우의 겨드랑이에는 큰 표어 뭉치가 들려 있었다. 그가 표어한 장을 꺼내, 아직도 지붕을 덮지 않은 마우마우의 돼지우리 옆벽에 붙였다. 그러고는 숨을 한 번 몰아쉬고, 마을의 공터 마당에 서서 우리 마을 사람들에게 힘차고 큰 소리로 말했다.

"동무들! 동무들! 이쪽으로 와 보십시오! 여러분께 중요한 소식을 전하러 왔습니다."

그 목소리는 이야기를 할 때보다 거칠었지만, 라우리우의 목소리임을 마을 사람들은 모두 알아차렸다. 또한 '동무들! 동무들!' 하고 부르는 소리가 우리에게 낯설게 들렸지만 우리는 지금까지 단 한 번도 그의 호소를 거절한 적이 없었다. 라우리우는 여전히 우리 마을에서 사랑을 받고 있었다. 지금까지 우리에게 수수께끼처럼 남아 있는 그의 새로운 정치적 관심에도 불구하고 말이다. 사람들은 자신들의 작은 집에서 제각기 빠져나왔다. 그의 이야기를 듣기 위해 맨 먼저 뛰어나온 사람은 알란이었다. 알란은 최근에 라우리우를 다정하게 대해 주고 있었다. 그것은 라우리우가 여러 번 알란의 얼굴에 생긴 마마 자국을, 그의 말을 빌리자면, 구시대의 비참하고 비이성적 삶의 유물이자, 알란이 정말 무산자라는 것을 입증해 주는 상징이라고 말하며 알란을 우쭐하게 만들어 주었기 때문이었다. 그리고 여러 번 그런 말을 듣고 알란은 눈물을 흘렸다.

마을의 모든 사람들이 공터 마당에서 라우리우의 옆으로 모이자, 라우리우는 큰 바위 위에 올라서서 말했다.

"동무들, 남성 동무, 여성 동무, 늙은 동무, 젊은 동무 여러분!"

"잠깐!"

우리 도사인 벤친이 갑자기 라우리우의 말을 가로막았다.

"자넨 어디서 그런 이상한 말들을 배웠는지 말해 주게. 그 말들은 어느 책에서 인용한 것인가? 내 귀에는 아주 생소하게 들리는군!"

"조용! 조용!"

라우리우는 두 손으로 넓게 몸짓을 하면서 소리쳤다.

"조용히 있어 주면 좋겠습니다. 벤친 동무!"

"난 자네 동무가 아닐세. 라우리우! 나는 도사라구!"

벤친이 반박했다.

"이 봉건 시대의 악마!"

라우리우는 치밀어 오르는 자신의 분노를 삭일 수 없어, 가장 높은 어조로 목청을 돋우었다.

"동무가 그런 말을 하니 배신자 같군. 그러면 되겠어요? 새정부가 동무에게 세 무(畝)의 땅을 주지 않았습니까?"

"그 땅 다시 가져가게, 제발!"

벤친이 말했지만 이번의 목소리는 부드럽고, 더욱 호의적이었다.

"라우리우, 자네가 그 쓸모없는 땅에서 나를 해방시켜 준다면, 난 자넬 가장 좋은 친구로 여길 걸세."

모인 사람들의 큰 웃음소리가 우리 도사의 목소리를 완전히 잠재웠다. 그래도 벤친은 진지했다. 왜냐하면 그의 얼굴 표정은 마치 예배를 드리는 일에 몰두하고 있는 것처럼 엄숙했기 때문이다. 벤친은 라우리우의 대답을 들으려고 진지한 표정을 짓고 있었다. 하지만 우리 설서인의 관심은 좀 더 급한 일에 가 있다. 그는 분위기를 가라앉히려고 자신의 손을 허공에 흔들면서 말했다.

"경작할 땅 문제로 여러분과 토론할 시간이 없습니다. 나는 다른 마을로 곧 가야 됩니다. 내가 여러분께 알리고자 하는 소식이란 이것입니다. 우리 군(郡)이 이미 반동들의 손아귀에서 해방되었기 때문에, 지역 혁명 정부의 수립을 축하하기 위해 이 지역의 전 인민들을 모아 놓고 군중집회를 열 계획입니다. 내일 여러분 모두는 읍내 모래사장에서 열리는 집회에 꼭 참석을 해야 됩니다. 한 사람도 빠짐없이!"

그러고는 그는 자신이 들고 온 표어들을 풀어, 판 삼촌에 전해 주며 말했다.

"판 삼촌, 내일 집회에 참석할 모든 동무들에게 나누어 주십시요."

판 삼촌은 이마를 찌푸리며 표어들을 받고서 아무 말도 하지 않았다. 표어들은 색깔이 다양해, 우리 마을에서는 한 번도 들어 보지 못한 내용을 담고 있었다. 예를 들어, "뚱뚱보 돼지 놈 추민 지주는 꺼져라!", "앞잡이 왕사자의 목을 참외 자르듯 자르자!", "경작할 땅은 소작할 농민이 가져야 한다!", "첩이었던 여자도 착한 남자와 재혼할 수 있어야 한다!", "절에 사는 중에게도 아내가 있어야 하고, 비구니에게도 남편이 있어야 한다!" 는 등등. 몇 마디 낱말이나 읽을 줄 아는 사람들이 판 삼촌 주위로 모여들어 그 뜻을 해석하느라고 애썼다.

"이것 참 웃기는군, 안 그래?"

누군가 말했다.

벤친은 자신의 두꺼운 안경을 쓰고 나서 잠시 눈동자를 굴리더니, 학자처럼 그 문자들을 훑어보고는, 서예 전문가인 양 마침내 소리쳤다.

"하! 하! 이건 아름다운 글씨체군. 이 글씨를 누가 썼는지 알 겠구만. 뻬이후 선생님 말고는 아무도 이렇게 쓸 수가 없지. 나는 그분 글씨체를 알지. 내가 아무리 근시라 해도 이 두 눈은 속일 수 없어."

"애석하게도 이 내용이 시가 아니라는 사실이 안타깝군. 이 글의 내용이 훌륭한 글씨체를 망쳐 놓았구나. 아깝다!"

다른 사람이 이렇게 평했다.

"조용하시오! 동무들!"

라우리우가 큰 소리로 말했다.

"쓸데없는 의문으로 토론하지 마십시오! 우리는 글씨체를 문제 삼지 않습니다. 그 글이 우리 사상을 잘 표현한다면, 글씨가 잘 되었든 못 되었든 상관없습니다. 여러분, 이해가 되지요? 여러분, 모두 내일 열리는 집회에 참석해야 합니다. 집회에서 여러분은, 아주 중요한 한 인물을 만나게 될 것입니다. 그분은 성 대표(省代表)로서 이 모임에 특별 연설을 하러 오실 겁니다. 그분은 수천 리의 땅과 강을 건너왔고, 낯선 영국말도 잘 할 수 있습니다. 여러분들도 혀를 굴려 음악과 같은 소리를 내는, 영어 발음을 알고 있지요. 그 언어를 들어 본다는 것은 아주 즐거운 일입니다. '잘 지냈습니까?'라는 문장의 문장을 하려면 3년이나 필요합니다. 그렇지 않습니까?"

"그가 고관대작입니까?"

누군가 물었다.

"물론, 아닙니다!"

라우리우가 대답했다.

"지금이 어느 땐데 고관대작이 있습니까! 그런 고관은 봉건 사회나 대표합니다. 우리는 벌써 혁명적 사회 체제를 갖고 있는데, 고관 따위는 이제 필요 없습니다. 그는 가난한 사람입니다. 그는 노동자입니다."

"그런데 어떻게 그가 수천 리를 여행할 수 있습니까? 그가 어떻게 낯선 영어를 배울 수 있습니까? 우리는 우리가 사는 지역 바깥으로 나가 본 적도 없거니와, 우리 글도 제대로 읽을 수 없는 걸요!"

"저어, 그것은 혁명하고는 관련 없는, 다른 이야기입니다."

라우리우가 설명했다.

"어쨌든 그분은 중요 인사입니다. 여러분은 그를 꼭 만나야 합니다. 그런 분은 여러분이 평생에 한 번 만나볼까 말까 하는 사람입니다. 그는 연설만 하고 성(省)의 주도(主都)로 돌아갑니다. 만약 정치 지도자를 만나 보고 싶으면, 이번 기회를 놓치지 마십시오!"

"그 사람은 낯선 영어로 우리에게 말합니까?"

한 젊은 농민이 물었다.

"그건 나도 모릅니다."

라우리우가 대답했다.

"아마, 아닐 수도 있습니다. 경우에 따라서. 어쨌든 그런 일은 혁명과는 무관한 일입니다. 난 모릅니다. 저어, 나는 아주 바쁩니다. 이제 다른 마을로 가 보아야 합니다. 정말 지금 출발해야 합니다. 내일 집회에는 모두 꼭 오십시오. 그럼!"

그러고는 라우리우가 군중을 헤쳐 서둘러 떠나갔다. 마을 밖의 길이 굽이진 곳에서 그는 오후의 짙은 안개 속으로 사라졌다.

다음 날, 마을 사람들은 반은 호기심으로, 반은 열성으로 읍내를 향해 갔다. 길에 늘어선 행렬은 한 마리의 뱀이 기어가는 것 같았다. 우리는 표어를 막대기에 달아, 깃발처럼 펄럭였다. 그것들이 허공에서 여기저기로 흩어지면서 날개처럼 시끄러운 소리를 냈다. 알란이 그중 하나를 들었지만 나는 아무것도 들지 않았다. 그래서 우리는 교대로 막대를 펄럭이기로 했다. 손에 잡혀 있는 막대의 펄럭거리는 느낌은 우리 마음에 들었다. 이것은 우리가 느낀 혁명의 의미였다. 모두 즐거웠다. 이런 행진은 즐겁게 계속되었고, 아주 흥미진진해, 마치 설날이 지난 뒤 용의 축제에 참가해 있는 것 같았다.

읍내의 다른 길목에서도 비슷한 대열의 사람들이 느리지만 힘차게 앞서 가고 있었다. 공동의 목표에 도달하려고 경주하듯, 거대하게 일어서는 물결처럼 가고 있었다. 지난밤엔 구름이 끼었지만, 오늘 하늘은 특히 맑았다. 태양은 웃음을 보내고 있었다. 그리고 그 웃음은 구름같이 모여드는 사람들의 머리 위에 펄럭거리며 딸각대는 깃발의 숲 뒤에 커져 가는 독특한 행복감 같은 것이었다. 읍내 백사장에는 각양각색의 물결이 한곳으로 모여들었다. 그곳에는 무대처럼 높은 연단이 준비되어 있었다. 지금 바로 태풍이 진동하는 듯했다. 연단에서 벽기둥처럼 서 있는 거인이 목청을 돋우어 소리치고 있었다.

"지주와 그 앞잡이들을 없애자!"

그 소리는 곧 천 배의 큰 메아리가 되어 높은 연단을 둘러싸고 있던 군중들의 입에서 터져 나왔다. 마치 폭발로 인해 온 땅이 흔들리는 것 같았다. 가까이에 있는 산골짜기에서 뭔가 폭발하여 붕괴되는 것 같았다. 왜냐하면 그 소리는 하늘의 반을 가리고 있던 큰 안개를 위로 치솟게 하는 것 같았기 때문이다. 우리의 두 눈은 흐릿해지고, 귀마저 천둥소리로 멍해졌다. 이전에 한 번도 이런 소리를 들어 본 적이 없었다. 이전에 한 번도 농민들이 그렇게 큰 소리를 내리라고는 꿈도 꾸지 못했다. 수백 년 동안 농민들은 자신의 목소리가 없었다.

"혁명 만세!"

거인이 연단에서 소리쳤다. 또 다른 청천벽력이 하늘을 꿰뚫었다. 읍내 성벽이 무너져 없어지는 것 같았다. 왜냐하면 우리는 그 큰 함성 뒤에 둔탁하게 두들기는 소리를 명확히 들을 수 있었기 때문이다. 그리고 강의 평화로운 흐름도 이러한 선동에 출렁이는 것 같았다. 나는 내 목이 뭔가 간지러움을 느낄 수 있었다. 한 줄기 바람이 내 허파에서 나와 폭발하고는 날아갔다.

"혁명 만세!"

알란도 크게 함성을 질렀다. 판 삼촌은 개구리처럼 저음의 무거운 소리를 내며 그르렁하였다.

"혁명 만세!"

그러고는 판 삼촌은 멍멍해졌다. 그는 멍하니 소리치는 군중을 바라보았다. 그 태풍이 지나가자, 판 삼촌은 다시 정신을 차려 몸을 돌려 나에게 물었다.

"내가 뭐라고 소리 지르던가?"

"삼촌이 '혁명 만세'라고 함성을 질렀습니다."

내가 말했다.

"내가 미쳤군, 미쳤어!"

그는 자신을 책망하고 자기 머리를 때렸다.

"왜요, 삼촌?"

나는 삼촌의 자책에 얼떨떨하여 물었다.

"모두 같이 소리 지르는 걸요."

"왜냐하면, 난 저 구호를 이해할 수 없다구. 나는 모르겠어. 내가 정치 계몽 학교에 안 다녀서 그런 모양이군."

바로 그때 일단의 젊은이들이 혁명복 복장을 한 채 연단 쪽으로 행진해 갔다. 거인은 뒤로 물러가, 긴 의자에 앉았다. 그래서 더는 구호를 외치지 않았다. 갑자기 조용해지자, 시간을 영원한 태고의 상태로 바꾸어 버린 것 같았다. 조금 전만 해도 그 야성적인 함성이 들려왔는데, 지금은 이 세상이 죽어 버린 것 같았다. 농민들은 예전과 다름없이 말없이 서 있었다.

연단 위에 제복을 입은 사람들은 군중을 향해 아래로 내려 다보고 있었고, 그들의 시선은 침묵을 더 강화시키는 것 같았다. 그들은 깨끗한 복장에도 불구하고 관리 같지는 않았다. 하지만 그들은 또한 농민으로 보이지도 않았다. 왜냐하면 그들의 얼굴은 창백해 했고, 신체적으로도 허약해 쉽게 쓰러질 것 같았다. 그들의 시선은 아래로 향하고 있었다. 그들은 여러 날 잠을 못 잔 것 같았다. 잠시 뒤 한 청년이 앞으로 나와 우리의 명상적 침묵을 깨우며, 집회가 시작됨을 알렸다. 그가 바로 우리가 본 정치 지도원이었다.

우리의 모든 신경은 그에게 집중되었고, 그는 곧 연설을 할 참이었다. 그의 목소리는 처음에는 아주 온화하고 평탄했다. 그러나 그가 혁명에 대해 말하기 시작하자, 그의 앙상한 손이 올라가고, 그의 목소리는 성량에 비례하여 올라갔다. 그의 손가락은 점점 주먹으로 발전되었다. 그의 목소리가 천둥소리처럼 커졌다.

"우리 혁명의 시급한 과제는 부정을 바로잡고, 짓밟힌 사람들을 일으켜 세워 주고, 높은 자리에 있는 사람들을 짓밟아 버리는 것입니다. 옛 시대에 대한 모든 불만을 토로할 기회를 가집시다. 동무들!"

그의 목소리는 갑자기 중단되었지만, 그가 올린 손은 아직 머리 위에 높이 쳐들고 있었다. 그는 군중 쪽에서 무슨 반응이 나길 기다리고 있었다.

"발언에 대해 걱정하지 마십시오, 동무들! 여러분의 지주와 그 앞잡이들은 감금해 두었습니다."

그가 덧붙였다.

우리는 어떻게 말해야 할지 몰랐다. 말없이 서로 얼굴만 바라볼 뿐, 마을 사람 누구도 공공연히 말한 적이 한 번도 없었다. 우리는 낯선 영어로 말하는 성(省)의 새 관리인 대표를 보러 모였다.

그 정치 지도원은 군중으로부터 어떤 목소리를 듣는 것이 무의미함을 느끼자 서둘러 말했다.

"동무들! 여러분의 숨김없는 불만을 들려주는 기회를 놓치면 안 됩니다. 페이룬 동무가 우리와 함께 있습니다. 이분은 여러분 의견을 들으려고 성을 대표해서 오셨습니다. 이분은 여러분 의견을 토대로 혁명 정부가 더 좋은 삶을 위한 계획을 마련하기 위해 오셨습니다."

그 정치 지도원은 연단 중앙에 서 있는, 중키의 남자를 손가락으로 가리켰다.

여전히 참석자들의 반응은 부족했다. 하지만 참가자들의 관심은 이미 정치 지도원에게서 페이룬이라 부르는 대표에게로 모아졌다. 그 사람은 머리 꼭대기 부분이 벗겨져 있으며, 약간 뚱뚱해 보였다. 그 사람은 회색 제복에도 불구하고 혁명 전사라기보다는 학교 교사처럼 보였다. 중후한 안경테를 한 짙은 색깔의 안경이 그의 인상을 더욱 강하게 만들었다.

"저 사람은 우리와 다른 게 하나도 없군."

판 삼촌이 중얼거렸다.

"라우리우가 저 사람이 낯선 영어로 말할지 모른다고 한 것은 잘못된 것 같아."

"혼자 말씀하지 마시고 나도 들을 수 있도록 크게 말씀하십시오!"

페이룬 동무가 일어나, 카랑카랑한 목소리로 말했다.

"크게 말씀하십시오. 모두가 들을 수 있도록!"

그의 목소리는 멀리까지 들렸다. 그가 말할 때는 모두 엄숙히 조용하게 있었기 때문이었다. 그의 목소리는 또한 우리를 무력하게 만들었다. 페이룬 동무라는 사람은 정말 이상한 사람이었다. 그는 이 지방 억양으로 말하고 있었다. 그의 억양은 마우마우나, 라우리우의 억양과 아주 비슷했다. 하지만 우리 마을에서 성의 대표가 될 만한 중요 인사는 한 번도 나온 적이 없었다. 그 사람이 이 지방 사람이라고는 전혀 여겨지지 않았다.

"말씀을 한번 해 보십시오, 동무들!"

페이룬 동무가 다시 참석자들에게 재촉했다.

"여러분 마음속에 일천 가지 불만이 있다는 것을 나는 압니다. 나도 한때 여러분들과 함께 여기서 살았답니다. 두려워 마십시오. 우리는 여러분의 봉사자일 뿐입니다. 하지만 우리가 여러분에게 봉사를 하려면, 여러분이 갖고 있는 문제를 알아야 합니다."

군중은 동요하기 시작했다. 사람들은 혼비백산하여 서로를 바라보았다. 페이룬 동무는 친절한 말투 대신에 이 지방의 억양으로, 우리 농민들의 억양으로 말했다. 그 억양은 성실, 우의 그리고 공동의 비참함을 웅변해 주는 것으로 우리에겐 반가운 말투였다.

"여러분, 예를 들어, 추민 지주에 대해 말씀하실 것은 없습니까?"

페이룬 동무가 우리 기억을 되살렸다.

그런 말 자체가 많은 소작인들의 마음을 건드렸다. 모든 사람들은 갑자기 얼굴을 붉히고, 각자의 눈도 빛나기 시작했다. 그 사람에 대해 하고 싶은 많은 말이 있었지만 아무도 선뜻 나서지 않았다. 지금 성에서 온 고관은 숨김없이 그 지주에 대해 말하라고 설득하고 있다. 이것은 실로 꿈에서나 있을 법한 일이었다. 진실이 아닐 수도 있었다. 이것은 가난한 소작농들의 의견을 청취하여, 그들의 배신적 사고에 대해 벌을 줄 수 있는 좋은 소재거리가 될 수도 있기 때문이었다. 동요는 계속되었지만, 어느 누구도 감히 나서지 못했다. 모든 사람들의 눈에는 분노가 일렁거렸지만, 깊고 어두운 눈동자에는 의심의 태도가 역력했다.

하지만 그런 긴장도 오래가지 않았다. 골똘히 침묵에 휩싸여 있는 것을 깨뜨리는 목소리가 한쪽 구석에서 들려왔다.

"대표 동무, 내가 추민 지주에 대해 한 말씀 드려도 되겠습니까?"

과감하게 질문을 던져 군중을 놀라게 한 사람은 라우리우였다.

"좋습니다! 당신은 농민입니까?"

페이룬 동무가 말했다.

"나는 혁명을 찬동하는 사람입니다. 여기 마을 사람이기도 합니다."

"좋습니다. 그럼 말해 보십시오, 동무!"

"고맙습니다. 동무! 내가 말하고자 하는 것은 추민 지주가 이 지방에서 가장 호색가라는 점입니다. 그자는 얼마 전에 열다섯 살된 아이를 첩으로 취했습니다. 그것으로도 그의 쾌락을 채우지 못해, 우리 마을의 국화 아줌마마저 데려갔습니다. 그 여인은 미인이었습니다. 내 말은 정말입니다. 머리는 별로 좋지 않지만요. 우리는 정말 그 여자를 동정합니다. 그래서 우리는 그 일로 인해 분을 못 참고 있습니다. 보십시오, 우리 중에는 생계가 어려워 결혼도 못하는 사람이 있습니다. 추민이 모든 기회를 뺏어 버렸습니다!"

"옳소!"

참석자들이 천둥소리를 내며 찬동했다.

이제 술렁거렸다. 라우리우의 말은 이제 불을 붙이기만 하면 폭발하는 불화살처럼 작용했다. 군중의 생각에 둥지를 틀고 앉아 있었던 주저함이라는 새는 이미 두려움을 떨치고 날 준비를 하고 있었다. 수백 개의 목소리가 읍내에서 예부터 내려온 암울한 고요를 파열시키며 터뜨리는 폭죽처럼 웅성거렸다.

"추민 지주는 흡혈귀다!"

"추민은 눈썹 하나 까닥하지 않고 일천 명도 더 죽일 놈이다!"

페이룬 동무는 허공으로 주먹을 쥐고서 외치는 군중을 바라보며, 연단에서 꼼짝 않고 서 있었다. 그 소동은 매번 해변을 덮치는 거대한 파도처럼 일어나, 큰 폭발을 일으킬 것 같았다. 그러고는 잠시 정적이 유지되었다. 또 새 폭발이 뒤따랐다. 모든 사람들은 분노를 조금씩 표출시켜, 두 눈은 충혈되어 있었고, 핏발이 서고, 이마의 혈관은 떨고 있었다. 억압당해 왔던 불만의 강(江)둑은 이제 무너져 버렸다. 그리고 그렇게 만든 연단 위의 혁명가들은 그 물이 범람하고 가득 차오르는 것을 그대로 내버려 두고, 손도 하나 까닥하지 않았다.

"우리도 여러분과 동감입니다! 동무들!"

마침내 페이룬 동무가 말했다.

"우리가 우리 인민의 적을 어떻게 처리하면 좋겠습니까? 여러분이 한번 생각해 주십시오. 그자를 단죄하는 것도 여러분의 과업입니다!"

그러고는 그는 오늘 집회의 서두에 구호를 외쳐 댔던 거인에게 몸을 돌려 말했다.

"이리로 추민 지주와 왕사자를 데려와 주겠나?"

거인은 연단에서 내려가, 수백 미터 떨어진 곳에 짚으로 만든 지붕의 오두막집으로 갔다. 잠시 뒤 그는 네 사람의 무장 호위병과 함께 돌아왔다. 모두 농자대의 붉은 표식을 단 농민들이었다. 포승에 묶인 두 남자를 우리가 마주 보고 있는 연단 위로 데려다 놓았다. 두 남자 중 한 사람은 움푹 들어간 눈을 한 키 작은 사람이고, 다른 한 사람은 갈색 얼굴에 살이 포동포동해 맘모스처럼 생겼다.

"이자에 대해 하실 말씀이 없습니까?"

페이룬 동무는 키가 작은 사람을 지적하면서 우리 쪽을 바라보며 물었다.

"여러분은 이자가 어떤 작자인지 너무도 잘 알고 있습니다."

실제로 우리는 그 남자를 아주 잘 알고 있었다. 그 사람이 바로 이 지방의 '지배자요, 선을 베푸는 사람이요, 교육을 후원해 주는 사람이요, 제일 부자'였다. 바로 그 사람의 땅을 대다수의 우리 마을 사람들이 소작해 오고 있었다. 바로 그 사람의 상점에서 소금과 식물성 기름을 사 먹었다. 그 사람이 사용하지 않는 집엔 뻬이후 삼촌이 학교를 세웠다. 그렇기에 물에 빠졌다가 끌려 나온 생쥐마냥, 포승에 묶인 그 사람을 본다는 것은 이상했다. 신년을 전후하여 새로운 토지 소작 계약을 맺을 때에는, 그 사람은 우리 농민들의 꿈속에 나타나, 이불이 얼마나 두꺼운지는 상관없이 추운 겨울에도 한밤중에 등에 소름이 끼치도록 꿈에서 깨어나게 만들었다. 지금 그 사람은 마치 자기 권리를 주장하지 않는 농민들처럼 순하고, 위협이라고는 찾아볼 수 없을 정도로 조용하게 보이는 것이 믿기지 않았다. 하지만 짙은 눈썹 아래 빛나는 그 사람의 작은 두 눈은 신경질적으로 군중을 쳐다보고, 생기에 차 있었다. 지금 그 사람의 두 눈은 그리 복잡한 의미를 갖고 있지 않았다. 하지만 두 눈은 위협을 주는 것이라서 아무도 그 사람에 대항해서 말할 사람은 없었다.

대답을 기다려도 아무런 다른 대답이 없자, 페이룬 동무는 자신의 관심을 키 작은 사람에게서 맘모스 같아 보이는 사람에게 돌려, 손으로 그자를 가리키며, 참석자들에게 물었다.

"여러분은 이자에게는 뭔가 할 말이 정말 있을 겁니다. 이자는 인민 대중의 가장 실질적인 적입니다. 이자는 보안대를 조직했고, 곡물 시장을 지배할 목적으로 곡물들을 몰래 많이 숨겨 놓아, 가난한 많은 사람들이 배곯아 죽게 만들었습니다. 이자를 우리가 어떻게 처리하는 것이 좋겠습니까? 동무들, 숨김없이 말씀해 주십시오. 그를 무서워할 필요가 전혀 없습니다!"

모든 사람들은 존경하듯 성 대표를 묵묵히 바라보고 있었다. 대표는 실제적인 사람이 아니라, 맘모스 같은 인간을 감히 판결하는 귀신 같아 보였다. 이 포로는 왕사자였다. 우리 마을 사람들은 우는 아이를 달랠 때, 이 사람의 이름을 불러 댔다.

그가 저렇게 감금되어 있는 것은 실제가 아닌 환상으로 느껴졌다. 그는 언제라도 자신의 포승을 풀 수 있을 것 같았다. 그렇게 되면 그는 자기 사람들을 데리고 우리 마을에 나타나, 집에 불지르고, 자신을 비난하고 민중의 적으로 묘사한 모든 마을 사람들을 죽음에 몰아넣어 버릴 것이다. 그는 그런 일들을 전에도 자행했다.

적막한 침묵이 계속되자, 연단에 서 있던 제복을 입은 젊은 이들도 조바심이 나, 서로를 쳐다보았다. 그 사람들은 두 포로가 군중을 원초적으로 아무것도 하지 못하게 만드는 위력을 가졌다고 믿지 않는 것 같았다. 페이룬 동무는 환자를 검진하듯 그의 두 눈을 내려다보았다. 또 정치 지도원도 낭패한 표정을 짓고는 옛 지주를 바라보며, 서 있었다. 그런 침묵 속에 페이룬 동무는 자신의 등을 바로 세우고는, 추민에게 소리쳤다.

"사람들에게 네놈이 한 잘못을 자백하라. 이 재판이 네놈에 대한 공개 재판이니, 달아날 생각은 추호도 하지 마라. 네놈은 공개 재판에 붙여진 거라구."

죽음과 같은 침묵 속에서 페이룬의 목소리는 참석자 전부를 깨부술 듯이 아주 큰소리로 그렇게 말했다.

"이게 재판 관청이 되고, 연단이 법정이고, 농민들이 배심원들이라니! 그럼, 이런 것이 새 왕조인가?!"

누군가 중얼거렸다.

"결국 우리 역할이 완전히 뒤바뀌겠군!"

결국 한 사람이 뭐라고 하자, 다른 사람이 연이어 말해, 모두가 수군댔다. 그래서 전체가 웅성거렸다.

지주가 고개를 들어, 우리를 쳐다보았다. 추민이 날카로운 두 눈으로 웅성거리던 군중을 바라보자, 웅성거림은 일순간 중단되었다. 하지만 곧 집단적인 떠들썩함은 계속되었다.

"난 아무 죄도 짓지 않았소."

추민이 모두에게 조용해 말했다.

"나는 언제나 착한 마음으로 저 사람들을 대해 왔소. 지난해 가뭄 때에도 나는 쌀 한 톨도 소작료로 저 사람들에게 받지 않았소. 당신이 직접 저 사람들에게 물어보시오."

그리고 그는 마지막 말을 할 때 우리를 다시 쳐다보았다.

대표는 진기한 것을 연구하듯, 계속 추민을 노려보았다. 그리고 대표는 뭔가 생각을 해내고는 정치 지도원에게 몸짓을 했다. 지도원이 연단 앞쪽으로 가, 아래에 있는 사람들에게 물었다.

"추민이 한 말을 들었습니까, 동무들? 그자의 말이 사실입니까?"

이 질문으로 그 떠들썩하던 사람들은 조용해졌다.

"아니요! 거짓말입니다요! 그 사람은 우리가 살던 작은 집 문서를 뺏어갔답니다!"

대중들 중에 강력한 반발이 있었다.

"그자는 열다섯 살밖에 안 된 내 딸을 내놓도록 문서를 만들게 했소!"

첫 반발에 이어, 다른 호응이 있었다.

"그자는 남편 있는 국화 아줌마도 데려갔다구요!"

"보안대원이 쌀 한 사발 훔쳤다는 이유로 그를 죽도록 팼다 구요!"

이 같은 고발은 귀가 멍할 정도로 많아, 폭죽의 폭음이 하늘에 다다르는 것 같았다. 연이어 웅성거리는 소리는 바다의 물결 소리처럼 들렸다. 이 물결은 큰 파도처럼 저 멀리서부터 거대한 반향을 불러일으켰다. 연단 위의 혁명가들은 그 파도가 부풀어져 떨어질 때까지 묵묵히 바라만 보고, 그 파도가 깊이 패인 바다 속으로, 아주 조용히 침몰할 때까지 기다리고 있었다. 다시 조용함을 되찾자, 대표는 아무것도 못 들었다는 듯이 자신의 고개를 똑바로 세우고는 두 포로에게 몸을 돌려 말했다.

"네놈들은 인민들이 하는 말이 들리는가?"

추민은 눈을 떠, 고개를 엇비슷하게 돌리며 말했다.

"당신은 저 사람들 말이 사실이라고 믿소?"

"믿구말구!"

대표가 말했다.

"내가 저들에게 나쁜 감정을 가졌다면, 저 사람들이 경작하고 있는 땅만 되돌려 받는 것만으로도 저 사람들을 굶어 죽게 할 수 있다는 것을 한번 생각해 보시오."

추민이 조용히 말했다. 추민은 우리에게로 다시 시선을 돌리고는, 우리를 빨아들일 듯이 노려보고는 목청을 돋우어 덧붙였다.

"저 사람들은 양심적으로 말하지 않았어요. 확실합니다."

"저놈을 처형하라!"

한편에서 군중들을 귀먹게 만드는 함성이 들려왔다.

"그자의 일당 왕사자도 함께 처형하라!"

첫 소리에 대한 반향이 일었다.

"동무들, 조용하시오!"

두 손으로 손짓하며 그 대표가 말했다.

"우리 지금 조용히 합시다. 우린 저자가 하는 말도 들어야 됩니다."

그래서 조용해졌지만, 모골이 송연한 또 다른 폭풍과 침묵이 휘몰아칠 위협적인 기세가 들어 있는 침묵이었다. 연단에 있는 추민은 떨기 시작했고, 왕사자도 창백해졌다. 그 지주는 주의를 기울여 성대표를 바라보며, 천연덕스럽게 물었다.

"당신은 저 사람들 말을 믿소? 저 사람들은 무식한 사람들이오. 저 사람들은 흰 것과 검은 것도 구분할 줄 모르는 사람들이오."

"그렇지. 그들은 무식하지. 그들이 학교에 갈 수 없었으니까."

대표가 말했다.

"벌써 이해하고 계시군요!"

추민이 그 목소리에 일말의 희망을 갖고 말했다.

"당신이 나와 잠시라도 같이 있었더라면, 나를 이해할 거요. 내가 저 사람들에게 친절을 베푼 사람이라는 것을 알거요……."

"난 네놈을 잘 알고 있다!"

대표가 그의 말을 가로막으며, 말했다.

"나는 어렸을 때부터 네놈을 잘 알고 있다! 나를 똑바로 봐!"

그는 어두운 색안경을 벗었다. 그리고 대표는 자신의 목청을 낮추어 우리 지방의 가장 독특하고 둔탁한 지방 사투리로 말을 했다.

"귀하신 지주님, 네놈이 나의 전처를 뺏어 갔다는 말을 방금 들었다. 그 말이 사실인가, 아닌가?"

추민은 그 바람에 깜짝 놀라, 대표를 바라보았다. 군중들 사이에서 일순간 술렁거렸다. 수군거림이 파도처럼 다시 일었다. 사람들은 서로 자신들을 모르는 사람처럼 서로 쳐다보고 있었다. 한 목소리가 웅성거리는 데서 불쑥 튀어나와 소동에 찬물을 끼얹었다. 목소리의 주인공은 발끝까지 일으켜 세워 말하는 라우리우였다.

"당신은 나의 이 다정한 눈을 속였군요! 민툰 만세! 마침내 우리 마을에도 큰 인물이 났구나. 우리 마을 만세!"

우리 마을 사람 모두는 목을 길게 빼어, 양팔을 위로 올리면서 동시에 소리쳤다.

"민툰 만세! 우리 마을 만세!"

그것은 기적이었다. 아마 꿈이라고 말하는 것이 더 나았다. 아무도 민툰이 새 왕조의 관리가 될 줄 예상하지 못했다.

"조용히 하시오, 동무들!"

대표는 양손을 허공에다 휘저으면서 호소했다.

"여러분의 만세 소리는 봉건주의 사고방식 냄새가 납니다! 난 큰 인물이 아니오! 나는 여러분과 같은 무산자요! 여러분들이 놀라리라고 알고 있었습니다. 그 때문에 나는 어두운 색안경을 썼소……."

"만세! 우리 민툰 만세! 큰 인물 났네!"

만세소리가 천둥쳤으며, 이웃 마을의 많은 사람들도 성에서 온 관리가 이 고장 출신이라는 것을 알고 만세 소리에 함께 참가했다. 이 지역 역사에서 우리 농민들은 마을 촌장보다 높은 지위의 남자를 배출하지 못했다.

"조용히 하십시오, 동무들! 조용히 하시오, 동무들!"

대표가 힘차게 외쳤다.

"지주 추민과 그의 앞잡이인 왕사자를 제대로 처리하려면 먼저 우리는 논리적인 능력을 사용해야 됩니다! 우리가 이자들을 어떻게 처리하면 좋을 지 심사숙고해 말씀해 주시오!"

"저들을 처형하시오!"

함성이 일었다.

"여러분, 동의합니까?"

대표가 물었다.

"동의합니다!"

"좋습니다!"

대표가 또박또박 말했다.

"그럼 우리 농민자위대가 이자들을 감금한 것이 합법적인 일이었고, 합당하게 처리를 한 것입니다. 하지만 우리가 처형을 내릴 권한이 없습니다. 판결은 법원의 인민재판 위원들이 내릴 것입니다. 자, 그럼, 이자들을 우리 군(郡)의 인민 법정으로 보내겠습니다."

박수 소리가 천지를 진동했다.

"정치 지도원 동무!"

대표가 정치 지도원에게 몸을 돌려 말했다.

"저자들을 안전하게, 감금한 채로 인도될 수 있도록 준비해주시오."

젊은 지도원은 농민 호위병들을 가까이 오도록 했다. 그들이 연단에 올라와, 포로들을 데리고 갔다. 두 포로는 얼굴이 사색이 되어, 고개를 떨군 채, 포승에 묶여 끌려갔다. 그들이 움직일 때 수갑의 금속성 소리가 철꺽철꺽거렸다. 금속성의 소리가 단조로운 리듬으로 다시 침묵을 강요했다. 쇠로 만든 수갑이 철꺽대는 소리가 높게 낮게, 여기저기로 리듬을 타고 있었다.

"민툰, 당신이 왜 추민 지주에 대항하는 일을 해야 하나요?"

여인의 목소리는 장례식과 같은 침묵을 산산조각내면서 허공으로 날카롭게 들려왔다.

여인은 연단으로 돌진해 갔다.

"민툰! 당신이 그러면 안 돼요!"

군중은 여인이 평화를 깨뜨리는 것에 깜짝 놀랐다. 많은 젊은 농민들이 여인을 제지하려고 여인의 옷자락을 붙잡았다. 여인은 이를 벗어나려고 발버둥 쳤다. 하지만 여인은 힘이 빠져 쓰러졌다. 판 삼촌과 알란과 나는 여인을 일으켜 앉히려고 달려갔다. 여인은 우리도 모르는 새, 군중들로 둘러싸여 있는 국화 아줌마였다.

갑작스런 소동에 당황한 대표는 무슨 일인지 알아보러 연단에서 아래로 내려왔다. 그는 소란을 일으킨 사람이 국화 아줌마라는 것을 알자, 창백해졌다. 하지만 곧 조금씩 창백함은 엷어지고, 그의 목 쪽에서 진홍빛이 위로 번져 갔다. 그때 이미 라우리우도 급히 도착해 있었다. 두 사람은 국화 아줌마 위로 얼굴을 맞대고 섰다. 그들은 서로 전혀 다른 행성에서 온 사람마냥 서로를 쳐다보았다. 둘 다 눈썹을 찌푸리며, 입술을 굳게 다문 채 서 있었다. 멍해진 국화 아줌마의 시선은 이 사람에서 저 사람으로 날아다니고 있었다. 두 사람 다 할 말이 많은 것 같았지만, 누구 하나 먼저 입을 열지 않았다. 그건 이상한 장면이었다. 실제로 이 광경은 괴상했다. 우리는 아무도 세 사람이 많은 세월이 흐른 뒤, 그런 이상한 상황에서, 이상한 장소에서,

이상한 군중 속에서 다시 만나리라고는 꿈에도 생각지 못했다.

"민툰, 당신이 추민 지주 같은 분을 그렇게 잔인하게 대할 수 있어요?"

국화 아줌마가 아주 조용한 목소리로 마침내 말했다.

"아니오, 내가 그런 일을 아니 할 수도……."

대표가 아주 조용한 목소리로 말했지만 그 속엔 익살이 좀 들어 있었다.

"당신 입장에서 보면 내가 그래서는 안 되지."

"아뇨, 그 말은 틀렸어요."

국화 아줌마가 대표의 말을 정정해 주었다.

"내 입장에서가 아니라, 당신 입장에서요."

"무슨 말을 그렇게 하나? 난 당신을 이해할 수 없소."

대표가 말했다.

"저어, 당신은 이 마을에서 살 생각은 없나요? 오랜 세월을 멀리 가 있었으니. 하늘에 계시는 선조들께서 당신을 다시 보려고 학수고대하고 계세요. 저 제단에 효성 어린 제물을 받아 가고 싶어 한다고요. 민툰, 당신이 우리 고향으로 돌아오기를 바란다면, 나는 그러리라고 확신해요. 어떻게 당신이 이 지방에서 추민과 같은 큰 인물을 희생시킬 수 있어요?"

대표는 이마를 찌푸린 채 말했다.

"무슨 말인가 했더니? 그 말이었군, 국화. 농민들의 혁명 운동에도 당신은 아무 영향을 받지 않았네? 당신 입장에서 보면, 나는 뭔가? 반동인가?"

"민툰, 당신이 하는 말은 하나도 이해할 수 없어요. 당신은 마치 고전을 연구하는 학자 같아 보이는군요. 하지만, 훌륭한 큰 인물이 된 지금, 당신은 우리 마을에서 살 건지, 아닌지 내게 말해 주세요. 나는 긴 세월 동안, 기나긴 낮과 밤을 당신을 기다리며 살아왔다구요."

"무슨 말이지? 당신이 추민의 첩이 된 게 아니고? 내가 최근 확인한 바로는, 추민이 당신을 첩으로 삼았다던데⋯⋯."

대표가 흥분했다.

"무정한 사람! 뭘 보고 당신은 그런 말을 해요? 내가 정직하게 살려고 이마에 땀이 나도록 일을 얼마나 했는지, 우리 마을에 사는 사람들에게 물어봐요. 아무도 나를 감히 건드린 사람은 없다구요. 당신을 빼 놓구요."

"그럼 내가 잘못 알고 있었구나."

대표가 용서를 구하는 듯이 목소리를 낮추어 말했다.

"나는 그걸 몰랐소. 나의 실수를 용서해 주시오."

국화 아줌마는 이제 기쁨을 감추지 못했다. 국화 아줌마는 일어서려고 애쓰면서, 대표의 손을 잡으려고 두 손을 내밀었다.

"민툰, 나는 당신을 용서해요. 나는 당신의 모든 것을 용서해요. 우리 지나간 외롭던 시절은 잊어버립시다. 우리 함께 집으로 돌아가요."

그러고는 국화 아줌마는 두 눈을 감고 행복에 취해 외쳤다.

"오, 결국 내 꿈이 이루어졌어. 나는 그처럼 아름다운 꿈을 지니고 있었고, 여기서 이루어졌구나!"

그 소리를 듣고 난 대표는 한 발 물러서며 황급히 말했다.

"안 돼! 난 집으로 돌아갈 수 없어! 나는 이미 이 마을 사람이 아니오! 난 이미 혁명에 투신한 몸이오! 안 돼, 난 성으로 돌아가야 해."

"그게 무슨 말인가요?"

국화 아줌마는 질겁한 목소리로 놀라 소리쳤다.

"당신은 내 생각은 전혀 안하네요. 당신의 꿈에 내가 한 번도 나타나지 않았나요?"

국화 아줌마의 물음에 대답하는 대신, 대표는 계속 말했다.

"나는 곧 성으로 돌아가야 된다구. 난 그럴 수밖에 없다구! 나는 위원회의 수많은 집회에 참석해야 한다구. 더욱이 그 사람이 아기를 낳을……."

그러고는 대표가 혼잣소리로 말했다.

"나는 그 사람 곁에 있어야 해. 그 사람은 이 나라에 대해 모르는 것이 많아. 그 사람과 내가 헤어질 수도 없어……."

"뭐? 뭐라고? 뭐……라……고……요?"

국화 아줌마의 두 눈에는 분노가 이글거렸고, 목소리도 잔인하게 들렸다.

"당신이 다른 여자와 지낸다고?"

"다른 여자가 아니라 여성 동무지."

대표가 국화 아줌마의 말을 고쳐 주면서 분위기를 완화하려고 씁쓸한 웃음을 내 보였다.

"내가 노동자 조국의 수도에 있는 쑨원대학에서 공부하고 있을 때 알게 된 여자라고. 그 여자는 중국을 사랑하고 중국민을 사랑한다구. 그 사람도 무산자라구⋯⋯."

"아이고⋯⋯."

국화 아줌마가 갑자기 울음을 터뜨리더니 기절해 버렸다.

우리는 묵묵히 서서 그 상황을 지켜보고 있었다. 우리는 대표의 말이 무슨 말인지 이해가 되지 않았다. 이 상황은 마치 꿈처럼 이상했다. 지금 주위의 따가운 시선에 대표는 라우리우에게 말을 건네 침묵을 깼다.

"라우리우 동무, 오늘 아침 당신이 봉건 역사를 이야기하는 직업을 그만 두었다고 정치 지도원 동무로부터 들었소. 나도 반갑소. 자, 보시오, 가련한 저 국화에게 봉건 사상이 얼마나 영향을 끼쳤는지를! 저 여자가 저렇게 오랫동안 나를 기다리라고 누가 말했던가요? 저 여자를 집으로 데려다주시오, 라우리우 동무. 당신의 지위를 활용해서 저 여자에게 새 사상을 가르쳐 주시오. 우린 자주 만날 수 있을 겁니다. 그럼 이만 가 보겠소."

군중은 대표가 지나갈 수 있도록 길을 터 주었다. 그는 젊은 혁명가들과 함께 읍내로 사라졌다. 연단 위에 있던 거인은 다시 혁명 구호를 외쳤고, 군중들이 따라 하고 있었다. 마침내 집회를 마치는 선언이 있었다. 참석자들이 각자 산 너머 자신들의 마을로 흩어져 가기 시작했다. 우리는 지금 경련을 일으키면서 떨며, 두 손으로 머리를 감싼 채, 땅바닥에 앉아 있는, 가냘프고 아름다운 국화 아줌마를 위로하려고 남아 있게 되었다. 백사장에는 이제 인적이라고는 우리밖에 없어 추위마저 느끼게 되었다. 한 차례의 바람이 지나가면서, 국화 아줌마의 두 손으로 감싼 얼굴에 한 줌의 모래바람이 휘몰아쳤다. 국화 아줌마는 정신착란증 환자처럼 크게 떨고 나서 한숨을 내쉬었다. 그러고는 천천히 고개를 들어, 강 위의 넓은 허공을 응시하였다. 국화 아줌마는 다시 정신을 차렸다. 국화 아줌마는 강물 위에서 웅웅거리는 바람 소리에만 마음을 두고 듣고 있었다.

라우라우가 연민 어린 표정으로 몸을 숙여 국화 아줌마를 두 팔로 안아 일으키려고 했다. 그는 국화 아줌마의 귀에 대고 속삭였다.

"내가 집으로 데려다주도록 허락해 주시오, 국화. 집 말고 달리 갈 곳이 없지 않아요. 내가 봉건적 사고 방식을 가르쳐 유감입니다. 만약 당신이 영웅을 숭배하지 않았더라면, 우리는 이미 …… 저어 …… 아직 너무 늦은 것도 아니구요. 내가 보답할 수 있도록 기회를……"

"저리 가세요!"

국화 아줌마가 갑자기 단호하게 말했다.

"당신의 달콤한 혀로 나를 속이려 하지 말아요. 난 모든 남정네들을 증오해요! 나는 이제 남정네들 꼴도 보기 싫어요! 제발 저리 가세요!"

"그렇게 즉흥적으로 말하면 안 됩니다. 국화."

라우리우가 조용히 말했다.

"난 진심을 이야기했소."

"가세요! 나는 잠시라도 남정네들을 더 보지 않겠어요!"

국화 아줌마가 울먹였다.

"남자는 이제 더는 만나지 않겠다는 말이 확실한 겁니까?"

라우리우는 어린아이처럼 천진스럽게 물었다.

"에이, 에이……."

우리 선전부 부간사는 제 말을 다 하기도 전에 사색이 되어, 뻗었던 두 팔이 자동적으로 떨어지고, 우두커니 바위처럼 서 있었다.

국화 아줌마는 자리에서 일어서려고 안간힘을 썼다. 마침내 그녀도 일어났다. 안정을 되찾으려고 잠시 서 있다가, 바람을 안고 읍내 성문 앞의 축대가 있는 쪽으로 몸을 질질 끌며 갔다. 하지만 성벽을 지나가지 않고, 국화 아줌마는 몸을 오른쪽으로 돌려 산 쪽으로 향하는 꼬불꼬불한 좁은 길을 따라갔다. 태양은 서편 지평선으로 향하고 있었다. 죽어 가는 풀과 누런 먼지의 평원에 던져진 국화 아줌마의 그림자는 이상하게도 길어 보였고 외로웠다.

"어디 갑니까, 국화 아줌마? 산 쪽은 추운데!"

판 삼촌이 국화 아줌마를 멈추게 하려고 외쳤다.

"백련암(白蓮庵)으로요."

국화 아줌마는 반쯤 확신에 찬 어조로 대답했다. 그 어조에 는 한(恨)이 서려 있었다.

"뭣 때문에요? 그곳은 비구니들이 사는 곳이요!"

"난 이 세상과 남정네들을 잊고 살고 싶네요!"

"이해는 하지만……"

판 삼촌은 잠시 혼자 중얼거리고는, 국화 아줌마가 가고자 하는 길을 이해하려 하면서 머리를 만지작거렸다. 그리고 늙은 아버지마냥 목청을 높여 다시 불렀다.

"하지만 백련암은 길이 멀고, 첩첩산중에 있어요. 이렇게 늦 은 시각에 출발하면, 그곳에 어떻게 도착하겠소?"

"그 점은 중요하지 않아요."

국화 아줌마는 제 갈 길을 재촉하며 말했다. 잠시 뒤 국화 아줌마는 협곡으로 들어가 사라졌다.

"이상해, 정말 이상해."

판 삼촌은 혼자 중얼거리며, 다시 자신의 대머리 부분을 매 만졌다.

"난 여자들을 이해할 수 없어. 어리석은 사람들 같단 말야."

라우리우는 국화 아줌마가 사라진 협곡을 쳐다보고 있었 다. 그의 얼굴은 마치 꿈을 꾸는 듯이 백지장이 되어 있었고, 눈동자는 휘둥그레져 있었다. 시원하고 세찬 바람에 머리카락이 흐트러지자, 라우리우는 펄쩍 뛰었다. 라우리우는 마음을 가볍게 하려고 한숨 쉬고는, 지는 해를 바라보며 혼잣소리를 했다.

"이제 날이 새는구나. 나의 꿈도 이제 끝났구나!"

라우리우는 몸을 돌려 사슴의 걸음걸이처럼 괴상하게 발걸음을 옮기면서 알란에게 다가가, 알란을 꼭 안았다.

"난 너를 사랑해, 알란. 내 마음의 깊은 곳에서부터."

라우리우가 속삭였다. 그의 낮은 목소리는 시 한 소절을 읽는 것처럼 바람에 떨리고 있었다.

"너를 사랑하기로, 내 온 마음으로 너를 사랑하기로 마음을 먹었어!"

알란은 설서인이 갑자기 사랑을 고백하자, 완전히 어리둥절하여 라우리우를 진지하게 바라보았다. 눈동자에는 두 줄기 눈물이 흐르기 시작했다. 두 사람은 조용히 있었지만 두 눈은 서로를 바라보고 있었다. 알란의 눈에서 눈물이 흘러내려 마마 자국이 있는 얼굴을 덮었다.

"선생님의 착한 마음씨와 친절에 보답할 수 것이라곤 내겐 아무것도 없어요. 라우리우 님."

알란은 선전부 부간사의 진지한 얼굴을 여전히 바라보고 있었다.

"나는 태어날 때부터 하녀입니다. 나는……."

알란이 울먹이는 목소리로 말했다.

"그러나 넌 아름다워! 너는 푸른 하늘만큼이나 아름다워!"

라우리우는 시를 낭송하듯이 매끈하게 리듬을 살려 말했다.

"선생님, 정말인가요?"

천진난만한 웃음이 알란의 이상한 표정에 비쳤다. 알란은 이제 울먹이지 않고, 부간사가 대답할 때까지 진지하게 기다렸다.

"너는 아름다워! 네 마음은 이 세상에서 가장 착하다구!"

선전부 부간사는 자신의 믿음을 확인해 주었다.

"너는 무산자의 영혼을 갖고 있어. 너의 심장은 무산자와 똑같이 뛰고 있다구. 그 점을 나는 너에게서 느낄 수 있어."

"선생님은 내 얼굴에 대한 평을 안 하는군요?"

알란이 다시 물었다.

우리 부간사는 대답하기를 주저하면서, 커다란 마마 자국을 바라보았다. 그러고는 결심한 듯이 말했다.

"그것은 매우 아름다워. 그것이 너의 아름다운 영혼을 반영하고 있어."

"고마워요. 하지만 나의 출신이 비천하여 선생님을 부끄럽게 하지 않나요?"

"정반대라구. 그 점이 자랑이 되거든!"

"흑, 라우리우 선생님, 흐윽, 라우리우 선생님……."

알란은 다시 눈물을 많이 흘리면서, 온몸을 떨었다. 그러나 알란은 라우리우의 목에 두 팔을 조금씩 감싸고, 두 눈을 감았다.

"우리 이제 가자."

판 삼촌이 내게 말했다.

"저런 장면 때문에 이 늙은 심장이 더욱 빨리 뛴단다."

그래서 우리는 그들을 내버려 두고 집으로 되돌아왔다. 우리가 그 일을 어머니에게 말하자, 어머니는 아무 말이 없었다. 어머니는 혼자 중얼거렸다.

"이제 알란도 우리 집의 대를 이을 사람이 못 되겠구나."

그러고는 내게 몸을 돌려 중얼거렸다.

"나라도 더 오래 살 수 있었으면, 우리 선조가 이대(二代)만에 대가 끊어지는 우리 가족을 가만히 두지 않으실 거야……우리는 이 집을 함께 지탱해 나갈 착한 며느릿감을 어서 구해야겠다."

어머니의 중얼거림은 결국 여기서 끊겼다.

삼촌과 나는 그 말이 무슨 뜻인지 이해하지 못했다. 하지만 우리는 어머니의 어조에서 뭔가 슬픔을 느낄 수 있었다. 그래서 판 삼촌이 화제를 바꾸려고 말했다.

"형수님, 국화 아줌마가 여승이 되려고 백련암으로 갔다는 것을 아십니까?"

"왜요? 그 사람은 부처님께 귀의할 만큼 신심이 있던 여자가 아니었는데요."

어머니가 깜짝 놀라며 말했다.

"저어……."

판 삼촌은 말을 시작하기도 전에 뽀로통해졌다.

"저는 그 이유를 모르겠어요. 여자들은 이상한 사람들입니다요. 그것이 전부입니다. 아니지요! 형수님, 형수님은 예외입니다요. 유일무이한 예외입니다."

그날 이후 아무도 국화 아줌마 소식은 듣지 못했다.

11

고향으로 돌아가다 붙잡힌 판 삼촌

지주 추민과 보안대 대장인 왕사자가 최종 재판을 받기 위해 군(郡)의 인민 법정으로 호송되는 날, 마을은 온통 흥분되어 있었다. 흥분도 되었지만 두려움도 없지 않았다. 이전엔 추민 말이 곧 법이었다. 추민은 자신을 욕하는 농민은 누구든지 감금할 수도 있었다. 그 농민이 소작하는 토지를 빼앗고 그 가족을 굶어 죽게 할 수도 있었다. 그는 토지 하나 소유하지 않은 뻬이후 삼촌 같은 선생님도 지배할 수 있었다. 지금 추민이 농자대의 무산자 농민들에 의해 최종 재판을 받으러 압송된다는 것은 상상조차 못할 일이다. 그런 일은 일어날 수 없는 일이었다. 우리는 직접 두 눈으로 확인해 보고 싶었다.

그날 아침 일찍 우리는 잠자리에서 일어났다. 마을에서 대부분의 젊은 사람들은 해가 뜨기도 전에 일어났다. 갇힌 사람들을 군에까지 데리고 가려면 아침 일찍 출발해야만 밤이 되기 전에 도착할 수 있다는 말을 들었기 때문이다. 재판하는 곳은 큰 산 너머 서쪽, 아주 먼 비밀 장소였다. 우리는 마을 왼편의 깎아지른 낭떠러지 위에 올라가, 그 사람들이 군으로 끌려가는 것을 보고 싶었다. 마우마우는 내 옆의 바위에 앉았다. 마우마우는 여전히 두려움의 대상인 왕사자가 자신을 알아채지 못하도록 푸르고 큰 두건을 둘러쓰고 있었다.

"왕사자는 지금가지도 귀가 쟁쟁할 정도로 무서운 쇠몽둥이를 들고 다녔어."

그가 자신이 두려워하는 이유를 설명했다.

어두운 동편 산마루에서 불덩이 같은 태양이 천천히 하늘로 올라오고 있었지만, 대지에는 아직도 아침 안개가 자욱했다. 강 하류의 낮은 산에 뻗어 있는 읍의 옛 성벽은 여전히 깊은 잠에 빠진 거대한 파충류처럼 보였다. 그 파충류는 꼼짝도 하지 않았다. 이 동물은 숨도 쉬지 않는 것 같았다. 농자대가 읍을 점거한 뒤 몇 주일동안 아침마다 읍이 살아 있음을 알려주는 나팔 소리가 들려왔다. 하지만 백사장의 군중집회 이후 서쪽에서 온 피난민들이 대부분인 농자대는 다가올 봄에 농사 지으러 각자 집으로 돌아갔다. 지금, 이 지역에서의 혁명은 추민 지주와 그의 보안대 대장이었던 자를 처벌함으로써 완결되었기 때문에 대원들은 전혀 필요 없었다. 읍내에는 이제 몇몇 호위병들만 남았다. 그들은 나팔 소리 없이도 제때 일어났다.

우리는 안개가 걷히고, 읍내가 활기를 되찾을 때까지 기다렸다. 긴장된 태도로 지켜보고 있었다. 태양은 점점 높아지고, 크기도 작아졌다. 태양의 막연한 웃음이 밀집되고 포화 상태인 아침 공기를 부수고, 우리에게 따뜻함을 쏟아부었다. 하늘도 보였다. 여느 때처럼 하늘은 옅은 푸르렀다. 읍을 감쌌던 안개 베일이 증기처럼 흩어져 물러나면서, 작은 산 위의 회색 물결 같은 옛 성벽을 볼 수 있었다. 바로 우리 눈앞에 양철 대문의 어두운 출입구 사이로 수천 가닥의 햇살이 발산하고 있었다. 우리는 출입구가 열리는 것을 보려고 두 눈 위에 손으로 차양을 만들었다. 그 출입구가 햇살을 밀어내고 있었지만, 완전히 잠에서 깨어나진 않은 것 같았다. 우리는 강력한 반사광을 견딜 만큼 긴장한 채 기다리고 있었다. 조금씩 어둠의 조각에 햇빛이 비치자, 처음에는 그림자의 좁은 선이, 나중에는 깊이 움푹 파인 사각형 면적이 파충류의 입처럼 나타났다. 그곳에서 사람의 모습이 기어 나왔다. 그리고 둘째 사람이, 그다음엔 셋째 사람이. 그들은 한곳에 모여 일렬로 서서 급히 나팔을 불었다. 그러자 갑자기 여러 사람의 모습이 보였다. 모두 여덟 사람이었다. 그중 두 사람은 족쇄가 채워진 발을 절뚝거리면서 오고 있었다.

태양은 이제 완전히 솟아올라 우리 앞의 광경도 명확해졌다. 우리는 경사진 길을 따라 신작로로 내려오는 사람들을 볼 수 있었다. 그들이 더 가까이 오자, 우리는 그들의 얼굴까지 확인할 수 있었다. 족쇄에 차인 두 사람은 어젯밤 잠도 제대로 자지 못한 것 같았다. 두 사람 모습에는 피로가 역력했다. 내키지 않는 발걸음을 내딛고 있었기 때문이었다. 우리는 재촉하는 고함 소리도 들었다. 그 소리가 어찌나 큰지, 갈라진 논밭에서 쟁기를 끄는 늙은 암소를 어서 가자며 쫓는 성미 급한 농민이 연상되었다.

"야, 이 게으른 놈아! 네가 지금 가마 타고 가는 줄 알아?"

족쇄가 채워진 사람들은 쟁기 끄는 늙은 암소 같은 처지라 고개를 떨구고 대꾸도 하지 않았다.

신작로는 우리가 앉아 있는 깎아지른 동산을 에워싼 채 나 있었다. 그 일행이 첫 번째 굽이진 곳을 지날 때, 우리는 가슴이 두근거리기 시작했다. 마우마우는 완전히 덜덜 떨고 있었다. 그는 천성이 겁쟁이였다. 그는 찢어지게 가난해 모든 일에 자신감을 잃고 있었다. 때로는 이유도 없이 떨었다. 그의 이유 없는 떨림이 절정에 다다른 순간에, 우리는 주위에서 들린 갑작스런 폭발음에 놀란 사슴처럼 펄쩍 뛰었다. 그 소리는 천둥 번개 소리처럼 허공을 쏘아 댔고, 그 메아리는 옆 골짜기에 떨어진 포탄 소리 같았다. 한 무리의 건장한 사내들이 움푹 팬 곳과, 신작로 양 옆의 논밭에서 뛰어 올라왔다. 사람들은 모두 칼과 권총으로 무장하고 있었다. 그들은 마치 산돼지를 덮치는 늑대마냥 농자대원들을 덮쳤다. 총소리가 탕탕 하고 나자, 비명 소리도 들렸다. 그들은 서로 뒤엉켜 싸우고 있었다.

"등에 식은 땀이 다 나네."

마우마우가 중얼거렸다.

"우린 집에 가서 대문을 꼭 잠급시다. 총소리를 들었지요? 그 총은 짐승도 꿰뚫고 지나가고, 머리도 산산조각으로 만들어 버린다구요. 나는 그 무기를 알아요. 내 말이 사실입니다. 보안대에 있을 때 배웠다구요."

두말하지 않고 그는 냅다 집으로 달아났다. 신작로에서의 전투는 처참한 광경이었다. 공격한 측에서 농자대원을 하나씩 체포하고, 주먹과 총의 개머리판으로 쓰러진 희생자들을 힘껏 내리치니, 메아리 없이 움푹 들어가는 소리가 났다. 좀 전까지 족쇄를 차고 있던 두 사람은 이제 자유롭게 되었다. 왕사자는 큰 칼을 받아들고 있었다. 하지만 싸울 의도는 없었다. 그는 한 발 물러서서, 추민의 마름이라는 무시무시한 남자 옆에 서서 공격자들을 향해 명령만 고래고래 질러 대고 있었다. 왕사자의 이상한 목소리가 싸움보다도 더 우리를 무섭게 만들었다. 우리는 서둘러 낭떠러지에서 내려와, 집으로 피해 곧장 문을 걸어 잠궜다. 그럼에도 불구하고 왕사자의 괴상하게 포효하는 소리는 여전히 지붕 위에서 들리는 것 같았다.

우리는 한참 만에 정신을 차렸다. 소동이 잔잔해지고 사그라진 후에도 오랜 시간이 흘러서야 겨우 진정했다. 벽 옆에 앉아 있던 판 삼촌은 완전히 혼비백산이 되어 어머니를 바라보고 있었다. 그는 자신의 벗겨진 대머리 부분을 만지는 일도 잊을 정도였다.

"정신 차리세요, 삼촌."

어머니가 판 삼촌에게 말했다.

"소동은 이미 오래전에 끝났답니다."

판 삼촌은 여러 번 자신의 두 눈을 굴리고 입술은 신경이 쓰이는 듯이 좀 떨고 있었다. 결국에는 조리 없는 이야기를 시작했다.

"새 왕조를 저는 이해할 수 없어요. 형님, 사람들이 싸우는 일에만 정신이 팔려 있는 것 같아요. 제게 농민조합에 대한 책임을 벗을 방도를 가르쳐 주십시오. 제가 조합을 위해 일한 게 없고, 할 수 있는 일도 없어요. 저 같은 인간은 새 왕조에는 불필요한가 봐요."

어머니가 미처 대답하기도 전에, 대문을 두드리는 다급한 소리가 들려왔다. 우리 개 라이바우가 누군가에 대항하여 격렬히 짖어 대고 있었다. 즉시 방에는 죽음 같은 침묵이 지배했다. 또한 두드리는 소리에 대응할 용기가 나지 않았다.

"날 내버려 둬, 제발. 저리 가!"

밖에서 이런 목소리가 들렸고, 그것은 아주 귀에 익은 목소리였다.

"들어가게 해 줘, 제발! 날 좀 들어가게 해 달라니깐! 라이바우가 내 옷 다 찢는다!"

"어서요, 판 삼촌."

어머니가 자리에서 일어서며 황급히 말했다.

"저분은 뻬이후 삼촌이군요!"

판 삼촌은 대문으로 급히 달려가, 빗장을 풀어 대문을 밀쳐 열었다. 뻬이후 삼촌은 맹렬히 짖어 대는 라이바우에 압도당해 벌벌 떨고 있었다. 뻬이후 삼촌은 판 삼촌을 보자 이제 살았다는 듯이 긴 한숨을 쉬고, 급히 안으로 뛰어 들어왔다. 라이바우는 이제 가둬 놓았다. 하지만 개는 바깥에서 계속 짖어 댔다. 겨우 잠잠해지자, 뻬이후 삼촌은 안락의자에 풀썩 주저앉아 다시 한숨을 내쉬었다. 뻬이후 삼촌은 회초리를 가져오진 않았지만, 두손은 의자 다리 부근을 더듬으며 뭔가를 찾고 있었다. 그는 가르치는 일은 그만두었지만, 습관은 아직 버리지 못했다.

"무섭고도 잔인한 일이라구요!"

뻬이후 삼촌은 우리 앞에서 헛소리하듯 눈을 크게 뜨고서 중얼거렸다.

"난 그 일을 이해할 수 없습니다! 난 이해가 안 되어요!"

"무슨 일입니까?"

어머니가 물었다.

"사람들이 길에서 싸웠다던데. 또 왕조가 바뀌었나요?"

"모르겠습니다. 모르겠습니다."

뻬이후 삼촌이 반복해서 말했다.

"그네들이 신작로에서 싸웠을 뿐 아니라, 읍내에 남아 있던 젊은 간사들하고 싸우려고 읍내로 들어오기까지 했습니다. 그네들이 정치 지도원을 때려, 아교풀 속에 던져 버렸답니다. 그들이 그를 완전히 죽도록 만들어 버렸답니다. 또 나마저 죽이려 했지만 내가 용케 혼란한 틈을 빠져 나왔지요."

"그들이 누구던가요?"

판 삼촌은 흥분을 가라앉히지 못하고 물었다.

"그들이 도적 떼인가요? 나도 그들이 호위병들을 습격하려고 움푹 파인 곳에서 뛰쳐나오는 것을 보았습니다요. 그 사건으로 보자면, 그들은 도적 떼임이 틀림없다구요."

"아닐세. 절대로 그들은 도둑이 아닐세."

뻬이후 삼촌이 말했다.

"그들은 혁명가들을 쫓아낸 왕사자 사람들이야. 도망갔던 추민의 마름이 그들을 다시 끌어모아, 그 일당을 조직했다구. 그 작자들이 추민과 왕사자를 구출하러 왔는데, 결국 성공했지."

"정치 지도원이라는 사람은 정말 죽임을 당했나요?"

어머니가 아주 걱정스럽게 물었다.

"내가 언제 제수씨께 거짓말을 한 적이 있습니까? 그 작자들이 그를 사무실에서 끌어내, 장터로 데려갔다구요. 나는 그때 변소에 있었습니다. 제수씨, 하늘이 도왔지요. 나는 매일 아침 변소에 들르지요. 내가 변소의 널빤지 위에 자리를 잡아 적어도 반 시간 정도는 움직이지 않고 있었습니다. 보세요, 제수씨. 나는 그 시간에 시를 읽고 있었지요. 물론 나쁜 습관이지만 고쳐지지가 않습니다. 그런 사이에 하느님이 도우셨지요, 그들은 나를 못 찾은 겁니다. 나는 창문을 통해서 그 작자들이 어떻게 정치 지도원을 죽이는지를 보았습니다. 아, 잔인하더군요, 제수씨! 그 마름이 먼저 지도원의 뺨을 이쪽 저쪽으로 때렸습니다. 나중에 추민이 정치 지도원의 사타구니를 발로 걸어 찼습니다요. 그리고 왕사자가 큰 칼로 그의 목을 날려 버렸지요. 왕사자가 사람을 죽일 때 어떤 모습인지 아실 겁니다. 그의 두 눈은 튀어나왔고, 이는 꽉 다문 채, 얼굴에는 핏발이 돌아 붉게 되고, 큰 칼이 종이 자르듯이 목을 뚫어 지나가 버렸다구요. 그건 왕사자에겐 참외를 자르듯이 쉬운 일이었다구요……."

"그만! 그만하세요! 뻬이후 삼촌, 그만하세요!"

어머니는 그가 하는 말을 급히 중단시키고, 두 손으로 머리를 감쌌다.

"불쌍한 정치 지도원! 어린 나이에, 그가 우리 집에 왔을 때는 소년이었는데, 우리 아들보다 나이가 많지도 않았는데……."

뻬이후 삼촌은 어머니가 무서워하자, 깜짝 놀라 어머니를 바라보았다.

"저어, 제수씨, 내가 무서운 이야기를 했습니까? 그 일은 진짜 일어난 일입니다. 나도 그런 일을 난생처음 당했지요. 그 일은 잊혀지지 않을 겁니다. 정말 잊지 못할 겁니다."

판 삼촌이 다른 질문을 하자, 그의 독백은 중단되었다.

"라우리우는요? 그도 죽었나요? 그 사람은 위원회 회의하느라 어제 저녁에 읍내로 가 아직 돌아오지 않았는데요."

"아니, 그 사람도 혼란 속에서 달아날 수 있었을 거야. 마을 사람들이 읍내로 몰려들어 올 때, 그가 사무실 뒷문으로 빠져나가는 것을 본 사람이 있거든."

"그 사람들이 아직도 혁명가들을 찾아다니나요?"

판 삼촌이 다시 물었다.

"아닐세, 그 작자들은 정치 지도원을 죽이고 가 버렸네. 그 작자들이 어디로 갔는지 몰라. 어쨌든 읍내에는 사람이 하나도 없다네. 그 간사들에 대해서는, 내가 기억하고 있는 것이 하나 있네, 판. 자네가 날 좀 도와주게. 나는 두 번 다시 이 잔인한 혁명복을 입고 싶지 않네. 내가 배곯아 죽는 일이 있어도, 정치 지도원 누구에게도 서기가 되고 싶지 않네."

그리고 뻬이후 삼촌은 자리에서 일어섰다. 그의 회색 난징 무명으로 지은 혁명복은 정말 이상해 보였다. 그가 서기가 되었을 때, 그는 존경받는 수염마저 싹 밀어 버렸다. 그러나 뻬이후 삼촌은 새 왕조의 소년 같은 복장을 해도, 면도를 해도 전혀 젊어 보일 수 없었다. 반대로 그는 우스꽝스럽게 보였고, 괴상한 그의 모습은 불쌍해 보였다. 뻬이후 삼촌 자신도 그런 처지를 아는 것 같았다. 뻬이후 삼촌은 확고부동한 결심을 한 듯 자신이 입고 있던 혁명복을 갈갈이 찢어 넝마처럼 방바닥에 집어던지고는, 옷에 대고 말했다.

"썩 꺼져! 난 네놈이 이젠 필요 없어!"

뻬이후 삼촌은 판 삼촌에게 몸을 돌려 간청하듯 말했다.

"나의 오랜 친구, 자네의 긴 두루마기를 내게 주게! 내 키가 자네와 거의 같으니."

"형님이 긴 두루마기 옷을 입으시겠다니 정말이십니까?"

판 삼촌은 뻬이후 삼촌의 그런 행동에 깜짝 놀라며, 혼비백산한 표정으로 물었다.

"내 긴 두루마기를 형님께 드려도 되는지 묻고 싶군요."

"왜 묻나? 그럼 내가 그 옷을 얻어 입을 만한 데가 자네 말고 또 누가 있는가? 나는 저 빌어먹을 혁명복을 구하느라고 내 두루마기를 팔아 버렸지 뭔가."

뻬이후 삼촌은 자신의 발아래 찢겨진 채 놓여 있는 그 옷을 손가락으로 가리켰다.

"오해는 하지 마십시오, 형님,"

판 삼촌이 설명해 나갔다.

"나는 형님께 내 두루마기를 쉽사리 내 드릴 수가 없습니다. 내가 걱정하는 것은 뻬이후 형님께서 혁명복을 평복으로 바꿔 입는 것도 혁명 정부의 승인을 받아야 하지 않을까 하는 점입니다."

"무슨 승인을? 내 상관인 정치 지도원이 시체가 되어 싸늘하게 죽었다는 것을 자네에게 말하지 않았나?"

"말했지요."

판 삼촌이 고개를 끄덕였다.

"그럼 형님은 무슨 계획이 있습까? 결단코 혁명 서기 같은 일을 안 하시겠다는 말입까? 아니면, 간단히 말해서, 직업을 바꾸실 겁니까?"

뻬이후 삼촌은 두 눈을 희번덕거리더니 말했다.

"자네 말대로일세, 내 오랜 친구. 바로 그 때문에 긴 두루마기가 필요하거든. 추민이 다시 권세를 잡으면······. 지금 상황으로 보면, 아주 그럴 듯한 일이지. 나는 다시 학교를 세울 걸세. 가르치는 일만이 내 삶의 유일한 목적이야. 여보게, 어느 왕조가 오고 가도 어린이들은 교육을 시켜야 하거든. 또 자넨 날위해 자작나무 회초리 하나 만들어 주게. 그 빌어먹을 혁명의 와중에 그토록 오래 간직하던 회초리마저 잃어버렸다네."

"지금 당장은 형님에게 자작나무 회초리를 만들어 드릴 수가 없네요."

판 삼촌이 대답했다.

"하지만 형님이 정말 가르치는 일을 다시 시작하신다면, 긴 두루마기는 드리지요. 그 옷은 내가 설에 입는 옷이니, 형님 마음에 드실 겁니다."

그는 자신의 방으로 갔다. 잠시 뒤 그는 두루마기를 가져왔다. 뻬이후 삼촌은 이윽고 그 옷을 입었다. 뻬이후 삼촌에게도 맞는 옷이었다. 뻬이후 삼촌은 앞뒤로 쳐다보며 만족했다. 그러고 나서야 안심이 되는 듯 긴 숨을 내쉬었다. 마치 뻬이후 삼촌이 악몽에서 해방되어 다시 선생님이 된 듯이.

"만일 추민 지주가 다시 권세를 잡는다면, 선생이 되는 걸 허락할까? 여보게, 나는 혁명에 살든지, 어느 시대에 살든지 내가 먹고살려면 일을 해야 하지 않는가."

"잘 모르겠어요."

판 삼촌이 대답했다.

"내가 곧장 수염을 다시 기르면, 가능하지. 추민은 나보다 더 값싼 선생은 찾으래야 찾을 수 없다는 것을 난 알아. 강습료를 내리라고 하면, 내리면 되는 거구……."

판 삼촌은 묵묵부답이었다.

군(郡)에 새로 혁명 호위병들이 도착해 질서가 다시 회복된 오후에, 뻬이후 삼촌은 읍내 집으로 돌아갔다. 떠나는 순간에도 뻬이후 삼촌은 상기시켰다.

"판, 내게 자작나무 회초리 하나 만들어 주는 것 잊지 말게. 난 그게 꼭 필요하네."

"저어, 알아보지요."

판 삼촌은 저녁 황혼 속으로 멀어져 가는 뻬이후 선생님의 수척한 모습을 멍하니 바라보며 말했다.

다음 날 아침에는 안개가 없었다. 태양이 우리 등을 간지럽히며 따뜻한 햇살을 아낌없이 보내 주고 있었다. 판 삼촌은 어린 암소에게 볕을 쬐어 주려고 마을 공터로 끌고 나왔다. 판 삼촌은 무엇보다 이 일을 제일 급한 일로 생각하였다. 암소의 아름다운 황금빛 머리털이 매끈해 보이려면 햇살이 필요했고, 소도 기분 전환을 하려면 햇살의 따사로움이 필요했다. 판 삼촌은 지난가을에 어린 송아지가 어미 소를 잃어버린 뒤로 슬픔에 잠겨 있다고 생각했다. 암송아지도 마치 고아가 된 것처럼 외로워하고 있는 것 같았다. 비록 판 삼촌이 할아버지나 되는 양 송아지를 대해 주려고 했지만, 암송아지는 너무 어려 판 삼촌의 말을 이해하지 못했다.

판 삼촌은 지금 태양 아래 서서 큰 손으로 암송아지의 옆구리를 쓸어 주고 있다. 판 삼촌이 암송아지에게 말을 걸려고 하는 그때, 송아지가 발길질을 하기 시작했다. 암송아지는 겁에 질려 펄쩍 뛰었다. 왜냐하면 집 지키는 개들이 일제히 군복을 입은 한 무리의 사람들을 향해 짖어 대고 있었기 때문이다. 수상한 방문객들 때문에 우리도 두려웠다. 모두 총을 지니고 있었다. 농자대원들과는 달리, 그들은 말쑥한 제복 이외에도 군용 모자를 쓰고 있었다. 군용 모자에는 망치와 낫이 있는 그림을 하고 있었다. 우리는 그네들이 어디서 왔는지 상상도 할 수 없었다. 그네들이 군대식 걸음걸이로 우리 마을의 공터 마당의 중간에 왔을 때, 그네들이 혁명군이 장악하고 있는 군(郡)에서 파견된 정규군인임을 알았다. 그들 중에 키가 작고 약골인, 허리에 권총을 찬 사람이 판 삼촌에게 곧장 다가와 물었다.

"아저씨, 마우마우가 어디 사는지 알려 주시오."

판 삼촌은 갑작스런 질문에 당황하여 소 옆구리에 두었던 손을 꼼짝도 않고 있었다. 그 사람이 우리 마을 사람 외에는 달리 친구가 없는 마우마우를 안다는 것이 수상했다. 그리고 더욱 수상한 것은 그의 목소리가 언젠가 전에 들어 보았던 소리라는 점이다. 하지만 판 삼촌은 어디서 그런 목소리를 들었는지 확실하지 않았다. 판 삼촌은 바보처럼, 권총을 차고 있는 좀 키가 작은 남자를 유심히 쳐다보았다.

"왜 나를 쳐다봅니까, 아저씨?"

남자가 물었다.

"나를 알아보지 못하겠어요? 저 아름다운 암송아지가 나를 기억해 낼 수도 있을텐데요."

판 삼촌은 남자의 얼굴을 찬찬히 살펴보았다. 그러다가 갑자기 판 삼촌은 깜짝 놀라 펄쩍 뛰며 말했다.

"바로 그 여자로 변장한 사람이구나! 이제 다시 기억이 나는군."

"여자는 아니지요. 그땐 변장을 한 건 백색테러 시대에 살아남기 위한 한 방법이었지요."

남자는 말을 하면서 두 군데서 강조를 하며 큰 소리로 말했다.

"나는 진짜 남자입니다."

"미안합니다!"

판 삼촌이 여러 번 미안하다고 사과했다.

"혁명 장교이군요. 이제 기억이 납니다. 기억나고 말구요. 혁명 왕조가 시작된 지 이틀 되던 날 아침 마우마우를 우리 마을로 돌려보냈지요. 기억나는구만요. 기억나요!"

"그렇습니다! 마우마우가 어디 사는지 말씀해 주시오."

그 갑작스런 요청을 듣고 뭔가 잘못되었구나 하는 느낌을 받고서, 판 삼촌은 창백해졌다. 판 삼촌이 주저하며, 자신의 대머리 부분을 만지기 시작했다.

"저어…… 저어…… 난…… 난……."

"당장 말씀해 주시오. 부탁드립니다! 마우마우가 사는 작은 집을 알고 계시지 않습니까? 내가 마우마우를 그날 아침 아저씨께 넘겨준 거 기억하시지요? 그 때문에 아저씨에게도 책임이 있습니다. 우린 지금 그자를 찾고 있습니다."

남자의 목소리는 위협적이었다.

"저어…… 저어……."

판 삼촌은 남자의 손에 권총이 들려 있음을 보고서 중얼거렸다.

"그 사람이 집에 있는지 잘 모르겠소."

"그자의 집으로 우리를 안내해 주시오. 어서요!"

남자가 소리쳤다.

내키지 않았지만, 판 삼촌은 마우마우가 사는 작은 집으로 발걸음을 옮겼다. 이상한 낯선 방문객들은 무거운 발걸음을 내디디며 걷는 판 삼촌을 따라갔다.

마우마우는 부엌에서 아내를 위해 음식을 만드는 데 열심이었다. 마우마우는 음식이 다 끓을 때까지 기다리고 있었다. 암까마귀가 벌써 몇 달 전부터 임신 중이라, 배가 작은 산만큼 둥근 모양을 하고 있었다. 암까마귀는 출산 때까지 어떤 일도 마다했다. 그녀는 육체적 긴장으로 인해 자신의 자궁 속에 있는 새 아기의 건강을 해칠지도, 기형아가 출산될 수도 있다고 말했다. 그녀 자신은 세상에서 가장 아름답고 건강한 아기를 낳아, 제일의 농민으로 키우고자 했다. 그래서 그녀는 자기 아기가 '사내애'여야지 '계집애'는 아닐 것이라고 철석같이 믿고 있었다. 마우마우도 자기 아내의 말을 믿었다. 따라서 마우마우는 자기 마누라가 밤새 배설한 것을 깨끗이 비워 놓는 것을 포함해서 그녀를 위하는 일이라면 만사를 제쳐 두고 다 했다. 또 암까마귀는 딱딱한 것을 먹지도 않았다. 그래서 마우마우는 자신이 만든 음식이 '양털처럼 말랑하다는 것'을 자기 마누라에게 확신시켜 주어야 했다.

장교는 방에서 마우마우가 나오기를 조급하게 기다리고 있었다. 결국 장교의 인내심이 한계에 이르자, 화를 내며 소리쳤다.

"마우마우, 도망갈 준비하는가?"

암까마귀는 그의 말을 무서워했다. 암까마귀는 뭔가 잘못되었다는 것을 알아차리고, 장교가 마음을 상하지 않도록, 마우마우가 불쾌한 일을 당하지 않도록 해야겠다고 느꼈다. 그래서 암까마귀는 부엌 쪽으로 마우마우를 불렀다.

"마우마우, 나으리들께로 와요! 나오라고 명령하고 있다구요! 음식은 걱정하지 말아요. 내가 괜찮다고 했는데."

"그래요, 여보."

마우마우가 안쪽에서 말했다. 그러고는 잠시 뒤 나타났다.

"이제야 나타나는군!"

장교가 그에게 다가서며 말했다.

"날 알아보겠지?"

마우마우는 그를 훑어보더니 덜덜 떨기 시작했다. 마우마우는 자신이 여자로 변장한 남자를 두들겨 팼다는 것과, 농자대가 읍을 점거한 뒤 곧 자신을 투옥한 사람이 여자로 변장한 남자라는 것과, 두 번 다시 왕사자와 관계를 맺으면 처형하겠다고 말한 것을 생각하면서 장교를 기억해 냈다. 그런 말들은 마우마우의 기억 속에 뚜렷하게 남아 있었다. 마우마우는 이제 완전히 죽을상이었다. 그의 온몸은 말라리아에 걸린 사람처럼 심하게 떨고 있었다.

"당신을 체포하겠어."

장교가 조용히 말했다.

말이 떨어지자마자, 주위에 있던 다른 군인들이 다가서서 그의 손에 수갑을 채웠다.

"무슨 이유로요? 무슨 이유로요? 나으리?"

마우마우가 정신병자처럼 발버둥치며 말했다.

"당신은 왕사자를 따르는 이 아닌가?"

장교가 말했다.

"그랬지요. 하지만 지금 난 그와는 아무 관계도 없다구요."

"하지만 어제 그 추종자들이 소동을 일으켜 우리 정치 지도원을 죽였어. 그 소식은 못 들었나?"

"전혀요, 나으리. 못 들었어요, 나으리."

마우마우는 울려고 했다.

"바로 그때, 난 우리 작은 집 대문을 걸어 잠그고 있었다구요. 마누라인 암까마귀가 그걸 증명해 줄 수 있다구요."

"그건 상관할 바가 아니고. 당신이 어찌 되었다는 설명은 내게 필요 없어."

그 장교가 말했다.

"당신 스스로 군(郡)의 인민재판에서 그 점을 설명해 보라구. 자, 가자. 이건 내 임무요."

군인들이 수갑을 채운 마우마우를 작은 집에서 끌고 나왔다. 마우마우는 끌려가고 싶지 않은 돼지처럼 움직이지 않으려 했지만 헛일이었다. 군인이 총대로 그의 엉덩이를 때리며 그에게 소리쳤다.

"계급의 배신자! 인민의 단죄를 어찌 네놈이 피하려고 하느냐!"

마우마우는 무슨 말인지 이해가 되지 않았다. 하지만 어쩔 수 없이 그가 이 사람들과 함께 가야 된다는 뜻으로 불확실하게 느꼈다. 그래서 그는 반항할 생각도 거두고, 그들과 함께 산 너머 군(郡) 소재지로 나 있는 신작로로 조용히 갔다. 하지만 신작로에서 마을이 분리되는 좁고 움푹 파인 곳을 지나면서 암까마귀를 불렀다.

"여보! 부엌으로 얼른 가, 프라이팬에 있는 음식이 타지 않게 해요!"

그리고 그는 움푹 파인 곳을 넘어 안개로 덮인 먼 곳으로 훌쩍 뛰어가서는 우리의 시선에서 사라졌다.

마우마우의 아내인 암까마귀는 길에 서서 입을 벌린 채 멍하니 서 있었다. 판 삼촌은 그녀에게서 몇 걸음 떨어진 곳에 서서 인적이 끊어진 신작로를 멍하니 바라보고 있었다.

"그게 무슨 말입니까? 그게 무슨 뜻입니까?"

암까마귀가 갑자기 침묵을 깨고 판 삼촌에게 좀 화난 목소리로 말했다.

"우리 마우마우에게 무슨 일이 있나요?"

"나도 잘 모르겠소, 마우마우 부인."

판 삼촌은 주저하는 목소리로 점잖게 대답했다. 처음으로 판 삼촌은 그녀를 '부인'이라고 불렀다. 보통 판 삼촌은 그녀를 '마우마우의 먹성 좋은 안주인'으로 빗대어 말했다.

"알아야 해요, 판 삼촌, 알아내야 해요!"

암까마귀는 목청을 돋워 외쳤다.

"알아야만 돼요. 먼저, 판 삼촌이 저 사람들을 우리 작은 집으로 데려오셨고, 둘째로, 판 삼촌이 마을 조합의 대표이거나, 이와 비슷한 위치에 계시니까요. 다시 말해서 판 삼촌이 우리 마을 이장 같은 사람이니까요. 아, 맞아요. 그 혁명 왕조에서. 그리고 셋째로, 저어······ 어쨌든 삼촌이 알아내셔야만 됩니다!"

판 삼촌은 자신의 고막을 천둥처럼 때리는 암까마귀의 목소리에 그만 넋이 나가 버렸다. 또 암까마귀가 말할 땐 두 눈이 튀어나와 마치 공처럼 둥글게 되어, 판 삼촌을 산 채로 집어삼킬 기세였다. 판 삼촌의 늙은 얼굴이 창백해졌으며, 입술도 경련을 일으키듯이 떨고 있었다. 오랫동안 떨고 있던 판 삼촌의 입술에서 몇 마디가 단편적으로 나왔다.

"마우마우 부인, 마우······마우······부인······."

"판 삼촌이 나를 부인이나 귀부인으로 부르는 것도 바라지 않습니다!"

암까마귀가 판 삼촌의 말을 가로막았다.

"단지 판 삼촌은 내게 일이 어떻게 된 건지를 명료하고도 숨김없이 알려 주셔야 된다는 거죠. 당신네 혁명가들은 비밀을 그리 좋아한다면서요. 난 당신네들 풍습을 알아요. 나는 멍청한 사람이 아닙니다!"

"암요, 멍청하지 않구말구요. 아주 현명한 사람이지요. 마우마우 부인······."

"흥!"

암까마귀가 판 삼촌이 하는 말을 가로막고, 자신의 가운뎃 손가락으로 늙은 판 삼촌의 이마를 바로 가리켰다.

"날 놀리려고 하지 말아요. 당신네들 혁명의 비밀을 내게 말씀해 주셔야 돼요!"

판 삼촌의 얼굴은 밀랍처럼 하얗게 되었다. 판 삼촌은 흥분하여 말했다.

"마우마우 부인, 무슨 일인가 알려면 내게 말할 기회를 주어야 하지 않소……."

"좋아요. 좋아!"

암까마귀는 두 손을 이미 허리춤에 갖다 놓고서 판 삼촌이 하는 말을 한 번 더 가로막았다.

"당신네 혁명 비밀을 내게 말해 줘요. 자, 하나, 둘, 셋……."

그러면서 암까마귀는 판 삼촌을 암독수리처럼 노려보았다.

"마우마우 부인,"

판 삼촌은 명령에 따라 말을 하기 시작했다.

"난 결코 그 혁명가들과는 관련이 없어요. 아마 그들은 마우마우를 군으로 데려가, 어젯밤에 일어난 소동과 관련이 있는지 알아보려고 했을 거요. 마우마우가 전에 보안대에 소속되어 있었소. 그리고 보안대가 소란을 일으켰다니깐요."

"이해가 되는군요."

암까마귀가 머리를 끄덕였다.

"판 삼촌 생각엔, 심문이 얼마나 오래 갈 것 같나까?"

판 삼촌은 눈썹을 치켜올렸다.

"아마 열흘이나 보름, 얼마일지는 정확히 말할 수가 없군요. 여봐요. 공무란 항상 천천히 진행되는 법이오. 옛날에는 그런 소송이 삼 년을 다 채우더라니깐요!"

"그렇게나 오래요!"

암까마귀가 소리쳤다. 그녀는 앞이 확 트인 공간을 멍하게 쳐다보고 있었다. 그녀는 뭔가 생각에 잠겨 있었다. 갑자기 그녀는 매처럼 울먹였다.

"나는 어떻게 살지? 난 어떻게 살아가지? 나는 지금까지 마우마우가 만든 음식에만 익숙해 있는데. 아, 엄마, 난 그이 없인 살 수 없어요. 더욱이 밤에는 추워요. 난 그이 없인 잠도 오지 않아요. 아, 엄마, 혁명가들이 나만 죽이려 해요! 아뇨, 그 사람들이 어머니 손자도 죽이려 해요!"

그러고는 그녀는 자신의 부른 배를 매만졌다. 그녀는 한참 동안 원 없이 울고 난 뒤, 갑자기 미친 듯이 자신의 배를 때리기 시작했다.

"마우마우 부인, 그렇게 하면 위법입니다! 그렇게 하면 아이에게 위험해요! 정신 차려요. 마우마우 부인. 조심해야 돼요, 그렇지 않으면 아기가…… ."

판 삼촌은 식은땀을 흘리기 시작했다. 낭패감과 두려움이 거세게 일어났다.

"난 이 아이가 죽어 버렸으면 해요! 나도 더 살고 싶지 않아요! 아, 여보, 마우마우! 내가 언제나 사랑하는 마우마우! 당신이 감옥에 가면 나는 어찌 살란 말입니까!"

암까마귀의 울먹임이 초상집의 곡소리로 발전했다. 통상 이런 상태의 여자들이 진정을 되찾기까지는 서너 시간이 더 걸린다. 판 삼촌은 얼굴이 백지장처럼 되어, 자신의 머리를 미칠 듯이 매만졌다. 그리고 갑자기 암까마귀는 울먹이는 것을 멈추고 소매로 흘러내리는 눈물을 닦아 냈다. 하지만 그녀는 괴로운 듯이 중얼거렸다.

"판 삼촌, 판 삼촌이 내 목숨과 아이의 생명을 구하고 싶으면, 삼촌이 당장 군으로 달려가, 관계자들에게 우리 마우마우가 착한 사람이고 이 세상에서 가장 착한 농민이라는 점을 말해 주세요. 그러면 그 사람들이 그이를 풀어 줄 겁니다. 그들은 판 삼촌 말씀을 믿으니까요. 난 알아요. 당신들은 모두 동무들이기 때문이지요. 혁명가들이 마우마우를 처음 잡으러 왔을 때, 판 삼촌이 그이를 구해 주지 않았습니까. 곧장 좀 가 봐 주세요. 삼촌이 혁명의 이장이니까요. 난 알아요. 날 바보라고 여기면 안 돼요."

"그래. 내가 가 보지요. 가 볼게요."

판 삼촌은 암까마귀의 말에 한마디도 반박하지 않고 재빨리 말했다.

"하지만 부인은 쉬어야 해요. 아이를 위험에 빠뜨리면 안 된다구요. 내가 그를 위해 최선을 다해 보지요!"

판 삼촌은 가벼운 한숨을 내쉬고서 암까마귀를 남겨 두고 자리를 떠났다.

어린 암송아지에게 먹일 이틀분 누렁 콩깍지를 잘라놓고, 오후에 판 삼촌은 군으로 출발했다. 해가 서쪽으로 기울고 있었다. 어머니는 내일 떠나면 어떻겠느냐고 조언을 했지만, 판 삼촌은 지금 곧 가야 한다고 우겼다. 마우마우가 체포된 이후, 판 삼촌은 마우마우뿐 아니라 그의 아내와 아직 엄마 배 속에 있는 아이가 걱정된다고 말하였다. 판 삼촌은 그 생각을 하면 늙은 심장이 아파 온다고 말했다. 그래서 그는 떡을 싸 가지고 떠났다.

이틀이 지나도 그는 돌아오지 않았다. 사흘이 지났다. 판 삼촌은 여전히 나타나지 않았다. 암까마귀는 조급함을 참지 못하고 세 시간 간격으로 우리를 찾아왔다. 그녀는 몸짓과 한숨으로 말하고는 그때마다 울었다. 마우마우에 대한 꿈을 꾸었다며, 꿈속에 마우마우가 달아나, 어느 작은 산 속의 한 젊은 점쟁이 과부 집에 은신해서는, 마우마우의 영혼이 점쟁이 과부에게 사로잡혀 마을로 돌아오는 것을 방해했다며, 이런 일들은 마우마우에게는 가능한 일이기 때문에, 마우마우가 여자들의, 특히 젊은 과부들 손아귀에 떨어지는 것은 마치 쥐가 고양이에게 걸려드는 것과 같다고 말했다. 그리고 마우마우가 그녀를 보지 못하는 곳에 있으면, 그가 그녀를 잊어버릴 것이라고 말했다. 암까마귀는 꿈 이야기를 끝낼 때마다 매번 흐느끼고는, 자신의 슬픈 운명에 대해 한탄을 늘어놓았다. 더구나 암까마귀는 우리 어머니의 모든 위로의 말도 받아들이기를 거부했다. 암까마귀는 자기 집으로 가려고도 하지 않았다. 그녀는 자신의 눈물이 다 마르고, 목소리가 쉴 대로 쉬어도 우리 집 거실에 앉아 있기만 했다. 그때 암까마귀가 소리쳤다.

"하, 아주머니! 사랑하는 아주머니! 아기가 이 안에서 다시 움직여요!"

그러고는 암까마귀는 두 손으로 아주 조심해서 자신의 배를 안고서, 어머니의 부축을 받아, 자기 집으로 자러 갔다.

나흘 뒤 오후에도, 암까마귀는 여전히 세 시간 간격으로 자신의 슬픈 운명을 한탄하고, 지난밤에 너무 추워 새벽까지 한숨도 못 잤다며 불평을 하면서 우리 집에 앉아 있었다. 그리고 일상적인 방문의 절정에서 암까마귀가 언제나 하는 통곡 소리를 낸 뒤, 두 손으로 자신의 배를 안고 기우뚱거리며 자기 집으로 갔다. 암까마귀가 사라지자, 곧 한 노인이 떨면서 천천히 들어오고 있었다. 판 삼촌이 돌아온 것이다. 판 삼촌은 더 야윈 얼굴이고, 두 눈도 거무스레했다. 아마 여러 날 동안 판 삼촌은 잘 못 잔 것 같았다.

"판 삼촌! 이제 오시는군요! 조금 일찍 도착했더라면, 암까마귀를 만났을 수도 있었는데요. 방금 전에 돌아갔어요."

어머니가 말했다.

"저도 그 부인이 집으로 돌아가는 것을 보았답니다."

판 삼촌이 말했다.

"판 삼촌은 마우마우 소식을 암까마귀에게 알려 주었어요?"

"아뇨. 저는 그 부인이 집으로 되돌아갈 때까지 단풍나무 뒤에 숨어서 기다리고 있었어요."

"왜요? 이해가 안 되네요."

"우리 집 대문에 처음 다다랐을 때, 그녀의 한탄 소리가 들려와, 나는 잠자코 들을 수 없었어요. 왜냐하면 그 소리가 내 늙은 심장을 멍들게 하니까요. 그래서 난 그 자리를 피해 단풍나무 쪽으로 달려갔지요. 정면으로 그 부인을 대할 수가 없어서요. 형수님!"

"무슨 말씀이세요? 삼촌은 한 번도 그 사람에게 잘못한 적이 없는데요?"

"하지만 마우마우가 체포되도록 그 사람들에게 그 집을 알려 주었거든요."

"하지만 판 삼촌이 아니래도 그 집을 찾아낼 수 있었어요. 더욱이 판 삼촌은 그가 체포될지도 몰랐잖아요."

"나는 그렇게 생각되지 않아요, 형수님."

판 삼촌은 어머니의 반대 의견에 겸손한 태도를 보이기 위해 마른 웃음을 지어 보려고 노력했다. 그래도 그 웃음 속에는 두려운 분위기가 엿보였다.

"난 그렇게 생각 안 합니다. 형수님. 내가 평범한 농민이기에,

나는 그 일들을 아주 단순하게 생각합니다요…….”

갑자기 그의 목소리가 중단되고 고개를 푹 숙였다.

“삼촌을 괴롭히는 것이 무엇입니까?”

어머니가 깜짝 놀라며 물었다.

“삼촌 몸이 쇠약해지셨군요. 배고프지요?”

그러고 나서 어머니가 부엌 쪽으로 말했다.

“알란아! 판 삼촌에게 따뜻한 국수 한 사발을 말아 드려라! 판 삼촌이 배고파하신다.”

“아뇨, 형수님.”

판 삼촌이 떨리는 목소리로 어머니의 말을 중단시켰다.

“배는 안 고픕니다. 형수님. 여러 날 아무것도 먹지 않았지만요…….” 판 삼촌이 잠시 쉬었다. 조금 지난 뒤, 판 삼촌은 낮은 목소리로 계속 말했다.

“형수님, 마우마우는 이제 죽고 없습니다요!”

“죽었다니요!”

어머니가 질겁하며 소리쳤다.

“그 이야기를 하자면 슬픕니다요, 형수님. 저는 그렇게 될 줄은 생각지도 못했지요. 지난번, 우리 집이 털린 일이 있은 뒤에 마우마우가 그 여자로 변장한 남자를 심하게 때린 뒤 보안대 본부에 심문하러 데려갔습니다. 그 뒤 그 남자가 다른 사람들의 도움으로 그 본부에서 나왔어요. 그러고 나서 그 남자가 마우마우를 붙잡아 간 것은 아시죠? 마우마우는 그 남자를 아주 무서워했답니다. 형수님. 그 남자는 혁명 첩자였고, 혁명에 반대하는 행동을 한 번 더 하면 마우마우를 처형하겠다고 위협하고 간 적이 있어요. 그래서 마우마우는 자신이 모르는 일로 고문당하고, 처형당할 것을 생각하면서 겁을 집어먹고는 군에 끌려가고 있었답니다. 내가 만난 한 군인이 말하기를, 마우마우가 언제나 두려움으로 떨고 있었대요. 그 사람들이 군에 거의 다 갔을 때는 이미 마우마우는 더 걸을 힘이 없었답니다. 그 사람들이 마우마우를 군의 관문으로 끌고 갔답니다. 그 사람들이 물이 차 있던 못을 건너는 다리 위를 가고 있을 때, 마우마우가 그만 물에 뛰어들었답니다. 그 못의 물이 아주 깊다는 것은 형수님도 아시죠?"

"마우마우를 구해 주지 않았답니까?"

"그들이 끌어냈지만 소용이 없었답니다. 마우마우는 이미 죽어 있었답니다. 마우마우의 손엔 수갑이 채여 있어 헤엄도 치지 못했대요. 그는 바윗덩이처럼 물속에 빠졌답니다. 그 군인이 내게 말해 주더군요."

"그 말이 사실이라고 누가 믿나요?"

어머니의 두 눈이 공포감에 잠겨 있었다.

"그것은 사실입니다. 형수님, 이 두 눈으로 마우마우를 보았답니다. 그건 정말 처참한 장면이더군요. 제가 정말 자신 있게 말합니다요. 그의 시체는 관문에서 가까운 흙더미에 버려져 있더군요. 시체는 수종(水腫)으로 죽은 사람보다 더 부풀어 있었답니다. 불쌍한 마우마우, 아무도 그의 죽음을 서러워하지 않았어요. 그는 세상에서 완전히 잊혀졌습니다요. 혁명가들은 아주 바빠요. 그들의 관심은 오로지 전쟁놀음뿐이라구요. 제가 군의 청사로 찾아가, 마우마우를 무덤으로 옮길 관을 하나 요청했더니, 사람들은 그럴 겨를이 없대요. 그런 태도는 마우마우와 같은 가난한 사람에게도 옳은 행동이 아니라고 제가 말했습니다. 그래도 자기들은 도와줄 수 없대요. 이유는 우익 세력[26]이 혁명 세력을 분쇄하려고 여러 지방에서 혁명에 대항하는 공세를 취했답니다. 그 반동이 우리 지역으로도 발전되었나 봐요. 왜냐하면 그들은 부유한 지주들이라고 볼 수 있는 외국 세력의 지원을 받아 아주 힘이 세어졌답니다. 그래서 이 지역에 방어선을 구축한다고 바빠 죽을 지경이랍니다요. 다시 말해서, 형수님, 그들은 관 하나 내주는 것을 거부하고, 마우마우를 묻는 데 도움 줄 사람도 보내 주지 않았지요. 그래서 제 손으로 마우마우를 관에도 넣지 못하고 묻어야 했습니다요. 저는 그가 우리 마을 사람이라는 것과 우리의 형제 농민이라는 것도

---

26. 右翼勢力 : 1924~1927년 동안 중국 공산당 지배하에 있던 중국 사람들이 노동자 농민의 지원과 국민당(중국 부르주아 당)과 공산당의 합작의 도움으로 제1차 국내 혁명 전쟁을 일으켜, 혁명군이 반동 군벌들의 세력을 파괴하고 전쟁을 승리로 이끌었다. 하지만 1927년 장제스(1887~1975)가 지도자로 있던 국민당 우익세력은 외국 제국주의자들과 국내의 지주 및 매판 자본가 들과 결탁하여 혁명을 배반하고 공산주의자, 노동자, 농민을 학살했다. 이로 인해 당시 그 혁명은 실패로 돌아갔다.

믿기지 않았습니다요. 하지만 그의 허름한 옷이 모든 것을 증명해 주더군요. 불쌍한 마우마우는, 형수님, 암까마귀에게 장가를 든 뒤로 새 옷이라곤 입어 본 적이 없었으니까요."

어머니는 여느 때와 마찬가지로 참새들이 짹짹거리며, 모이를 서로 차지하려고 다투는 창밖을 내다보며 말없이 있었다. 판 삼촌은 머리를 두 손으로 감싸, 손가락으로 심하게 긁기 시작했다. 알란이 그때 부엌에서 나와 김이 용처럼 소용돌이치며 올라가는 뜨끈한 국수 한 사발을 두 손에 들고 있었다. 판 삼촌은 낮고 무거운 음성으로 말했다.

"고맙군, 알란. 하지만 나는 아무것도 먹고 싶지 않아. 배가 고프지 않단다."

"좀 먹어 두세요, 삼촌. 제가 정성껏 마련한 음식이에요."

알란이 어른스럽게 말했다. 알란은 최근 대부분의 시간을 라우리우와 함께 지냈고, 우리 집에서는 집안 식구라기보다는 손님으로 행동하는 법을 배우는 것 같았다. 판 삼촌이 아무 대답도 하지 않자, 알란이 다시 말을 했다.

"좀 드세요, 삼촌. 제가 판 삼촌을 위해 음식을 준비해 드릴 기회도 더 없어요. 마찬가지로 판 삼촌도 제가 만든 음식을 먹을 기회도 이젠 없을 테니까요. 세상 일이 이렇게 무섭게 변화하고 있으니!"

그러고는 쟁반을 탁자에 놓고서 부엌으로 다시 가 버렸다.

어머니는 그 말에 펄쩍 뛰면서, 창문에 두고 있었던 눈길을 식탁으로 옮겼다.

"만사가 정말 잔인할 정도로 빨리 변하는군!"

어머니가 혼잣소리로 말했다. 그러고는 판 삼촌에게 몸을 돌려 말했다.

"좀 드세요, 삼촌. 그렇지 않으면 기진맥진할지 모릅니다."

"그래도 할 수 없습니다요, 형수님."

판 삼촌이 고개를 들고 말했다.

"마우마우 시신이 제 머릿속에 나타난다구요. 이상해요. 정말 이상해요. 내가 눈만 감으면 곧 마우마우가 나타나요."

"좀 시간이 흐르면 그것도 잊혀질 겁니다. 우리에겐 죽은 사람을 잊기란 그리 많은 시간이 걸리지 않는답니다."

"제가 많은 농민들을 잊고 살아가지만, 마우마우만은 잊을 수 없습니다. 그는 아주 잔혹하게 죽어갔고 제 손으로 그의 무덤을 만들어 주었으니까요. 보세요, 형수님, 무덤을 파고 있을 때, 제 손이 태풍 속의 나뭇잎마냥 떨고 있었답니다."

"저런……."

어머니는 생각에 잠긴 채 말했다.

잠시 침묵이 흐른 뒤, 판 삼촌은 어린아이 같은 웃음을 억지로 내면서 어린아이 같은 목소리로 다시 말했다.

"형수님, 저는 북쪽 내 고향으로 돌아가야 되겠습니다. 요 며칠 사이에 고향 생각이 아주 많이 났습니다."

어머니가 펄쩍 뛰면서 시선을 판 삼촌에게 고정시키고서 말했다.

"뭣 때문에 판 삼촌이 그런 생각을 하세요? 이제까지 한 번도 전쟁으로 부숴진 고향 생각을 하지 않았는데요."

"만사가 고향 생각이 나게 합니다. 형수님."

"무슨 일인지 들어 봐도 되나요?"

어머니가 역정을 냈다.

"무엇보다도 죽는다는 것이, 젊을 때는 죽는다는 것은 별로 생각해 보지 못했지요. 하지만 이젠 죽음을 자주 생각합니다. 나도 우리 선조들이 묻힌 곳에서 묻히고 싶습니다. 형수님. 또 암까마귀 때문에요. 제가 그 소식을 전해 준다면, 그 사람은 아마 미쳐버릴 거고, 그러면 아이 밴 배를 심하게 때려 유산시킬 지도 몰라요. 가족이 대를 잇기 위해서는 마우마우가 세상에 남겨 놓은 건강하고 착한 아이를 낳아 기르는 것이지요. 만약 아이에게 이상이 생기는 것을 내가 안다면 나는 차마 눈 뜨고 보지 못합니다요."

"하지만 판 삼촌, 여기가 삼촌 집입니다."

어머니가 방바닥을 손가락으로 가리켰다.

"삼촌이 우리 가문을 지키는 데 도왔잖아요? 삼촌이 없는 우리 가족은 상상도 할 수 없다구요."

"그 점은 이해합니다, 형수님. 하지만 모든 것이 변해 버렸어요. 우리 마을도 낯설어요. 읍내도, 알란마저도……."

"판 삼촌이 하는 말 이해가 됩니다."

어머니가 삼촌의 말을 중단시켰다.

"하지만 우리는 변한 게 없습니다. 젊은 사람들만 변했습니다. 우리는 곧 젊은 사람들과 더는 아무 관계없을 겁니다. 우리는 이미 지난 세대지요. 보세요. 윤치 형님이 곧 배당금을 받을 겁니다. 그럴 겁니다. 그때 우리는 은퇴하면 됩니다. 우리는 지금의 세상에 눈과 귀를 막을 겁니다."

"하지만 저는 외로운 늙은이랍니다. 형수님. 저는 은퇴할 수 없습니다."

"판 삼촌에게는 즐거움을 주는 어린 암송아지가 있잖아요. 암소가 삼촌에게 손자와 손녀를 낳아 줄 겁니다. 그 식구들을 돌보는 데 판 삼촌은 시간을 다 뺏길 겁니다."

"그럴 테지요. 아마 그럴 겁니다. 형수님, 하지만 상황이 너무 변했지 않습니까!"

판 삼촌이 무거운 한숨을 내쉬었다. 판 삼촌의 늙은 두 눈이 어두워지고, 불명확하고, 흐릿했다. 판 삼촌은 창밖의 나무와 그 옆으로 나 있는 길과, 길옆의 파도 모양 같은 산들을 바라보았다. 판 삼촌이 꿈속에서 하는 듯한 목소리로 다시 말을 꺼냈을 때, 마치 혼잣소리를 하는 것 같았다.

"제가 군에서 돌아오는 길에 우리 마을을 보았을 땐, 저 빛나던 기와, 우리들의 작은 집, 모래와 돌로 만든 담, 이전에 라우리우의 황금 같은 목소리가 들렸던 공터 마당 위의 푸른 하늘에 대해 전혀 친근감이 느껴지지 않았답니다. 저는 우리 마을이 지붕 위에 걸려 있는 어두운 구름 같고, 내 눈앞에 거대한 탑처럼 떠오르는 마우마우의 시신 같은 것들만 느끼게 되더군요."

"그건 마우마우의 죽음이 가져온 일시적인 환영(幻影)일 뿐이에요."

어머니가 설명했다.

"그 일은 더 생각하지 마십시오. 삼촌. 뭔가 다른 것, 예를 들면 판 삼촌이 좋아하는 암송아지를 생각해 보세요. 우리같이 늙은 사람들은 큰 배당금을 갖고 은퇴하기 때문에, 삼촌은 삼촌과 어린 암소와 그 식구들이 푸른 동산에서 춤추며 노니는 것만 생각하시면 될 거구요……."

"아름답게 들리군요, 형수님. 헌데 저 암소를 제게 주신다는 것이 사실인지 말씀해 주시겠습니까?"

"그럼요. 저 암소는 판 삼촌 몫이에요. 저 소는 언제나 판 삼촌의 겁니다. 판 삼촌은 송아지가 세상에 나오는 것도 보셨고, 손수 길렀고, 지금 저만큼 키워 놓았지요. 소는 삼촌 것이에요! 당연히 삼촌의 몫입니다!"

"정말로 그렇게 생각하십니까?"

"그럼요, 물론이죠. 당연히. 그럼 저 암소가 누구 것이라고 생각하고 있었나요, 판 삼촌? 삼촌이 안 계실 때, 저 암소는 내가 준 음식은 먹으려 하지도 않았답니다. 저 소는 세상에서 단 한 사람, 판 삼촌만 알고 있다니까요."

"고맙군요, 형수님. 제가 그럼, 암소를 가져가겠습니다. 소가 이 늙은이의 동반자군요. 암소를 보면 제가 일했던 초록빛의 나락 들판과, 심어 둔 황금빛 밀밭이 생각납니다요. 그런 것들이 이 늙은 마음을 따뜻하게 해 주고, 웃음도 나게 하구요……."

갑자기 판 삼촌의 목소리가 중단되었다. 그리고 이유 없는 눈물이 판 삼촌의 두 눈에서 쏟아져 나왔다.

"호, 판 삼촌! 판 삼촌! 삼촌은 극도로 피곤하시군요. 이제 좀 쉬셔야 됩니다."

어머니가 판 삼촌에게 다가갔다. 어머니가 낮고 긴 의자에 앉아 있는 판 삼촌을 일으켜 세우려고 했다. 그러면서 어머니는 내게 도와 달라고 눈짓했다. 우리는 판 삼촌을 그의 방으로 부축해 침대에 뉘었다. 판 삼촌은 늙은 환자처럼 약했다. 판 삼촌은 여전히 어린아이처럼 울먹였다.

우리가 다시 거실로 돌아왔을 때 어머니도 슬픈 감정으로 말했다.

"정말 삼촌도 늙었구나. 그 점을 나는 한 번도 생각하질 못했으니. 세월이 이다지도 빨리 흘렀는가! 삼촌이 늙었구나. 우리 모두 늙은이가 되었구나!"

다음 날, 판 삼촌은 아침 식사를 하러 나오지 않았다. 우리는 너무 피곤해 일어나지 못하는 것으로 생각했다. 어머니가 알란에게 판 삼촌이 충분히 잠을 자도록 깨우지 말라고 당부했다. 태양이 가장 높은 곳에 다다라도 판 삼촌은 집에 보이지 않았다. 어머니는 무슨 일이 났는지 궁금해했다. 그래서 우리는 판 삼촌의 방으로 가보았다. 놀랍게도 판 삼촌은 그곳에 없었다. 우리는 판 삼촌이 바로 옆의 외양간에 점심을 주러 갔나 하고 생각했다. 그래서 이번에는 외양간으로 달려갔다. 그곳도 비어 있었다. 암소도 없었다.

어머니는 외양간의 한가운데 서서 곰곰이 생각에 잠겨 있었다.

"판 삼촌이 풀을 먹이러 암송아지를 데려갔을까? 아냐! 이맘때에는 골짜기에 풀 한 포기도 없는걸."

어머니는 혹시나 하며, 판 삼촌이 자던 방으로 다시 가 보았다. 어머니는 성냥을 켜서, 잠자리 옆의 탁자에 있던 기름 램프에 불을 붙였다. 판 삼촌의 방이 어두웠기 때문이다. 탁자 위에 몇 자 한자(漢字)로 써 둔 종이가 발견되었다. 판 삼촌의 글씨였다. 아주 유치하여 조리도 없는 편지였다. 판 삼촌은 자신의 처지를 설명할 충분한 글을 배우지 못해, 문장도 아주 서툴렀다. 이런 내용이었다.

형수님, 저는 지난 밤 전혀 못 잤어요. 또 다시 마우마우가 제 눈앞에 나타났고, 그의 아내의 한탄소리도 내 귀에 쟁쟁했습니다. 몸이 편치 않았습니다. 형수님, 제가 고향을 떠난 이후로, 제 고향과 부모님, 그분들의 산소가 아무도 돌보지 않은 채 남아 있을 겁니다요.

내일 아침 동이 트기도 전에, 저는 형수님이 내게 주신, 딸 같은 암소를 데리고 고향으로 가겠습니다요.

형수님 죄송합니다. 정말 죄송스럽습니다. 아무쪼록 건강하게 사십시오. 윤치 형님이 배당금을 많이 받아 올 테고, 자제분들도 훌륭한 사람이 될 겁니다. 그리고, 형수님, 알란에게도 안부를 전해 주십시오.

늙은 머슴 판 올림.

어머니는 미친 듯이 종이를 움켜쥔 채 거실로 달려가서는, 마음을 다스리지 못한 채 창가에 서 있었다. 어머니는 한동안 말이 없었고, 서툴게 쓴 형편없는 글씨를 바라보고 있었다. 그때 갑자기 부엌의 알란을 불렀다.

"알란아! 판 삼촌이 네게 안부를 전하고 떠나셨단다!"

하지만 대답이 없었다. 어머니는 잠시 있다가 다시 아주 큰 소리로 말했다.

"알란아! 판 삼촌이 네게 안부를 전하고 떠나셨단다!"

이번에도 아무 대답이 없었다. 알란은 최근 라우리우의 집을 찾아가기가 일쑤였다. 두 사람은 서로 미치도록 사랑에 빠져 있었다. 알란은 우리 집에 남아 있는 것이 싫었다. 기회가 생길 때마다 그녀는 선전부 부간사의 밥을 지어 주기 위해서나,

옷을 기워 주러 가 있었다.

"알란이 설서인이 사는 작은 집으로 갔나 봐요. 엄마."

나는 라우리우를 암시하며 말했다.

"나도 그런 생각이 든다."

어머니는 조용히 말했지만, 두 눈은 어두웠고, 눈물이 어려 있었다. 쥐고 있던 편지도 손에서 흘러내려 방바닥에 떨어졌다.

어머니는 두 눈으로 편지를 내려다보면서 있었고, 편지는 땅바닥에 닿았다. 어머니는 무슨 낯선 것인 양 편지만 내려다보고 있었다. 그러고는 갑자기 고개를 들어, 정신이 나간 듯 크게 웃었다. 웃음소리가 큰 방울 소리처럼 방에서 울렸다. 오랫동안 웃음소리는 허공에 머물고 있었다.

12

"우리는 돌아온다"

판 삼촌이 떠나고 며칠 뒤, 라우리우가 우리 집에 찾아왔다. 그가 우리가 사는 작은 집을 방문한 것은 중대 사건처럼 보였다. 그가 선전부 부간사가 된 뒤로 우리 집을 방문하는 일이 드물었다. 더욱이 알란 때문도 아니었다. 언제나 그를 찾아간 쪽은 알란이었다. 그는 읍내 지방 혁명당 본부에서 처리할 일이 많아 언제나 바빴다. 그는 저녁에 마을로 돌아올 때는, 저녁 내내 자신이 읽어 내야 하는 수많은 표어와 통지서들을 갖고 귀가했다.

"아주머니, 나는 오래 머물고 있을 수도 없습니다."

라우리우는 자신이 들고 왔던 선전 자료들을 탁자에 내려놓으면서 말했다. 그것은 내가 이전에 보지 못했던 새로운 만화들이었다. 첫 그림은 군사령관 복장의 늑대가 허리에 긴 칼을 차고 짙은 꼬리를 갈고리 모양으로 구부린 채 있는 그림이다. 늑대 뒤에 긴 행렬의 군인들이 따라 행진하고 있었다. 그림의 붉은 글씨에는 이렇게 쓰여 있었다.

'지주가 자기의 잃어버린 권세를 되찾으러 해방된 농노를 잡으러 돌아온다.'[27]

어머니는 그림을 아무 말 없이 바라보았다. 설서인이 계속 말했다.

"나는 마을을 떠날 겁니다. 아주머니. 오랫동안 이 마을을 떠나 있을 겁니다. 아주머니에겐 관심이 갈 소식을 전하러 왔습니다."

"무슨 소식이라고요?"

어머니는 두렵고 놀란 기색으로 물었다. 그건 라우리우가 유난히 진지한 태도를 취했기 때문이었다.

"판 삼촌 소식요."

라우리우가 조용히 말했지만 그의 목소리는 엄숙했다.

"판 삼촌요?"

어머니 얼굴이 창백해지며 말했다.

"어떤 소식요? 좋은 일인가요, 아니면 나쁜 것인가요?"

"흥분하지 마십시오, 아주머니. 아주 나쁜 소식은 아닙니다……."

---

27. 地主回來重建自己權成, 重新制解放了的農奴.

"삼촌이 그래 돌아왔나요?"

어머니가 성급히 물었다.

"들어 보십시오, 아주머니. 알란은 내게 판 삼촌이 암송아지를 데리고 밤중에 어디론가 가버렸다고 이야기해 주었습니다. 사실, 나도 판 삼촌을 걱정하고 있습니다. 삼촌은 지금 정치 상황이 얼마나 중요한지 잘 모릅니다. 아주머니, 이 성의 반동들이 우리를 공격해 오기 시작했습니다. 또 여러 전략 요충 지역에서 현대적인 외국 무기 때문에 혁명군이 패하는 경우도 있었습니다. 그렇게 달아났던 추민 지주와 왕사자가 이 지역을 되찾으려고 토벌 군대를 조직했는데, 그 조직의 고문이 되어 있어 있습니다……."

"그런데, 판 삼촌에게 무슨 일이? 판 삼촌 이야기를 빨리 해주세요!"

어머니는 라우리우의 말을 가로막고, 걱정이 되어 물었다.

"추민 이야기나 그 사람의 군대에 대해서는 듣고 싶지 않아요."

"침착하게 들어 보세요, 아주머니. 나는 그 일 때문에 여기까지 왔답니다."

라우리우는 역사를 말할 때와 마찬가지로, 당황하지 않고 침착한 목소리로 말했다.

"이렇게 유별난 백색테러에 직면하여……."

라우리우는 기침을 하며 새 용어를 강조했다.

"그게 무엇을 의미하는지 아시죠. 물론 우리도 만반의 준비를 해야 합니다. 그래서 새로 편성된 농자대 본부에서는 이 지역의 여러 길목에 야간 순찰조를 만들어 반동들이 파업을 시도하거나, 첩자들이 침입할 것에 대비하고 있었습니다……."

"판 삼촌이 어쨌다는 것인지 말을 해야……?"

어머니는 다시 한 번 라우리우의 말을 가로막았지만, 어머니의 얼굴은 이미 잿빛이 되어 있었다.

"조용히 해 주세요, 아주머니. 이제 삼촌 이야기를 할 때가 왔습니다. 그것은 일 분도 안 걸립니다요."

라우리우는 설서인으로서의 여전한 침착성으로 어머니를 진정시켰다.

"보세요, 바로 이 시점에서 나는 판 삼촌이 집을 나갔단 소식을 알란으로부터 듣고 걱정이 많이 되었습니다. 판 삼촌이 우리 야간 순찰조와 부딪히면, 판 삼촌을 파업을 일으키는 사람이나 첩자로 오인해 볼 수도 있다는 것을 생각해 보십시오……."

"무슨 말인데요?"

어머니가 외쳤다.

"조용히 해 보세요, 제발. 삼촌에게 무슨 일이 일어났는지 알아보려고 나는 최선을 다했습니다. 자, 보세요. 판 삼촌에 대해선 나도 아주머니만큼 걱정을 많이 했습니다. 알란과 나의 관계 때문에 알란 네 집과 나 사이도 한층 더 가까워졌습니다.

내가 판 삼촌에 대한 소식을 우리 농자대 친구들에게 물어보았습니다. 그들에 따르면, 순찰조에서 최근 한밤중에 암소 끌고 가던 어떤 늙은 농민을 붙잡았다고 내게 알려 주었습니다. 순찰조가 그 농민을 도둑이나, 추민의 첩자로 오인해 심하게 다뤘다고 합니다. 그 농민이 아주 운이 나빴어요, 아주머니. 보세요, 한밤중에 자갈길에서 소를 끌고 가면 소 발굽 소리가 요란하게 날 것이고, 순찰조는 당장 그를 붙잡을 수 있지요. 본부에서 심문을 엄중히 해 보니, 그 농민이 우리 마을 농민조합의 임시 대표라는 것이 밝혀졌대요. 그 농민이 바로 우리 판 삼촌이었답니다……."

"삼촌에게 파업을 일으킨 사람이나 첩자 같은 죄를 뒤집어 썼나요?"

어머니는 아주 걱정이 되어 두 눈도 동요되어 있었다.

"그렇게 됐답니다! 그래서 내가 그 소식을 듣고 편지를 보냈습니다. 이 지역 선전부 부간사로서 내가 판 삼촌은 우리 마을에서 선량하고 정직한 농민이라는 점을 보장한다고 했지요. 최근 판 삼촌이 북쪽 고향으로 돌아가려고 했다면서, 한시라도 바삐 고향으로 돌아가려고 해가 뜨기도 전에 고향으로 출발했다고 설명을 했습니다."

"그들이 지금 한 말을 믿던가요?"

"물론이지요! 그럼 그들이 반동의 말을 믿겠습니까?"

"아주 잘되었군요, 라우리우. 진심으로 고마워요. 그럼 언제

판 삼촌은 우리 마을에 돌아오나요?"

"그게 문제입니다. 아주머니."

전직이 설서인인 라우리우는 드문드문 나 있는 눈썹을 찌푸렸다.

"판 삼촌은 경우가 다릅니다. 판 삼촌은 우리 마을의 농민조합 임시 대표였으니까요. 아시다시피, 요즈음 그런 자리를 버리고 다른 지방으로 가는 행위는, 고향을 그리워하는 것이든 아니든, 혁명 원칙에 어긋나는 일입니다. 그것은 판 삼촌이 혁명에 대한 이해가 부족하다는 얘기죠. 그래서 삼촌은 개조되어야 합니다. 정치적인 탈주를 한 사람은 새로 만든 개조소[28]로 보내집니다. 판 삼촌도 그곳으로 보내졌습니다."

"이를 어쩌나……."

어머니는 맥이 빠져 말했다. 어머니의 두 눈은 망연자실했다. 라우리우의 말에 어머니는 혼란스러웠다.

"하지만, 판 삼촌이 정치인도 아니고, 더구나 혁명하는 사람도 아닌 걸요."

어머니는 방바닥만 물끄러미 바라보며 혼잣말을 했다. 그리고 어머니는 큰 소리로 말했다.

"암송아지는 어찌 되었나요? 삼촌이 그 암송아지를 개조소로 데리고 갈 수도 있었나요? 삼촌이 외로운 노인이라는 것을

---

28. 改造所

안다면……."

"암송아지와 정치가 무슨 상관이 있습니까?"

설서인이 깜짝 놀라 물었다.

"암송아지는 공공의 이익을 위해 징발했습니다. 그것은 판 삼촌의 잘못이었습니다. 고향에 가면서 사유재산의 일부를 가져간 것이 말입니다."

"삼촌 인생에서 암소가 무슨 의미를 가지는지 라우리우는 잘 모르는군요."

어머니가 설명하려 했지만, 어머니의 목소리는 한숨과 함께 낮아졌다.

"아무도 그 점을 이해할 수 없어요. 하지만 언제 삼촌이 돌아오는지 내게 말해 주세요."

"판 삼촌이 완전히 개조되고 실질적인 혁명가가 되었을 때요."

"실질적 혁명가라 했어요? 판 삼촌이 그렇게 될 것 같습니까?"

어머니의 호기심 어린 목소리는 혼잣소리가 되어 버렸다.

"허허, 만약 그리 되면 판 삼촌은 이젠 우리 집에 돌아오지 못하겠군요."

"나도 그 점이 걱정입니다. 뒷날 혁명을 위해 판 삼촌이 목숨을 바칠지도 모르니까요. 반대로 판 삼촌이 개조되지 못하면, 개조소를 나올 수 없을 거구요."

"그럴 수도 있겠지만……."

어머니는 혼자 중얼거리고는 생각에 잠겨 바닥을 쳐다보았다. 잠시 뒤 어머니는 두 눈을 들어 조용하게 라우리우에게 물었다.

"라우리우, 개조소에서 판 삼촌이 나오도록 손써 볼 수 없나요? 보세요, 그 개조소라는 곳은, 내가 이해하기로는, 젊은 사람들을 위한 장소일 거예요. 하지만 판 삼촌은 아무 쓸모 없는 늙은이라구요.."

"내가 손써 볼 수는 없습니다요. 아주머니. 그건 혁명의 규율에 속하는 일입니다. 내가 간단하게 처리할 일이 아닙니다!"

라우리우는 눈썹을 찌푸리며 황급히 말했다. 그러고는 라우리우는 창문 밖을 쳐다보면서 갑자기 소리 질렀다.

"호, 벌써! 여기 잠시 있다 가려고 했는데, 벌써 반나절이 지나갔군요. 서둘러야겠습니다!"

라우리우는 어머니에게 목소리를 낮추어 말했다.

"아주머니, 허락을 하나 받아 두고 싶습니다."

"그래 받아두어야 되는 허락이라는 것이 뭔가요, 라우리우?"

어머니가 깜짝 놀라 물었다.

"라우리우는 지금 혁명 교관인데, 원하는 대로 할 수 있는 권한이 있지 않아요?"

"아뇨, 아주머니. 내가 맹목적으로 행동할 순 없지요. 혁명의 공무를 담당하는 사람들은 지난 시대의 관료와는 다릅니다. 우리는 명령과 규율에 따라 행동해야 합니다."

"그건 또 무슨 이야기인가요?"

라우리우는 잠시 어머니의 무표정한 얼굴을 뚫어지게 바라보았다. 그러고는 조용히 그가 말했다.

"알란을 데려가고 싶습니다."

"데려간다구요?"

어머니는 놀란 눈으로 라우리우를 보며 펄쩍 뛰었다.

"무슨 말이에요, 라우리우? 나는 무슨 이야기인지 이해가 안 되는군요."

"들어 보십시오! 추민과 왕사자는, 좀 전에 내가 말씀드린 대로, 대규모의 토벌군의 고문이 되어, 군대를 이끌고 이 지역으로 들어올 겁니다. 이곳은 전략적으로 방어할 만한 곳이 못 되기 때문에, 우리는 서쪽의 큰 산 너머로 후퇴하라는 명령을 받았답니다. 큰 산 너머의 군 외곽지에 혁명 기지를 건설하라는 명령도 함께요. 보세요, 이것은 이 투쟁이 장기간 계속될 거라는 것을 의미합니다. 나도 가까운 장래에 돌아오지 못할 지도 모릅니다. 그래서 나는 알란을 데리고 가고 싶습니다. 다시 말해 알란과 빨리 결혼하고자 합니다. 아주머니, 나는 앞으로 삼일 이내에 저 산 너머로 가야 됩니다. 우리 통신원들 보고에 따르면, 벌써 추민의 군대가 움직이기 시작했기 때문입니다."

"확실한 건가요?"

어머니가 의심이 가는 듯이 말했다. 그러나 어머니의 얼굴은 창백해 있었다.

"정말 확실한 겁니다."

"그럼 판 삼촌이 완전히 개조된다 하더라도, 집으로 돌아올 수 없겠군요……."

"그건 상황에 따라 다르지요. 하지만 내가 알란을 데리고 떠나도 좋은지 말씀을 해 주십시오."

"저어……."

어머니는 말을 잠시 멈추었다. 어머니는 고개를 숙인 채 생각에 잠기었다. 어머니의 두 눈에는 창 밖에서 들어오는 희미한 빛에 반사된 눈물이 고여 있었다. 어머니는 말을 할 수가 없었다.

"말씀을 듣고 싶습니다, 아주머니. 말씀해 주시지요."

라우리우가 채근하며, 탁자에 놓여 있던 표어들을 되감기 시작했다.

어머니는 여전히 고개를 숙인 채 말했다.

"나는 알란에 대한 아무 권한이 없어요. 라우리우, 아시다시피, 나는 이제 알란의 시어머니도 아니고, 보호자도 아닙니다. 알란도 자랄 만큼 자랐으니까요. 알란에게 직접 물어보세요. 내가 알란을 불러 볼까요?"

"예, 그렇게 해 주십시오."

"알란아, 잠시 왔다 가거라!"

어머니가 부엌 쪽을 향해 알란을 불렀다.

"예, 엄마!"

알란이 대답했다.

잠시 뒤 알란이 부엌에서 나왔다. 알란은 여전히 헌 앞치마와, 설빔으로 어머니가 만들어 준 남경 무명옷을 입고 있었다. 그리고 알란은 아직도 가늘고 긴 변발 머리를 하고 있었다. 알란이 우리 앞에 섰다. 커다란 두 손과 넓은 어깨와 아주 큰 키를 제외하고는, 알란은 이전처럼 천진스럽고, 복종 잘하고, 일 잘하는 헌신적인 모습이었다.

어머니가 라우리우에게 말했다.

"자, 직접 저 아이에게 물어보세요."

라우리우는 알란에게 다가가, 지난날 우리에게 들려준 이야기에 나왔던 어느 연인에게 다가선 기사처럼, 그녀 앞에 고개 숙여 절을 했다. 그러고는 낮고 부드러운 목소리로 말했다.

"알란, 난 우리 동무들과 함께 서쪽 큰 산 너머로 떠날 거요. 이참에 나는 알란을 데리고 가고 싶어요. 난 알란을 사랑하고, 그래서 알란과 결혼하고 싶소. 알란의 의사를 듣고 싶어요."

"그 말 확실한 거예요?"

알란은 성숙한 여인처럼 엄숙하게 물었다.

"그렇소. 정말이오."

라우리우가 다시 절을 하며 말했다.

"그럼 언제 떠나게 되나요?"

알란이 확고한 어조로 말했다.

"하루나 이틀 뒤에."

"좋아요! 같이 가겠어요."

알란은 간단명료하게 대답하였다.

라우리우는 꼿꼿이 서서 웃었다. 알란은 낯선 지역으로 떠나게 되었고, 지금까지 자신이 몸담아 온, 이 집에서 살아온 정 때문에 울음을 터뜨릴 거라고 기대했던 나는, 알란이 반대로 깜짝 놀랄 정도로 기뻐하는 모습을 보자, 왠지 서운했다. 알란 얼굴의 무표정한 마마 자국도 빛나고 있었고, 그녀의 입가와 눈가에는 웃음꽃이 피었다. 알란은 기쁨과 함께 자신감에 차 있었다. 어머니는 고개를 조금 들어 알란의 동정을 살피다가 고개를 힘없이 떨궜다.

라우리우는 이제 표어 뭉치를 겨드랑이에 다시 끼고 어머니께 말했다.

"고맙습니다. 아주머니. 알란을 수년 동안 딸처럼 키워 주셔서."

그리고 알란에게 몸을 돌려 말했다.

"곧 다시 보게 될 거요. 알란. 이만 가 보아야 되겠소. 언제든 떠날 채비하고 기다려요."

라우리우는 들어올 때와 마찬가지로 그렇게 빨리 나갔다.

어머니는 의자 등받이에 고개를 기대었다. 어머니의 가슴은 흐느끼고, 어머니의 두 눈엔 눈물이 반짝이고 있다. 그러나 어머니는 이 모든 것을 참아 냈다. 어머니는 언제나 그러했다. 어머니는 실제로 한 번도 울지 않았다.

　지역 혁명당 간사들과 함께, 라우리우와 알란은 추민과 왕사자가 거느리는 정규 군인들이 도착하기 바로 몇 시간 전에 큰 산으로 길을 떠났다. 그 정규 군인들은 혁명가들의 이동처럼 조용히 들어왔다. 총소리도 들리지 않았다. 실제로 우리는 새 정부의 붉고 큰 도장이 찍힌 새 포고문을 제외하면 읍내에 그 사람들이 있는지도 잘 모를 정도였다.

　포고문은 우리 마을과 신작로의 경계가 되는 선조의 사당 벽에 붙여져 있었다. 이른 아침에 포고문을 맨 처음 발견한 사람은 도사 벤친이었다. 그는 온 마을에 함성을 지르며, 극도로 흥분하고 있었다.

　"다시 왕조가 바뀌었어! 새 왕조가 정말 영원한 왕조다! 결국 이 날이 왔구나!"

　그의 외치는 소리에는 한숨과 만세 소리가 뒤섞여 있었다. 그는 혁명가들이 온 뒤로는 모습을 전혀 보이지 않았다. 이제 그는 더 젊어진 것 같았고, 활기에 차 있었다. 그리고 벤친의 활기 속에는 호기심뿐 아니라, 삶과 미래에 대한 희망도 들어 있었다. 많은 사람들이 새 지방 정부의 포고문을 읽으려고 사당으로 모여들었다.

　포고문은 세 단락으로 나누어져 있었는데, 늑대나 여우와 같은 만화로 되어 있지 않고, 고전적 문체로 쓰여 있었다. 세 문단은 각기 다른 내용을 담고 있었다. 첫 단락은 새 통치 제도를 설명했다. 즉, 새 통치제도가 법적으로 국가를 대표한다고 되어 있었다. 새 제도가 나라의 실체적인 정부이기에, 모든 사람은 어떤 종류의 명령이든 그 명령에 따라야 한다. 새 제도는 '혁명도당'을 타도하고 질서를 회복시킨다. 둘째 단락은 젊은 도당들이 주입해 놓은 독소들을 발본색원하고, 이전의 생활 방식으로 돌아가야 한다는 것이다. 셋째 단락에서는 범죄와 벌칙 규정이 쓰여 있었다. 새 정부가 내리는 명령 이외의 교의를 믿는 사람은 반역죄를 적용해 법에 따라 처벌한다는 등등 구체적 사례도 나와 있었다. 이전에 선생님이던 뻬이후 삼촌은 한때 '혁명도당' 서기로 일했기 때문에 내일 아침, 읍내 백사장에서 처형한다고 쓰여 있었다.

세 단락의 포고문 내용은 극소수 사람들에게만 관심을 끌었다. 왜냐하면 우리 마을 사람들은 그 글을 이해할 수 없었기 때문이다. 하지만 구체적 사례는 마을 사람들을 흥분시켰다. 모두 서로를 뚫어지게 바라보며, 멍하게 서서, 무거운 침묵을 지키고 있었다. 아무도 지금까지 뻬이후 삼촌을 반역자로 생각하지 않았다. 우리 늙은 선생님은 언제나 배고픔을 참고 살아왔으며, 그 때문에 웃음을 불러일으킬 정도의 이상한 몰골을 하고 있고, 근시안이고, 등이 굽어 있었다. 사람들은 그분이 글을 읽고 쓸 줄 알기 때문에 존경했지만, 그의 우스운 모습 때문에 몰래 비웃기도 해 왔다. 지금 그 불쌍한 사람이 우리 눈앞에 아른거렸다. 그런저런 이유로 우리는 슬펐다.

"애석하군! 안타까워!"

벤친이 한숨을 쉬며 말했다.

"교육의 기둥이 정부에 대항한 반역 행위를 하다니!"

벤친은 같이 서 있는, 글을 모르는 사람들에게 감명을 주려고 가능한 가장 우아한 낱말만 골라 썼다. 그러고는 자신이 비운의 교사의 후배임을 자처하면서 말을 이어 나갔다.

"저 일은 부모에겐 큰 손실입니다. 그럼 누가 우리 자식들을 가르칠 겁니까? 그래서 나는 괴롭습니다. 내가 동시에 두 가지 일을 해낼 수 없으니까요. 누가 나더러 교사의 일을 맡겨 준다면, 이제 도사의 일은 그만할까 봐요."

그는 주위를 둘러보며, 반응을 기다렸다. 그러나 마을 사람 누구도 자식들을 학교에 보낼 만큼 충분한 돈이 없었기 때문에, 씁쓸한 침묵만 계속 이어졌다. 벤친은 교육에 대한 마을 사람들의 무력감에 실망하고는 무리에서 벗어나, 발을 질질 끌며, 우리 집으로 향했다. 우리 집에 소식을 전하러 왔다. 뻬이후 삼촌이 우리 가족의 친구였기 때문이었다.

어머니는 알란이 남겨 놓은 여러 물건들을 챙기고, 기념품은 먼지를 털어 상자에 조심스럽게 싸 넣었다. 마치 가족 중에 누가 죽은 것 같은 분위기였다. 왜냐하면 어머니는 물건들을 하나하나 소중히 만지면서 울먹이고 있었기 때문이었다. 벤친은 간단히 인사하고 나서, 방의 한 구석에 있는 편안한 안락의 자를 찾아 앉았다. 이야기를 오래 할 작정이었다.

벤친은 대단한 관심과 활력에 차서 새 왕조를 침착한 어조로 설명해 갔다. 그는 포고령을 '혁명도당'이 파기한 모든 옛 덕행과 제도들을 옛 중국 땅에 바로 세우기 위해 천제가 땅으로 내려보낸 '새 황제'의 조정에 의해 공포된 금과옥조나 되는 것처럼 설명했다. 그러고는 그는 두 눈을 감고, 긴장을 풀고, 한숨을 한 번 쉬고, 꿈속의 말처럼 계속 읊어 댔다.

"오, 새 왕조는 민중의 교육과 정신적 삶에 더 많은 관심을 가져야 됩니다!"

그러고는 두 눈을 떠, 어머니를 뚫어지게 바라보면서 벤친은 물었다.

"아주머니, 무엇 때문에 혁명도당이 실패했는지 아십니까?"

그는 대답도 기다리지 않고, 매우 강한 어조로 스스로 답했다.

"도사를 가볍게 대한 것 때문에 지탱해 갈 수가 없었습니다. 하지만, 한편으로 이 도사가 그 도당의 반란에 휩쓸려 품위를 떨어뜨렸다면, 불쌍한 노 선생님이신 뻬이후 삼촌이 휩쓸린 것처럼 했다면, 그때에는……."

그는 자신의 주장을 완성시킬 적당한 낱말을 찾지 못해 반복해 한숨만 쉬었다. 잠시 뒤 그는 다시 목청을 돋워, 뻬이후 삼촌이 새 왕조에 의해 '혁명도당의 일원'으로 된 것이 처형되는 이유라고 설명했다.

"뻬이후 삼촌이 처형된다는 게 사실인가요?"

어머니가 두 손을 떨며 물었다.

"내가 언제 거짓말한 적이 있었습니까?"

도사가 대답했다. 그러고는 벤친이 신성하고, 또 신성하지 않은 망령의 이름으로 맹세했다.

"좋네. 믿지. 믿어."

어머니는 낭패감에 휩싸여 말했다.

"하지만 우리는 그 오랜 친구 분을 위해 뭔가 해야 하는데…… . 우리 모두 그분이 죄가 없다는 것을 알고 있어요."

"할 수 있는 일이라곤 없습니다."

벤친이 진지한 태도로 확고하게 말했다.

"추민과 왕사자의 사무실을 통해 새 황제의 조정에서 포고령이 내려왔기 때문입니다. 황제께서 손수 상소문을 받아들인다면야 자신의 의도를 바꿀지도 모르지만요. 하지만 추민이나 왕사자 같은 사람이 그런 결정을 바꾸리라 기대합니까? 그네들은 원칙대로 밀고 나가는 사람들입니다요. 아주머니. 저들은 소작료 같은 사소한 일에도 한 푼도 덜 받으려고 하지 않는 사람들입니다요. 내가 그 사람들의 땅을 한 번도 짓지 않았지만, 그 사람들은 잘 압니다."

"알만 해요."

어머니는 생각에 잠겨 혼잣말을 했다.

"아마 그 말이 맞을지도 모르겠군요. 그렇더라도 우리는 그분을 위해 무슨 일이고 해야 합니다."

"그렇지요! 그분이 죽고 나면 그분이 평생 가르쳐 왔던 학교를 내가 이어 나가렵니다. 나를 적임자로 생각하시지요? 나는 가르치는 일을 썩 좋아하진 않지만, 뻬이후 선생님과의 오랜 우의 때문에 그 일을 이어받고 싶습니다. 더욱이 누가 그런 자리의 적임자를 물색한다면, 아주머니는 나를 지지하시겠지요?"

"어떻게 그 일만 생각해요, 벤친?"

어머니는 맘이 아파 슬픈 어조로 말했다.

"그분은 아직 죽지도 않았다구요. 벤친은 그분의 친구가 아닌가요?"

"죄송합니다! 죄송스럽습니다! 아주머니!"

도사는 얼굴이 붉어지고 양심에 가책이 되어 연거푸 용서를 구했다.

"숨김없이 말하자면, 나는 그 자리를 기대하고 있어요. 나도 굶어 죽을 지경입니다요. 내 속마음은 새 황제가 오든, 헌 황제가 오든 아무 관심이 없습니다요. 내 이 앙상한 몰골이 보이지요? 아주머니, 나도 뻬이후 삼촌의 일을 아주 애석하게 여기고 있습니다. 하지만……."

"하지만 벤친도 그분 친구인데, 그분을 위해서 뭔가를 해야 해요."

어머니는 그의 말을 가로막고 배고파하는 그의 두 눈을 쳐다보았다.

"내가 어떻게 하면 좋을지 말해 주세요, 아주머니."

도사가 소리를 지르듯이 말했다.

"그 불쌍한 사람을 위해 무엇이든 해낼 준비가 되어 있습니다."

"그분의 죄 없는 영혼이 하늘나라로 갈 수 있도록 그분이 처형을 당하기 전에 경전을 읊어 주세요. 그분은 세상에서 너무 고통을 당했습니다. 그분이 다시 선생님이나, 인간으로 환생하지 않도록 해 주세요. 벤친, 그분의 영혼이 한곳에 머물도록 최선을 다해 주세요."

"그렇게 하지요, 아주머니. 혁명가들이 온 뒤로 나는 한 번도 경전을 읊을 수 없었답니다. 그걸 다시 할 수 있게 해 주시니 기쁩니다."

"그것도 제발, 바로 지금 해 주세요."

어머니가 말했다.

"이건 향과 종이를 살 돈입니다."

어머니는 지갑에서 동전 한 움큼을 꺼내 벤친에게 건네주었다. 도사가 돈을 받자, 어머니는 혼잣소리로 말했다.

"뻬이후 삼촌도 이제 죽을 때가 왔나 보다."

"나도 동감입니다. 아주머니. 나도 이유는 모르지만 슬픕니다."

벤친이 의기소침해 말했다. 그리고 귀신처럼 어슬렁대며 사라져 갔다.

다음 날 정오 무렵, 벤친은 이전보다 더 높은 열을 내고, 더 심하게 떨면서 기우뚱거리며 우리 집에 왔다. 벤친은 전혀 잠을 못 잔 것 같았다. 그의 두 눈은 풀어져 있고, 절망에 빠진 멍청한 사람처럼 앞만 바라보고 있었다. 그의 입술은 오른쪽 왼쪽으로 떨리면서 무슨 소리를 내고 있고, 당황한 중얼거림은 마치 기도를 올리는 것 같았다. 그는 문 옆에 서 있었다. 마치 걸인이 문설주에 서 있듯이. 어머니와 내가 인사를 하러 다가섰을 때, 중얼거리는 소리가 무슨 소리인지 알아들었다.

"뻬이후 선생님, 난 당신 자리를 넘보지 않겠습니다. 나는 절대 그 일은 않겠습니다……."

"무슨 말인가요?"

어머니가 그의 풀어진 눈빛을 보며 말했다. 도사가 계속 중얼거렸다.

"뻬이후 선생님, 그 자리를 넘겨받지 않겠습니다. 내가 해낼 수 없는 것이 확실합니다. 나는 나의 지난 일이나 계속해 나가렵니다. 도를 전파하는 일 말고는, 뻬이후 선생님, 내가 할 수 있는 일은 없습니다……."

"무슨 일인데요? 벤친?"

어머니가 다시 물었다.

도사는 아무것도 듣지 못하는 것 같았다.

"뻬이후 선생님, 난 선생이 되고 싶지 않아요……나는 신성한 귀신의 이름으로 맹세합니다…….

"미쳤군요, 벤친?"

어머니가 벤친의 귀에 대고 소리쳤다.

"무슨 말을 하는 겁니까?"

어머니가 그의 어깨를 흔들었다.

"미친 것이 틀림없구나."

"미치지 않았습니다. 아주머니. 그들이 미쳤습니다. 그들이 이른 아침 에 뻬이후 선생님을 칼로 베어 죽였습니다요. 아주머니, 긴 칼로, 두 자나 되는 긴 걸로, 아니, 석 자나 되는 걸로, 아니 백 자나 되는 칼로요. 그들이 뻬이후 선생님 목을 세 번 내리쳤지만, 그의 목은 달아나지 않았습니다. 너무 뼈만 남아서, 아주머니, 그 목이 늙어, 뼈가 쉽게 잘 잘려 나가질 않았기 때문이었지요. 그리고 피가 솟구쳐 나왔습니다. 마치 분수처럼 백 자나 높게요. 늙은 뼈만 있는 사람이 그렇게 피가 많아 정말 이상하더군요, 아주머니, 음, 다……다……음……하이……."

어머니는 바위처럼 굳어 있었다. 도사의 어깨 위에 놓았던 어머니의 두 손이 힘없이 떨어졌다. 어머니의 두 눈도 흐트러져 있었으며 어두워지고, 멍해하는 모습이 꼭 벤친의 모습을 보는 것 같았다. 조리가 서지 않는 말들이 어머니의 입술을 통해 천천히 차례로 나왔다.

"결국, 뻬이후 삼촌은 죽임을 당하셨군요……."

그러고는 갑자기 어머니가 악몽에서 깬 듯이, 펄쩍 뛰며 도사에게 다시 물었다.

"그분을 위해 기도드렸나요? 신께 그분이 다시 선생님으로 환생하지 말도록 기도했나요?"

"난 모릅니다! 난 몰라요. 아! 아! 뻬이후 삼촌이 저기에 오고 있군요. 저기 그분이!"

벤친은 우리 마을로 들어오는 방향으로 점점 다가서는 낯선 두 사람을 손으로 가리키며 길을 바라보았다.

"저기, 뻬이후 선생님이 보입니까? 뻬이후 삼촌은 내가 학교의 자리를 이어받도록 추민의 마름과 함께 오는군요. 안 됩니다! 안 됩니다! 난 그 제안 받아들일 수 없습니다. 뻬이후 선생님, 잘 지냈습니까?"

그는 두 사람에게 소리 지르고는 곧장 그들에게 뛰어갔다. 그들은 지난날 라우리우가 북을 세워 놓고 아름다운 옛 이야기를 들려주던 마을의 공터 마당의 한가운데서 만났다. 새로 온 사람들 가운데 한 사람이 벤친에게 물었다.

"당신이 이 마을 도사지?"

"접니다, 연세많으신 뻬이후 선생님."

도사는 뜬금없이 말했다.

"내게 선생님이 되라는 거지요? 고맙지만 난 사양할 수밖에 없습니다!"

"선생님이 되라고 한 적이 없소."

두 남자 가운데 한 사람이 말했다. 그리고 그 사람은 허리에 찬 권총을 보이며 말했다.

"같이 갑시다. 우리는 새 지역 정부에서 나왔소. 우리는 오늘 아침 당신이 처형대에서 기도하고 있는 것을 보았소. 당신도 같은 부류의 사람이지!"

"그게 무슨 말씀입니까?"

어머니는 뭔가 잘못되어 가는 것을 느끼면서 물어보았다.

"이자를 체포해!"

제복을 입지 않은 형사 중 한 사람이 말했다.

"무슨 이유로요?"

"재판에 넘겨야지요. 아주머니는 이자가 혁명도당이라는 것을 몰랐어요?"

"하지만 이 사람은 새 왕조의 열렬한 지지자였다구요."

어머니가 말했다.

"이 사람은 며칠간 그 점을 누누이 말하였다구요."

"그럼, 혁명도당으로부터 추민 지주의 토지 세 무를 이자가 받았다는 사실은 어찌 설명하겠어요? 이 사람은 무식한 농민도 아니지요. 이보세요, 이자는 그의 공범인 그 선생처럼 글을 읽을 줄도, 쓸 줄도 안다구요. 아는 게 많은 도사라구요."

"마을에 사는 여자분과 논쟁은 말게, 형사."

다른 동료 형사가 말했다.

"가요. 요즈음 우린 할 일이 너무 많아!"

그리고 그들은 벤친에게 수갑을 채워 읍내로 끌고 갔다. 도사는 저항하지 않았지만, 계속 말했다.

"가르치는 일은 싫어요. 알아 주세요! 고맙지만 안 됩니다. 내 직업은 도를 전하는 거라구요. 전도, 전도! 나의 직업을 황금과도 바꾸지 않겠어요. 정말로 억만금을 준다해도! 난 거절한다구요!"

형사들은 그의 말에 개의치 않고, 당나귀를 끌어가듯 그를 끌고 사라졌다. 벤친은 말을 계속 해 댔지만 그의 발걸음은 무거웠다.

"아뇨! 난 가르치고 싶지 않아요. 하지만, 고맙지만 안 합니다! 당신들은 학교를 맡을 다른 사람들을 찾아보는 편이 더 나아요!"

그들이 그를 마을에서 멀리 있는 신작로까지 끌고 가자, 그의 목소리는 거의 들리지 않았다. 잠시 뒤 그들이 모퉁이를 돌아 이젠 그 모습이 보이지 않았다.

며칠이 지났다. 우리는 때때로 먼 산 쪽에서 나는 대포 소리를 듣기 시작했다. 혁명 농자대와 왕사자의 군대가 서쪽에서 싸움을 벌인다는 소문도 자주 들려왔다. 한밤중에 여러 번 포탄이 폭발하여 우리를 깨웠다. 어머니는 그런 소리에 깜짝 놀라 더 잠을 이룰 수가 없었다. 어머니는 밖이 어둑해지고부터 동이 틀 때까지 창가에 서 있는 일이 습관이 되어 버렸다.

마을은 조금씩 활기를 찾았지만, 신경이 날카로워졌다. 마을 사람들은 밥을 먹다가도 밥그릇도 내팽겨쳐 버리고 마을에서 산속으로 피신해서는, 근원이 어디인지도 모르는 괴상한 폭발음으로 인해 신경이 날카로워질 대로 날카로워졌다. 누구 하나 폭발음이 얼마나 멀리서 들리는지 추측할 수 없었다. 하지만 모두 두려워했다. 하늘의 구름마저도 사람뿐만 아니라 마을 전체를 일순간에 파괴해 버릴 듯이 낮게 걸려 있다. 또 갑작스런 폭발음이 서쪽 어디선가 들려와, 암소들도 깜짝깜짝 놀라 자리에서 일어섰고, 마을 사람들도 짓누르는 벽돌 밑에 깔린 생쥐인 양 이리저리로 피난 다니기에 바빴다. 대지가 끓고 있었다. 우리 마을도 끓고 있었다.

그러나 우리 작은 집은 차갑고 조용한 것 같다. 어머니는 대부분의 시간을 창가에 앉아 있다가, 전에 알란이 일하던 부엌을 바라보기도 했고, 담뱃대에 불붙인 채 마우마우를 골려 주던 판 삼촌이 쪼그리고 앉았던 자리를 보기도 했고, 경작용 암소에게 솔질해 주던 문밖의 한 구석도 쳐다보았다. 어머니는 이제까지 익숙해 있던 장소들만 응시하며 시름에 빠져 있었다. 어머니는 멀리서 들려오는 폭발음이나 마을의 소란에는 그렇게 괴로워하지 않는 것 같았다.

하지만 어느 날 아침 어머니는 집 지키는 개 라이바우가 집

안으로 들어왔을 때 말을 좀 건네곤 했다. 라이바우가 방 주위를 어슬렁거리다가, 어머니에게 다가가, 어머니의 옷 가장자리를 냄새 맡고, 옷자락을 잡아당겨 마치 무엇인가 말하려고 짖어 댔다. 어머니는 개의 머리를 쓰다듬어 주면서 가여워하며 말했다.

"불쌍한 것, 너의 배를 곯렸구나. 가족 절반이 사라졌으니. 아무도 너에게 밥을 주지도 않고, 너를 데려가는 사람도 없구나. 불쌍한 라이바우."

어머니는 고개를 들고 내게 말했다.

"애야, 내가 어젯밤에 꾼 꿈이 생각나는구나. 추민 지주가 돌아온 지금, 그의 문서 전달자가 강 하류에 있는 대도회지에서 볼 일을 다시 시작하는 거 같더구나. 아버지한테 무슨 소식이 있는지 알아보려무나. 아버지는 벌써 우리에게 편지를 하셔야 했는데."

"예, 엄마."

내가 말했다.

나는 읍내로 갔다. 나는 늙은 문서 전달자인 고구마라는 사람을 만났다. 정말 고구마는 그 일을 다시 시작했고, 뗏목으로 강물을 따라 '대도회지'까지 오가곤 했다. 그의 문서 뭉치에는 정말 아버지가 보낸 편지가 들어 있었다. 나는 고구마에게 우리 아버지가 편안한지, 배당금은 많이 받았는지 물어보았다. 그는 한마디도 대답해 주지 않았다. 고구마는 간단히 설명하기를, 상인들이나, 추민 지주의 업무용 편지를 가져가는 것 외에도 군사 소식들도 전해 주어야 하기 때문에 아주 바쁘다고 했다. 고구마가 내게 편지를 전해 주면서 나를 보고는 어서 돌아가라고 했다.

내가 돌아와, 어머니에게 편지를 보여 주었을 때, 어머니는 미소를 지으며 말했다.

"꿈이 사실이 되었구나. 이상하지. 우리 영혼이 어젯밤 라이바우와 통했구나. 라이바우가 이젠 가족의 정식 일원이 된 모양이구나. 불쌍한 녀석, 이젠 밤에 집 지키는 일을 강요하지 말아야겠다. 우리는 이제 잃어버릴 암소도 없으니."

어머니는 잠시 멈추었다. 그리고 어머니는 다시 말했다.

"그 편지를 내게 읽어다오, 애야."

나는 편지를 뜯어 펼쳐 읽었다.

"우리 고향에 무슨 일이 벌어졌는지는 나도 들었소."

편지는 이렇게 시작되었다.

"그게 나로서는 별로 충격적인 일은 아니오. 이 도회지에서는 그보다 더 나쁜 일들도 많이 일어난다오. 수백 명의 젊은이와 학생이 총에 맞아 죽었소. 하지만 우리 장남 소식은 오랫동안 듣지 못 했소. 상하이에서 아마 생활하고 있으리라 생각되오. 내가 하는 일은, 우리가 기대한 만큼, 그렇게 매끄럽게 되지 못했소……."

갑자기 나는 눈의 검은 티 때문에 계속 읽어 내려갈 수가 없었다.

"계속해 봐, 얘야."

어머니의 목소리가 상기되었다.

나는 두 눈을 비비고 다시 읽어 내려갔다. 나의 목소리는 간간이 중단되었다. 이유를 나도 몰랐다.

"우리 사장과 화물을 거래해 오던 그 외국 상인들이 본국의 자기네 공장들에 어려움이 생겨 나머지 원자재를 사 가기를 거부했소. 그래서 가격이 급락하여 사장은 상회를 잠시 닫아야만 했소. 배당금도 연기되었소. 하지만 내가 상회에서 오래 일한 덕분에 사장은 일을 재개할 때까지 나를 돌봐 주기로 했소. 하루라도 빨리 일이 다시 시작되기를 바라오. 내 나이가 나를 기다려 주지 않으니까요. 한편 그분의 경제 상황이 불황이지만, 수입이 될 만한 방편으로 그분의 어린 자식들을 가르치도록 내게 제안했소. 우리 고향에서처럼 그 일은 그렇게 나쁘진 않소. 사실 그 일은 뻬이후 형님보다 더 낫기는 하오. 이 직업으로 우리 가족을 먹여 살릴 수 있거든요. 당신이 이곳으로 오면 어떻겠소? 당신을 보고 싶은 마음이 간절하오. 우리 막내 아들도 여기 와, 견습생 수업을 받게 하든지, 아니면 신학교라도 보냅시다. 이젠 농사짓는 일을 직업으로 생각하긴 어려워요. 더욱이 지금 우리 고향이 무질서하다니. 당신이 여기 와서 잠시 머무는 것이 나을 것 같소. 나는 어린아이들을 매일 가르쳐야 하기 때문에, 당신을 데리러 집에 갈 수 없어요. 여보, 우리 집은 판 삼촌과 알란에게 맡겨 두도록 하오. 그 사람들에게 나의 안부를 전해 주구려."

내가 편지를 다시 접고 있을 때, 어머니는 한숨을 쉬었다.

"이제 아버지가 다시 선생님이 되다니!"

어머니는 낮은 목소리로 말했다.

"불쌍한 사람, 당신은 당신의 옛 동료인 뻬이후 삼촌에게 무슨 일이 일어났는지 모르고 있군요. 판 삼촌과 알란에 대해서도 모르고 있다니."

"그렇지만 아버지의 가르치는 일은 가엾은 뻬이후 삼촌보다는 아주 쉽대요. 주인이 다르니까요."

내가 어머니를 위로하려고 말했다. 반면에 나는 도회지의 흥분되는 삶과, 내가 다니게 될 신학교에 대한 환상을 즐기고 있었다. 실제로 내 마음은 벌써 '대도시'로 가 있었다. 나는 천진스럽게 물었다.

"아버지와 함께 생활하러 갈 건가요, 엄마?"

"아, 아니!"

어머니는 결심이 선듯 말했다.

"어떻게 우리가 선조들의 고향을 내버려 두고 떠날 수가 있겠니?"

며칠이 지나면서 대포 소리는 더욱 가까이 들려왔다. 소문에 혁명자들이 큰 산 너머에 강력한 기지를 건설하여 전투에 참가할 많은 농자대원들을 모았다고 했다. 추민과 왕사자 쪽의 군대에 소속된 군인들이 많이 죽었다고 했다. 우리는 먼 산으로 이어져 있는 신작로 아래로 들것의 긴 행렬이 내려오는 것을 볼 수 있었다. 어느 날 오후, 왕사자의 본부에서 온 보병 일개 중대 병력이 마을로 찾아와, 전투에서 잃은 병력을 대체할 사람들을 징병하러 왔다. 그들은 마을의 젊은 농민들을 강제로 데리고 갔다. 어머니는 길을 가면서 그 징병 대열에서 빠져나가려고 헛되게 노력하는 농민들을 창문을 통해 보고 있었다. 결국 그들은 멀리 안개 속으로 사라졌다.

"얘야."

어머니가 내게 몸을 돌려 말했다.

"안타깝게도 우리가 아버지 말씀을 따라야 하겠구나. 언제고 저들은 너마저 데리러 올지도 모르니까. 이제 너도 어린 소년은 아니니까. 나는 알 수 없는 전장으로 너를 보낼 수가 없단다."

"그럼요, 엄마."

내가 말했다. 어머니는 슬픔을 내보이지 않았지만, 나는 대도회지의 새 삶을 위해 우리가 태어나 자란 고향을 어서 빠져나가고 싶었다.

다음 날 아침 일찍, 우리는 조용히 집의 문을 잠그고 마을을 떠났다. 우리는 필요한 의복과, 아버지와 큰형이 지난 몇 년간 집으로 보낸 편지 뭉치와, 선조의 위패만 가지고 갔다. 마을을 떠나가면서 어머니는 여러 번 돌아보았지만, 아무 말씀도, 한숨도 내쉬지 않았다. 마을은 변한 것이 하나도 없었다. 마을의 작은 집들, 나무들, 검은 기와지붕들. 모두가 언제나 내가 기억하고 있는 모습 그대로였다. 그러나, 마을 위쪽 하늘은 한 가닥의 우울한 기운과 구름 비슷한 것이 걸려 있었다. 아마 아침 안개인가 보다.

우리는 강에 놓인 다리를 건넜다. 투명한 물이 예전처럼 언제나 고요하게 돛을 달고 흐르고 있었다. 내 눈에는 강 아래의 모래가 아침 햇살에 유려하고 희게 빛나고 있고, 이것 또한 내 마음에 들었다. 나는 잠깐 강의 다리 난간에 기대어 서서 머물고 싶었다. 내가 어렸을 때 놀던 모래사장을 정말 다시 자세히 바라보려 했다. 하지만 어머니는 나더러 앞장서라고 재촉했다. 어머니는 모래사장을 보고 싶지 않았다. 어머니는 익숙해 있는 것은 잘 안 보는 성격이었다. 나는 어머니가 전혀 익숙하지 않은 강의 저편을 바라보고 있는 것을 보았다.

우리가 강의 맞은편 강둑에 다다랐을 때, 우리는 다른 세계로, 강 하류에 있는 '대도시'의 세계가 열리는 다른 길로 들어섰다. 그 길은 머나먼 길이었다. 그 길은 백 리도 더 되게 펼쳐져 있었다. 우리는 먼지로 덮인 머나먼 황톳길로, 옛날 역마차가 다니던 길이 나 있는 쪽으로 시선을 돌리면서 우리 자신이 측량될 수 없는, 끝없이 외로운 존재임을 확인하게 되었다. 어머니가 갑자기 가던 길을 멈추고, 말했다.

"아뿔사, 우리가 라이바우를 데려오는 것을 잊었구나! 개를 데려와야 했는데. 애야, 개를 한번 불러 보아라. 우리가 마을에서 그리 멀리 떨어져 있지도 않으니까."

나는 길 옆의 흙무더기 꼭대기에 올라서서, 목청을 다해 외쳤다.

"라이바우!"

내가 외친 메아리가 강의 큰 종소리처럼 들려왔다. 갑자기 흰 개가 마을의 나무들 사이에서 뛰쳐나와, 내가 소리치는 방향으로 달려오고 있었다. 짐승은 강에 다다르자, 물에 뛰어들었다. 그때 나는 개가 우리 라이바우라는 것을 확인할 수 있었다. 개는 한 번도 다리를 이용해 강을 건너 본 적이 없기 때문에 언제나 물속으로 헤엄쳐 건너갔다. 추운 날씨에도 불구하고 잠시 뒤, 개는 우리가 있는 곳까지 다다랐다. 개는 나의 손과 발과 턱을 핥으면서 강아지처럼 내 주위에서 뛰어올랐다. 내가 개를 길 위로 데려왔다. 개는 어머니를 다시 보자 미친 듯이 반가워했다. 마치 보물이나 집을 찾은 것처럼 어머니 주위를 뛰어올라 응석을 부렸다. 나는 이전에 한 번도 우리 개가 저렇게 즐거워하는 것을 본 적이 없었다.

어머니가 라이바우의 머리를 토닥거리며 뭔가 말하려고 했다. 그러나 어머니가 말을 하려 했을 때, 어머니 목소리는 떨리고 있었고, 두 눈엔 눈물이 고였다. 무슨 까닭인지 나도 그런 모습에서 내 마음이 뭉클하는 것을 느꼈다. 그래서 나는 아무것도 못 본 것처럼 눈길을 다른 곳으로 돌렸다. 내 앞에 거대한 고목 한 그루가 서 있었다. 순간 고목에 높다랗게 걸려 있는 표어를 발견했다. 그것은 혁명가들이 걸어 두고 간 것이었다. 자연스레 보이려고 기쁜 듯이 나는 표어에 쓰인 낱말들을 읽어나갔다.

"우리는 돌아온다!"[29]

어머니는 나의 의도를 알아차린 것 같았다. 정말로 어머니는 내가 한 말을 들은 것 같았다. 그래서 어머니는 몰래 소매로 눈물을 닦고 내가 중얼거린 것에 답하려고, 의식적으로 자연스런 목소리를 내서 말했다.

"난 그 점이 의심스럽구나!"

어머니는 그렇게 말하면서도 강한 모습을 보이려고 했다. 바로 그 순간, 어느 천연스런 소먹이는 사람이 멀지 않은 낮은 산에서 잘 알려진 옛 노래를 부르기 시작했다. 노래는 이전처럼 여럿이 부르지 않고, 혼자 부르고 있어 슬픈 분위기를 띠고 있었다.

아유, 아유, 아이 아유, 아이 아유, 아이요 호호……
아유, 아유, 아이 아유, 아이 아유, 아이요 호호……
봄이 오면 황토는 우리에게 쌀을 주고

---

29. 私人們要回來!

가을날에 황토는 콩과 고구마를 주네.

어머니는 노래가 끝날 때까지 유심히, 조용히 듣고 있었다. 어머니는 허공에 노래 메아리가 사라질 때까지 몇 분을 더 기다렸다. 그때서야 어머니는 억누를 수 없는 깊은 한숨을 내쉬며 말했다.

"얘야, 네 말이 맞구나. 우린 돌아와야지. 이곳이 우리 고향이고 우리 선조들과 우리 친지들이 살아온 곳이니까."

"그래요, 엄마."

내가 대답했다. 한편 나의 두 눈은 표어에 가 있었다. '우리는 돌아⋯⋯.' 내가 그 문장을 채 다 읽기도 전에 포탄이 터지는 소리가 멀리서 들려왔다. 나는 읽기를 중단했다. 포탄 소리는 수백 년 동안 내려온 우리 농촌의 평화로운 아침도 부숴 놓았다.

"서두르자."

어머니가 황급히 말했다.

"갈 길이 멀구나."

그래서 우리는 출발했다. 내가 앞장서고, 어머니가 뒤따랐다. 라이바우가 꼬리를 천연스럽게 흔들며 어머니 뒤에서 따라오고 있었다. 개는 우리가 가는 길이 얼마나 머나먼 여행이 될지 모르고 있었다.

부록

작가 예쥔젠

예쥔젠(叶君健 또는 Ye Junjian 또는 Yeh Chun-chan, 1914~ 1999)은 여러 가지 이름으로 글을 썼다. 그중 많이 알려진 것이 찌찌오 마르(Cicio Mar)이다. 그는 1914년 12월 7일 중국 후베이 성 홍안에서 태어나, 1999년 1월 5일 별세했다. 향년 85세.

오래전부터 에스페란토와 중국어로 또 영어로도 작가 생활을 했지만, 안데르센 동화의 번역자로도 알려져 있다.

작가, 번역가, 박식가, 편집장, 국회의원, 사회 활동가인 그는 중국 에스페란토 운동의 선구자이다. 가난한 가정에서 태어난 그는 어려서부터 열렬한 의지와 큰 이상을 가졌다.

---

1. [옮긴이] 사이트 〈http://eo.wikipedia.org/wiki/Ye_Junjian〉, 〈http://esperanto.cri.cn/1/2006/01/12/1@33266.htm〉와 2006년 1월 12일자 중국국제방송 원고 등을 참조하여 옮겼다.

17세의 나이에 그는 우연히 에스페란토를 만나, 곧 에스페란토를 사랑했다. 곧 그는 상하이에스페란토협회(Ŝanhaja Esperanto-Asocio)에서 조직하는 활동에 참여했다.

다음 해 그는 『연말에』(*Je la Jarfino*)라는 소설 원작을 이미 완성해 두었고, 그 뒤 곧 출간하였다. 그는 거인의 발걸음으로 문학의 길에 들어섰다.

1933년 그는 우한대학교 외국어학부에 입학했다.

그는 한편 한코우에스페란토협회(Hankou-a Esperanto-Asocio)가 주관한 조직 활동에 열렬히 참여했으며, 외국 동지들과 서신교환도 했다. 덕분에 그는 수많은 진보적 에스페란토 간행물을 받게 되었다. 언제나 그는 열심히 독서하고, 그렇게 그 작품을 흉내도 내어 보고, 그 당시 에스페란토로의 저술 활동도 지속했다.

1936년 그는 우한대학교를 졸업하고는 그해 5월 일본에 유학했다. 그는 자주 일본에스페란토학회(Japana Esperanto-Instituto)의 다양한 행사에 참여했고, 수많은 에스페란티스토들을 – 일본인은 물론이고 다른 나라 사람들도 – 사귀게 되었다. 그 중에는 일제의 중국 침략을 비판하며 중국측에서 자신의 조국을 향해 항일 투쟁에 참여한 하세가와 데루(Verda Majo)와 번역가 오오시마 요시오 같은 인물도 있었다.

1937년 7·7 사변 뒤, 일본 경찰은 그를 위험인물로 분류해 중국으로 송환해 버렸다.

조국으로 돌아온, 예쥔젠은 상하이에서 출발해 중부 도시 우한까지 여행하며, 귀모뤄에 의해 지도된 정치부 제3섹터의 국제 선전부에 가입했다. 이 사실은 "중국 작가"라는 제하의 2003년 12월 26일자 그의 유고 글에서 알려지게 되었다. 더구나 그는 문학예술 부문에서 항일 통일전선의 활동에도 열성적으로 참여했다. 한편으로 그는 전중국문학예술항일구국회를 만든 작가들 중 한 사람이었다. 그는 에스페란토와 영어로 항일 레지스탕스(저항 전쟁)를 위해 일했다.

홍콩으로 가서는, 그는 다른 작가들과 함께 중국 최초의 국제 문학 잡지 『중국 작가』를 창간해, 온 세계에 중국 국민이 어떻게 침략자 일제에 대항하는 힘든 전투를 벌이고 있는지를 전 세계에 알릴 목적이었다. 찌찌오 마르는 암 투병생활을 했으며, 2차 세계대전 동안 일제에 의해 일본에서 추방되어, 돈 한 푼 없이 48시간 만에 일본을 떠나야만 했다.

그는 에스페란토로 『잊혀진 사람들』이라는 소설을 지었고, 항일작품 『새 임무』(Nova Tasko)와 리우 바이유가 편집한 『중국전시단편소설집』(Ĉina Novelaro de Milittempo)을 번역하기도 했다.

1944년 그는 영국의 초청을 받아 출국해, 중국 국민의 항일전쟁에서의 영웅담을 방방곡곡에게 알리기 위해 전국을 순회 강연했다.

3년 뒤, 그는 『산촌』을 중국어가 아니라 영어로 발표했다. 영국 작가협회는 이 소설을 1947년 '이달의 우수 도서'으로 선정했다.

그는 영어로 소설을 쓴 최초의 중국인이었다. 나중에 그 소설은 20개 이상의 언어로 번역되었다. 1985년 저 유명한 에스페란토 시인인 윌리엄 올드는 이를 에스페란토로 옮겼다.

2차 세계대전이 끝나고 해방되자, 예쥔젠은 조국으로 돌아와, 영어 잡지 "중국문학"의 편집 일을 맡게 되었다. 1948년 그는 폴란드에서 개최된 세계지식인대회에 초청받아 참석하기도 했다.

그는 열렬히 국제문화 활동에도 참여하였다. 그는 다른 작품들을 번역하기도 하였다. 그가 번역한 『안데르센 동화 전집』은 대단한 명성을 얻어, 중국 사회에 큰 영향을 끼쳤을 뿐만 아니라, 덴마크에서도 높은 평가를 받았다. 그 때문에 덴마크 여왕은 이 공로를 인정해 그에게 국기장 훈장을 수여하였다.

1976년 예쥔젠은 나중에 제71차 세계에스페란토대회가 열린 우호호텔에서 마오쩌둥의 시 번역위원회 자문위원으로 활동했다.

1980년 여름에는 유명 작가이자 에스페란티스토인 바진(巴金)과 함께 제65차 세계에스페란토대회에 참석차 중국대표단 일원으로 스톡홀름에 가게 되었다. 한편 그는 에스페란토 분야뿐만 아니라, 다른 외국작가들과도 방대한 교류를 가졌다.

1980~82년 세계에스페란토협회(UEA) 위원회 위원, 중국번역가협회 부회장, 중국작가협회고문, 국회 의원을 역임했다.

나중에 그는 '에스페란토친구'의 부회장, 중국에스페란토연맹 부회장을 역임했으며, 그 뒤, 중국에스페란토연맹 명예회장이 되었고, 월간지 『중국보도』의 자문위원, 세계에스페란토협회 위원회(Komitato) 임원이 되기도 했다.

찌찌오 마르는 자주 쓴 이름이 셋이다. 중국에서는 그는 예쥔 젠(Ye Junjian)으로, 유럽에서는 예춘찬(Chun-chan Yeh), 또 에스페란토계에서는 찌찌오 마르(Cicio Mar, 이 이름을 중국어로 옮길 때는 후베이 성의 위인인 마르[Mar]와 동음이의어로 읽힌다)이다. 이 세 이름이 바로 그의 세 활동 영역을 반영하고 있다. 중국어, 외국어와 에스페란토.

2. 에스페란토 활동

고등학생 시절인 17세 나이에, 에스페란토에 대해 듣고 곧 1931년 통신 강좌로 에스페란토를 학습해, 1933년부터 에스페란토 원작을 짓기 시작했다.

1933년 일본 프론토사(FRONTO-ŜA)가 당시 1,000부 에스페란토로 번역 발간(오오시마 요시오(1905~1992)가 일본어 원작에서 에스페란토로 번역)한 일제하 조선인 작가 장혁주의 작품 「쫓겨 가는 사람들」(Forpelataj Homoj)을 중국어로 1933년 8월 번역 출간하기도 했다.

이 사실은, 1995년 위 작품의 에스페란토 번역본이 다시 발간되면서 알려졌다. 나중에 이 작품은 한국어로 세계에스페란토협회 회장을 역임한 고 이종영 박사[2]가 번역, 출간했다.

---

2. [옮긴이] 이종영(李種永, 1932~2008)은 한국 에스페란티스토다. 세계에스페란토협회 회장을 역임했다. 사천에서 태어난 그는 영남대학교와 하와이 대학

일제하 일본의 '카이죠'(改造) 잡지사에 실린 이 작품은 당시 일제에 의한 조선 농민 침탈 과정을 소상히 알리는 내용이어서, 이 잡지에 실렸을 때도 내용 중 일부는 검열로 삭제된 부분이 많았다고 한다.

예쥔젠은 중국어와 영어로도 작품 활동을 했지만, 프랑스어, 스페인어, 이탈리아어, 독일어, 덴마크어와 스웨덴어를 구사할 줄 알았다.

1953년 그는 영어와 프랑스어로 『중국 문학』 잡지를 편집했다.

그의 주요 에스페란토 작품은 1935년 지은 『잊혀진 사람들』이라는 단편 소설집인데, 1938년 초판 발행되고, 1985년 충칭에서 재발행되었다. 그는 여러 차례의 세계에스페란토대회(1949년(제34차), 1978년(제63차), 1979년(제65차), 1985년(제70차), 1986년(제71차), 1987년(제72차)에 중국 대표로 참석했다. 1986년 중국에서 세계대회가 처음 열렸을 때, 찌찌오 마르는 대회대학 프로그램에서 학장을 맡기도 했다.

찌찌오 마르는 연이어 국제문화교류위원회에서 일했고, 『중국 문학』 잡지의 편집장을 역임했으며, 중국 번역자로서 중국번

교, 하버드 대학교에서 공부하였고, 고베 대학에서 경제학 박사학위를 받았다. 1948년 에스페란토를 독학하여, 1994년~1995년, 1998년~2001년 한국에스페란토협회 회장이 되었다. 1995년~1998년 세계에스페란토협회 회장을 맡았고, 2001년~2004년에는 세계에스페란토협회 부회장을 맡았다. 고 이종영 회장의 임기 중 1996년 프라하 선언이 발표되었다. 2004년 세계에스페란토협회 명예 회원(honora membro)으로 추대되었다.

역자협회 부회장을 역임했고, 문학 예술계의 중국연맹위원회 위원으로 활동했고, 중국작가협회 사무국 일원으로 일했으며, 국제작가협회(PEN 클럽) 중국지부 부회장, 후단 대학교, 중앙(현재 난징) 대학교와 베이징의 후런(Furen) 대학교 문학부 교수를 역임했다.

그는 노르웨이, 덴마크, 영국, 미국의 여러 대학교에서 다수의 강연을 했다. 찌찌오 마르는 중국에스페란토연맹 부회장, 중국에스페란토친우협회 부회장, 중국에스페란토협회 명예회장, 중국보도사 고문으로 일하였다.

3. 작품 활동

중국어 작품으로는 『예쥔젠 동화』, 장편 소설 『대지』 3부작, 『고요한 산맥』 3부작, 단편 소설 『착취자들의 운명』, 『대초원에서』, 『두 수도에서의 수필』, 『앨범』 등이 있다.

찌찌오 마르는 외국 작가들, 즉 안데르센(Hans Christian Andersen), 입센(Henrik Ibsen), 톨스토이(Lev Tolstoj), 에스킬로(Eskilo), 프로스퍼 메리메(Prosper Mérimée), 모리스 매테링(Maurice Maeterlinck), 페데리코 가리아 로르카(Federico Garcia Lorca)의 작품을 중국어로 번역했다. 그중 가장 유명한 작품은 『안데르센 동화 전집』이다.

찌찌오 마르는 외국어(영어, 독일어) 등으로 원작 작품을 짓기도 했다. 그는 영국 정부의 초청을 받아, 중국 국민이 어떻게 일제에 저항하는 전쟁을 수행하고 있는지를 알리러 강연을 했으며, 유럽에서 4년 살기도 했다. 2차 세계대전이 끝난 뒤, 그는 영국에서 유럽 문학을 연구하고, 『산촌』을 비롯한 세 작품을 영어로 지었다. 그는 마오둔[3]의 작품을 영어로 번역했고, 외국에서 발간된 다른 많은 중국 작가들의 작품을 영어로 옮기기도 했다. 중국이 마오쩌둥[4]의 시를 영어로 발간했을 때, 첸종수(Qian Zhongshu)와 함께 주요 번역자들 중 한 사람이었다.

그의 작품 『대지』 3부작은 구 정치체제의 멸망과 1919년 신공화정의 혁명 발발 사이의 역사적 시기를 아주 방대하게 그려낸 작품으로 뛰어나다고 평하고 있다.

에스페란토 작품들

『잊혀진 사람들』(Forgesitaj homoj 충칭 발행, 1938, 1985), 『산

---

3. [옮긴이] 마오둔(茅盾, 1896~1981)은 중국의 현대 소설가이다. 신문학 작가이자 혁명문예 작가였다. 1914년 베이징 대학 문과(文科) 예과반에 들어간 뒤 작품을 발표하다 1921년 중국 공산당(中國共産黨)의 당원이 되었다. 1928년 7월 마오둔은 일본에 잠시 망명했다가 1931년 4월 중국에 다시 돌아갔으며 중국좌익작가연맹에서는 집행을 총괄하는 서기를 담당했다. 1939년에는 신강에 건너가 교육 활동을 했으며, 이듬해부터는 옌안(延安), 충칭, 상하이 등지에서 혁명에 종사했다. 1949년 2월 베이징에 돌아가, 7월부터 전국문예연합 부주석에 임명되었다. 그 뒤 문화부장, 문예공작자협회 주석에 올라 저우양(周揚) 등과 함께 문예 업무를 지휘하는 대열에 합류하였다.

4. [옮긴이] 마오쩌둥(毛泽东, 1893~1976)은 중국 군인, 투쟁가, 혁명가이며 중화인민공화국을 건국한 정치가이자 초대 국가 주석.

촌』(*Montara vilaĝo*, *The Mountain village*의 William Auld 번역, 중국에스페란토출판사, 1984년), 『그들은 남으로 날아간다』(*Ili flugas al sudo*), 『고요한 산맥』(*Montar' Silenta*) 등이 있다.

또 『잊혀진 사람들』에 실린 단편 작품들로 「연말에」, 「결혼 이야기」, 「술 좋아하는 삼촌」, 「승리의 반(Van)은 어떻게 군으로 다시 갔는가」, 「환영」, 「길동무」, 「7월 중순 축제」, 「삶을 향하여」, 「방황하는 악단」, 「뱃사공」, 「두 노인」, 「초원에서」, 「7월의 밤」 등이 있다.

4. 안데르센 동화 전집을 완역한 예췬젠[5]

2005년 4월 22일자 중국국제방송사 방송원고('안데르센 동화를 번역한 3인')에 따르면, 중국에 번역 소개된 안데르센 동화는 200종에 달하지만, 그중 전집은 10종류가 있다.

그중 가장 권위 있는 번역 작가로는 예췬젠, 린화와 렌룽룽 3인으로 알려져 있다.

1944년 예췬젠은 중국공산당 지도하 항일 레지스탕스 전투 속의 팔로군과 신사군의 활약상을 선전하기 위해 영국 순회 강연을 펼쳤다. 이는 유럽에서 제2의 전선을 만들기 위한 선전의 일부분이었다. 자유 시간에 그는 동료들이 구해온 덴마크어로

---

5. 2005년 4월22일자 중국국제방송사 방송 원고(출처 : http://esperanto.cri. cn/1/2005/04/22/1@23759.htm 등의 원고)에서 수집, 정리함

된 안데르센 동화들을 읽어 나갔다. 안데르센 원작은 예쥔젠의 마음에 대단한 즐거움과 감화를 주었다. 그는 이전에 영어, 불어로 읽은 안데르센 동화들이 있었지만, 그 속에선 이야기들만 있고 시, 시의 사상과 삶의 철학이 빠져 있음을 이해하게 되었다. 당시 빈약한 중국아동문학을 생각하고는, 그는 안데르센 동화를 번역하고픈 생각을 갖게 되었다.

그렇게 캠브리지에서 5년간 거주하면서, 예쥔젠은 자유 시간에 안데르센 동화를 완역했다.

새 중국이 창건된 바로 직후인 1949년, 그는 안데르센 동화를 새 동화 문학에 알려야겠다고 결심했다. 그 당시 '문화생명출판사' 편집장인 바진[6] 선생은 그에게 발표할 공간을 마련해 주었다. 그래서 예쥔젠은 바진에게 그의 모든 번역 자료를 건넸다.

1953년 안데르센 작품은 예쥔젠 번역으로 『그림 없는 그림책』이란 이름으로 발간되었다.

---

6. 바진(巴金, 1904~2005)은 중국 현대의 작가. 본명은 리야오탕(李堯棠). 쓰촨성 청두시의 대지주 관료의 집안에서 태어났다. 5·4운동에 의해 신사상에 각성하고 후에 아나키즘에 심취했다. 1923년 집을 나와 난징에 유학, 다시 상하이로 나와 사회운동에 참가했다.1926년 프랑스에 유학, 파리에서 쓴 『멸망』이 귀국과 동시에 발표되어 호평을 받았다. 이후에 생가(生家)를 모델로 한 『집』(후에 『봄』, 『가을』을 추가하여 『격류』 3부작으로 불린다)은 청년들에게 커다란 반향을 일으켜 종전(終戰) 전의 작품으로서는 최고의 발행 부수를 기록했다. 그후 계속 장편을 발표하였고 항일전에서부터 종전 직전에 걸친 작품으로 『게원』(憩園), 『한야』 등과 동화·단편 등 수많은 작품이 있다. 그의 작품은 약자에 대한 강한 애정이 깔려 있으며 평범한 소시민의 심리 등을 면밀하게 파고든 작품 경향을 특색으로 한다. 종전 후에는 공적(公的) 기관에서의 활동도 많았으며 문화 대혁명 동안에서는 '부르주아 전위(前衛)'라는 비판을 받기도 했다.

1958년 '문화출판사'가 상하이 '신문화예술출판사'와 함께 예 쥔젠은 다시 처음부터 자신의 모든 번역본을 감수했다. 이는 거 의 새 번역에 해당하였고, 이는 16권에 달해, 중국에서 안데르센 동화의 첫 전작본이 되었다. 1978년 번역전집은 다시 간행되었고, 중국에서 가장 권위 있는 번역이 되었다.

5. 예쥔젠 선생의 작품 공간7

베이징의 베이하이 공원은 고전적으로 왕의 정원이다.

이곳의 변화란 고전도시 베이징의 발전이라는 항목에는 전혀 속하지 않는다. 베이하이 공원 주변의 사방공원도 마찬가지다.

여러 세대를 거치며 베이징의 영광과 수치, 영광과 쇠락이 교 차되는 베이하이 공원.

작가 예쥔젠의 아들인 유명 사회학자이자 교수 예녠셴 선 생도 대대로 이 사방정원 안에 살고 있다. 아버지 예쥔젠(필명 Cicio Mar) 선생이 '아동 도서의 번역 작가' 라는 명예를 가지고 있기에, 사람들은 그분의 정원을 베이하이 공원의 동편에 있는 '공유엔 후퉁'에 숨겨진 소정원으로 알고 있다. 지금 그곳은 에스 페란티스토들의 만남의 장소가 되어 있다. 이곳에서 베이징 에스

---

7. http://esperanto.cri.cn/581/2012/10/15/1s141636.htm#none, http://espe-ranto.cri.cn/other/nostalgio/v1e.htm(저자의 베이징 자택 모습. 비디오자료) 등에서 옮김

페란티스토들은 술을 곁들인, 정기적 만남을 이어오고 있다. 때로 그 정원에는 외국인들 얼굴도 보인다. 사람들은 그곳이 베이징 여행자들을 위한 명소인 줄 오해를 하기도 한다.

예녠셴은 어릴 때 그의 집은 그리 부유하게는 살지 못하였다고 말한다. 하지만 아버지는 이 집을 저술활동에 좋은 환경이라 생각해 매입하기로 결정했다고 한다. 아버지는 집을 위해서, 또 어머니를 위해서도 돈을 마련하기 위해 정력적으로 저술활동을 하셨다고 아들은 말하고 있다.

> 당시 어머니는 폐암 3기의 병마로 고생하고 있었어요. 의사 선생님 말씀엔 어머니가 많이 걸어야 한다고 하셨어요. 꽃을 기르거나 과실나무를 심는 것이 더 나을 것이라고 했어요. 그 때문에 아버지는 집을 사시기로 결정했어요. 아버지는 밤낮으로 저술 활동을 해, 아버지의 팔과 가슴에 통증을 호소할 정도셨어요……. 아버지는 우리 집을 아주 사랑했어요. 물론 어머니와 가족을 더 사랑하셨어요.

간단히 그 정원을 구입하게 된 이유를 설명한 뒤 예녠셴 선생은 그 정원의 기원에 대해 말하기 시작했다.

그는 말하길, 새 집은 처음에는 편평하지 않은 대지에 들어서 있었고, 창문엔 간단히 종이가 붙여져 있어, 그곳을 통해 북풍이 곧장 들어올 수밖에 없었단다. 어머니를 위해 아버지는 정원을 새로 조성하기 위해 더 많은 돈을 모으기로 결심했다.

아들은 당시 이 집을 수리할 때, 그를 진심으로 도왔던 동료와 친구들에게 고마워했다.

당시 나는 공장에서 일하기 시작했어요. 저희 집 수리 때, 동료들이 저희 집에 와서 많이 도와주었어요. 그들은 어떤 보상이나 저녁 식사도 대접받지 못한 채 우리 정원에 와서 일해 주었어요. 초등학교 동창인, 그들 중 하나는—나보다 나이가 몇 살 많아—도와주게 하려고 자기 학교 학생들을 자주 오게 했어요. 그는 자신의 가족 병력을 유전적으로 받고 있었어요. 동맥경화. 그 때문에 그의 얼굴은 붉게 빛나고 있었어요. 그는 일을 못하는 처지이지만, 다른 사람들이 일하는 방향을 잡아 주러 왔어요. 그리고 그 뒤 그는 세상을 떴어요……

그런 친구들과 회사 동료들의 도움으로 그 정원은 무질서한 '오리'에서 감탄을 자아낼 만한 '백조'로 탄생했다.

시간은 흘렀다.

이젠 그 정원엔 우정의 분위기와 활발함이 빛나고 있고, 에스페란티스토들이 정기적으로 그곳에 담화를 나누러 모인다. 베이징에스페란토협회 부회장 왕얀징은 그 정원에 대한 특별한 느낌을 갖고 있다.

초기에 우리는 에스페란토 활동을 지속하기가 어려웠어요. 외국 에스페란티스토들을 환대할 적당한 장소가 없다는 것과는 별도로 말입니다. 예녠셴 선생은 외국 방문자들이 베이징을 방문하면 그의 정원으로 오면 된다고 했어요. 외국인들은 베이징 정원을 방문하기를 좋아합니다. 사랑방에는 수많은 책들이 꽂혀 있고, 그는 직접 복숭아주로 대접했어요. 대화의 화제는 문화를 다룰 때가 많았어요. 그 때문에 매번 우리는 그곳에서 마치 학술 모임처럼 회의를 하는 듯했어요. 그곳에서 얼마나 자주 우리가 향연을 벌였으며, 포도주 병이 얼마나 많았는지 잊을 정도입니다.

그 열린 분위기가 그 정원을 지배하고 있다. 바로 예 선생의 관용과 개방성 때문에, 그 정원은 그렇게 작지 않아 보인다.

사람은 즐거움 속에 살아야 하고, 스스로 즐길 줄 알아야죠. 사람들 사이의 소통도 필요하구요. 우리가 태어날 때 아무것도 가지고 오지 않았듯이, 우리가 죽을 때 아무것도 가지고 가지 않아요. 그러니, 보세요. 나에겐 비싼 것은 아무것도 없다구요.

이제 예순의 나이인 예녠셴은 봄날엔 나뭇가지를 잘라 주고, 여름엔 곤충을 없애 주고, 가을엔 수선할 곳을 찾고, 겨울엔 땔감을 모을 준비를 한다. 그러면서도 정원에는 친구들과의 만남이 끊이지 않는다. 그는 일 년 내내 늘 바쁘다.

한편, 반세기 동안의 변화를 그와 함께 지켜온 그 정원은 "사랑의 기원, 사랑으로 인한 변화, 사랑을 위해 드러냄"이라는 삼부작 뒤에 노년의 고요함과 타인을 위한 배려의 삶의 방식을 그에게 제공해 주고 있다.

『산촌』에 대하여

예녠셴(叶念先)[8]

1. 『산촌』을 쓴 배경

2차 세계대전 당시 중국과 영국은 연합국이었다. 1944년 영국 정부는 아버지를 영국으로 초청했다. 영국은 당시 중국에서의 항일 저항 전쟁의 상황을 알리는 강연을 아버지에게 요청했으며, 강연을 통해 아버지는 반(反) 파시즘 전쟁에서 두 나라 국민에게 용기를 갖게 해 주었다.

아버지는 영국에서 강연을 이어 가면서, 영국과 유럽 시민들이 중국의 전시 상황과 중국의 혁명 과정을 제대로 이해하지 못하고 있다는 것에 주목했다.

---

8. [옮긴이] 필자는 작가 예쥔젠의 아들. 에스페란토 이름은 아버지 Cicio Mar(찌찌오 마르)를 본받아 Freŝa Maro(프레샤 마로)로 지음. 사회학자, 베이징대학교 교수, 베이징에스페란토협회장. 현재 작가인 아버지가 살던 곳에 거주하고 있다.

2차 세계대전이 끝나자, 아버지는 케임브리지 대학교에서 문학 연구원으로 근무하면서, 중국 혁명의 배경과 상황을 보여 주는 장편 소설을 쓰기로 결심했다. 아버지는 이 장편 소설을 통해 유럽 사람들에게 중국 사람들이 왜 혁명을 필요로 했는지 이해시키고 싶었다.

당시 중국 혁명은 승리에 다가가 있었다.

1947년에 아버지는 영어로 쓴 장편소설『산촌』을 발표했다.

그 소설은 유럽 문화계에 큰 관심을 불러일으켰다. 그해, 영국 잡지『새터데이 리뷰』(*Saturday Review*)에 다음과 같은 서평이 실렸다.

『산촌』은 유럽에서 주목받은 첫 중국 장편 소설이다.

고요한 산촌, 그곳에서 혁명이 시작되었다.

작가 예쥔젠은 우리를 중국 농촌의 아주 소박한 한 가정으로 안내해, 그곳에 사는 중국 농민들의 마음을 알게 해 준다.

작가는 지난날 혼돈 시대의 중국 농촌의 드라마틱한 변화를 자세히 서술하고 있다.

이 중국 소설은 '춘성'이라는 한 어린 소년의 눈을 통해 중국 농부들이 악의적이고 포악한 지주를 드러내 놓고 반대하는 모습을 자세히 보여 준다.

『산촌』은 당시 중국 농촌의 다양한 삶을 자세히 서술하여, 우리로 하여금 인간적인 영혼과 그 영혼의 편향성을 과장 없이 이해하게 해 준다.

작가 예쥔젠이 처음으로 쓴 이 영어 작품은 간단명료한 열정을 보여주고 있었고, 그 간단명료함은 성인의, 성숙된 문화를 빚어낸다.

이 작가의 작품에는 우울한 그늘 아래에서도 유머가 여전히 살아 있고, 작가는 인간애의 영혼과 근원에 충분히 다가서 있다.

이 장편 소설이 출간되자, 영국 출판계 "북소사이어티"(Book Society)에서 '이 달의 우수 도서'로 선정했다.

외국 문화계에서도 『산촌』을 중국 사회와 혁명의 근원을 이해하게 하는 책으로 평가했다.

『산촌』은 출간된 뒤, 아이슬란드어를 비롯해 20개 언어로 번역되었다.

1984년 세계에스페란토협회는 '동서 시리즈'에 20세기 중국 사회를 이해하는 작품인 장편 소설 『산촌』을 넣기로 하고, 영국의 유명 시인이자 에스페란티스토인 윌리엄 올드에게 이 『산촌』을 에스페란토로 번역하게 했다.

『산촌』의 아이슬란드어판 번역 서문에서 아이슬란드의 유명 작가이자 1955년 노벨문학상 수상자인 할도르 락스네스(Haalldor Laxness)는 이렇게 쓰고 있다.

내가 이전에 여러 권의 중국 관련 서적들을 읽어 보았으나, 그중에서 중국 혁명의 핵심을 이와 같이 한 폭의 그림으로 명확하게 그려 낸 책은 바로 이 『산촌』이다. 중국을 소재로 삼아 중국의 일개 마을 하나에만 초점을 맞추었다고 해서 이 책의 의미가 전혀 축소되지 않는다.

독자는 이 책을 통해 세계 초강대국인 중국에서 일어난 혁명이 어떤 방식으로 전개되었는지를 자세히 알 수 있다.

『산촌』은 1927년 경, 중국의 중부 후베이(湖北, Hubei) 성 다볘산맥[9] 부근의 가난한 농민들의 이야기다.

이전에, 쑨원(孫文)[10]이 주도한 1911년 중국 혁명은 2000년의 역사를 가진 제국주의 왕정을 쓰러뜨렸다. 그러나 그 혁명이 끝난 뒤, 일단의 사람들은 제국주의 체제를 되살리려고, 또 일단의 군부 지도자들은 권력을 얻기 위해 서로 싸우고 있었다. 장제스(蔣介石)[11]는 총통이 되었으나, 그는 실질적으로 중국을 하나로 통합하지 못했다. 군부의 내전은 중국 국민에게, 특히 농민들에게 끝없는 고통을 안겨 주었다. 그때, 수많은 지각 있는 청년들이 중국 사회를 연구하기 시작했고, 혁명의 길로 들어섰다.

『산촌』은 그 당시 중국 농촌의 조건을 객관적으로 묘사하고 있다.

---

9. [옮긴이] 다볘산맥(大別山脈)은 다볘산을 중심으로 길이가 270km, 산의 높이가 평균 1,000m에 달한다. 이 장편 소설의 무대가 된 이 지역에서 중국 혁명을 주도한 인물이 많이 배출되었다.

10. [옮긴이] 쑨원(손문, 1866~1925)은 외과 의사, 정치가, 혁명가, 사상가, 중국 국민당(中國國民黨) 창시자. 중화민국 제1대 임시 대총통. 1905년 '민족(民族), 민권(民權), 민생(民生)'의 삼민주의를 발표.

11. [옮긴이] 장제스(장개석 또는 창카이섹, 1887~1975). 중국의 군인, 정치·군사 지도자로 중화민국의 총통이었다.

2. 『산촌』의 특징

　『산촌』의 작가인 아버지는 자신의 어린 시절 고향 마을에서의 경험을 바탕으로 깊은 애정을 가지고 이 장편 소설을 썼으며, 객관적이고, 직접적으로, 또 목가적으로, 때로는 유머를 섞어 이야기를 펼쳐 갔다.

　객관적 직접성은 아버지로 하여금 당시 중국 농촌과 농민, 여성, 농촌 교사, 도사, 혁명 청년, 설서인(이야기꾼), 지역 군부, 포악한 지주 등 여러 인물들의 궁핍한 삶을 보여 주게 하였다.

　작가는 공식을 만들어 놓거나, 도그마에 따라 글을 쓰지 않았다. 혁명을 고대하면서 포악한 지주, 관료와 군부 지배를 무너뜨리는 농민들을 작가는 그리고 있다.

　작가는 농민들이 겁이 많지만, 관찰하기를 좋아한다는 것도 기술하고 있다.

　그것은 실로 사실이다. 만일 농민 모두를 확신에 찬 혁명 전사라고 말한다면, 그것은 자신을 속이는 것이 된다.

　또 혁명을 하는 이들은 교육받아야 함을 입증해 주었다.

　이 책은 또한 농민의 어리석음도 보여 주고 있다. 예를 들면, 가난한 청년 농민 마우마우가 한때 포악한 지주의 보안대에 억지로 참여하게 되지만, 그 뒤 혁명당이 마을에 왔다. 포악한 지주에 협력한 마우마우는 '지주의 포악성을 여러 사람들 앞에서 알리라'라는 소집 통지를 당에서 받자, 두려움과 공포에 휩싸여 저수지에 뛰어들어, 스스로 죽음을 선택한다.

한편, 또 다른 인물인 아주 가난한 도사는 주저없이 옛 권력을 지지하였다. 혁명당이 그 마을에 들어서자, 그도 포악한 지주의 땅 중 3무(畝)를 받는다. 혁명당이 그 마을을 떠난 뒤, 포악한 지주가 돌아와 도사를 죽인다.

이 책의 여주인공인 국화 아줌마는 아주 착하고 아름답고도 일을 잘했다.

또 주인공 소년 '춘성'의 집에 함께 살아가는 누이 알란은 춘성의 형과 결혼하기 위해 기다린다. 형은 도시로 가, 혁명에 참여하고, 러시아 쑨원대학교에 보내진다.

한편 국화 아줌마의 남편 민툰은, 결혼 직후, 집을 떠나 수년 간 혁명 대열에 참여하며 러시아에서 혁명을 배우고 돌아온다.

민툰은 고향에서 아내를 만나, 아내에게 말하길, "난 이미 혁명에 투신한 몸이오! 지금 나에겐 러시아 여자가 있고, 그녀에겐 곧 태어날 아기가 있으니, 그 사람 곁에 있어야 하오. 그 사람은 이 나라에 대해 모르는 것이 많소. 그 사람과 내가 헤어질 수도 없구요."라며 국화와의 결혼을 계속 유지할 수 없다고 선언한다.

바로 그날 오후, 국화 아줌마는 절에 들어가기로 작심하고 집을 떠난다.

중국의 소설들은 결말에 가서 다시 맺어지고 행복을 찾아가는 것으로 그리고 있지만, 사실, 모든 일이 이처럼 될 수는 없는 것이 진짜 현실이다.

작가인 아버지는 그런 현실을 생각하고, 우리가 슬픈 현실의 문제를 풀 수 있다는 사실을 명확하게 알고 있었다.

이야기는 소년 '춘성'의 가정이라는 한 가정에 집중되고, 춘성의 어머니, 마을의 다양한 사람들, 읍내 사람들, 도회지 사람들, 혁명 청년들, 군인들과 설서인(이야기꾼), 도사가 등장했다가 사라지는데 당시 중국 사회의 여러 조건들을 반영하고 있다.

그러한 집중은 독자에게 이 장편 소설이 전하고자 하는 바를 분명하고도 질서 있게 보여 준다. 독자는 이 책을 명쾌하고도 쉽게 이해할 수 있을 것이고, 방대한 중국 사회의 얼굴을 볼 수 있을 것이다.

이것이 아버지가 사용한 집필 방식이고, 국내외 독자들이 이 소설을 쉽게 이해할 수 있는 근거가 되기도 한다.

『산촌』에는 유머도 있다.

진짜 유머란 무의미한 농담이 아니라, 철학이자, 선의의 비판이다. 유머 속에는 낙관과 믿음이 있다. 예를 들어, 가난한 농부인 마우마우가 어렵사리 결혼에 성공하자, 마우마우는 임신한 아내에 대한 사랑이 지극정성이다. 반면, '비굴한' 도사가 행하는 도교의식이 얼마나 우습게도 미신적인가를 볼 수 있다. 이 미신적인 기도는 독자로 하여금 웃음이 나오게 하지만, 그 웃음 뒤에는 뭔가를 깊이 생각하게 한다.

작품 『산촌』은 궁핍한 실제 생활을 작품 속에 보여 주지만, 독자에겐 패배주의에 빠지지 않으려면 교육을 받아야 하고, 이 교육이 현실을 변화시킬 수 있는 적절한 기회를 가져다줌을 깨닫게 한다.

아버지는 어떤 종류의 불행한 일이 있더라도 그 일 안에서 긍정적인 사고를 갖게 하도록 쓰고 있다.

이 소설에서 소녀 알란은 천연두를 앓아 얼굴이 얽어 버린다. 그래서 그녀는 조용히 일하면서, 다른 사람들과의 만남을 기피하려고 하고, 다른 사람들 또한 그녀를 무시한다. 또 다른 인물인 설서인(이야기꾼) 라우리우는 어느 정도 지식을 가진 인물로, 역사도 잘 알고 있다. 나중에는 혁명세력의 확고한 일원이 된다. 그는 천연두 자국이 있는 알란에게서 아름다움을 느끼고 알란과 결혼하고자 한다.

포악한 지주의 무장한 힘은 혁명당을 깊은 산맥으로 쫓아 버린다. 쫓겨 가는 마을의 혁명당은 동구 밖 어느 나무에 이렇게 쓰고 있다.

"우리는 꼭 돌아온다."

중국 국민과 농민은 그런 어렵고도 힘든 싸움을 통해, 자신들을 억압하고 착취해 오던 이들을 몰아내고, 마침내, 새 중국을 창건했다.

─ 덧붙임: 2014년 12월 7일은 작가이자 번역가이고 중국문학과 외국문학 교류의 첨병이며 또 항일전사였던 예쥔젠 선생 탄생 100주년이 되는 날이다. 12월 8일 오전, 베이징의 중국작가협회는 '중국 현대 문학의 집'에서 작가 탄생 100주년 기념행사를 가졌다. 이 자리에서 중국작가협회 회장인 티에닝(Tie Ning) 여사는 기념사에서 "고 예쥔젠 작가는, 작가로서는 드물게도, 여러

언어와 국제어 에스페란토에 능통해, 중국 현대 문학사의 여러 분야에서 뚜렷한 업적을 낸 분이며, 작가로서, 번역가로서 중국과 해외 문학 교류에 탁월한 공헌을 한 인물이었다"라고 말했다.

2014년 12월 14일
프레샤 마로

찌찌오 마르(Cicio Mar)

뛰어난 펜(plumo talenta)

스청타이(石成泰)

찌찌오 마르(Cicio Mar)는 중국 작가 예쥔젠의 필명이다. 탁월한 작가이자 번역가이며 편집자인 그는 에스페란티스토를 비롯한 여러 언어를 섭렵한 분이다. 학교 교육을 받은 중국인이라면 그분의 이름을 모르는 이가 없다. 왜냐하면, 그는 안데르센 동화를 중국어로 번역한 분인데, 그분의 번역 작품이 학교 교과서에 수록되어 있기 때문이다.

예쥔젠 선생은 1914년 중국 후베이성 홍안현[12] 산골 마을에

---

12. [옮긴이] 중국 혁명의 근거지인 홍안(紅安)은 다볘산(大別山) 남쪽 기슭, 후베이(湖北)와 허난(河南) 두 성의 인접 지대에 자리 잡고 있다. 우한(武漢)에서 출발하여 차로 한 시간 반이면 도착할 수 있다. 이 1천여 평방킬로미터의 지역에서 중국 혁명의 급류 속에서 두 명의 국가 주석이 나왔다.

1927년 〈8.7〉회의 정신의 인도하에 홍안과 마성의 무장 농민과 수만 명의 군중은 11월 13일 황마봉기를 일으키고 황안현 농민정부와 중국노농혁명군 호북동군을 창립하였다. 1930년 봄 당 중앙위원회의 결정에 따라 중국공산당

서 태어났다. 산골 마을에서의 어린 시절은 나중에 장편 및 단편 소설을 쓸 때 많은 소재를 제공해 주었다.

그는 1932년 우한(武漢)대학교에 입학해 영어를 전공했으며, 1936년 졸업한 뒤, 일본 도쿄로 가서, 그곳에서 영어를 가르쳤으며, 일본에스페란토학회(JEI)에 입회했으며, 일본의 저명 에스페란티스토들과 교류했고, 그중 나카가키 코지로[13], 여성 일본 작가 하세가와 데루[14]와 교류했다.

1937년 '7·7 사변'[15]에 앞서, 일본 비밀 경찰인 특고(特高)에서 그를 위험한 사상을 가진 인물이라는 이유로 체포했다. 그는 2개월간 억류 뒤 일본에서 추방되었다.

1938년 그는 혁명 정부 군사위원회 제3섹터에서 일하였다. 우

호북-하남-안휘변구 특별위원회와 호북-하남-안휘변구 소비에트정부를 창립하였다.

홍안은 중국 공산당 창시자 중 한 명인 동필무와 리셴녠 전 국가 주석의 고향이기도 하다. 1909년 홍안의 한 농민 가정에서 태어난 리셴녠은 1927년 11월 황마봉기에 참가하고 12월에 중국 공산당에 가입하였다. 1931년 그는 3백 명의 청년을 인솔하여 홍군에 가입하여 홍군 제4방면군 제 11사단 정치위원을 하였다. 1983년 6월 그는 제6기 전국인민대표대회에서 중화인민공화국주석으로 선출되었다.(자료 출전 : http://korean.cri.cn/1/2004/10/11/1@22073.htm)

13. [옮긴이] Nakagaki Koziro, 1894~1971

14. [옮긴이] Hasegawa Deru(Verda Majo로 더 잘 알려져 있음, 1912~1947), 일본 인이면서도 중국의 입장에서 항일 운동을 한 에스페란티스토.

15. [옮긴이] 노구교 사건(1937년 7월7일에 베이징 서남쪽 루거우지아오[盧溝橋]에 서 일어난 일본군의 자작극 발포 사건)으로 일본 군대가 본격적 중국 침략을 감행. 이 사건은 중일 전쟁의 도화선이 됨. 이 사건은 일본 제국주의의 중국 침략의 시초이기도 하지만, 중국의 항일 레지스탕스 전쟁을 시작하게 만든 역사적으로 유명한 사변이다.

한 시에서 — 나중에는 충칭(重庆)에서 — 중국 국민의 일본에 대항하는 전쟁의 선전 업무를 맡은 귀모뤄[16]의 지도를 받았다. 한편 그는 대학교에서 강의하며, 홍콩에서 영문 잡지 『중국작가』를 편집했다.

1944년 이후, 그는 중국 항일 전선에서 선전 전사로 일했다. 영국으로 건너 가, 그곳에서 영국 정부가 주관하는 중국의 반파시스트 전쟁을 알리는 순회 강연을 했다. 프리스틀리(J.B. Priestley) 가정과 친교했으며, 블룸스베리–학파(Bloomsbury-skolo)의 일원이 되었다.

방학 동안, 그는 덴마크를 방문해, 덴마크 어를 배워, 나중에 덴마크 어 원서를 텍스트로 『안데르센 동화 전집』을 중국어로 번역, 소개했다.

1949년 귀국한 그는 새 조국의 사회주의 건설에 참여했다. 외국어 출판사에 근무해, 영문판 잡지 『중국 문학』을 편집하기도 한 그는 많은 중국 작가의 작품을 영어로 옮겼다. 그는 한때 베이징의 여러 대학교에서 강의하기도 했다.

그는 여러 언어로 글을 쓰는 탁월한 작가이기도 했다. 그의 단편집 『잊혀진 사람들』(*Forgesitaj Homoj*)이 1938년 발표되었

---

16. [옮긴이] 궈모뤄(郭沫若, 1892년~1978년). 중국의 문학자, 정치가, 극작가이다. 1927년의 국공분열(國共分裂) 후 일본에 망명, 이로부터 10년간 중국 고대 사회 연구에 몰두하였다. 그것은 현실로부터의 도피가 아니라 당시의 새로운 출로(出路)를 탐구한 중국 사회 연구의 일환이었다. 1937년 2차 세계대전 때 충칭으로 귀국하여 문화 공작의 책임을 맡고 항일 전선에 참가하여 선전 활동에 종사하면서 극작(劇作)이나 평론 등을 많이 발표하였다.

다. 영국에서 그는 영어로 『산촌』을 썼고, 이를 나중에 윌리엄 올드(W. Auld)가 에스페란토로 옮겨, 중국세계어출판사에서 발간했다.

장편 소설 『산촌』은 지난 1920년대 중국 산촌의 파노라마를 독자들에게 보여 주고 있다. 이 작품은 여러 감동적인 인물들을 보여주고 있는데, 이 소설은 국내외 많은 독자들에게 사랑받았다. 그는 1979년~1980년경 소설 삼부작 『대지』(3권)를 중국어로 썼다.

그는 『안데르센 동화 전집』을 완역했으며, 아동 문학 작품을 짓거나 번역하는 것을 특히 좋아했다. 예를 들어 1982년 허난아동출판사에서 이봐나 브를리치–마주라니치 여사가 쓴 『꼬마 구두장이 흘라피치』[17]를 (영어 번역본을 텍스트로) 중국어로 번역하기도 했다. 그는 아동 동화나 이야기를 직접 쓰기도 했다. 2010년 베이징의 칭화대학교 출판사에서 20권으로 된 『예쥔젠 저작 전집』이 발간되었다.

그는 여러 차례 세계에스페란토대회에 참석해, 저명한 작가이자 에스페란티스토인 율리오 바기(Julio Baghy)와 친교했으며, 에스페란토 창안자 자멘호프 박사의 손녀, 며느리 등과도 교류했다.

그는 1999년 암으로 향년 85세를 일기로 별세했다.

그의 아들 예녠셴 교수도 에스페란티스토로 활동하고 있는

---

17. 한국에서는 2013년 산지니출판사(장정렬 번역)에서 출간됨.

데, 아버지 '찌찌오 마르'(Cicio Mar)라는 필명에서 본받아 '프레샤 마로'(Freŝa Maro) 라는 필명을 갖고 있다. 그는 부모가 살던 베이징의 중국식 전통 가옥에 여전히 거주하면서, 그 집을 자주 국내외 에스페란티스토들의 모임 장소로 제공하기도 한다. 그는 현재 베이징에스페란토협회 회장으로 활동하면서 동시에 중국애주가에스페란티스토회 회장이기도 하고, 『술 문화』, 『따뜻한 희망』(Varma Espero)이라는 인터넷 잡지도 발간하고 있다.

2013년 6월 20일
다칭에서

『산촌』의 「에스페란토판 서문」

험프리 톤킨[18]

　세계에스페란토협회가 주관하는 '동서 시리즈'는 1956년 유네스코 총회에서 동서양 가치의 상호 존중을 기치로 내건 '그랜드 프로젝트'이다. 이 프로젝트에 에스페란토 운동이 참여하기 시작해, 1961년 첫 성과물이 나왔다.

　이 시리즈는 해를 거듭할수록 더 방대해졌다. 그래서 오늘날 우리는 30권의 도서 발행을 앞두고 있다. 그 그랜드 프로젝트의 뒤에 담긴 아이디어는 한 민족(이나 국민)의 우월성에 근거한 것이 아니라, 사람들이 상호 이해의 바탕 위에 더욱 가까워져야 한다는 것에 그 뜻을 두고 있다.

　만일 사람들이 다른 문화들 속에서 그 문화권의 사람들을

---

18. [옮긴이] 험프리 리처드 톤킨(Humphrey Richard Tonkin, 1939~)은 영국에서 태어나 미국에서 활동하는 에스페란티스토이며, 세계에스페란토청년회와 세계에스페란토협회 회장을 역임했다. 현재 미국 하트포드 대학교 영문학교수. 셰익스피어 전문가로 유명하다. 이 책 서문을 쓸 당시는 세계에스페란토협회 부회장.

더 잘 이해한다면, 그 문화들 사이에서 차이를 존중하는 것을 배울 수 있고, 동시에 공통 가치를 발견해 공통의 모범을 만들어 낼 수 있을 것이다.

짧게 말해서, 과거에서 무엇을 보존하고 무엇을 다시 생각해 봐야 하고, 어떻게 귀중한 차이를 보존하고, 어떻게 고착되어 버린 부조화를 없앨지를 배울 것이다.

에스페란토 창안자 자멘호프는 언어와 관련해 이와 유사한 생각을 가졌다.

오늘날 에스페란토 운동은 교량어로서 언어들의 차이를 넘는 일을 위해 일할 뿐만 아니라, 지역 수준과 민족 수준에서 언어 정체성과 언어 다양성을 보존하기 위해 일하고 있다.

전통적 가치와 혁명적 가치들이 충돌하는 장면을 중국의 유명 작가 예쥔젠[Chun-chan Yeh(Ye Junjian), 에스페란티스토, 찌찌오 마르(Cicio Mar)라는 필명으로 알려져 있음]의 장편 소설은 서술해 놓고 있다.

이 책은 혁명 이전의 시대에 살던 중국 산촌의 한 소년에 대해 쓰고 있다.

여기에는 수많은 사람들이 등장한다. 도둑, 그리고 특히 벼를 심어 경작하는 논을 사적으로 소유해, 그 논으로 마을 사람들을(사람의 생명까지도) 착취하는 대지주도 등장한다.

하지만 마을 사람들은 이 책에서 상세하게 그려진 전통문화를 유지한 채 풍부한 삶을 살아가는 것을 볼 수 있다.

그런데 대기근이 오고, 마을 사람들의 삶은 드라마틱한 상황에 빠져버리게 된다.

대기근에 이어 민란이 일어나고, 혁명이 뒤따르고, 패전 군인들이 마을에서 약탈을 하게 된다.

결국 소년과 그의 어머니는 피난을 하게 된다.

그 혁명은 목가적인 마을 사람들의 인생에 여전히 남아 있는 모든 것을 부순다. 혁명은 대지주의 착취에서 벗어나는 것을 약속하고, 더 정당한 삶의 가능성을 약속하고 있다.

1985년 제70차 세계에스페란토대회의 주제는 "고대와 현대: 무엇을 변하게 해야 하고, 무엇을 보존할 것인가?"이다.

이 책은 그런 주제를 픽션의 그림처럼 보여 주고 있으니, 국제어가 창안 된 지 첫 100년의 역사를 맞는 이 전환점에서 에스페란토 운동 목적에도 전반적으로 부합하는 주제이다.

이러한 때에 '동서 시리즈'에 국제적으로 유명한 작가이면서도 동시에 에스페란티스토인 작가의 작품이 실리는 것은 시기적으로도 적절하다.

찌찌오 마르의 이 책은 이미 수많은 언어로 번역되었다.

찌찌오 마르가 잘 사용하는 언어로 된 저작의, 영어판 원본에 따라 충실하게 번역한 윌리엄 올드의 노력 덕분에 우리는 이 책을 읽을 수 있게 되었다.

그러니 이 책이야말로, 동양과 서양 사이에서, 새로운 것과 옛것 사이에서, 언어들 사이에서, 문화들 사이에서 갈림길인 바로 그곳이 배경인 작품이다.

우리는 이 책이 우리 '동서 시리즈'에 포함된 것이 자랑스럽다.

Kara Ombro,

Mi ege ĝojas ricevi vian mesaĝon kaj tuj mi transsendis vian mesaĝon al s-ro Fresha Maro laŭ la retadreso:f_maro@sina.cn. Por konfirmi la ricevon mi telefonis al li, sed li hejme mankis. Poste per poŝtelefono mi sukcesis kontaktiĝi kun li. Li nun survoje al Zaozhuang en Shandong-provinco, kie okazos la Deka China Esperanto-Kongreso de la 15a ĝis la 17a. Li povos legi vian mesaĝon nur post hejmeniro. Morgaŭ frumatene ankaŭ mi veturos al Zaozhuang por la kongreso. Tie ni certe renkontiĝos.

Ankaŭ mi tre ŝatas la romanon Montara Vilaĝo. Siatempe mi legis la romanon ĉefe por lerni la lingvon, sed post iom da legado mi estis allogita ankaŭ de la enhavo.

Mi ĝojas, se la korealingva versio de la romano sukcese eldoniĝos. Mi gratulas vin pro via mirinda laboro kaj bonŝanco pri la eldonado.

Varme vin salutas,

Tan Xiuzhu

장 선생께,

장 선생이 중국 유명 작가 예쥔젠 선생의 작품 『산촌』을 한국어로 번역 출간하게 되었다는 소식을 듣고, 작가의 아드님에게 즉시 전화와 이메일로 알렸습니다. 마침 제10회 중국에스페란토대회(11월 15일~17일, 산동성 자오주앙시)가 열리니, 그곳에서 아드님을 만날 수 있습니다. 그러면 장 선생의 메시지도 전해 드리겠습니다.

저도 장편소설 『산촌』을 정말 좋아합니다.

처음에 저는 에스페란토를 배우고 익히기 위해 『산촌』을 읽었지만, 점점 그 작품의 내용에 빠져들었던 기억이 새삼 떠오릅니다.

이 소설이 한국어로 번역되어 출간된다니, 저도 기쁩니다.

장 선생의 경이스러운 번역작업에 대해, 또 좋은 출간기회를 갖게 된 것에 대해 축하드립니다.

따뜻한 인사를 전합니다.

2013년 11월 14일

중국 베이징에서 탄슈주(譚秀珠)

예쥔젠의 『산촌』 출간을 축하하며

이영구[19]

먼저 장정렬 교수로부터 예쥔젠 선생의 대표작 『산촌』 출간에 대한 축사를 부탁받고 저는 잠시 예쥔젠 선생과 그의 아들인 예녠셴 선생과의 지나간 추억을 회상해 볼 수 있는 아름다운 시간을 가졌으며 동시에 개인적으로 매우 영광스럽게 생각했습니다.

왜냐하면 1986년 7월 베이징에서 열린 제71차 세계에스페란토대회에 참석했을 때 저는 예쥔젠 선생을 만났고 아울러 그의 대표작 『산촌』을 귀국하여 장정렬 교수에게 소개했기 때문입니다. 비록 시간은 지났지만 이제야 번역되어 세상에 나온다니 정말 기쁜 마음을 금할 수 없기 때문입니다.

예쥔젠 선생은 중국 현 당대 문학사의 중요한 위치를 차지하는 저명한 작가이며 동시에 번역가로 잘 알려져 있습니다. 모국

---

19. 한국외국어대학교 중국어대학 교수, 한국에스페란토협회 회장.

어를 포함하여 10개 언어를 구사할 수 있는 그는 1937년 일본 제국주의자들에 의해 중국이 유린된 후 우한에서 항일 운동에 적극 참여했으며 또 홍콩에서 영문 잡지인 『중국 작가』의 편집장을 맡으면서 당시 중국의 우수한 항일 문학 작품을 외국어로 번역해 해외로 많이 소개했습니다.

1944년 영국 정부의 초청을 받아 중국인들의 항일 활동을 여러 도시를 순회하며 강연했고 2차 세계대전이 끝난 후 영국 캠브리지 대학에서 유럽문학을 연구하고 영문으로 장편 소설 『산촌』을 썼습니다. 또 「그들은 먼 곳으로 날아간다」, 「모르는 사람과 잊혀진 사람」이란 단편소설집을 펴냈는데 이러한 작품들은 중국에 대하여 잘 모르고 있던 당시 많은 외국인들에게 중국 정황을 가장 정확하게 이해시키고 알리는 데 중요한 역할을 담당하였습니다. 진정한 항일 애국 작가라고 말할 수 있습니다.

그리고 그는 제가 연구하는 2000년 노벨문학상 수상자인 가오싱젠(高行健)을 일찍부터 주목하여 문학적 활동과 주장을 지지함은 물론이고 동시에 선배 작가로서 커다란 버팀목이 되어 주었습니다. 다시 한 번 그의 사물을 꿰뚫어 보는 안목과 식견에 찬탄을 보냅니다.

겸하여 예쥔젠 선생의 아들인 예녠셴 선생과의 얘기도 몇 자 적고자 합니다. 양국과의 국교가 정상화 된 후 학술교류차 베이징에 방문하면 편리한 시간을 활용하여 베이징 에스페란티스토들을 만나게 되는데 한번은 무더운 여름철에 웨이산 선생과 함께 북해공원 근처의 골목길에 위치한 예녠셴 선생의 댁을 찾아가 환대를 받은 적이 있습니다.

그는 중국의 전통적 건축인 사합원에 살고 계셨는데 대문을 들어서자마자 친절하게 이 집의 내력과 안뜰에서 가꾸는 화초며 나무들을 소개해 주고 이어 응접실로 안내하여 아버지 예쥔젠 선생의 작품에 대한 얘기를 구수하게 웃음을 띠고 말해 주었습니다. 나는 준비된 술상 자리에 귀한 술들이 많이 놓여있는 것을 보고 비록 초면이지만 대번에 약주를 좋아하는 분이라고 느꼈고 조금 후 대화하면서 중국 에스페란토계의 주당으로 인정받고 있다는 사실도 자연스럽게 알게 되었습니다.

그 후에도 몇 차례 연락을 드렸는데 그때마다 반가운 목소리로 초대를 해 줬습니다. 한번은 직접 주방에 들어가 음식을 만들어 놓고 맛이 있느냐고 물어 보기도 했습니다. 이 분의 소탈하신 면모는 예쥔젠 선생의 문학적 특징 중 하나인 소박한 풍격을 그대로 옮겨 놓은 듯 해 한 분은 작품 세계에서, 한 분은 생활에서 동일한 유형을 찾을 수 있어 정말 부자지간에 닮은 점이 많다고 혼자 생각해 봤습니다.

끝으로 한국 에스페란토 운동의 발전을 위해 문학 영역에서 지속적인 역작들을 출간하는 장정렬 교수의 그간의 노고에 진심으로 격려와 축하의 말을 전하고 싶습니다.

감사합니다.

고(故) 예쥔젠 작가와의 만남,
작품 『산촌』의 번역 과정을 생각하면서

1. 고(故) 예쥔젠 작가의 회신

이 책자를 구입하게 된 동기는 이렇다. 1986년 세계에스페란토협회 연차 대회가 중국 베이징에서 열렸을 때, 나는 그 행사에 참관하시는 이영구 교수(한국외국어대학교 중국어대학 교수)께 읽을 만한 책 한 권을 구해 달라고 요청했다.

그때 얻게 된 책이 바로 이 『산촌』이다. 당시는 오늘날 중국 모습과는 다른 중국이었다. 당시는 한국과 중국이 수교하지 않아 중국에 대한 정보가 그리 많지 않았다. 나는 '죽의 장막' 중국을 알 수 있는 책이라고 여겨, 흥미롭게 읽어 나갔다. 작가와의 교류는 미처 생각하지 못하고 있었다.

1992년 8월 17일~22일 중국 칭다오(靑島)에서 열린 제5차 범태평양에스페란토대회 이야기로 이 글을 풀어 가야겠다. 당시 한국과 중국이 수교 바로 직전이었지만(한국과 중국은 그해 8월 24일 공식 수교가 이루어졌다) 에스페란토 행사가 아니었다면, 일반인이 쉽게 중국을 방문할 수 없었다.

국제 에스페란토 대회는 에스페란토를 통한 국제 문화 교류의 장이다.

1992년 8월 이전에 『산촌』을 초역해 둔 나로서는 『산촌』의 작가 예쥔젠 선생도 그 대회에 참석할까, 만일 그 작가가 참석하면, 뵐 기회가 있을까 하는 생각을 해 보았지만, 중국 에스페란토계의 원로 작가를 만나 뵙는다는 것은 수줍음이 많은 나로서는 아직 조심스러웠다. 대회장에서 나는 그분을 뵙지 못했다. 당시 작가는 투병 중이었다.

하지만, 이 대회장에서 나는 젊은 중국 에스페란티스토들을 여럿 알게 되었다. 그중 두 친구 ─ 왕시겐(王希庚)씨와 스슈에친(史雪芹)씨 ─ 를 알고, 친하게 지내게 되었으니, 그 둘은 나중에 중국 문학에 관한 창구가 되어 주었다.

스슈에친 씨를 통해 『산촌』의 작가의 근황과 주소를 알게 되고, 『봄 속의 가을』의 작가 바진(巴金) 선생의 소식을 듣게 되었다.

에스페란토 문학 작품을 국어로 번역하기로 마음먹고 처음 작업한 작품이 『산촌』(1984년 중국에스페란토출판사 간행본을 텍스트로 함)이 아닌가 생각된다.

시인 고은 선생은 '번역'을 "내 문화의 골짜기에서 꽃이 된 작품은 다른 나라 문화의 언덕에 이식되어 살아남거나, 아니면 죽더라도 시도가 있어야 하며 그것이 문화 교류의 출발점"이라는 취지로 지난해 〈YTN〉 방송의 〈공간〉 프로그램에서 언급하는 것을 나는 들은 바 있다.

『산촌』의 배경이 되는 1920년대 중국 마을은 정치 상황이 다르다는 것을 제외하고는 나의 어린 시절 야트막한 산으로 둘러싸인 내 고향 농촌을 많이 떠올리게 해 주었다.

역자가 소년 시절을 보낸 창원시 의창구 북면의 고향 마을에서는 마을 뒷산으로 올라가면, 산꼭대기에서 저 길고 유유히 흐르는 낙동강 본류를 내려다볼 수 있었다.

1960년대~70년대 초의 고향은 아직 전기와 상수도 시설이 설치되어 있지 않았다. 전기 대신에 석유를 이용한 호롱불, 상수도 대신 마을 공동 우물을 이용하던 시절이었다.

고향 마을 입구엔 먼지가 펄펄 나는 포장 안 된 신작로가 있었다.

그 신작로에 화물차라도 한 대 나타나기만 하면, 우리 아이들은 그 신기한 화물차를 보러 마을 동산으로 뛰어가, 그곳에서 마을 어귀를 지나, 뱀같이 구불구불한 길을 따라 다른 마을로 향해 달려가는 그 차를 바라보는 것이 새 문물에 대한 이해의 순간이었다.

겨울에 눈이라도 온다면, 그날엔 마을 뒷동산에 동네 형들을 따라 토끼 잡는다고 따라다니고, 여름날 오후엔 뒷동산에 소를 데려가 풀을 뜯게 하고, 동무들끼리 작은 돌을 주워 공기놀이를 하기도 하였다.

또 학교 갔다가 집으로 돌아와 밤엔 호롱불 아래서 숙제하던 시절이었다.

초등학교 시절 우리 반이 낙동강 지류의 하천 둑으로 소풍이라도 가게 되면, 그 넓은 모래밭의 땅콩밭에서 커가는 땅콩을 한 번 캐 보는 게 정말 신기한 추억으로 남는 시절이었으니, 오늘날 우리 도시민의 삶과는 사뭇 다르지만, 인정과 정겨움이 있었다.

다행히 아버지가 농사일을 하시면서도 부업으로 수확한 벼를 도회지로 파는 일을 중개한 덕분에 해마다 늘어난 소득으로 논밭도 점차 늘어났다. 알다시피 농사일은 일 년 내내 일손이 필요하다.

봄날 아버지가 논이나 밭이랑을 갈아엎는 일을 할 때면, 소년인 나는 그 논밭 모퉁이에서 그 일을 지켜보며 심부름도 했다.

아버지는 소가 끄는 쟁기로 논을 갈고, 써레로 흙덩이를 정리하면서 때로는 그 써레에 아들을 태워 주기도 하셨다. 써레를 타고 논의 큰 흙덩이, 작은 흙덩이를 지날 때면, 그때의 긴장감이란 오늘날 어떤 흙 놀이보다 재미있었다. 써레에서 제대로 중심을 잡지 못해 내가 미끄러지기라도 하면, 써레는 멈추어 서고, 써레를 이끄는 소 또한 잠시 쉬어야 했다. 내겐 그 순간의 논밭은 즐거운 놀이터가 되었다. 그러나 그런 즐거움은 잠시뿐. 하루 종일 내가 하는 일은 심부름이나 도우미 역할이었다.

비 오는 날이면, 우비를 입고서 논밭에 물이 넘치지 않도록 물길을 만들어 가시는 아버지는 바쁘셨다. 비가 정말 필요한데도 가물어 논에 물을 댈 수 없는 나날엔, 아버지는 저 멀리 우물가에서 물을 물동이에 지고 와서, 갈라진 논에 물을 퍼 나르기도 하셨다.

그러나 다행히 논 옆에 도랑이 있다면, 그 도랑을 보통 사람의 키 높이 정도 깊이로 웅덩이를 하나 파면, 그 안으로 숨어 있는 지하수를 모을 수 있다. 그렇게 하면 그 웅덩이 물을 지렛대를 이용해, 지렛대 끝에 군용 철모 같은 바가지로 논에 물을 어느 정도 옮겨 둘 수도 있었다. 간혹 그 웅덩이조차 바닥이 보이는 경우엔 미꾸라지 몇 마리가 보이기도 하면, 그건 소년의 호기심을 더욱 자극한다.

벼농사를 위해 쪄온 모를 무논에 심는 모심기는 당시 소년의 눈엔 마을의 가장 큰 협동의 순간이었다. 오늘은 모든 마을 사람이 이 논에서 일하고, 내일은 다른 사람의 저 논에서 모를 내고 모를 심는 어머니와 이웃집 사람들. 장딴지가 거머리에 물려도 얼른 그 거머리를 떼어 내는 바쁜 손길. 분주하게 점심과 중참을 준비하는 그 논의 아주머니.

식사하는 순간은 온 들판이 평온한 휴식의 정원이 된다. 정겹게 농주를 마시는 사람이 있는가 하면, 식사 뒤 피곤함을 풀기 위해 풀밭에 누워 쉬는 이도 있다.

저 먼 들판에서 하루 일을 마치고 나면, 리어카를 앞세우고 하늘에 뜬 달을 보며 그 달빛으로 사람들이나 차가 거의 다니지 않는, 고르지 않은 신작로를 터벅터벅 걸으며 소년의 발걸음엔 정말 멀었던 4킬로미터 거리를 걸어, 집으로 돌아오는 길. 아버지와 어머니와 소년.

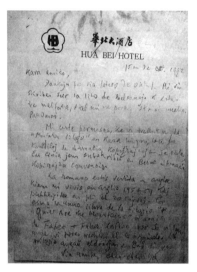

출간을 허락하는 저자 예쥔젠의
자필 편지(1992.10.15)

그런 환경에서 자란 역자로서는 이 『산촌』의 배경이 되는 — 정치상황이 전혀 다른 것임을 제외하고는 — 중국 산촌의 모습이나 농민들의 살아가는 모습은 정겨웠고, 공감이 갔다.

나는 그렇게 번역을 준비하면서 1992년 10월 1일자로 작가에게 번역 허락을 얻기 위해, 또 에스페란토 판을 번역하면서 궁금한 부분을 질문하기 위해 편지를 썼다.

작가는 1992년 10월 15일자로 회신을 해 주었다. 작가는 당시 병상에서 편지를 쓴다고 하였다. 화베이 호텔 이름이 적힌 편지지에 손수 쓴 편지에서 "보내 준 편지를 잘 받았다"며, "지금은 몸이 약해 길게 쓸 수 없지만, 한국어 번역을 중국이 이미 가입한 바 있는 국제저작권협약(베른협약)의 조건에 따라 장정렬 씨에

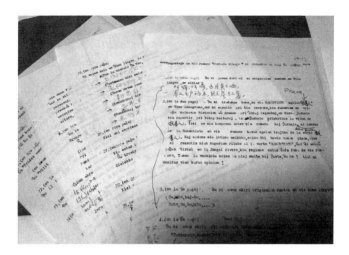

게 기꺼이 허락한다"고 하면서, 이 작품이 영국에 체류하던 1947
년에 출간되었으며, 현재 20개 이상의 언어로 번역되어 출간되었
다고 알려 주었다.

　　그리고 그때 번역자인 내가 궁금해 하던 25개 항목의 질문에
대해 자세히 설명해 주었다.

　　1992년 11월 12일 나는 중국 베이징 디안먼 공유엔 후동 6번
지에 사시던 예쥔젠 작가에게 번역 허락을 해 준 것에 대한 감사
의 편지를 썼다.

　　당시 내가 작가에게 쓴 편지의 사본을 보니, 나는 이 『산촌』
이 한국 독자에게 새로 수교한 중국 사회를 이해하는 계기가 될
것이라고 밝혔다.

그해 말, 리시쥔[20] 선생에게 보낸 편지에서 다음 해에 중국을 방문하고 싶다고 했다. 리시쥔 선생은 베이징에 오면 그곳 에스페란티스토들을 만나게 해 주겠다며, 내가 관심을 가지는 분야가 무엇인지 묻곤 하셨다.

당시 나는 중편소설 『봄 속의 가을』(바진 지음, 에스페란토번역본)의 한국어 번역 허락을 얻기 위해 에스페란토번역자인 리시쥔 선생과 편지교환을 하고 있었다.

그 책은 기쁘게도 2007년 10월 갈무리 출판사에서 출간했다.

이 책 『산촌』과 함께 『봄 속의 가을』도 읽으면, 1920년대~30년대 중국의 도시 생활과 청년들의 삶을 또한 엿볼 수 있을 것이다.

2. 작가 예쥔젠 선생과의 만남

다음 해인 1993년 4월 24일 나는 난징에서 야간 열차 편으로 베이징에 도착해, 에스페란티스토 주밍의 선생이 안내해준 베이징의 지면 호텔에 여장을 풀었다.

다음 날인 25일, 나는 리시쥔 선생을 뵙고, 또 예쥔젠 작가의 댁을 방문해 작가를 만나는 행운을 가졌다.

---

20. 리시쥔(李士俊, 1923~2012)은 중국 에스페란티스토이자 번역가이다. 1939년 에스페란토를 처음 접했으며, 중국이 공산화된 후 에스페란토 전문 잡지사인 '엘 포폴라 치니오'(El Popola Ĉinio)에서 근무하다 1989년 정년퇴임했다. 『삼국지연의』, 『수호지』, 『서유기』 등의 중국 고전을 에스페란토로 옮겼다. 필명은 라우룸(Laŭlum).

그날 낮에는 베이징의 에스페란토 모임에 참석했다. 그 자리에서 리시쥔 선생은 에스페란토로 "에스페란토 원작 문학"에 대해 강연해 주었고, 저녁에는 호텔까지 나를 안내해주었다. 나는 호텔에서도 3시간여 선생의 다재다능한 언변을 들으면서, 감탄을 금할 수 없었다. 그분은 정말 지칠 줄 모르는 이야기꾼이었다. 지칠 줄 모르는 번역가임은 나중에 알게 되었다. 중국의 고전 『삼국지연의』, 『수호지』, 『서유기』 등을 에스페란토로 옮긴 분이다. 리시쥔 선생의 에스페란토 번역 작업을 통해 동서양이 교류할 수 있는 튼튼한 토대를 마련한 것을 우리 에스페란티스토들은 잊지 말아야 할 것이다.

그날 저녁, 예쥔젠 선생 댁에서 나를 데리러 사람이 왔다. 나를 데리러 온 이는, 나중에 알고 보니, 예쥔젠 작가의 아드님 예녠셴 씨였다.

늦은 저녁에 나는 작가의 고즈넉한 사택을 방문하여, 탁자를 앞에 두고 선생께 인사를 드렸다. 작가는 한 시간여 시간을 내주었다. 작가와 아드님은 낯선 방문자를 환대해 주셨다. 건강도 다소 회복되신 듯하였다.

그런데, 아쉽게도, 예쥔젠 선생이 당시 하신 말씀을 나는 지금 거의 기억할 수 없다.

그렇게 작가의 댁을 방문한 나는 『산촌』 번역을 갈무리할 것을 다짐했다. 당시 사진도 찍었을 터인데, 지금 어디에 있는지는 알 수 없다. 그때로부터 20년의 세월이 흘렀다. 작가는 1999년 암으로 별세했고, 당시 30대 청년이었던 역자는 50대가 되었다.

그 다음 날인 26일에는 베이징의 에스페란토 출판사인 중국 보도사 편집부를 방문하였고, 또 에스페란토로 방송하는 중국 국제방송국 에스페란토부도 방문하였다.

이번에 이 책의 출간 준비를 하며 받은 중국측 원고를 통해 작가 예쥔젠 선생은 크로아티아 국민 동화『견습생 흘라피치의 놀라운 모험』(이봐나 브릴리치-마주라니치 지음)의 영어본을 중국어로 번역, 출간한 적이 있다고도 했다.

이 책은 우리나라에서는 2013년 산지니출판사에서 에스페란토번역본을 텍스트로『꼬마 구두장이 흘라피치』(장정렬 번역)라는 제목으로 출간되었다. 예쥔젠 선생이 눈길을 보낸 작품에 역자 또한 관심을 갖고 번역했다는 사실에 놀라움을 느꼈다.

3. 작가의 한국 문학과의 인연

또 다른 한 가지, 한국과 관련된 예쥔젠 선생의 이야기를 해 보려고 한다.

1932년 10월 일본종합잡지『가이조우』(改造)에 발표된 단편소설「쫓겨가는 사람들」이 일본어로 발표되었다. 이 작품은 당시 조선에서 일제의 농민 침탈 과정을 소상히 알려, 이 잡지에 실린 내용에도 삭제 부분이 많았다고 한다.

1933년 일본 프론토사(FRONTO-ŜA)는 이 작품을 타기기 히

로쉬[21]라는 에스페란티스토가 번역해, 『쫓겨 가는 사람들』(For-pelataj Homoj)라는 제목으로 1,000부 발간했다고 한다.

이 작품을 쓴 이는 일제하 대구 태생의 작가 장혁주(張赫宙, 1905~1998)다. 그는 에스페란토 번역본의 자기소개란[22]에, "나는 1905년 10월 대구에서 태어났다. 생후 얼마 안 되어서 나는 어머니의 손을 잡고 전국을 떠돌아다녔는데 9~15세까지는 신라의 고도 경주에서 지냈다. 신라의 예술은 나의 어린 시절에 커다란 영향을 주었다. 거기서 보통학교와 농업학교를 졸업했다. 그 후에 중학교에 가서 5년간 공부하였다."라고 적고 있다.

당시 일본 에스페란티스토 오오시마 요시오는 검열 전의 원

---

21. 高木弘, 나중에 알려진 바 오오시마 요시오(大島義夫). OOŜIMA Joŝio (1905~1992) 그는 일본 프롤레타리아 에스페란토 운동의 창립자 중 한 사람. 60년 이상을 일본 에스페란토 운동을 위해 헌신한 인물. 그는 여섯 권으로 된 『프롤레타리아 에스페란토 강좌』(Proleta kurso de Esperanto, 1930~1931)를 펴냈고, 교재 『에스페란토 4주간』(Esperanto en kvar sema-jnoj, 1961)와 『에스페란토 새 강좌』(Nova kurso de Esperanto, 1968, 공저)를 썼다. 일본어로 『반체제 일본에스페란토운동사』(Historio de la japana kontraŭreĝima Esperanto-movado, 1974, 1987)를 미야모토 마사오와 공동으로 지었다. 1974년 오오시마는 권위 있는 '오사카상'을 수상하기도 하였다.

22. 그는 그 자기소개란에 이와 같은 말을 계속 쓰고 있다. "중학교 졸업 후 나는 사회주의 운동에 투신하였다. 처음에는 무정부주의에 심취하였지만 얼마 안 가서 회의에 빠져 사립학교 선생으로 일하면서 오랫동안 이념적 어려움을 겪었다. 23세 때에 나는 보통학교 교사 자격 시험에 합격하여 공립학교 교사가 되었는데 1년 후에는 사직을 하였다. 그래서 문학가가 되기로 결심하고 동시에 우리 민족을 위해서 헌신하기로 하였다. 당시 농촌 농민들의 비참한 생활이 나를 많이 자극하였다. 그 영향으로 나는 농민에 관한 작품을 많이 썼다. 처음부터 나는 일본문학계에 들어가고 싶었다 …….(1932,12,)" 그 뒤 그는 주로 일본어로 작품 활동을 했으며, 해방 뒤 일본에 귀화했다.

고를 구해 이를 에스페란토로 번역했다.

이 작품을 읽은 홍형의[23] 선생은 자신의 책[24]에서 "일본 제국
주의의 탄압과 착취에 견디다 못해 정든 고향을 버리고 살길을
찾아 만주로 흘러가는 이 나라 빈농의 비참한 정경을 그린 것으
로서 읽는 사람의 가슴을 메이게 하였다"고 적고 있다.

당시 일본에서 니혼대학(日本大學) 사회학과에 유학 중이던
홍형의 선생은 1931년 4월 일본에서 야수이 요시오에게서 에스
페란토를 배운 뒤, 자신의 학업을 중단하고 바로 농촌에 뛰어들
게 된다. 이 과정은 에스페란토 원작 산문 문학 『마을의 개척자』
(La Pioniro en Vilaĝo)를 쓰게 되는데, 이 작품은 1934년 일본에
서 발행되던 에스페란토 문예지 『아간토』(Aganto)에 실렸다.

일제하 작가 장혁주의 작품 『쫓겨 가는 사람들』(에스페란토
판)은 에스페란토를 교량어로 체코슬라비아어, 헝가리어, 루마니
아어, 불가리아어, 폴란드어와 중국어로 번역되었다. 이 사실은
지난 1995년 오오시마가 그 에스페란토본 제2판을 발간하면서

---

23. 홍형의(1911~1965). 함경남도 홍원에서 태어나, 해방 전에는 조선에스페란토
문화사를 창립(1937년), 해방 뒤에는 대구에서 청구대학 교수(1948~1957),
청구중고교 교장(1963) 등을 역임한 한국 에스페란토 운동의 선구자. 청구
대학 설립자. 또 2010년에 1960년 '4·19 혁명' 직후 이승만 대통령의 하야에
결정적 계기가 된 것으로 평가받는 '4·25 교수 시국선언' 참가자 40여 명의
명단이 발굴됨으로써 홍형의 선생은 보훈처로부터 4·19혁명 '건국포장' 을
받게 되었다(http://www.hani.co.kr/arti/society/society_general/416465.
html 참조). 그래서 그의 묘는 2014년 대구에서 서울 4.19 국립묘지로 이장되
었다.

24. 『홍형의선생문선』(146~147쪽), 『한국에스페란토운동사』(김삼수 지음, 숙명
여자대학교 출판부, 1976, 155쪽)에 재인용.

알려졌다.

그런데, 그 에스페란토 번역본을 기초로 한 이 작품을 1933년 8월 중국어로 번역, 발표한 사람은 바로 이 책『산촌』의 저자인 예쥔젠 선생이다. 한국문학작품–에스페란토–중국 사회가 연결된 순간이었다.

덧붙이자면, 작품『쫓겨 가는 사람들』(에스페란토판)의 한국어 번역 발간(한국에스페란토협회 발간)은 2002년에 와서야 이루어졌다. 그 일은 세계에스페란토협회 회장을 역임한 고(故) 이종영 박사가 추진하였다. 고 이종영 박사는 국어 번역본에서 자신의 번역본은 "일본어 원작에서 직접 한국어로 번역하였다. 원문에 검열로 삭제된 부분은 에스페란토판을 보면서 재생시키고 그 부분은 밑줄로 표시하였다"고 쓰고 있다.

한편,『한국에스페란토운동사』(김삼수 지음, 숙명여자대학교 출판부, 1976년)를 보면,『산촌』의 예쥔젠 선생은 1930년대 당시, 중국 유명 작가이자 에스페란티스토 바진, 한국인 안우생 등과 함께 조직한 중국 상하이에스페란토협회 기관지『라 몬도』(*La Mondo*)를 발간해 오고 있었다. 당시 우리나라에 살던 홍형의 선생은 이 잡지사와 교류하면서 에스페란토로 번역된 우리나라 문학 작품 선집『코레아 안톨로기오』(*Korea Antologio*)[25]를 중국에서 발간할 계획을 세웠으나, 일제의 중국 침략(1937년 7·7사

---

25. 이 작업은 반세기가 지난 1999년 책의 모습을 갖추었음. 조성호·김우선 엮음,『한국단편소설선집』(*Korea Antologio de Noveloj*), 한국에스페란토협회, 1999.

변)으로 인해 그 책의 발간은 무산되었다고 한다. 예쥔젠 선생은 당시 중국에 거주하던 독립운동가 에스페란티스토 안우생[26] 등과 교류하였고, 당시 조선에서 에스페란토 활동을 한 홍형의 선생과도 필시 교류했을 가능성이 높다.

4. 감사의 말씀

그렇게 예쥔젠 선생 댁을 방문한 뒤, 나는 초역본을 거제의 수필가 이선애 씨에게 보냈다. 에스페란티스토 이선애 씨는 부산대학교에서 국어국문학을 전공하고, 경상대학교 대학원에서 심리학을 전공한 뒤, 현재 거제대학교를 비롯한 경남 지역에서 심리상담교육에 힘쓰고 있다. 그것을 시작으로 지금까지 초역본이 더욱 매끄러운 모습으로 된 것은 프리뷰어의 역할을 해 주신 분들인 이선애 씨, 김봉정 씨, 시인 표광소 씨, 김종미 씨와 정현수 씨에게 힘입은 바 크다.

일본 제국주의 강점으로 우리나라가 질곡의 세월을 보내던 시기에, 마찬가지로 1920년대 중국 후베이 성 홍안 지역의 산촌 농민들이 당시 궁핍한 생활과 정치 환경 속에서 어떻게 살아왔

---

26. 필명 Elpin(1907~1991) 중국에서 활동한 독립운동가. 안중근 의사의 조카. 중국 중산대학에서 에스페란토 시를 강의. 중국 최초로 루쉰의 『광인 일기』를 번역하고, 김동인의 『걸인』 및 유치진의 『소』를 번역하여 전 세계에 소개하였다. 1930~40년대에 *Literatura Mondo, Orienta Kuriero, Voĉoj el Oriento, Heroldo de Ĉinio* 등에 시, 소설 등을 번역하여 실었다.

는가를 작품 『산촌』을 통해 독자가 읽고, 이 시기를 시작점으로 해서 나중에 오늘날의 중국이 창건되는 토대가 된 과정을 이해할 수 있다면, 또 어느 시대에나 정치보다 '사람이 가장 중요하다'는 점을 더욱 잘 느낄 수 있다면 나의 번역 의도는 의도는 충분히 전달되었다고 할 수 있다.

일제하 조국 독립을 위해 국내외에서 일생을 보내신 여러 순국 선열들을 생각하면, 오늘날 우리는 그분들에 대한 고마움을 잊을 수 없다. 6·25 사변의 폐허 속에서도 근대화 산업화를 일구어 낸 부모님 세대, 그 뒤 민주화를 위해 젊음을 바친 7~80년대를 보낸 세대, 이 같은 앞선 세대의 노력에 대해 역자는 그저 에스페란토 문학 작품의 번역으로 그분들께 고마움을 표시할 뿐이다. 오늘을 좀 더 성숙되고 사람 향기 나는 세상을 만들기 위해 노력하는 사람들에게도 이 번역본으로 인사를 하고 싶다.

초등학생 어린 시절, 집에서 4킬로미터나 떨어진 초등학교를 책 보따리를 짊어지고 같은 마을의 어깨동무들과 아침을 달리던 그 소년은 오늘은 거제대학교와 동부산대학교에 출강하며 지난날 배우고 익힌 지식을 전하는 시민이 되어 살아가고 있다.

독자들이 이 번역본을 통해 일상에서, 또 사회인으로서의 삶에서 무엇이 중요하고 무엇을 위해 살아가야 하는가를 지난 세기의 중국 사회를 보면서 생각해 보는 계기가 될 것으로 역자는 기대해 본다.

마찬가지로, 한국과 중국의 문화 교류에 힘쓰는 분들에게 작가 예쥔젠 탄생 100주년을 맞아, 이 책이 오늘의 중국이 창건되기까지 어떤 역사가 있었는지를 알게 해 줄 뿐만 아니라, 양국 수교 23주년을 맞는 이 시점에 양국의 문화 이해와 굳건한 우의를 돈독하게 하는 데 밑거름이 될 것으로 기대한다.

이 번역본을 위해 기고해 주신 중국 에스페란티스토 스청타이, 작가의 아드님 예녠셴 교수, 탄슈주 여사에게 진심으로 감사의 뜻을 전하고 싶다.

이 번역본의 추천사를 써 주신 이영구 교수(한국외국어대학교 중국어대학 교수, 한국에스페란토협회 회장)께도 감사의 말씀을 드리고 싶다.

저자와 관련한 방송 원고를 이 작품에 번역해 싣도록 허락해 주신 중국국제방송국(Ĉina Radio Internacia) 에스페란토어부 왕팡 부장에게도 감사를 전하고 싶다.

또한 역자의 수고를 덜어 준 오랜 친구들 – 왕시젠, 스슈에친 – 에게도 고마움을 전한다.

이 책 출간을 위해 애써 주신 갈무리 출판사 조정환 대표를 비롯해 편집진에게도 감사의 인사를 하고 싶다.

끝으로, 역자의 에스페란토 활동과 번역 활동을 묵묵히 지원해 준 가족에게도 고마움의 인사를 빠뜨릴 수 없다.

낙동강과 금정산, 바다로 둘러싸인 부산에서
이웃 나라의 삶을 통해 우리의 삶이 더욱 풍성하기를 기원하면서
2015년 5월, 역자 장정렬 씀